JN025026

信仰の現代中国

心のよりどころを求める人びとの暮らし

Ian Johnson

THE SOULS OF CHINA: The Return of Religion after Mao

イアン・ジョンソン
秋元由紀【訳】

白水社

信仰の現代中国——心のよりどころを求める人びとの暮らし

ＪＪへ、季節ごとに

THE SOULS OF CHINA
by Ian Johnson

Copyright © 2017 by Ian Johnson

This translation published by arrangement with Pantheon Books,
an imprint of The Knopf Doubleday Group, a division of Penguin Random House, LLC.
through The English Agency (Japan) Ltd.

Japanese translation © Yuki Akimoto, 2022

天はわが民の見るとおりに見る
天はわが民の聞くとおりに聞く

『書経』

ところが実際は、彼らはさらにまさった故郷、すなわち天の故郷にあこがれていたのです。
だから、神は彼らの神と呼ばれることを恥となさいません。
事実、神は、彼らのために都を用意しておられたのです。

『ヘブライ人への手紙』11章16節

信仰の現代中国——心のよりどころを求める人びとの暮らし

目次

第五部　中秋　259

第六部　冬至　307

第七部　閏年（うるうどし）　355

主な登場人物

北京の香会の人たち

倪振山または老倪（ニー・チェンシャン／ラオニー）
倪家の長。北京のもっとも重要な聖地である妙峰山で廟を営む会の代表。

倪金城（ニー・チンチョン）
長男。世捨て人風の仏教徒になる。

倪金堂（ニー・チンタン）
次男。香会の運営を手伝う。

祁慧敏（チー・ホイミン）
香会を切り盛りする厳格だが敬虔な信者。

王徳鳳（ワン・トーフォン）
共産党役員。妙峰山の再建を率い、今も同山の管理人として影響力を持つ。

陳 徳清（チェン・トーチン）
妙峰山にある廟の創設者で、中頂廟で夏に開かれる廟会の守護神のような存在。

山西省の道士たち

李斌（リー・ビン）
九代目の道教の陰陽先生（風水師）。葬儀、占い、堪輿の師でもある。
父親の要望に反して都会に移り住む。

李満山または老李（リー・マンシャン／ラオリー）
李斌の父親。一家の故郷の村にとどまる。

李清（リー・チン）
亡くなった李家の長。文化大革命後に伝統を復活させた。

成都のキリスト教徒たち

王怡（ワン・イー）
元人権擁護弁護士で、秋雨之福帰正教会（チウユィチーフークイチョン）の牧師。

蔣蓉（チアン・ロン）
王怡の妻。早くにキリスト教に改宗した。

張 国慶（チャン・クオチン）
秋雨教会と、社会から取り残された人びととの連絡役。

査 常平（チャー・チャンピン）
生命之泉　帰正　教会（ションミンチーチュアンクイチョン）の知的な牧師。

彭強（ポン・チアン）
元中国共産主義青年団員、元起業家で、恩福帰正　福音教会（エンフークイチョンフーイン）を運営する。

冉雲飛（ラン・ユンフェイ）
ハンドルネームは「土匪冉」（トゥーフェイラン）。陽気なエッセイストで、成都でもっとも有名な知識人。キリスト教に関心がある。

師たち

南懐瑾（ナン・ホアイチン）
仏教の瞑想の導師で、中国の古典の解説者。太湖（たいこ）のほとりに暮らす。

王力平（ワン・リーピン）
内丹（ネイタン）という道教の瞑想術のカリスマ的な実践者。中国南部の洞窟で教える。

秦嶺（チン・リン）
北京にいる、王力平の筆頭の弟子。

蕭 維佳（シアオ・ウェイチア）
秦嶺の夫で、有力な共産党一家の御曹司。

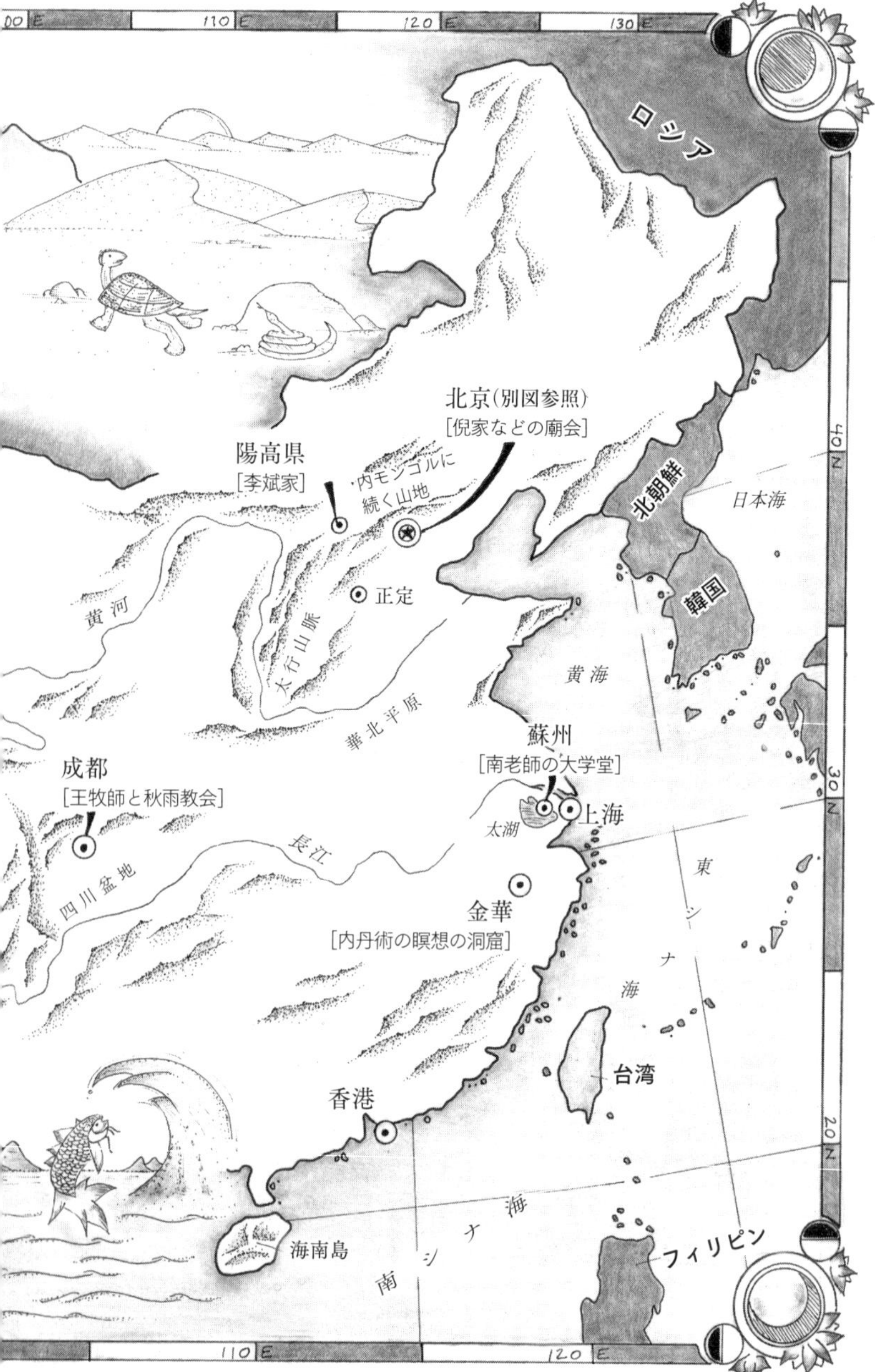

Map by Angela Hessler

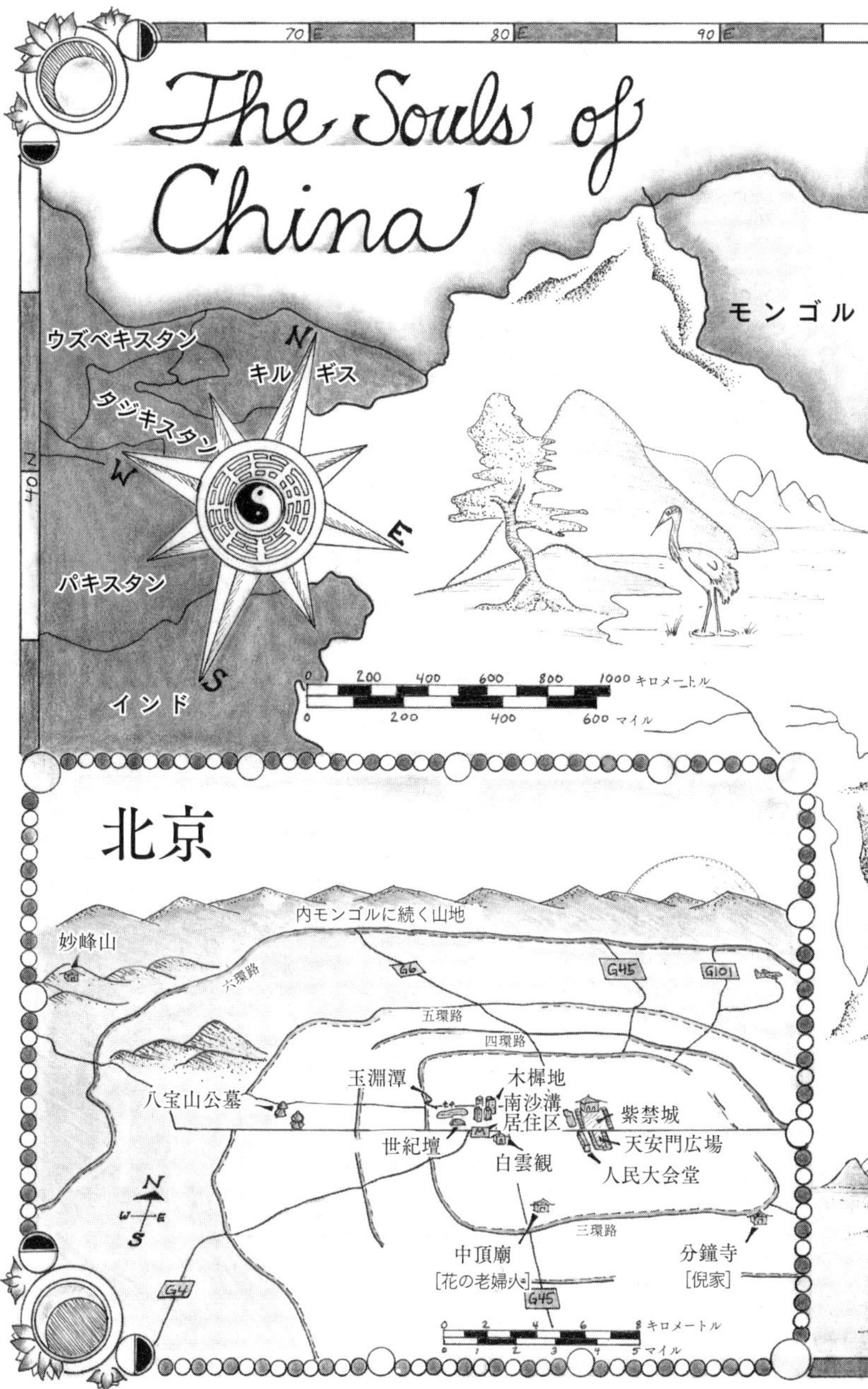
The Souls of China
70 E
80 E
90 E
モンゴル
ウズベキスタン
キルギス
タジキスタン
パキスタン
インド
N
W
E
S
0 200 400 600 800 1000 キロメートル
0 200 400 600 マイル
北京
内モンゴルに続く山地
妙峰山
六環路
G6
G45
G101
五環路
四環路
玉淵潭
木樨地
南沙溝
居住区
八宝山公墓
紫禁城
天安門広場
世紀壇
白雲観
人民大会堂
三環路
中頂廟
[花の老婦人]
分鐘寺
[倪家]
G4
G45
0 2 4 6 8 キロメートル
0 1 2 3 4 5 マイル

凡例

＊原著者による注は部ごとに（1）（2）と番号を振り、「原注」として巻末にまとめた。
＊訳者による注は本文中の〔　〕内に割注で記した。
＊引用文中および発言中の補足は［　］内に示した。
＊原則として、英語で書かれた本の書名については、邦訳のあるものは邦題のみを、ないものは逐語訳に原題を初出時のみ併記した。
＊聖書の引用は聖書協会共同訳（二〇一八年）からとした。
＊固有名詞などの表記については繁体字版（張彦『中國的靈魂』廖彦博・廖珮杏訳、八旗文化、二〇一九年）を参照した。

第一部

月の暦

月の暦は月のない夜に始まる。暗い空にあるのは星だけ、月は地球の反対側に潜んでいてわたしたちには見えない。中国人はこれを「陰暦新年」と呼ぶが、新しい季節の到来を祝う「春節」としてもっともよく知られている。春節という呼称は実態に合っていないように思われる。祝われるのが冬の一月か二月だからだ。寒くて暗く、日もまだ短い。中国の北部では雪が大地を覆っていることもある。南部では冷たい雨がどの部屋にも、服を何枚重ねていても、入り込んでくる。わたしたちは冬という季節の希望のなさから抜け出せず、こんな暦がいったいどう機能していたのだろうかと考える。世界でももっとも古くから続くうちに入る文明で、この暦は時間をどのように定めていたのだろうか？

十九世紀から二十世紀にかけて、中国の愛国者たちも同じような疑問を抱いていた。彼らは、自分たちの国があまりに遅れているので外国勢力に分裂させられるのではないかと案じた。そんな改革論者たちが矛先を向けた一つに中国の伝統文化、とくにその信仰の体系があった。この迷信的な遺物のせいで人びとは科学と進歩の潜在力への反応が鈍くなってしまう、と彼らは考えた。

旧式の暦は格好の的だった。ある社会にとって時間の計り方ほど重要なものは少ない。かつての中国では、暦は伝統的に職人が作るもので、ごく薄い紙に木版刷りの神や聖人が描かれた色鮮やかな芸術作品だった。そこには大事な祝日や決まった儀式を行うべき日が書いてあった。新年が明ける前の日に古い暦が壁から剝がされ、新しい暦が貼り付けられる。

伝統的な暦は月が地球を巡る周期に基づいていた。冬至が過ぎてから二度目の新月を始点とするため、旧暦の新年は一月末から二月初めに始まる。月が地球を一周する期間が一カ月である。中国の改革論者にとってこういうことはどれもあまりにも時代遅れに思えた。改革の勢いがあまりに強くなった一九二九年、政府は旧暦を正式に廃止し、代わりに西洋のグレゴリオ暦を採用した。地球が太陽を巡る周期に基づく太陽暦である。以来、中国ではほかの国と同じく一年は一月一日に始まり、三六五と四分の一日からなる。

それでも、中国に来てしばらくすると多くの中国人の服装や食べもの、礼拝や祈りの仕方の下地に陰暦があることに気づく。新年を言い表す春節という言葉も意味をなすようになる。西洋では、春は春分の日に始まる。三月半ばに来る、昼と夜がほぼ同じ長さになる日である。しかし中国では春への期待がもっと早くから始まる。事前の盛り上がりが肝心なのである。一月末や二月初めは春を迎えるのに早すぎるように思われるかもしれないが、実際には気温が少しずつ上がっている。一月に入れば、北京の湖にスケートをしに行くなら今のうちだと現地の人に言われる。旧暦の新年が明ければ氷が解けてしまうからだ。

そのときは気に留めなくても、後になって聖燭祭（キャンドルマス）やインボルクなど西洋で忘れかけられている祝日のことを思い出す。どちらもこのころに祝われ、春の訪れを告げる役割を果たしていた。それから一、二週間経つと、都会に住み、季節とかけ離れた生活を送っている人でさえも、本当に天候が変わったことに気づく。いちばん寒い時期は過ぎたのだ。冬の寒さが和らぎ、氷が解けている。そこで中国の暦を見返すと、これから来る節目を表す「啓蟄」「清明」「芒種」などといった言葉が以前ほど不自然には思えなくなる。

新年の最初の日である今日、月はすでに軌道をほぼ周り、まもなく太陽に照らされた面がほんの少しだけ現れる。これから一五日間かけて祝われる陰暦新年の間に月は三日月そして半月へと満ちていき、日ごとに力を増していく。そして一五日目にはついにその威力は最大となり、暗闇を照らし、ほかの天体を圧倒する。その日は最初の宵、元宵（げんしょう）と呼ばれる。最初の月の最初の満月に空はふたたび照らされ、ふたたび火がつけられるのである。薪（まき）の山が燃え上がり、悪霊が追い払われ、これまでもそうだったように暦が進んでいく。太陽と月の動きと、人間がそれに与える意味とに基づいて定められた一連の天の行事として。

1 北京——鳴る鐘

北京の南東の端に「鳴る鐘の寺」を意味する分鐘寺（フェンチョンスー）という地区がある[1]。そこの言い伝えによれば、この地名は、親切で清らかな心の持ち主だったが子供のいない、妻に先立たれた老人の話が元になっている[2]。従来の中国では、このような老人は面倒を見てくれる人がいないことになる。村の人たちはかわいそうに思い、ちょっとした仕事として村の夜番を頼んだ。二時間ごとに見回りをし、拍子木を打ち合わせて時を告げるのである。老人はこの仕事を引き受けたが報酬は断った。その分の金を貯めて、自分が死んだら代わりに時を告げる鐘を買うべきだと言うのだ。

それから何年も村人たちは金を貯め、老人は見回り人として並々ならぬ仕事をした。夜明け前の見回りでは、怠け者の家の前では住人が目を覚まして仕事に行くように、拍子木をことに大きく打ち合わせた。勤勉な人たちは自分で起きるのがわかっていたので、その家の前ではなるべく音を立てず、もう少しだけ眠れるようにした。時が経つにつれ、村人のなかには老人の拍子木の音で季節が変わるのや嵐が来るのがわかると言う人も出てきた。規則正しい音を聞くと、何をするべきかが——いつ働いていつ眠るかだけでなく、どうやって善を行い悪を避けて生きていくかもわかるのだ。そのうちに老人は死に、村人たちは貯めていた金を数えて鐘を作らせた。鐘は鳴らされるたびに以前と同じような不思議な効き目をもたらした。聞く人それぞれに合った音が鳴るのである。

その鐘も、のちに鐘の周りに建てられた寺も、村もすべてずっと前になくなり、今ではこの言い伝えと高速道路のジャンクション、地下鉄の駅、それにまもなく取り壊される共同住宅地区の名前だけが残る。この数十年間で首都北京のほかの地区でも同じように取り壊しが進み、六五平方キロメートルほどの広大な古都が消し去られた。かつて北京は壁に囲まれた家屋の間に延びる胡同(フートン)という細い路地からなり、何百もの寺院があった。そこには、聖なる山々があり神々がいる想像上の世界が重なっていて、北京という都市を、神話と信仰で結びついた一つの神聖な共同体にしていた。何世紀にもわたり、古都北京のこの風景は何千年ものあいだ中国を支配していた政教国家のあり方を端的に表していた。

　北京の世界観は二十世紀、とくに共産党が支配権を握った一九四九年以降に変わった。無神論的で発達した社会をつくるという新たな理想のために、寺や胡同の多くが破壊された。一九八〇年代に経済改革や規制されない不動産開発が始まり、今では旧市街の残っていた部分がほとんど消え、元からの住人の大半が中心部から追い出されてしまった。旧市街のところどころに元のままで残る地区には移住者が入ってきた。地方出身の貧しい労働者もいれば、遠くから好きでやってきて、一帯をこぎれいにつくり変える金持ちもいた。彼らと一緒に、中国内陸の辛い惣菜や外国の真新しい料理など、それまでなかった食べ物も入ってきた。また休暇になると、北京から人が一斉に田舎の故郷に帰ったり、熱帯のビーチリゾートに行ったりする新たな習慣もできた。ほかの大都市でもそこにあった文化がせわしい現代にのみ込まれてしまったように、北京でも一つの生活様式が失われたのである[3]。

　わたしは一九八〇年代初めに初めて北京に来たときからこの変容を見守っていた。多くの人と同様、わたしもがっかりし、北京という都も、かつてそこにあった偉大な文化も失われたと感じた。しかしこの数年で、わたしは自分が間違っていたと気づくようになった。北京の文化は消えてはおらず、分鐘寺のように市内の思いがけない所で蘇っていたのだ。以前と同じとはいかないが、それでも活き活きとして本物だった。昔の音が聞こえてくるような生活様式と信仰がそこにはあった。

　分鐘寺には倪(ニー)一家が暮らしていた。倪家はごく普通の北京市民で、以前は、旧市街でもっとも有名な建造物の一つである天壇の近くに住んでいた。当時住んでいた家の隣には天壇よりもずっと小さな寺院があった。碧(あお)の霞の聖母を意味する碧霞元君(へきかげんくん)という、道教の重要な女神を祀(まつ)る寺院である。一家の子供たちは寺院に三つある中庭で遊んで育ち、一家は寺院に住む年老いた道士と親しかった。一九九二年、国家体育総局本部の建設のためにこの寺院と倪家の住居が取り壊されることになった。同局は国家的栄光を生み出す任務を負う政府機関である。これほど有力な相手を前に、倪家は言われたとおりにするという賢明な判断をした。補償として金と土地が与えられ、一家は分鐘寺地区に新たに家を建てた。倪家が北京の精神生活の復活を手伝うことになったのは、旧市街の外にある、この新しい拠点からだった。

陰暦新年の二日目、わたしは八十一歳になる倪家の家長、倪振山（ニー・チェンシャン）に会いに行った。一昨日の晩、北京の人たちは、暗く月のない空に大きな音のする花火をいつまでも打ち上げながら辰年の到来を告げていた。新年の最初の日である昨日は静かだった。昔からこの日は家族と家にいてごちそうを作り、前の晩の興奮から回復するための日である。二日目は新年のあいさつをしに行く日というわけで、わたしも使用済みの花火の燃え殻や焦げた紙を横目に、紳士ならこの日誰でもすること、つまり目上の人にあいさつに行くために歩いていた。

わたしと比べると倪さんたちは年齢も上で、人生経験も豊富だった。老倪（ラオニー）と五十六歳の息子の倪金城（ニー・チンチョン）はわたしよりも年長であるだけでなく、はるかに物知りだった。二人は旧暦の祝日を全部知っていたほか、像の前での叩頭の礼の仕方、お経の唱え方、どの銘柄のタバコやどの穀物酒がうまいかも心得ていた。四月にはどの果物を食べるべきか、なぜナイフやスモモをけっして贈り物にしてはならないかも知っていた。もう亡くなった仕立屋によるしゃれた服、格安で手に入れた別荘、大佐から贈られた書、王室の窯（かま）で作られた茶瓶、ヨーロッパのレース鳩の群れも所有していた。なぜ、どうやって、いつ、と訊くと、肝心なことをわかっていないという顔でこちらを見る。理由などない、ただそういうことなのである。

礼儀正しい紳士らしく、金城はわたしがタクシーを降りた角で待っていた。肩幅が広く肉付きのよい顔で、豊かな髪を粋なウェーブにして後ろにとかしていた。普段は国家建設部の役人として事務職に就いていたが、プロジェクトの管理や安全上の欠陥がないかの検査のためにほとんどの時間を現場で過ごしていた。金城は話し方に特徴があった。声が大きいというのも一つで、それは仕事で小型削岩機の轟音よりも大きな声を出す必要があるからである。それだけでなく、金城の話には北京独特の訛（なま）りがちりばめられ、宗教的な言い回しもよく出てきた。何かあれば「報応」と言い、誰かが死ぬと「玄門」

が閉じる話をする。金城の服装も彼の二重生活を反映していた。肩にかかった緑色の厚地の軍用外套は労働者が着ていてもおかしくないものだったが、その下にある襟なしジャケットは注文仕立てで、長寿を表す「寿」の字をかたどった柄がついた茶色のシルク製だった。頬がいつもより赤い金城はついてくるようわたしに合図した。

「外にいたら風邪をひきますよ」とわたしは言った。

金城は言葉にならない声を出した。「王徳鳳（ワン・トーフォン）が父にあいさつしに来た。みんなで一杯やっていた」

王徳鳳は政府の役人で、北京でもっとも重要な聖地である妙峰山の担当だった。妙峰山は市の中心から六五キロほど西に行ったところにある。わたしはその一年前、碧霞元君を祀る年に一度の廟会のときに、そこで倪一家に会ったのだった。碧霞元君は、倪家の以前の家の隣にあった寺院に祀られていた女神である。廟会のあいだ、倪家は妙峰山の主な寺院の隣で小さな廟を営んでいた。そこには別の人気のある女神が祀られ、参拝者に無料で茶を出す茶棚があった。茶棚を運営する会は香会（シアンホイ）として知られ、妙峰山を登る参拝者の心身に栄養を与えるために活動する。北京にはこのような会が八〇ほどある。食べ物や飲み物を出す会もあれば、神々のために曲芸や竹馬乗り、小喜劇、武術を披露する会もある。廟会が開かれている二週間のあいだ、これらの有志の多くは山で寝泊まりしていた。一部屋に六人で泊まることもあれば、倪家のように自分たちの廟の奥に簡易ベッドを置いてそこで寝ることもあった。

妙峰山の寺院は政府が所有するが、会は政府と王徳鳳のどちらの管理下にもない。会は独立しており、権力と金ではなく、伝統と信仰に基づく権威を持っている。会は代々にわたって氏族や家族に引き継がれ、難解な規則や決まりごとを作ってきた。誰が妙峰山に登ることができるか、山でどのように振る舞うべきかなども決める。道で別の会の人に会ったらどうあいさつするべきかまでも定められている。香会は妙峰山の廟会の財政的成功の鍵を握ってもいる。会が参加すれば廟会は真の宗教行事ということになり、信心深い参拝者が何万人も訪れる。会が参加しなければ、ただのお祭り騒ぎにすぎない。

王徳鳳は倪家に今年の廟会に参加してくれと頼みに来たのではなかった。教養のある人は陰暦新年の初めにそんな無遠慮な交渉をしに来たりはしない。そうではなく、王さんは新年のあいさつをしに来たのだった。皮肉屋はどちらも同じことだと考えるかもしれないが、そんな解釈は狭すぎるだろう。廟会でも会社でも政党でも、中国の日常の骨組みとなっているのは個人的な関係なのである。どの組織にも規則や決まりごとや定款などがあるが、実際に組織をまとめているのは人間関係の網であり、それはほとんどの場合、正式な工程表には載りきらない。そこには誰と誰が親戚か、誰がいつ誰にどんな状況下で便宜を図ったかが含まれる。誰にカリスマ性や信望があるか、誰がいちばん多く寄付をしたかも大事だが、誰が真心を持って仕事をするかも重要である——それはごく貧しい人でもできる。王さんが倪家を訪れたのは、彼が能力のある管理者で、次の廟会を成功させたかったからではあるが、本人はそんな野暮な考え方はしていなかった。今日は老倪に面会するのが正しいことだから来たのである。倪振山は北京の宗教界の重要人物だった。新年の二日目にあいさつに行かないなど考えられないことなのだ。

金城は先に立って横道を行き、車には狭すぎる路地に入った。右手にある二つ目の扉を押して開けると三匹の小型犬が飛び出し、尻尾を振りながら吠え立てた。金城は最初の部屋を通り抜けた。そこでは彼の妻と数人の女性が濃い色の紫檀の卓で麻雀をしていた。わたしたちが入ると女性たちは顔を上げてあいさつし、お茶やヒマワリの種を勧めてきたが、わたしは手を振って断った。金城がガラスの引き戸を開けて二人で奥の部屋に入ると、彫刻が施された重い木の椅子に腰かけた倪振山がわたしを待っていた。その姿は、北京の宗教世界の重鎮の一人が玉座に着いているかのようだった。

老倪の頭髪は剃り上げられ、太く濃い眉毛は常に上がったままで、驚きと謙遜を示しているようだった。老倪はコオロギを捕まえる話、ヒョウタンを集める話、犬を育てる話をするのが好きだった。数カ月前に訪ねたときには、書道のことから彼が若いころから働いていた建設産業についてまで実にさまざまな話に二時間も花を咲かせた。老倪はそのとき、癌を患っているがきっと治ると思っていると言っていた。しかし今回は、身体が病にすっかりやられているのが見てとれた。両手は肘かけをしっかりとつかみ、必死に姿勢を保とうとしているようだった。頭は前にかがんだまま動かず、わたしが近づいても反応はない。少ししてから目を開けて、隣に座るよう合図した。それから老倪は力を奮い起こして指示を出した。

「本を書きたいなら、正確に書きなさい。テレビの人たちのようにばかげたことをまくし立て、あれやこれを撮影して、こちらの活動について誤解を招くことばかりふれ回るのはよくない。読む人を間違った方向に導いてはいけない。わかるか？」

わたしは何度か妙峰山を訪れたときのことを思い出した。国営テレビ局はよく華やかな祭りの様子を撮影し、中国の伝統文化が申し分なく健全であるというニュースを放送していた。人びとが祈りを捧げるところを映すことはめったになく、廟会が本来は宗教的行事であることにも触れない。たいていは、新しいテーマパークでもできたかのような報道の仕方だった。わたしはうなずいた。

「もう前ほど体力もないので、全部を説明できるかはわからない。わたしがあなたを間違った方向に導けば、あなたは間違いを書き、読んだ人が誤解する。真実からますます遠ざかってしまう。

でもこのことに注意してほしい。どの寺院も同じではない。偽物もある。本を書くときにはその区別をわかっていなければいけない。どの寺院が参拝を認め、どの寺院が認めないか。妙峰山は参拝を認める。だからうちの茶会も妙峰山に行く」

金城がわたしのほうに身を寄せ、倪家の茶会がどのようにしてできたかを小声でまた教えてくれた。それは一九九三年のこと、肝臓癌で具合が悪く手術をすることになった老倪は、もし生き延びたら妙峰山に登って碧霞元君にお礼を言うと誓った。碧霞元君は移転する前の一家を守ってくれたのであり、今回もきっと助けてくれると老倪は信じていた。家では倪金城が線香を立てて祈った。

手術は成功し、老倪は回復した。翌春、老倪は約束を果たすために妙峰山に登った。一家は移転前に碧霞元君を祀る寺院の隣に住んでいたのに、妙峰山に参拝したことはなかった。老倪は日本が侵略してきたときはまだ十八歳、共産党が全権を握ったときは二十歳だった。そのような騒乱の時代に参拝者はほとんどいなくなった。人びとは身の安全を心配していたし、多くの場合は長い山道を行く余裕がなかったのである。その後、毛沢東が主導権を握ると熱狂的支持者たちが寺院を破壊してしまった。しかし一九九〇年代半ばには寺院は再建され、参拝もまた始まっていた。

妙峰山を下る途中、老倪は金城に、あることを思いついたと言った。独自の会をつくって参拝者にお茶を出したいと思ったのだ。厳密に考えれば、香会というものはなくてもよい。最近は日帰りで参拝できるし、誰も無料のお茶や食べ物はいらないのである。しかし会が存続しているのは、その機能よりも背景にある思想のほうが重要だからだった。香会は信心深さの象徴である――運営に必要な何千ドルもの金や何週間分もの時間を費やすほどの信心がある人たちの集まりなのである。

金城はすぐに返事をせず、考えた。会を立ち上げるにはたいへんな額の金が必要になる。立派な像と祭壇を備えた廟もいる。廟の前には、茶を出していることを表すために高価な磁器の茶瓶や茶碗を置かなければならない。もちろん大量の茶葉もいる。それも安いものではなく、碧霞元君への敬意に見合うものでなければならない。さらに、参拝者がいつ来ても茶を飲めるように茶棚にボランティアを置く必要がある。何万元もかかるが、それはとくに当時の労働者階級にとっては多額の金だった。しかし倪金城はそのころ民間企業で働いており、建設業で稼ぎ始めていた。家族や友人の協力に頼れることもわかっていた。金城は父のほうを向いてうなずいた。一九九五年の廟会で、倪家は自分たちの貯金や友人や同僚からの寄付を使い、妙峰山で茶や饅頭(マントウ)を出し始めた。

ここまで聞いてから、わたしは老倪のほうを向いてうなずいた。これまでの経緯と、老倪が茶会をつくったのは妙峰山がきっかけだったことはよくわかった。

「二〇年前に助けられたのですから、今度もそうなるかもしれないのでは?」と言ってみた。

老倪は首を振った。今は無駄話をするときではないのだ。もう自分は長くないので、大事なことを伝えたかった。老倪の声は、つい昨夏にはそれは力強く、よく通っていたのに、今ではかすれていた。老倪はやっとのことで肺の中の空気を集めた。

「金儲けのための慣習について書くのか、信仰について書くのか、はっきりさせなければいけない」。老倪は床をじっと見つめた。それから深く息を吸って、誰も触れたくない話題を持ち出した。宗教に対する攻撃と大混乱が一〇年間続いた文化大革命である。妙峰山にあったような寺院は徹底的に破壊され、道士や僧侶や尼僧も屈辱を与えられ追放された。一九七六年に毛沢東が死んで混沌状態が終わると、宗教生活も少しずつ再開した。

「苦難の一〇年間の後、政府は妙峰山の再建を認めなかったが、反対もしなかった。承認を告げる文書はない。わかるか? 普通の人たちによって再建されたということだ。

「『民間(ミンチエン)』、この言葉は」と老倪は言って話すのをやめ、「ミンチェン」という言葉が少し後を引くようにした。「どんな人であるかは関係がないという意味だ。農民であってもいい、それは関係がない」

「でも今は」とわたしは言った。「寺院をふたたび開いた第一世代は高齢になってきています。その子供たちが将来この仕事を続けるのでしょうか？」

「人間は……」老倪は言いかけて口を止め、的確な表現を見つけようとした。「よい行いに終わりはない。これで終わりという点はない。あなたは西洋人だ。カトリックでもプロテスタントでもどの宗教でも関係がない。何かを三〇年間も続けてきたなら、それをやめることはない。途中でやめるなんて無理だ。これを覚えておきなさい。信仰というものは、道半ばまでいけば最後までいく。次は、その息子たちや娘たちが自分の残したものを引き継ぐ。それはキリスト教でも同じ」

「どの宗教でも同じ」と金城が付け加えた。

「わかるか？ 考え方は同じ。不可解なことなどない。もちろん、誰にでも自分の文化というものがある。中国文学や、文化のその他の分野はまあ、かなり大きい。文化を隅々まで吸収しようとするなら、それは容易ではない。文化は複雑だ。でも信仰は違う。基本的なところは単純。異なるのは細かいことだけ」。倪振山は苦しそうに息をし、倒れないように両手で踏ん張った。金城の妻の陳金尚（チェン・チンシャン）が入ってきて老倪の肩に腕を回し、体を支えた。

「父さん、休んだら」と金城は静かに言った。老倪は首を振った。

「文化について知りたいなら、わたしと話をするのは時間の無駄だ」。老倪は笑って元気を取り戻した。「中身のない話をするのは嫌だ。知っていれば教える。知らなければ教えない。知りたいことを言いなさい」

「なぜ今も茶会を運営しているのかうかがいたい」とわたしは言った。「碧霞元君にお礼を言いたかった、命を救ってくれたことに報いたかったのですね」。老倪はうなずき、わたしは続けた。「でも、今も毎年行くのはなぜですか？ もうお礼返しはできたのではありませんか？」

「行く必要がある。人びとは揺れ動いている。それで山に来るから、その人たちのためにそこにいなければいけない。これは次の世代にも引き継いでいく。それがわれわれの務めだという気がする」

老倪は話を止めて、言いたいことを整理した。

「もう一つ理由がある。妙峰山の寺院、あそこの歴史は壮大な物語のようだ。有名な人もたくさんそこに参った。程硯秋（チョンイエンチウ）を知っているか？　京劇史でもっとも有名な四人のうちの一人で、すばらしかった。程硯秋は香炉を寄付した。よく知られていること。それも物語の一部になっている」

「あれは有名な人たちだが、おまえはいったい何を残したのか？」老倪は自問した。「誰がおまえのしたことを認めるのか？　おまえは何か価値のあるものを残してきたか？」

それから老倪は自分で自分の問いに答えた。

「会への参加を除いたら？　うちの茶会には独特な名前がついている。全心向善結縁茶会（チュアンシンシアンシャンチエユアンチャーホイ）という。慈善の精神に根差している」

「おまえは何を残していくのか？」と老倪はもう一度尋ね、今度はそれまでとは異なる、もっと低い声で答えた。

「そうだな、茶会があるだろう。

ああ！　そうだ！　北京の豊台区にある分鐘寺という地区に、全心向善結縁茶会がある。そうだった……それを残すことができる。

わたし、倪振山はそれを残すことができる。そうでなければ誰がおまえを記憶にとどめておくだろうか？」

金城は床を見つめた。父親がもう自分の死んだ後のことについて話している。金城は心がかき乱されていた。父が亡くなったら誰が参拝会を運営するのだろう？

「父さん、何を言ってるんですか？　ほんとにもう！」

金城の妻がこらえきれずに言った。五十六歳の陳金尚は短い髪にパーマをかけ、大きな声でけらけらと笑う快活な女性だったが、そんな金尚も義父の話に動揺していたのである。

老倪はとがめなかった。義理の娘の陳金尚は三〇年以上も前から家族の一員で、忠実で思いやりがあり、この数カ月間は昼夜を問わず自分の面倒を見てくれていた。どうすればわかってもらえるだろうか？　そこで老倪は倪家の石柱のことを思い出した。これは寺院の外に立つ高さ一二〇センチほどの石碑で、倪家の参拝者への奉仕に対して与えられた名誉のしるしだった。前面には茶会の名が、裏側には茶会を創設した家族の名前が彫られていて、陳金尚の名もあった。老倪は柔らかい表情で金尚のほうを見た。

「こう考えてごらん。ずっと先の将来、時代が変わっても、うちの石柱は寺院に残る。人は君の名前を見てこう言う。『ねえ、この陳金尚というのは誰?』そして気がつく。『ああ、この茶会の創設者の一人だね』。そういうものがなければ、人物として歴史に残らない」

「でも父さん、しばらくすれば石柱など倒れてしまいます」と陳金尚は言った。「壊れてしまう」

「そうだね、そう考えてもいい。でも天は君がしたことを知っている。君の孫が妙峰山に行って茶会を引き継ぐとする。石柱が壊れているのを見れば、修理するか新しいのを立てるだろう。古い石碑にある名前を新しい石碑に刻み直して。その子供たちは、曾祖母が陳金尚という名前で、妙峰山に参拝してそこに石柱を立てたことを知ることになるのだから、石柱の世話もするだろう。これが『一万年も受け継がれる』とか『秋が千回来るあいだ』と言われていること」

「父さんは倪家について本を書きたいと思っていた」と陳金尚はわたしに言った。

「たいした助けにならないと思う」と老倪は言った。「高等教育もあまり受けていないし。的外れなことをたくさん話して、あなたの本が間違いだらけになるような気がする」

「君の書こうとしているような本は果てしないかもしれない」と、息子の金城はうなずきながら、よくわかっているという顔で言った。

「香会のどんなことについて知りたいの?」と老倪はわたしに尋ねた。

「方向を定めないと」と息子の金城が付け加えた。

「そもそも何について書くつもりなの?」と陳金尚が言って大きな声で笑うと、みんなもつられて笑った。

「いま起きている信仰の復活を描きたいのです」とわたしは言った。「信仰は、文化大革命以降に立ち直り始めたようでしたが、最近になって急に活発になりました」

「まさにわたしのことだ」と老倪は言った。「病気になって、自分の信仰心を表現したくなった。生まれて初めてお金に余裕ができたので、お茶を出すことにした。それは『胸に秘めていたが、けっして口にしたことのなかった考え』と言われていることだった。ただ妙峰山に行き、何かが足りないと思い、翌年に少し手伝った。ただ何ができるか見てみたかった。それで緑茶を出した」

「父の時代には緑茶が高価だったので、緑茶を出すことにした」と金城は言った。「そういう理由で。でもうちの会の方針はあなたが出会うかもしれないほかの会のとは違う。うちはダーナという仏教の考えを守っている」。ダーナとは与える行為、つまり布施を意味する。「最近始まったことの多くはただ金儲けのためのもの」と金城は言った。「くだらない」

それを聞いた老倪が同意しなかったのでわたしは驚いた。

「いや」と、老倪はきっぱりと首を振って言った。眉はきつくひそめられ、息子の言ったことを考えてみてから否定したようだった。「新しいことすべてが悪いのではない。新しいことが始まって定着することもある。しばらくするとそれが古くなる。そうして伝統というものになる」

2 しきたり——失われた中心

倪家のような参拝者たちは、現代における大規模な宗教の復活の一つが起きている中国で、その土台となっている。中国各地では毎年何百もの寺院やモスクや教会が新たにでき、何百万もの新たな参拝者が集う。正確な数字は議論の的となることが多いが、問題意識を持たずには中国を訪れた人であっても、この新しい徴候に気づかずにはいられない。新しい教会が地方のあちこちにでき、寺院が再建されたり大幅に拡大されたりし、政府は伝統的価値観を奨励する新政策を打ち出している。前進ばかりではない。取り壊される教会もあれば観光のために運営される寺院もあり、道徳についての議論が政治的利益のために巧妙に操られてもいる。しかし全体として進んでいる方向ははっきりしている。信仰と価値観が、国中で行われている中国人の生き方をめぐる議論の中心に戻ってきつつある。

これはわたしたちの知る中国ではない。数十年前からわたしたちは中国を、宗教や信仰や価値観がそれほど重要とされない国として考えるのに慣れている。中国人についてわたしたちが持つイメージは、経済的か政治的なものである場合がほとんどである。広い工場で働く勤勉な労働者、富をひけらかす成金、汚染された畑で精を出す農民、あるいは投獄された反体制活動家、といった具合である。中国の人びとについて信仰との関連で何か耳にすることがあるとすれば、それは礼拝を地下でせざるを得ない中国人クリスチャンのような、被害を受けている人についての話か、公園で後ろ向きに歩いたり木を抱いたり恐ろしいカルトに入ったりする変わった人たちについての突飛な話である。

どれも本当にある話だが、重要なのはそこではなく、何億もの中国人が自分たちの社会についての疑問にさいなまれ、身の回りに構築された極端に世俗的な世界に見つけることのできない答えを求めて、宗教や信仰に目を向けているという点である。彼らは、人生には物質主義のほかに何があるのか、よい人生とはどんなものなのかを思い巡らす。本書のために話を聞いた人の一人はこう言った。「貧しいから不幸なのかと思っていた。でも今ではわたしたちの多くが貧しくなくなったのに、不幸なまま。何かが足りない、それは精神生活なのだ[4]」

もっとも驚くべきこととして、この探求活動は中国の中心地域、大まかに言えば北は北京から南は香港、東は上海、西は成都まで延びる広大な一帯に集中している。ここはかつて「チャイナ・プロパー」と呼ばれ、二五〇〇年にわたって中国の文化と文明の中心地だった。詩人や預言者が生まれ、よく知られる戦争や反乱が起き、小説や戯曲の舞台となり、もっとも神聖な山や寺のある場所である。中国文明が誕生し繁栄したのもここで、今も国の経済的、政治的生活の中心であるのもここである。わたしたちは長らく、中国の少数民族、とくにチベット人とウイグル人が宗教を重んじ、それがときに、抑圧的な国家に対する抵抗の一つの形となることを知っている。しかし今では、人口の九一パーセントを占める一つの民族としての漢人のあいだにも、精神生活に対する同様の、場合によってはそれ以上の渇望が見られる。それは中国の周辺にある人びとをなだめるものというより、中国の経済発展からもっとも恩恵を受けてきた人たちが人生の意味を求めるためのものになっている。だからこそ本書は、漢民族とも呼ばれる、民族としての中国人に焦点を合わせる。彼らは中国の人びとの経済、政治、精神的生活を支配しており、彼らがたどる道筋は善かれ悪しかれ中国がたどる道筋なのである。

すべての中国人がこの探求を宗教の観点から見ているわけではない。政府の批判者はしばしばそれを純粋に政治的なものと見なす。社会問題を解決するためにはよりよい規則や法律が必要だと言うのである。体制内にいる改革派はもっとテクノクラートらしい見方をし、行政の構造を改善してよりよいサービスを提供すれば、無関心や怒りが軽減されると考えている。

しかし大半の中国人はこの問題をもっと広い視野でとらえている。中国によりよい法律や制度が必要なのはたしかだが、人の行いについて指針も必要なのである。心のよりどころへのあこがれが中国でとくに強いのは、その歴史と伝統に起因している。何千年ものあいだ、中国社会は法律だけでは人びとをまとめておくことはできないという考えで保持されていた。それだけではなく、孔子をはじめとする哲学者たちは、社会には共通の価値観も必要であると論じた。ほとんどの中国人は今もこのような見方をしている。多くの人は、何らかの形の精神的実践にかかわること、たとえば何かの宗教、一定の生活様式、何かの型に従った修養など、人生をより意味あるものにし、社会を変えるのを助ける活動に答えを見つけている。

総合すると、中国は十九世紀に米国で起きた「大覚醒」に似た信仰の復活を経験していると言っても過言ではない。今、一世紀半前とまったく同じように、ある発展中の国が社会的、経済的大変革によって揺れ動いている。人びとはできたばかりのなじみにくい都市に押し込まれ、そこには友人もおらず支えてくれる仲間の輪もない。宗教と信仰は、すべての人が、どこにいようとも、答えを見つけるのに苦労する永遠の問いを考える手がかりをくれる。わたしたちはなぜここにいるのか？ わたしたちを真に幸せにしてくれるのは何か？ 個人として、共同体として、国として、満ち足りた状態になるにはどうすればいいのか？ 魂とはどういうものなのか？

この精神面の混乱を理解するには、その原因となった世界史上最大規模の反宗教運動にまで時をさかのぼらなければならない。この運動によって仏教、キリスト教、道教、民間信仰、イスラム教という、中国にあった主要な信仰のすべてが影響を受けた。中国があまりに長いあいだ共産党の支配下にあるので、この運動も無神論の共産主義者による宗教に対する攻撃の典型例のように思えるかもしれず、事実、ある程度まではそのとおりである。しかし、この反宗教運動は一九四九年の共産党による権力掌握のときに始まったのではない。むしろその一世紀前、中国の伝統文明が崩壊し始めたときに始まったのである。

伝統文明の凋落は自信の喪失がきっかけだった。中国はその歴史のほとんどを通して近隣の諸勢力を支配していた。軍事的には中国よりも強い勢力もあった。とくに北方の遊牧民族である匈奴、モンゴル人、満洲人などである。しかしこれらの勢力が優勢となり中国を征服したときでさえ、中国が自分たちの文明のほうがすぐれていることを疑うことは稀だった。自己批判的であることも多かったが、最後には自分たちの生活様式が優勢となると考えていた。

西洋との遭遇で中国のこの自信がぐらついた。一八三九年の第一次アヘン戦争以降、中国は立て続けに軍事的敗北を喫した。権力者の多くは初めはこれに動じず、より高度な科学技術、なかでも兵器、軍艦、大砲さえあれば負けなくなると考えていた。しかし戦いに負けて領土を取られることが続くと、危機感が出てきた。中国は世界の情勢に目を向け、西洋がどのようにしてアメリカとアフリカを分割しインドを征服したかを見て取った。次は中国なのだろうか？

十九世紀末には、ますます多くの中国人が、表面的な変革だけでは足りないと考えるようになった。中国には近代科学、工学技術、公衆衛生、先進農業技術がないのだ。そうしたものはどれも中国とは根底から異なる社会の規定方法から生まれたもので、主として科学に基づいていた。危機が深まるにつれてますます革新的な考えが根を下ろしていった。政策を新しくするだけでは足りず、王朝を変えたとしても足りないのだ。皇帝制度を廃止しなければならない。中国を営む政治体制を根底からひっくり返すのである。そのためには、既存の体制のもっとも重要な柱である宗教体系を壊さなければならない。

なぜ宗教なのか？　伝統的信仰を骨抜きにすることなく、単に学校を改革し経済を近代化することはできなかったのか？　今日の中国は、急速に発展中の国でありながら伝統的信仰も普及している。この二つは相容れないようには見えない。しかし従来の中国社会における宗教の役割は現代のと大きく異なっており、そのことが理解されるようになったのはつい最近のことである。数十年前まで、学者たちは中国の宗教はアブラハムの宗教とある程度類似していると考えていた。キリスト教、ユダヤ教、イスラム教の代わりに、中国には仏教、道教、儒教がある、という具合である。それは間違っていた。歴史家のC・K・ヤンが指摘したとおり、宗教は中国社会に「分散」していた[5]。それは世俗社会の隣に立つ一本の柱ではなく、世界の多くの宗教がそう組織されているように、週に一度か二度、決まった場所で決まった聖典に導かれて行う特定のこと、と定義することはできなかった。中国の宗教には神学理論がほとんどなく、聖職者もいないに等しく、ここと決まった参拝の場所も少なかった。しかし、だからといって中国の宗教が弱いわけではなかった。むしろ中国では、宗教が社会を一つに包み込む細胞膜のように生活のあらゆる面に広がっていたのである。

たとえば仕事も神聖なものとされていた。ほぼすべての職業に神がいて、崇拝の対象となっていた。[6] 大工は多くの木工や建築の技術を発明した魯班という歴史的人物を、武術家は将軍の関公や猿の王である孫悟空を、医療の専門家は三世紀に脳の手術を初めて行った医者の華佗を、船乗りは媽祖という女神を崇拝していた。職業の神を挙げていけばきりがない。染物職人、酒醸造人、仕立屋、楽器製作者、音楽家や俳優、料理人、床屋、講談師にも神がいる。一九二〇年に二八の同業者組合を対象に行われた調査では、神を持たない職業は四つしかなかった。中国の都市では、ほぼすべての街角に寺院か祠がある。北京の宗教生活について調査した歴史家のスーザン・ネイキンは、一九一一年に北京にはおよそ一〇〇〇の寺院があったと見積もる。[7] 北京以外の地域も同様で、どの村にも寺院が一つか二つあり、六つある村も多かった。

多くの人はこう考えるかもしれない。いったいこれはどういう宗教なのか？　仏教の実践なのか、道教の実践なのか？　ほとんどの場合はどちらでもないというのが答えである。西洋ではアブラハムの宗教が普及しているので、わたしたちは人の信仰について排他的な考え方をする。この人はカトリック、あの人はユダヤ教徒、あの人はムスリム、といった具合である。これらの宗教は信仰についての言説が明確に定められており、決まった礼拝所や聖典があるうえ、多くの場合は聖職者もいる。もっとも重要なのは、これらの宗教の信仰は絶対的かつ排他的であるということで、ある宗教の信者でありながら別の信者でもあることはありえない。同じ人が過ぎ越しの祭りを祝い、四旬節に断食をし、ハッジも行うことはないのである。ニューエイジ主義者は別として、軽い気持ちで手を出すのは認められない。

伝統的な中国の宗教はこうではない。それが理由で、世論調査員は中国の人びとが信心深いかどうかを解明するのに苦労するのである。「どの宗教を信じていますか？」という問いは、一神論的な規範で宗教を定義する人にとっては単純な質問のように思える。そのような人は「わたしは仏教徒です」「わたしは道教を信じています」といった単純明快な回答があると思っている。しかし中国の歴史のほとんどにおいて、この種の問いは変な質問だと受け止められただろう。宗教は自分の共同体への帰属と一体だった。村ごとに寺院があり、神がいて、特定の聖なる日に崇められた。選択の余地はあまりない。儒教、仏教、道教という三つの別個の教え、「教(チアオ)」はあったが、どれもそれぞれの信者を持つ別個の機関としては機能していなかった。これらの教は主に儀式を執り行った[8]。たとえばある共同体が道士や僧侶を招いて寺院で儀式をしてもらう場合、三つそれぞれに独特の手法があった。仏教では禅の瞑想や浄土教の念仏、道教では瞑想を用いた儀式、儒教では道徳的自己修養などである。ただしそれらは互いに切り離されたものとは見なされていなかった。中国史の大部分を通して、人びとはこれらの信仰が交じり合った、「中国の宗教」としか言い表せないものを信じていたのである。

事実、自分を、ほかと区別されていて明確に定義できる宗教制度の一員と見なすという概念は中国人にとってあまりに異質だったので、一〇〇年前に西洋の規範をもとに社会を再構築しようとした近代化改革論者たちは語彙を西洋から輸入しなければならなかった。彼らは一世代前に同じような議論を始めていた日本に目を向け、「宗教(ツォンチアオ)」や「迷信(ミーシン)」などの言葉を輸入した。それまでは、宗教が社会や政府から切り離されているという考え方はほとんどされていなかった。全部が一体だったのである。中国で生きるとはそういうことだった。誰もがただそうしていた。

これは神学理論の役割が小さいことに反映されている。キリスト教のような宗教では、神学者たちがギリシアの論理学と形而上学に基づく手段を使って三位一体や原罪などの問題について熱く議論する。ユダヤ教やイスラム教でも同じで、学者たちが教義や作法をめぐって論を戦わせ、長大な討論をすることもある。中国の歴史は長いので、例外を見つけることはできる。六世紀の皇帝の宮廷で行われた仏教と道教それぞれの支持者による討論は有名である(道教側が負け、仏教側は『笑道論(道教徒を笑う)』という本を書いた)。しかし、このような討論が行われることは稀だった。大半の人はそんなことに意味がないと考えていた。

中国人の興味を引いたのは儀式だった。どのように振る舞うべきかという、実用的だが深遠な問題である。歴史家のデイヴィッド・ジョンソンは著書『見せ物と捧げ物(*Spectacle and Sacrifice*)』でこう述べている。

> 中国文化は演技の文化だった……中国の哲学者たち

は論理を使って命題を証明することよりも、人がどう振る舞うべきかや、何がよい行いとされるかのほうに関心があった。儀式は行動や演技のもっとも高い形であり、人生における重大な出来事は、社会に関するものでも政治に関するものでも宗教に関するものでも、すべて儀式に組み込まれ、儀式を通じて表現された。[9]

これらの儀式が中国社会を組織するのを手伝った。かつての中国では、宮廷の官僚組織は今日の基準ではごく小さく、北京から派遣された役人の大半は県令より下の位には就かず、一人の人間の監督下に何百もの村とそこに住む数万の人があったので、地元の名士のほうが重要な役割を果たしていた。彼らはほとんどが中国の古典の教育を受けていたため、紳士階級や知識階級と呼ばれることが多い。寺院や宗教的実践が彼らを結びつけ、統治構造を形成していた。どの村でも重要だったのは村の寺院を運営する委員会だった。その委員会は、灌漑（かんがい）設備の建設や盗賊を追い払う民兵を集めるなど、寺院運営以外のためにも共同体をまとめる機関としての役割を果たすことが多かった。寺院は政府による統治のための物理的な空間にもなり、地元の長老がそこで会い、布告文を読み上げ、懲罰を科した。村の寺院は中世ヨーロッパの町の聖堂と市庁舎を一つにしたようなところであることもあった。歴史家のプラセンジット・ドゥアラの言葉を借りれば、宗教は社会の「権力の集合体」だった。[10]

しかし宗教は統治の方法の一つであるにとどまらず、政治体制の生命線でもあった。皇帝は「天の子」であるとされ、手の込んだ儀式を執り行うことで自身の半神性を強調した。そうした儀式には、豊作になるように寺院で祈るもの、先祖が敬われるようにするもの、宇宙の四つの隅にそびえる聖山を崇めるものなどがあった。役人はこれらの儀式の多くと同じことをそれぞれの地方で行い、とくに当地の「城隍神（じょうこうしん）」がよく拝まれた。[11]十四世紀以降、政府は帝国のすべての地方に城隍神を祀る寺院を設けるように命じた。役人たちは決められた日にそこに参拝しなければならず、寺院はその地方の生活と政治の中心であることも多かった。城隍神は信仰の世界の役人であり、その世界は伝統的な政治の世界と同じような階級に分かれていた。精神の領域は現世の延長線上にあり、どちらの世界も互いを利用して正当性を維持していた。

こうしたことすべてを踏まえると、改革論者や革命論者が宗教体系を壊すことにした理由がわかりやすくなる。彼らは新しい政治体制をつくり出したかったのであり、そうするには中国を支配する政治宗教体制の中にあった権力をもぎ取ってこなければならなかった。

これは案外珍しいことではない。ほかの国でも、宗教は社会を治めるのに重要な役割を果たしていた。ヨーロッパでも歴史のほとんどを通して政治と宗教は切り離せないものだったが、十七世紀の国民国家の台頭によってこれが変わり、宗教は弱められ、境界が定められていった。官僚国家が学校や病院の支配権を取り、教会が合法に享受していた特権を破壊した。プロテスタンティズムが盛んになったことも重大な要因で、カトリックの実践に疑いを投げかける目的で、本物の「宗教」に対して、タブーとされる「迷信」という言葉が使われた。キリスト教はもともと論理に訴える宗教だったこともあり、本物の宗教は論理に基づいて正当性を主張することができ、それ以外はすべて迷信なので破壊されるべきだというのである。

十九世紀から二十世紀にかけて世界が国際化していくにつれてこうした考え方が広まった。第一次世界大戦後にオスマン帝国が崩壊すると、新たに生まれたトルコ共和国はカリフ——すべてのムスリムの指導者——の地位を廃止し、一部のモスクを博物館に造り変えるまでした。第二次世界大戦後の中東では、イラクやシリアのバース党のような政治運動も、イスラム教を英国やフランスによる植民地化の原因の一つだと考え、その力を縮小しようとした。インドでも、数々の多様な信仰をアブラハムの宗教に少しでも近い形に整理することで現代のヒンドゥー教がつくり出された。これらの動きの背景には共通した強い願望があった。西洋諸国を模倣し、侵略されない強い国家になることである。

中国では、この動きは清朝が崩壊していった十九世紀末に勢いを増した。二十世紀初めの中国には一〇〇万の寺院があったと推定されている[12]。一八九八年に起きた政治改革運動は、寺院の多くを学校に造り変えるべきだと訴えた。この改革案は頓挫したが、多くの地方政府が独自に事を進め、今日では中国各地にある有名な小学校や高校が寺院の跡地に立っている。もっとも注目に値するのは、かつての城隍神の破壊だった。政治宗教権力という古い体制の最大の象徴だった城隍神は、近代化を進める国家の支配下に置かれたのちに取り壊された。結果、今ではほんの一握りの城隍廟しか残っていない。改革論者の怒りはほとんど限界を知らず、一九四九年に共産党が主導権を握る前から、一〇〇万あったそれらの寺の半分は破壊されるか、閉鎖されるか、ほかの用途に変えられていた。

一神教はどうだったのだろうか？　イスラム教は、海岸から京杭大運河を通って北京まで、また中央アジアからシルクロードを通ってやってくる貿易商とともに、一〇〇〇年以上前に中国に入った[13]。しかしその後は、中国の支配下に入ることがあまりなかった新疆、甘粛、寧夏などの辺境地域から外にはそれほど広がらなかった。中国政府がこれらの地域を掌握している今日でさえ、イスラム教徒の数は多く見積もっても二三〇〇万人、人口の一・六パーセントにすぎない[14]。イスラム教への改宗は、結婚してムスリムの家庭に入った場合にほぼ限られている。これは、政府の政策によって、イスラム教が一〇の非漢族だけ、なかでも回族とウイグル人が実践する宗教だと定義されていることによる。イスラム教は、中国に支配されたくない民族がアイデンティティとして使う場合もあり、今日では中国の西端にある新疆にいるウイグルなどがそうである。しかしイスラム教は主流から外れているため、信仰や価値観や国としてのあり方をめぐる現代の議論で取り上げられることは少ない。

キリスト教は、イスラム教と比べものにならないほど大きな影響をもたらした[15]。中国に入ったのはイスラム教よりも遅かったが、漢民族のあいだで広がり、二十世紀初めごろにはかなりの不安を巻き起こした。当時はよく「キリスト教徒が一人増えると中国人が一人減る」と言われた。そこには、キリスト教は中国人であることと相容れないという考えが現れている。それでもキリスト教は非常に大きな影響を及ぼし、現代中国の宗教世界を規定するのを助けた。それほどの影響を及ぼした基本的理由の一つは西洋におけるその存在感だった。中国の改革論者たちは、西洋諸国がキリスト教国家であることを認め、キリスト教が近代国家と相容れないわけではないと判断した。国民党指導者の蔣介石のように改宗した人もいた。しかしそれよりも重大だったのは、プロテスタントと同様、改革論者のほぼ全員が宗教と迷信とを区別しようと決めたことだった。「本物の」宗教はキリスト教のような宗教で、存続が認められ、それ以外は迷信ということになった。

この決定はたいへんな苦悶をもたらした。仏教と道教に関しては、「宗教」として認められたのは、規模が大きいか有名なごく少数の寺院だけだった。そのほとんどは聖山や大都市の近くにある僧院か寺院で、聖職者がいて定期的に儀式を行い、聖書に似ているといえる経典を持っていた。偉大な伝統を長く受け継いできたとも比較的言いやすかった。仏教と道教とでは、仏教のほうが有利に事を運ぶことができた[16]。仏教には思想面で長い歴史があり、複数の宗派が日本を経由して早くから西洋に伝えられていた。また以前から布教活動が盛んで、二十世紀には活発な改革者を何人も生み出した。彼らは新しいパラダイムにすぐに適応し、寺院を連携させて全国規模の団体をつくり、自分たちの権利について政府に働きかけた。

しかし中国の宗教の大半は仏教のようにはいかず、古い体制との結びつきが強すぎた儒教は生き残ることができなかった。二十世紀初めには、日本の改革論者が土着の宗教的慣習を整理して神道として知られるようになったものをつくったのと同じように、儒教についても組織化して一つの宗教にし、さらに「国の」宗教として宣言しようとまでする努力があったが、功を奏さなかった。道教のほうは存続することはしたが、仏教ほど階層的でなかったために、組織化されていなかった大半の寺院が閉鎖されたり取り壊されたりし、地方や人里離れた山にある大きな寺院がいくつか残っただけだった。

何より悲惨だったのは、民間信仰がほぼ一掃されたことだった。主要な宗教と関係がなく、地元の人びとが営んでいた数え切れないほどの小さな廟や祠、つまりは中国にあった寺院の大多数が「迷信的」だと断じられた。そうして何十万もの寺院が自主的な文化的ジェノサイドの巨大な波にのまれ、跡形もなく消えた。

当初、この宗教の粛清は行き当たりばったりに行われ、個々の行動による場合も多かった。顕著な事例として、のちに清朝打倒にかかわり一九一二年に中華民国を樹立する孫文によるものがある[17]。孫文の初期の反逆行為の一つに、故郷の町の寺院に行ってそこにあった像をたたき壊すということがあった。国民党が力を握ると、この動きは加速した[18]。孫文の後を継いだ蒋介石は、古い慣習を中国から一掃するために「新生活」運動を始めた。アヘン、賭け事、売春、非識字をなくそうとすることに加え、国民党は国をつくる「建国（チエンクオ）」という、より広い目的の一環として「迷信を破壊する運動」も始めた。毛沢東の紅衛兵に先駆け、国民党の青年組織が集団を送り込んで昔ながらの寺院を破壊させ、政府は「寺院の破壊と保存を決める基準」という不穏な名の法令を出した。国民党は実質一〇年間しか中国を支配しなかったので、こうした措置の効果は限定されていたが、方向性は定まった。中国の宗教は社会悪であり、中国を救うためには根本から改革するか、破壊されなければならないのだ。

一九四九年、共産党が内戦で国民党を破り、中国を変えようとしていた勢力のなかでもっとも急進的な一派が権力を握ることになった。当初、共産党は宗教を、中国社会にあったほかの非共産党団体と同じように組織し、「統一戦線」に取り込んだ。これらの団体は、共産党が自分たちの役に立つ、または少なくとも中国が多元社会であるように見せてくれると考えた団体だった。共産党は旧体制の残骸の中から形をとどめて出てきた五つの宗教、つまり仏教、道教、イスラム教、カトリック、プロテスタントそれぞれの協会を設立した。五つはそれぞれ、残存した寺院や教会、モスクなどを営むことを認められた。しかしすべてが共産党の厳しい監督下にあった。人事に関する重要な決定（影響力を持つ僧院長、道士、主教、枢機卿、イマーム）はすべて共産党の承認を必要とした。キリスト教徒の運営する学校や病院、田舎にある仏教や道教の重要な僧院を支えていた土地などの資産もほとんどが没収された。外国との関係はとくに疑わしいとされ、宣教師はみな国外追放された。それでも宗教は禁止されず、残った寺院や教会の多くは開かれたままだった。

この体制は数年しか続かず、一九五〇年代末には、毛沢東の極端に急進的な一連の政策によって宗教的活動の大部分ができなくなった。文化大革命が始まった一九六六年には、宗教に対する攻撃は世界史上でももっとも激しいうちに入るものになっていた。礼拝のための場所はほぼどこも閉鎖され、聖職者も追い出された。カトリックの拠点だった山西省太原市にある主要な聖堂は、宗教がどれほど遅れたものであるかの「生きた展示」にされた。僧や尼僧が檻に入れられ、市民はそれを見てくるよう命じられた。中国各地でも、貞節を誓った仏教、道教、カトリックの聖職者が結婚を強制された。

災難を免れた礼拝の場はほとんどなかった。家庭内の祭壇も解体されて捨てられた。清朝末期から中華民国時代を生き延びた寺院も略奪され、取り壊されるか、工場や政府の事務所として使われた。歴史的な重要性があまりにも大きかったいくつかについては政府内の穏健派が守ることができたが、大半は損傷されるか破壊された。ほぼすべての場所から像が取り除かれ、火にくべられるか、こっそり香港に持ち込まれて古物商経由で売り払われた。世界各地の古い礼拝の場には偉大な芸術作品があって、そこの特色となっていることが多いが、中国の寺院にはそのような作品があまりないのはこれが理由の一つである。

この時期に宗教は地下の活動になった。教会に通う信者は秘密裏に会い、仏教徒や道教徒は経典や儀式の手引書を埋めたり内容を暗記したりして守ろうとした。太極拳や瞑想のほか、武術さえも含めて、身体的修練をおおっぴらに行うのは禁止された。それでも人びとは自宅で、また刑務所に入ってまでも修練を続けた。

公の場では、唯一認められていたのは毛沢東崇拝だけだった。中華民国時代にも孫文と蔣介石が崇められてはいたが、文化大革命では崇拝の程度が数段上がった。人びとは毛沢東のバッジをつけ、毛沢東語録を聖書のように振りかざし、彼の故郷の町に旅する様子はまるで聖地巡礼のようだった。毛沢東に祈る人もいた。朝に指示を仰ぎ、夜にはその日の報告をするのである。こうした内容を報じる記事の多くはプロパガンダであるため、書いてあることにどれほどの意味を持たせるべきかを判断するのは難しい。強制力が広く行き渡っており、しかるべき革命的熱意を示さなければ投獄されたり殺されたりする可能性があった。しかし共産党政権成立以降に育った若者のあいだではとくに、こうした熱情が本物である場合もあった。その熱狂的な感情の流出は、もともとあった宗教を破壊してしまった国の代用宗教でもあったのである。

毛沢東を生き神とすることには問題が一つあった。彼が死んでしまったことである。一九七六年に毛沢東が亡くなると、国はショック状態に陥った。ようやく独裁者がいなくなったというので大喜びした人もいたが、多くの人は意気消沈した。本物の涙が流れ、国の動きが止まった。伝統的な宗教が消滅しかけたところで毛沢東が亡くなったら、信仰心をどこに向ければいいのだろう？

共産党は時計の針を一九五〇年代初めに戻すことで応じた。一九八二年三月三十一日、文化大革命による破壊のより一般的な総括の一環として、共産党は「わが国の社会主義時期の宗教問題に関する基本的観点と政策」と題する一〇ページからなる論文を発表した。これは「一九号文件」という通称のほうがよく知られているが、中国の宗教面の危機と、宗教の復活の法的根拠を、目を見張るほど率直に分析している。この論文は、毛沢東が権力の座にあった二七年間のうち一九年間は「左派の誤り」が根を下ろしていたと述べる。驚くべきことに、初めの三〇年間は共産党が宗教政策を誤っていたことを認めているのである。論文は、国を治めていた急進派が「通常の宗教活動を禁止し」、「数多くの悪事や不正行為をでっち上げ、これらの宗教的著名人たちのせいにし」、「宗教に対して暴力的な手段を使ったため、宗教運動が地下に潜らざるをえなくなった」ことを認めた[19]。

自らの誤りを認めたのち、共産党は宗教を好意的な言葉で描写し、宗教は非常に緩やかにだが消滅していくと力強く論じた。「宗教的思考や実践を一撃で消すために行政の法令その他の強制措置に頼ろうとする者は、宗教という問題についてのマルクス主義の基本的観点からさらに乖離している。そのような者は完全に間違っており、少なからず損害をもたらすだろう」

共産党の長期的政策はむしろ「宗教的信仰の自由の尊重と保護」である、と論文は述べた。つまり礼拝の場でも自宅でも「ブッダを拝むこと、読経、焼香、祈り、聖書の学習、説教、ミサ、洗礼、出家、断食、宗教行事の挙行」が認められる。キリスト教徒が家の教会（ハウスチャーチ）で礼拝をするのさえも暗黙のうちに認められた。「原則としてこれは許されるべきではないが、この禁止措置の実施は厳格すぎてもいけない」

宗教の統制方法に関して、一九号文件は一九五〇年代初めに確立された旧体制への回帰を指示した。五つの宗教はそれぞれの協会によって運営され、協会は政府の管轄下に入る。礼拝の場の再開が認められ、新しい世代の聖職者の養成も始まる。これが中国における宗教の復活の土台だった。

それでも中国の宗教生活が普通だというわけではない。主要な寺院、教会、モスクを政府が統制していることを不愉快に思う人は多く、そのような人は政府の統制を受けない地下の礼拝の場に行くことを選ぶ。公的空間でも宗教は厳しく制限されている。メディアからは締め出されているも同然で、たとえば宗教的指導者が今日の大きな問題について発言したり、互いに交流したりすることさえもほとんどない。宗教間対話も稀である。

過去一世紀半にわたって混乱状態が続いたことで、人びとも安心して自分の宗教性を表現することができなくなっている。事実、大半の人は「宗教」という言葉を避ける。非常に堅苦しく階級的で政治的な、扱いに注意が必要な言葉だと思われているのである。このため、外部の者がこのような言葉を使って中国の宗教生活や精神生活を評価しようとするとたいへんな誤解が生まれる。

一例として、二〇一二年に政府が行った調査では、「宗教的信念」を持っていると答えたのは回答者のわずか一〇パーセントで、八九・六パーセントがまったく持っていないと答えた[20]。国際的な世論調査会社による調査結果でも、信仰を持っている人の割合は低いように見える。たとえばピュー・リサーチセンターは二〇一四年、世界の宗教観についての大がかりな調査の結果を発表した[21]。この調査では、中国では道徳性が宗教を信じることと関係していると考えているのは回答者の一四パーセントにすぎないという驚くべき結果が出た。これを受けて欧米の評論家のなかには「北京の無神論者たち」について書いた人もいた[22]。二〇一五年のＷＩＮ／ギャラップ・インターナショナルの調査ではさらに際立った結果が出た[23]。自分が無神論者であると認識している人の割合が、全世界の平均が一一パーセントだけであるのに対し、中国人は六一パーセントにのぼったのである。

これらの調査にはとんでもない欠陥があった[24]。大半の調査が、回答者に自分の行動を定義させようとして、扱いに注意が必要な西洋の用語、とくに「宗教（ツォンチアオ）」を使っている――「何かの宗教を信じていますか？」 このように尋ねられればほとんどの中国人は「いいえ」と答える。

そんなやり方ではなく、どんな行動をとっているかや、特定の思想を信じているかを尋ねるほうがずっと有益である。二〇〇七年に三〇〇〇人以上を対象に行われた調査では、七七パーセントが善悪に関する因果関係を意味する「報応（パオイン）」を信じていると答えた[25]。中国人の伝統的な考え方の土台である。この調査ではまた、「生死は天の意向によって決まる」という意見について四四パーセントが「そう思う」と答えた。また二五パーセントが、過去一二カ月以内に自分の人生に「仏」が介入したと述べた。

宗教心の高まりをとらえた調査はほかにもある。二〇〇五年に上海の華東師範大学が行った調査では、中国の人口の三一パーセントに当たる約三億人が信仰心を持っているという結果が出た。[26] 三分の二が仏教、道教、または民間信仰の信者で、ほかにキリスト教徒が四〇〇〇万人おり、残りはその他の信者だった。この調査では「宗教」ではなく「信仰(シンヤン)」という言葉を使ったことが鍵となり、回答率が高かった。パデュー大学の楊鳳崗(ヤン・フォンカン)が率いた「中国の精神生活に関する調査」でも似たような数字が出た。[27] 一億八五〇〇万人が、自分は仏教徒だと認識しており、さらに一七三〇万人が寺との正式な関係がある(つまり在家の仏教徒に相当する)と答えた。道教に関しては、一二〇〇万人が自分は道教徒であると答え、さらに一億七三〇〇万人が道教の何らかの実践をしていると答えた。

中国における宗教の復活をもっともよく示しているのが、礼拝の場の増加である。二〇一四年に政府が行った調査では、三万三〇〇〇の仏教の寺に五〇万人の僧と尼僧がおり、さらに四万八〇〇〇人の道士や女性道士が九〇〇〇の道教の寺院に所属していた。[28] これは一九九〇年代に報告されていた数の倍である。ありえないほどの増加に思えるかもしれないが、わたしが中国各地の都市で見てきたものと一致する。中国の都市のなかでもっとも政治化されていて無神論者の多い北京でさえ、一九九五年には二つしかなかった道教の寺院が今日は二〇もある。これはかつてあった数にはまだ遠く及ばないが、変革の速度を示している。

キリスト教に関しては明暗が分かれている。[29] 一九四九年まではカトリックがキリスト教のなかでもっとも大きな勢力で、中国のキリスト教徒の四分の三に当たる三〇〇万人の信者がいた。しかしその後カトリック教会は苦戦している。主な原因はカトリック教会最大の強みであり弱みでもあるもの、つまりそのヒエラルキーである。一九四九年以前は、カトリック教会はその上意下達構造を使って外国から金を中国に送り、病院や学校を建て、遠隔地に宣教師を派遣した。しかし共産党が権力を握ると、このヒエラルキーは無力化され、資金の供給も止められた。新政府はローマ教皇庁との関係を断ち、外国人宣教師を国外追放した。代わりに政府の役人が置かれ、国がカトリック教徒の組織を掌握することになった。

これらの問題はカトリック教会が聖職者に中国人を採用しなかったことで余計に悪化した。一九四九年以前は、枢機卿、司教、病院や学校の長などカトリックの指導者はほぼ全員が外国人だった。彼らが国外追放されてしまうと信者は指導者を失い、カトリックは誰かが結婚してカトリックの一家に入ったときにだけ信者が増える、親族を基盤とする宗教になった。イスラム教とよく似ているが、信者はずっと少ない。中国が公式に認める五つの宗教のうち、カトリシズムがもっとも弱く影響力も小さいままであるのはこれが理由である。一二〇〇万人という最大の見積もりを使っても、カトリック信者は人口の一パーセントに届かず、中国の人口増加（一九四九年から三倍以上になっている）にかろうじてついてきている程度である。カトリックは中国で波乱に富んだ歴史を持っており、数十年にわたってローマ教皇庁と中国政府とが互いに機嫌をとる様子は外国メディアによって盛んに報道される。しかし現実ではカトリックは中国の宗教生活において大きな存在ではない。

これに対してプロテスタンティズムは一九四九年以降に上向きになり、中国でもっとも急速に拡大している宗教だと言われることも多い。一九四九年には信者が一〇〇万いたが、公式の数字によれば、今では二〇〇〇万のプロテスタントが政府の運営する教会に行っている。しかし独立した見積もりの大半によれば、実際の信者数はその数倍もいる。これは政府の機構に入っていない「地下」や「家」の教会に人気があるのが大きな理由である。二〇〇八年、北京の社会学者の于建嵘（ユイ・チエンロン）はプロテスタントの数を約六〇〇〇万人と推定した。[30]二〇一一年には「宗教と公共生活に関するピュー・フォーラム」がプロテスタントの数を五八〇〇万人と推定した。[31]政府は信仰に関する独立した調査を認めないため、非公式の活動についての数字はせいぜい信頼性の高い推測でしかないが、一億人というきりのいい推定数は非常に高く見積もった数値だと考えざるを得ないので、[32]わたしはそれを排除するのが妥当だと思う。それでも、一九四九年以降プロテスタントの数が年に七パーセントずつ増えていることは注目に値する。数が直線的に増えていくと予測するのは危険なことで、共産党支配の初期の混乱のような特殊な要因が大勢の人をプロテスタント派のキリスト教に駆り立てた可能性もある。しかし増加率が四パーセントだけだったとしても、プロテスタントの数は二〇三〇年には一億人を超えるはずである。[33]いずれにしても、正確な数字はそれほど重要ではない。肝心なのは、プロテスタンティズムが中国の、とくに最大規模の都市や非常に高い教育を受けた人びとのあいだで、活力に満ちた宗教の領域になっているということである。

総合すると、中国には仏教徒と道教徒がおよそ二億人、プロテスタントが五〇〇〇万から六〇〇〇万人、ムスリムが二〇〇〇万から二五〇〇万人、そして約一〇〇〇万人のカトリックがいると言える。約三億人が信仰を持っているということになり、これは先の華東師範大学の調査が示したような、より高い推定数と合致する。この数字には、何らかの形の道教や民間信仰の実践を行う一億七五〇〇万人や、バハーイー教、ガンディイズム、ヨーガや西洋から輸入された謎めいた信仰などを実践する多くの中国人は含まれていない。全体としては、宗教の知識や基盤となるものの破壊、政治的抑圧の継続、人の精神性を定義づけることの一般的な難しさを考慮すれば、これはなおのこと見事な復興である。

だからといって共産党が信教の自由を急に認めるようになったわけではない。一九号文件やそれに続く規定や法令では、宗教は政治と結びつくべきではなく、国に規制されるべきものだと明確に定められている。地下の活動は黙認されるかもしれないが、それでも違法である。外国の組織と関係を持つことも同様に禁じられており、迫害につながることも多い。

国としての不寛容の最たる例として、政府は一九九九年に法輪功という宗教的運動を禁じた。法輪功は伝統的な精神と身体の修養への回帰から派生したものだったが、政府を脅かす存在だと見なされた。法輪功が解散を拒否すると弾圧が始まった。人権団体の推定によれば、約一〇〇人の信者が警察の拘束下で死亡したほか、数千人が裁判を受けることなく投獄され、多くは強制労働収容所で何年も過ごした[34]。

法輪功の弾圧は恐ろしいことだったが、ほかの宗教団体が活動する隙間を生み出した可能性がある。弾圧以来、政府は確立された宗教に対する政策を緩めた。人びとの信仰心が、法輪功のような独立した運動の形で噴出するよりも、政府が制御できる団体に向けられるのを認めるほうがいいと考えたのかもしれない。政府はとくに道教や民間信仰、そして仏教の大半の宗派に明らかに肩入れしている[35]。

外国とつながりのある団体に対する扱いはそれほどよくなく、亡命中のダライラマとの関係を重視するチベット仏教徒や、世界規模のイスラム運動に影響を受けるムスリム、また外国に導きや指導者を求めるキリスト教徒の苦労は今も続いている。しかし活動の中心と指導者と資金が中国国内にある場合には、宗教生活はかなりの自由を与えられている。

これは不安定な状況をつくり出している。昔ながらの価値観や慣習が安定や道徳性の源として奨励される一方で、信仰は制御不能の勢力として、社会の営み方について政府の見解とは異なるイデオロギーとして恐れられてもいる。かつて国と宗教は一体で、中国にとって精神面の重心を形成していた。その古い体制はとうになくなったが、それに代わる新しい体制はできていない。針路が定まらないなか、中国には教団や救世主がたくさんあるが、それらすべてをまとめる体制がない。歴史家のヴァンサン・ゴーセールとデイヴィッド・パーマーの表現を借りれば「中を失った国」なのである(36)。

3 山西省——最初の夜

太行（たいこう）山脈は北京の西、妙峰山が中国世界の北端を支える柱のようにモンゴル高原に接するところから始まる[37]。そこから南に延び、歴史的に中国の人びとの中心地域であったところを横切る様子は原始からある傷跡のようである。何世紀も前には、人びとはこの山脈の峰々に目を向け、そこが人類を創造した女神である女媧（じょか）の生まれたところだと信じていた。軍の戦略家たちはもっと冷めた見方をし、容易に防衛できる幅の狭い峠を重要視していた。今日では、実業家たちが鉱物や石炭の膨大な埋蔵量に山の豊さを見いだし、この地域は世界最大の製鋼所の密集地となっている。東には広大な穀倉地域である華北高原が海岸のほうにまで広がる。西には文字どおり「山々の西」という意味の山西省があり、そこには古代中国の五つの聖山のうちの一つ、恒山（こうざん）がある。恒山は中国の歴史的な遺物がもっとも集中している場所の一つでもある。

山西省の北東の端、太行山脈とモンゴル高原に挟まれたところに人口二八万の小さく平凡な陽高（ヤンカオ）県がある。万里の長城の一部が県の北東の隅を通っているが、そこまで行くのが難しいため、観光開発はされていない。県でいちばん有名な寺院は廃墟となっており、たたき壊された仏像の頭部や石碑の山を保管する小屋として使われている。有名な役人や将軍、詩人や画家のなかに陽高県出身者は一人もいない。そして、かつてのテキサス州の石油のように石炭がどこにでもある地域にありながら、陽高県は山西省で唯一、炭鉱のない県である。農業に依存しているが、水があまりに乏しいので農民はいまだに雲を見上げ、春の雲が雨を降らせることを願う。もし降らなくても困らないように、アンズ、ナッツ、菊など、乾燥した気候でもよく育つ換金作物を育てている。

しかし陽高県を地図で見ると、もっと注目すべき状況が見えてくる。県には二六七の村がぎっしりと詰まり、村名が重なり合っている――実に密度の高い農村地域なのである。中国文明は何千年ものあいだ、このような地域に根差してきた。人口密度は均等で、これという大都市はなかった。移動も徒歩によったので、人びとの生活は村と地域の伝統を中心にしていた。そうして陰暦に規定された農作業に基づく共同生活が発達した。何百もある地元の寺院では年中行事が執り行われる――寺院の多くは巨大でいかめしく、ヨーロッパの城や聖堂と同じように田舎の風景のなかに散らばっていた。これこそが中国の村の典型で、何世紀にもわたって社会の理想の形として崇められてきた。

今日、このようなのどかな田舎は紙の上にしか存在しない。都市化という新しいイデオロギーによって村々の多くは空になってしまった。農民は、国内の大都市に移った人もいるが、ほとんどは県庁所在地の陽高町に吸い寄せられ、二〇一五年までに県の住民の半数が同町に暮らすようになっていた。陽高町は、雑草の生えた環状交差路や穴だらけの大通りからなる見栄えのしない町で、ツーサイクルのトラクターや、道を逆走する車が走り回っている。人びとはクラクションや怒鳴り声も気にせずに道路をのんびりと渡り、そこが自分の家の畑でもあるかのように振る舞っていた。道路の両側には二階建ての建物が並び、二階部分は住居で、一階の店では、畑では必要ないものが売られていた。調髪、防犯ドア、宝くじなどである。

ある店先には鮮やかな赤の看板があった。そこには白い文字で「葬儀のことならおまかせ」と書かれ、さらに小さな文字で店主が持つ資格が記されていた。「上梁源村九代目陰陽(いんよう)先生　李斌(リー・ビン)」。勢いよく前進している都市で、世代の数で歴史を、村名で地理を示すこの看板の内容は人間味があり独特だった。この店は、村の果樹園にある果物の木さながら、上部を切り落として新しいものに接(つ)ぎ木するように、過去を未来に移植しようとする努力の表れなのだった。

二週間前、新月の暗い夜に春節が始まっていた。今や月はまん丸に近く、李斌は春節の終わりを「提灯祭り(ちょうちんまつり)」で締めくくろうとしていた。平凡な名前だが、この祭りは「最初の宵」「元夜」を意味する元宵節とも呼ばれる。清めと厄除を行っていたという起源を想起させる呼称である。一年が本当に始まるのは元宵節で、これで新年のあいさつや儀式が終わり、日常生活が再開する。新しい月とともに新たな始まりが訪れるというわけである。

提灯祭りは翌日に始まる予定で、李斌は町にいる友人たちと集まって過ごすつもりだった。真冬で気温は五度しかなかったが、李斌は店を出るときに外套も帽子も身に着けなかった。[38] そんな格好は、李斌もかつて住んでいた田舎にいる、暖かくなるまでカロリーをため込む慎重で用心深い人たちがすることだ。李斌はそんなに臆病ではなかった。背が高く頑強で、よく気がつき、鋭いユーモアのセンスを持つ李斌は、都会人らしく自信を持って率直な話し方をし、村の人のように意味ありげに黙ったり含みのある視線を送ったりはしなかった。知らない人に囲まれて生活するのに慣れていて、周りの人たちがみな、李斌が何者で何を考えているかを知っているわけではないことを心得ている。李斌は今でも田舎の狭い世界を理解していたが、自身は都会の人となり、黒のローファーに黒のコーデュロイズボンをはき、黒の革ジャケットのジッパーを下ろしたところから分厚いダークグレーのセーターをのぞかせていた。颯爽（さっそう）とした、新しい世界に一歩を踏み出す三十五歳の男だった。

それなのに李斌の仕事は時代に逆らっているように見えた。陰陽先生とは、堪輿家（かんよか）と算命術師と葬儀屋を合わせたもので、これは家族を基盤とする道教の一つの形、約一〇〇〇年前に貞潔と禁欲生活を重視する新たな宗派が起こる前にあった道教本来の実践方法である。当時は、そして中国の農村地域の広い範囲で今もそうだが、道教の師は寺院に属しておらず、もちろん政府の団体の一部でもなかった。彼らは神官として地域社会に暮らし、父から息子へと知識を伝えていた。中国の多くの地域でこのような師は単純に「道士」と呼ばれるが、それぞれの地元で使われる「陰陽先生」という呼称は「道士」よりもずっと含みがある。陰陽先生は「陰（イン）」の世界、暗い死の世界の師であると同時に、「陽（ヤン）」の世界、明るい生命の世界の師でもある。

李家の男性は九世代にわたって途切れることなく宗教的儀式を執り行ってきた。彼らの権威の及ぶ範囲は狭く、葬儀や占いをするために二〇キロメートル以上離れたところに赴くのは稀だったが、李家の陰陽先生の多くは中国農村部のこの界隈で有名になった。毛沢東の紅衛兵が地域にあった宗教関係の手引書を残らず燃やそうとしたのだが、李斌の祖父が奇跡的にも手引書を救い出し、地域の宗教生活の再建を助けた。李斌の父は占い師として尊敬され、人びとの悩みによく耳を傾けてから慎重に助言をした。李斌は李斌で独自の才能があった。先見の明である。李斌は中国で多くの人が田舎を出て都会に移っているのを見て取った。そして、そのように新たに都会に住むようになった人たちが信仰に飢えていることも察知していた。

というわけで、李斌は父親の反対を押し切って最近、陽高町に引っ越したのだった。以来、李斌は町で小企業を営むほかの人たちと同じように振る舞い始め、どこに行っても名刺を配り、名のある人なら誰でも食事に招いて蒸留酒を酌(く)み交わした。

こうした努力が実を結んだ。今や李斌は依頼を受けて県外にも行き、最近も、ある政府機関の長の葬儀をしたばかりだった。それは金銭面でも大当たりの仕事だった。地方の人はほとんどが紙製の花輪を二つしか買えないのに、この役人の家族は七つも注文したのである。李斌と妻の景華(チン・ホア)は夜を徹して花輪を作ることになり、手が擦り剝けるまで竹を曲げて木の枠にはめ、紙製の花を糊で貼り付けた。そうして二人は、李斌の父親が村で一カ月に稼ぐよりも多い額を一週間で稼いだ。その後も次々と依頼があり、二人は毎晩六時間も眠れればいいほうだった。親戚に手伝いに来てもらう日も多かった。

この仕事にはほかにも困難があった。田舎の人は葬式での自分の役割や、何をすべきかをわかっている。李斌と父親は音楽の演奏と複雑な儀式、そして遺族が悲しみを表現できる濃密な時間も含めて標準的な二日間の葬式を出した。それは死を受け止めるための昔ながらの確実な方法で、一家が尊敬されるようになった所以でもあった。しかし今の新しい時代は違った。都会の人たちはもっと手早く単純で、自分たちの好きなやり方でできる葬式をしてほしがった。それだけでなく、誰もが、自分以外の人は誰でも金儲けが目的なのだと決めてかかっていた。これは李斌を嫌な気持ちにさせた。都会での生活では人が自分を疑い、誰でも彼でも値切ろうとしてくることに李斌は疲れ果てた。

そんな李斌は町の友人たちと集まる前に、まずはある男性を埋葬しなければならなかった。都市化していると言っても、中国の人口の半分はまだ田舎に暮らしている。亡くなったのは尊敬される農場主で、子供や孫が彼を見送るために中国各地から帰ってきていたのだが、正しいやり方で事を運ぶために李斌が雇われた。明日はパレードに山車（だし）や大かがり火のある大きな祝日で、李斌も楽しみにしていた。しかし中国の宗教生活ではたいていそうであるとおり、存命の者よりも死者が優先されるのである。

李斌は車に歩いていった。今にも崩壊しそうな中国製のごく小さなセダンである。寒さのせいでエンジンは音を立てながらもなかなかかからなかったが、最後にはなんとか始動した。李斌はクラッチを踏んでギアを入れ、轍（わだち）のついた道路をのろのろと進み、最初の交差点で左に曲がった。そこから田舎に向かうのである。

わたしはニューヨークのカーネギーホールで李斌と初めて会った。二〇〇九年のこと、そこで中国の文化生活について一連のコンサートが開かれ、夜ごとに操り人形や人形劇の上演、それに宗教音楽の演奏があった。宗教音楽の回で李斌の楽団が別の楽団とともに演奏した。楽団の様式は異なっていたが、琵琶（ピーパー）の名演奏家である呉蛮（ウー・マン）という中国系アメリカ人の物語によって一つにまとまっていた。最初に呉蛮についての映画が上映され、中国にまだ民俗音楽が残っているかを調べに呉蛮が中国に戻ったことが説明された。その後、コンサートの途中で呉蛮が二つの楽団に加わって琵琶を演奏した。わたしはその前にも道教の音楽を聴いたことがあり、それが主として儀式で伴奏され、多くは非常に長くて複雑であるものとして知っていた。しかしこの夜に演奏された曲は短く、あか抜けていて、わかりやすかった。

終演後、わたしはあいさつをしに楽屋に行った。李斌は名刺をくれ、中国に来たら寄りなさいと誘ってくれた。わたしはおそらく行かないだろうと思った。一行はいい人たちのようだったが、本物の何かに出会いたかったわたしは、カーネギーホールに来るようなワールドミュージックは偽物に違いないと考えていたのである。パンフレットはよくできており、宣伝もうまく、聴衆は礼儀正しかった。そんな音楽が太行山脈沿いの荒々しい土地とつながっているはずがないではないか？

一年半後、わたしは山西省を旅している途中で李斌の家の近くまで来ていることに気づいた。電話してみると、ちょうど楽団が演奏するところなのでぜひ来いと言う。陽高町の李斌の店に着き、二人で李斌のポンコツ車に乗り込んで田舎に向かって出発した。わたしは状況をまったく理解しておらず、村で演奏会かリハーサルでもあるのだと思っていた。村に着くと、ある農家の前で車を止め、中に入った。誰もが白い服を来ていた。普段着の上に白い衣をまとい、帽子も白、そして靴には白い紙が貼り付けてある。伝統的な中国の葬式が開かれていたのだ。

「いったいここで何をするんですか？」とわたしは李斌に尋ねた。

「演奏するんです」と李斌は答えた。「これで生活しているのでね」

李斌の父親をはじめとする楽団の団員たちが横の部屋から出てきた。黒の衣に、前面には赤い太陽の形（「陽」の象徴）、後面には月の形（「陰」の象徴）のある尖った黒い帽子をかぶっている。団員はわたしのそばを通り抜けて、玄関の脇に立ててあった小さなテントに入った。中央に仮の祭壇があり、果物や菓子がたくさん置いてあった。来世のための供物である。その後ろには大きなオーク製の棺があり、上に故人の写真が置かれていた。団員たちは祭壇の両側に三人ずつ、折りたたみ椅子に座って演奏を始めた。二人はシンバルや銅鑼（どら）のような楽器の担当で、三人が笙（ション）という、木の基盤から一〇以上のパイプが出ている楽器を両手で持って奏でた。もう一人はバルブのないクラリネットのような管子（クァンツ）を吹いた。吸い込まれるような音楽の勢いが強まり、音量が次第に大きくなっていくと、シンバル担当のうちの一人が経を朗誦した。それは耳慣れない、心を揺さぶる悲しい音楽で、カーネギーホールで聴いたものとは似ても似つかなかった。

その日は楽団が棺のところで短時間ずつ演奏するのを聴いて過ごした。休憩時間には話を聞くことができた。そうするうちにニューヨークでのコンサートをすっかり間違って理解していたことに気づき始めた。呉蛮がこの楽団を見つけたという物語は、アメリカの聴衆にとっかかりを与えるための当たり障りのない作り話だったのだ。呉蛮はたしかに偉大な琵琶の演奏家で、クロノス・カルテットのような有名な楽団と録音もしている。中国の伝統音楽にも本当に関心がある。それでも呉蛮は、道教の儀式で行われてきたことを現代の聴衆に売り込める音楽の商品にしようという、部外者が数十年かけて行ってきた努力の一部なのだった。問題は、李斌たちは本業が演奏家ではなく、葬式や神の生誕祭に音楽を使う道教儀式の専門家であることだった。神官なのである。

李家が楽団に仕立て上げられたのは一九八〇年代のことで、陳克秀（チェン・コーシウ）という中国人の学者が山西省でフィールド調査をしているときに李家を見つけたのだった[39]。陳克秀をはじめとする学者たちは、大同市（タートン）を中心とする地域に類似する道教の陰陽の団体が一四あることを発見した。車で通っただけではわからない、隠された宗教生活があったのである。中国では、このような農村地域での民間信仰の実践はしばしば「生きた化石」と呼ばれ、何世紀も前から変わらないものとしてロマンチックに考えられている。陳克秀の発見は、穴から掘り出されたブロントサウルスの骨が急に生き返ったようなものだった。

そこで陳克秀は、この恐竜を踊らせることができないか試してみることにした。そして李斌たちの奏でる音楽を現代風にし、李家に、近くにある聖山の名をとって「恒山道楽団」という大層な名前をつけた。李家が恒山に行ったことがなくても構わない。大事なのは名前があることだ。というわけで、陳教授は一九九〇年に北京での演奏会の企画を手伝った。こうして楽団が生まれたのである。

そこでまた幸運に恵まれた。聴衆のなかにスティーヴン・ジョーンズという若いイギリス人がいたのである。ジョーンズはバロック・ヴァイオリニストで民族音楽学者の卵でもあり、中国語に堪能だった。ジョーンズは山西省に李家を訪ね、李斌の祖父の李清（リーチン）に話を聞いて、その内容の一部を、中国北部の民間信仰と道教についての二つの包括的な調査書に入れた。ジョーンズは李家が海外に行くときのマネージャーにもなった。わたしは長年かけて、ジョーンズを儀式や占いから音楽まで、李家の活動の全体を理解する非常にすぐれた学者として知るようになった。しかしコンサートに来る人にも受け入れられやすくするため、ジョーンズは陳克秀が始めた李家の音楽を作り変える作業も続け、すべてを四五分間のプログラムに収まるように改編した。それから楽団をアムステルダムに連れて行き、呉蛮に紹介したのち、楽団とともにまず米国、その後すぐにイタリアに行った。

二十一世紀の初めには、このような転換が中国でも行われるようになった。政府は国連教育科学文化機関（ユネスコ）が作った「無形文化遺産」という用語を採用した。中国では「非遺（フェイイー）」という略語で知られている。これは万里の長城や紫禁城のような重要な建造物を保護するのではなく、音楽や料理、儀式、劇、武術など、はっきりとした形のない伝統を支えるのが目的である。二〇一〇年代には非遺が国中で大流行となり、地区、市、省、国という政府の各レベルで非遺が指定されるようになった。李家は二〇一〇年に一二〇〇ある国レベルの非遺の一つに指定され、一家の芸を未来の世代に教えるために一五万元（現在のレートで約二万五〇〇〇ドル）の一時金を受け取った。

非遺に指定された代わりに、李家は「由緒ある」音楽が健在であることを、実情がどうであろうと示さなければならなくなった。具体的には、年に数回、大きな祭りのときなどに演奏会を開くのである。このような演奏会では、李家は葬式その他の儀式で奏でる曲をもとに民族音楽学者たちが作った短縮版からなるレパートリーを使った。こうして、中国と外国の学者が創作したものが、道教の民俗音楽の存続を示す政府の基準となった。ウェストヴァージニア州の教会オルガニストが、学者が企画したニューヨークでのコンサートで演奏し、アパラチア山脈の文化の健在ぶりを示してアメリカの都会の人びとを安心させるようなものである。

しかし李家の本来の顧客たちは、このような外部の介入のことを何も知らなかった。李斌たちがカーネギーホールで演奏したから、あるいは国レベルの無形文化遺産に指定されたから葬儀や占いを依頼した人はいなかった。彼らが李家を雇った理由は、九世代前から人が李家を雇ってきた理由と同じで、李家が死者をあの世に送る作法を知っていたからである。

わたしたちは誦経（ずきょう）堂という立派な名前で呼ばれる部屋で、亡くなった老人の葬式の準備をした。これは実際にはただ故人の家族が楽団に貸してくれる部屋のことで、そこでみんなは休憩したり、棺や祭壇を飾る文字を書いたりする。今日の誦経堂は、故人の息子の一人である貧しいトウモロコシ農家の一部屋だった。この息子はわずか一〇畝（ムー）、つまり六・五平方キロメートルほどの面積しか耕作しておらず、自宅の狭い敷地はところどころ崩れている急ごしらえの土壁に囲まれ、がたがたの門を開けると敷地の半分を占める豚小屋があった。人間用のもう半分にはビールの空き瓶と二台のオートバイ、それに住居である波型金属板の屋根のついたれんが造りの平屋があった。家は三つの部屋に分かれ、真ん中にある玄関を入ると狭い土間があって、そこは物置として使われていた。その左右にそれぞれおよそ三メートル半四方の部屋が一つずつあり、誦経堂は左側の部屋だった。

中国北部の農家の大半はたいていそうだが、この部屋の三分の一ほどが炕（カン）と呼ばれる、約九〇センチの高さの壇になっていた。炕は石炭の暖炉で下から温められ、食べたり寝たりする多目的の生活空間になっている。部屋にはすでにほかの楽団員たちがいて、温かい炕に腰かけたり演奏の準備をしたりしていた。団員の数はいつもと同じ六人で、李斌、李斌の父親、花形演奏者の呉美（ウー・メイ）のほか、都合が合ったので参加した三人がいた。

　家の主人は留守だったが、妻と娘が茶を淹（い）れる湯を沸かしたり、ピーナッツや飴、炒ったヒマワリの種を出したりしてもてなしてくれた。四十代の妻は聡明でよくしゃべり、団員たちを質問攻めにした。どのくらいの頻度で演奏するのか（李斌と父親はほぼ毎日、ほかの団員は月に数回）。いくら稼ぐのか（二、三日の行事なら一人一〇〇〇元近く）。どうやって楽器の弾き方を学んだのか（家族に教わるか、独学で）。

　しかし真の主役は二十三歳の娘のほうだった。長い前髪で眉毛が隠れ、残りの髪はポニーテールに結んである。母親に似て顔が小さく目鼻立ちがはっきりしていたが、若い分、柔らかい印象を与えていた。一族で初めて大学に入ったが、そこまでの道のりは困難だった。中学で一度、高校でもう一度、合わせて二度も落第し、大学入試にも二度落ちていた。それでも努力を続け、今では山西大同大学で化学を専攻していた。男たちは口々にそれはすばらしいと褒めた。貧しい農家の娘が大学に進むのがどれほどの離れ技であるかをわかっていたのである。

　彼女の話を聞いて呉美が「尊敬！」と声を上げると、みんなが大きくうなずいた。李斌は黙ったまま、心の内を明かさなかった。彼には十一歳になる息子がいる。一〇年後、息子は何をしているだろうか？　どこかの農家で誰かの親を埋葬しているだろうか？　大学に進学しようとしているだろうか？　または、尊敬される伝統を育みながらもそれなりの収入を得られるような、中間の生活などあり得るだろうか？

　李斌は顔を上げて若い娘にこう訊いた。「石炭局に就職できると思う？」

　娘は、ひびの入った日干しれんがの壁一面に貼られた殺虫剤や遺伝子組み替え種子の宣伝を背景に立っていたが、「それが目標です」と静かに言った。李斌はその顔を見て、プロの占い師らしく造作を見て取った。それから考え深そうにうなずき、「そのとおりになるよ」と言った。

　冬の太陽が歪んだガラスを通して李斌の父親の背中に

当たっていた。女性たちは葬式の準備を手伝いに行き、楽団員たちも村の様子を見に出かけていった。李斌の父親の李満山（リー・マンシャン）は、わたしは敬意を払って老李（ラオリー）と呼んでいたが、まだ六十一歳なのにそれよりもずっと年をとって見えた。小柄で皺（しわ）が多く、口数は少ないが静かな情熱に燃えていた。自分の仕事を非常に大切にしていて、伝統を忠実に守るその姿勢のためにさばききれないほどの依頼があった。

　老李は手と膝をついて前かがみになり、筆を持った右手は長さ九〇センチ、幅六〇センチの白い紙の上で止まっていた。陰陽先生は、自分たちの仕事は占い、読経、音楽の演奏の三つであると言う。しかし、わたしが陰陽先生の技能のうちいちばん見事だと思っていたのは書道の腕だった。正規の教育をろくに受けていない陰陽先生たちが中国古典の濃密で難解な言葉を使いこなすというのは、ちょっとした奇跡のように思えた。陰陽先生は筆と紙を使って、死者を称える詩や霊の世界への警告、魔除けの文字など、一日に何百もの文字を書く。

　これから書くのは死去の知らせだった。それは長男の立場から語られたものでなければならない。老李は紙の真ん中に上からこう書いていった。

訃告
亡き父
劉（リュウ）
公諱（コンホイ）は
成（チョン）
ここに
七十と
八年の
天寿をまっとうした

文字によって大きさが異なった。姓の劉と名の成は大きく、「公諱」などほかの文字は小さかった。公諱とは、故人の名を敬って言わなければならない、むしろ名を口にするのは避けるべきだという意味である。公諱は、読む者に務めを思い出させるわきぜりふのような言葉だった。

　老李は黙って書き続け、完全に集中した。吸い殻のあふれる灰皿がそばにあったが、タバコを取り出すことはなかった。今は書くことが大事なのだ。老李は故人の生没日を書き足した。生まれた日は「生年」、死去は「大限」である。その脇には参列者のための情報が加えられた。

　姻戚の参列を禁ぜず
　子供の喪服の着用を妨げず

　李斌がそっと入ってきて、家族が故人の亡くなった時間を間違えて伝えていたことを父親に告げた。亡くなったのは午後遅くではなく早朝だったのだ。

「それで全部変わってくる」と老李は言った。それからの一時間で口を開いたのはそのときだけだった。老李は急いで表や計算式が書かれたぼろぼろのノートを参照して、棺を下ろすことのできる時間を書き込んだ。明日の朝、最初の計算よりも一五分早い時間だ。息子が確認してくれたので助かった、そうでなければ訃告を書き直さなければならない。李斌は部屋を出ていき、老李は作業に戻って故人の息子たちの名前と哀悼の意を書いた。

　誦経堂での静かな時間は葬式の重要な一部だった。田舎の葬式はたいてい二日間かけて行われる。楽団は初日の午前八時ごろに着いて準備を始める。まずしなければならないことの一つに、いま老李が取りかかっている訃告の作成がある。九時ごろ、団員たちは道教の衣を着ける。衣は式によって黒か、赤と緑で、これに前面に太陽、後面に三日月の付いた角帽をかぶる。それから老李を先頭に一列に並び、誦経堂から村の中を通って故人が横たわる家族の家に行く。そこで一五分から三〇分ほどの長さの曲を演奏する。このときお経の朗誦を伴うことも多い。曲名は「経典を開く」「経典を読み上げる」「供物を行き渡らせる」などで、翌日の埋葬で頂点に達する。演奏の合間に老李か李斌が赤い紙札に魔除けの文字を書き、これが棺に封をするのに使われる。人びとが占ってもらいに来ることもあった。多くの場合、団員たちはただ休憩し、楽器の調子を整えたりタバコを吸ったり昼寝したりした。

　呉美が来て、黙って炕に腰かけた。呉美は四十代の顔立ちのいい男性で、頭の回転が速く、よく冗談を言った。しかし自分の演奏と仕事については真剣そのものだった。呉美は老李が訃告を書いているのを見ると、壊れたリードをそっと取り出してポケットナイフで修理し始めた。

　呉美は三〇年以上も李一家と一緒に生活していた。県でもっとも貧しく乾燥した村に住んでいたのだが、十代のころに陰陽先生の仕事にすっかり心を奪われ、ある日一五キロ歩いて李家を訪れ、李斌の祖父の李清に弟子にしてくれと頼み込んだのだった。李清は聞き入れ、呉美は李家に住み込んで音楽の演奏を学び始めた。占いなど陰陽先生の技術をすべて身につけたわけではなかったが、今では楽団でいちばん腕のいい演奏家で、どんな楽器でも奏でることができた。呉美の独奏は感情をかき立て、聴衆を総立ちにさせることもあった。呉美は溶接というごく普通の技術も身につけていたが、ここ数年は李家の事業があまりに急に拡大したため、呉美も溶接業を辞めて道教の儀式に専念することができるようになっていた。呉美はしばらく楽器をいじってから仰向けになって昼寝をした。眠気を誘う春が近づいていた。

　日の光が古いガラス越しに入ってきて乳白色の紙と黒い墨を照らしていた。老李は胴体の下に両脚をしまい、新しい行を始めようと前かがみになった。小皿に入った墨を丁寧に筆につけ、力強くはっきりとした文字で紙面を埋めていった。ノートを確認してから、特定の十二支の一覧を書き足し、これに当てはまる人には葬儀に近寄らないようにと忠告した。その人たちの存在が故人の魂とぶつかるかもしれないからである。

縁起の悪い干支は次の四つ

寅、申、巳、亥

　老李は体を起こして出来上がった作品を眺めた。それに続く沈黙は一連の作業のなかで満足のいくひとときだった。もう何百回も繰り返してきたことだったので、誰も何も言わなくてもよかったのである。まもなくその日最初の曲である「経典を読み上げる」を演奏しに行く。それから戻って休憩し、もう一度、さらにもう一度演奏したら昼食だ。団員たちは彫刻作品に取り組む職人のようだったが、その仕事は形に残らない。

　老李はタバコを吸おうと口にくわえたが、火をつける前に二つの大きな文字をいちばん下に麗々しく書いた。

謹告

　劉和軒（リュウ・ホーシュアン）は食事用のテント内をふらふらと歩き回り、ようやく目当てのものを見つけた。外国人のわたしである。五十四歳の劉氏は故人の次男で、やせ型だがたくましい。唇は薄く、涙のたまった目は充血していた。冬服の上に白の綿の上着とズボンを着け、麻の飾りの付いた白い帽子をかぶっているので、喪に服していることがわかる。しかし今回の出来事ではほかの感情も解き放たれたのだった。わたしを見つけた劉氏は舞い上がった。こんなところに外国人がいる、本当に外国人がいるのだ。が・い・こ・く・じ・んだぜ。ここ中国は山西省陽高にある父の家に、今日、今、ここで、一緒に食事をしているのだ。これはおもしろいことになる。

わたしたちは酒やビールの瓶であふれ返った小卓に着き、劉氏はわたしを質問攻めにした。カナダはどこにあるのか？　大きな国なのか小さな国なのか？　米国はどうだ？　一年に何度収穫できる？　トウモロコシかミレットか、それともコーリャンか？

劉氏はわたしが答えるかどうかはあまり気にしておらず、とにかく酒を飲ませたがった。わたしは何度も断ったが、とうとうビールを一本もらうと言った。すると劉氏はビールの蓋を歯で開け、わたしが目を丸くすると大笑いした。劉氏自身は蒸留酒の瓶を開け、わたしたちは互いに乾杯し始めた。中国では酒を一人で飲まないことになっているので、わたしは劉氏に親切にしているようで、実はそうでもなかった。わたしが飲んでいたのはアルコール分四パーセントのビールだったが、劉氏のほうは四三パーセントの蒸留酒だったからである。同じ数の杯を重ねながらもわたしの頭はまあまあさえていたところ、劉氏は勢いづいて次から次へと尋ねてきた。外国では人はどのくらい稼ぐのか？　外国人は貧しいのか？　ここよりも貧しいのか？

劉氏はわたしにもっと食べろ、もっと飲めとしきりに勧めてきて、そのしつこさはパニックにでも陥ったかと思わせるほどだった。わたしは落ち着いてくれと頼んだが、劉氏は聞いていなかった。

「おれたちはなぜここにいるんだ？　外人よ、教えてくれ」

わたしはわからないと言った。そうすれば別の話題に移ると思ったのである。しかし劉氏はあきらめなかった。「おれたちはなぜここにいるんだ？」と劉氏は繰り返した。「なんでだ？」

わたしは肩をすくめて何も言わなかった。答えようがなかったのである。劉氏は黙ってこちらを見た。喪服に縁取られたその顔は年月を経て硬くなっていたが、顔つきは酒で柔らかくなっていた。わたしたちは初めて目を合わせたが、劉氏はわたしのことなど見ておらず、すでに別の領域に入っていた。その瞬間、劉氏は目的を果たした――テーブルに突っ伏して気を失った。

今日は立春の節気、春が始まる日だった。暦の上で重要な日だったので、昼食の後に助言を求めて立ち寄る人が何人もいた。李斌も占いがうまかったが、みんな老李に占ってほしがった。年をとっていればいるほど知恵があるというわけである。

最初に来たのは近所に住むずんぐりした女性だった。短い髪はカールされ、オレンジ色に染まっている。女性は炕に上がり、老李の向かいに座った。心配事があるので安心したいのだと言う。老李は女性の生まれた日にちと時間を書きとめ、三枚の硬貨を投げさせた。それから図表をよく見て、黙って指で数を数えた。

「わからないね」と老李は言った。「あまりよくない」

「でも、出た数はそんなに悪くないんでしょう?」

「今年は変な年になる、厳しい年に。楽ではない。日照りがあるかもしれない」

「そうですか」。ずんぐりした女性は老李のほうに体を傾けた。「もっと具体的に言ってもらえますか? 問題は天気だけですか?」

「いや、天気だけではない。ほかにもある。数が合わない。よくわからない」

わたしは以前にも占い師に占ってもらったことがあったが、ほとんどは陳腐で前向きな内容の言葉をかけるだけでおしまいだった。それに対し老李のはむしろ交渉のようだった。運勢そのものははっきりしていて、老李の表情を見れば悪いことが明らかだった。そもそも、こんな場所で何かいいことがあるはずがないではないか? 希望を持たせる予言をされても、ありえないと片づけられていただろう。注意を要するのは、言いたいことをどう伝えるかだった。

「わからない」と、老李は女性の目を見て言った。「いいんです」と女性は言った。「大変でも構いません。わかっていましたから。ありがとうございます」

女性はそう言ってほっとしているようにも見えた。それにある意味で、老李ははっきり言わなかったことで女性に力を与えたのであり、そうすることで女性は自分の運勢を自ら口にしたのだった。よくわかった。それが自分の運勢なのだ。女性は満足した様子でタバコを一箱と五元、つまり一ドル足らずを炕の上に置いた。占いは終わったが、女性は出ていかなかった。田舎では、自分の運勢が悪くても、早く占ってもらえば少しはいいこともあった。そのままそこにいて近所の人の悩みを聞けるのである。女性は脇に寄って待った。

次に来たのは質問好きのこの家の女主人だった。韋（ウェイ）さんは小柄な女性で、眉毛は薄く、髪は赤みがかっていた。唇も薄く目も小さかったが、端正な顔立ちで色白だった。優秀な娘もそうだったが、韋さんも本来こんな場所にいるべきではないような人に見えた。韋さんは一つ尋ねてもいいかと丁寧に訊いた。老李はうなずき、もちろんと言うようにほほ笑んだ。

「夫が耐えられないんです。いつもけんかしています。離婚したほうがいいでしょうか？」

老李は持っていた硬貨を置いた。少しのあいだ黙って炕を見下ろし、それから注意深くこう尋ねた。「あなたは離婚したいの？」

「もし夫が変わらないなら離婚します。ひどいんです」。韋さんは笑い、ずんぐりした女性も悲しげな表情でほほ笑んだ。彼女も含めて村の人はみんな知っていたのである。

「決められるのはあなただけです。しなければいけないと思うのならしたほうがいい」

沈黙が続いた。老李は膝に乗せた両手をじっと見た。三枚の硬貨を紙に包んであったのだが、いま老李はその包みをぎゅっと握った。これは硬貨で占える問題ではない。

「あなた次第です。数で占えることではない。あなただけにわかる」

それから老李はずんぐりした女性のほうを向いた。女性は老李をじっと見つめていた。女性の占いの時間は終わっていたが彼女自身はそれで終わらず、運勢のことをあれこれ考えていたのである。疲れているように見えた。老李は女性が何を考えているかわかっているらしかった。

「乗り切れるから」と老李は言った。「大丈夫。毒を解き放つことができる」

「そうですか？　どうやって？」

「どう、というのはない。そういうことではない。乗り切ることができるというだけ」

「乗り切ります」と女性は安心して言った。わたしは定期的な日照り、人がどんどんいなくなる土地、そこに暮らす疲労を想像した。「ありがとうございます」と女性は言った。「ありがとうございます」

女性たちはおそらく自分でもわかっていたのだろうが、部外者でかつ信仰と伝統を専門とする老李がいたことでそれを口に出すことができた。村では誰もが互いを知っているかもしれないが、近くにいても親しいとは限らない。胸の内を明かすのには危険が伴った。死ぬまで毎日顔を合わせる人に秘密を話すことになるからである。その点、老李はただ賢いだけではなかった。明日には村からいなくなるのだ。

二人の女性はその日に予定されている行事についておしゃべりを始めた。二人の安堵は手に取るようにわかったが、老李も目に見えて疲れていた。骨の折れる生活である。呼ばれればすぐに出かけ、人の家に泊まり、死者を埋葬し、宴会で食事をする。どこに行っても助言を求められる。ここのような昔ながらの村には、これまでなかった難題や解決するべきことが雪崩のように押し寄せていた。

年若い少年のころから李斌は自分の運勢をわかっていた。父親と同じように田舎で陰陽先生として働く。生まれた家の歴史から、そうなることは決まっていた。子供のときに祖父の李清から笙を習った。高校の入学試験に失敗してからは祖父と父親とともに働くようになり、仕事を学びながら県内各地を回った。一九九九年に祖父が亡くなり、二〇〇〇年に自分の息子が生まれてからも李斌は父親と仕事を続けた。しかし六年後、息子が学校に通い始めるというとき、李斌は村から出るチャンスだと気づいた。村の学校は町の学校に劣ることがほとんどであるから、実際には自分のためでもあるのだが、引っ越すのは息子のためだと言うことができる。その年、一家は陽高町に移り住んだ。

陽高町では、李斌が飛び込んだ世界は父親の村とはかけ離れていたが、中国の未来とはよく合っていた。李斌はすぐに、県庁所在地である陽高町でもっとも評判のいい陰陽先生になり――李家の評判が町までついてきたのだった――今では政府の役人たちと頻繁に雑談を交わすこともできた。李斌は文化局の役人を全員知っていただけでなく、陽高のような町では有力者である公安局の人もみな知っていた。県の法制局で働いていたおじが人を紹介してくれたほか、演奏会でも知り合いができた。それが仕事の依頼につながったほか、自分が町に溶け込んでいるという感覚も生まれた。

「それで町で仕事の依頼が増えたのは確かだ」と李斌は休憩中にわたしに言った。「仕事をする地域も五つくらいの県に拡大した。演奏会や旅先で名刺を配るようになってからのこと。いろいろなところから、河北省や内モンゴルなど山西省の外からも依頼が来るようになった。でも陽高だけを見ても仕事は増えた。町の人のほうがお金がある。以前だったら取れなかった仕事だね」

息子の教育はそれほどうまくいっていなかった。通っていた学校が閉校になったので、李斌は別の県の全寮制学校に息子をやらなければならなくなった。その時点で田舎に戻ることもできたが、李斌にその気はまったくなかった。ただ、父親が助けを必要としていることも承知していた。

「以前は何でも一緒にやっていた。葬儀も占いも全部。でも今はわたしが町にいるので、村にいる父はかなりの仕事を一人でしなければならない。年もとってきているし、もっと休みたいと言っている」

李斌は気がかりだったものの、村に戻ることは考えられなかった。都会では客も村より厄介でもあった。質問も多いし、何も考えずに慣例に従うこともしなかった。それでも稼げる額がずっと多いし、だいたい田舎にいる老人がみんな死んでしまったらどうなるのだろう？　李斌は田舎の最後の陰陽先生にはなりたくなかった。

夕方には空は暗くなり、ほぼ満ち切った月が村を不自然な強さで照らしていた。農家の敷地内では楽団が棺の前で演奏していたが、三十歳以下の人たちは誰も見ていなかった。若者たちは、大都市で調理人やウェイトレス、建設作業員、トラック運転手として働いているのだが、玄関の外に集まり、トラックの荷台で一組の夫婦が歌うのを見ていた。女性のほうはたくましく、男性は裏声で歌っていた。二人は録音された音楽をバックに人気の曲や歌劇の一部を歌った。プロによるカラオケのようなものである。

夫婦が歌い終わると、故人の孫のうち数人が舞台に飛び乗った。白い喪服によって赤く染めた髪が引き立っていた孫娘の一人が優しい調子で一曲歌った。村の人が集まり始めた。喪に服している子供が歌を歌うとはおもしろいというわけである。昔ならそんな子供は親が舞台から引きずり下ろして鞭で打っていただろうが、今はみんなただ見ているだけだった。そもそも、故人の長男がこのトラックを借りてきたのだった。自分の子や姪（めい）や甥（おい）が喜ぶのをわかっていたからである。集まった人たちは黙って見物していた。

「あれは売春婦だよ」と、若い女性が厳しい、抜け目のなさそうな目線を送りながら言った。

「本当?」隣にいた友人が訊いた。

「みんな知ってる。そうでなきゃ、どうやってあんなにお金を送ってこられる?」

若い女性は無言で舞台を見上げ、その光景を眺めていた。

しばらくしてからディスコ音楽がかかると若者たちはみな荷台に上がり、ヒット曲の「そんな子とは知らなかったでしょ」に合わせて足を踏み鳴らした。その勢いはあまりに強く、舞台がトラックのサスペンションの上で前後に揺れるほどだった。ここは若者たちの出番なのだ。こう言っているかのようだった。見て、これが未来。

故人の次男は昼食時の暴飲から目覚め、今は小卓に着いて遅めの夕食をとっていた。先ほど終わったばかりの大事な儀式には出ずじまいだった。紙製の家と、現世での持ち物を紙で作ったものを燃やす儀式で、凍てついた畑を月が照らし、両側に遺族がひざまずくなか、九〇センチ四方の紙の家が燃えて消えていく、美しいものだった。すべて前日に李斌の妻が作ったもので、今はもうない。この意味深い経験をしたみんなは無言になり、固まった泥の道を歩いて家に戻った。参加しなかったからか、劉氏は一人で座り、せわしく食べていた。透明な蒸留酒の入ったグラスがそばにあったが、一緒に飲む人がいない。そこへ劉氏は部屋の反対側にいたわたしを見つけ、手招きした。

劉氏は声を上げて笑ったが、ふざける気分ではなかった。あれだけ飲んでも、訊きたいことは変わらなかった。

「どうだ、外人よ、おれたちはなぜここにいる?」

「その質問は深すぎます。わかりません」

「食べて飲んで楽しく過ごすためじゃないか? 人生にそれ以上何がある?」

「本当にそう信じているんですか?」

「信じるかなんて知るか。それ以上何がある? 外人よ、教えてくれ」

劉氏は酒の容器を乱暴にテーブルに置いた。わたしは付き合うためコーラを自分のコップに注いだが、劉氏は気にせず、酒の瓶の口に注いでいるプラスチック製の注ぎ口をむしり取り、もっと早く自分のプラスチックのコップに酒が注がれるようにした。そして笑い、悪態をつきながらコップの酒を何度も飲み干した。

劉氏はだんだんと椅子に沈み込みながらも、わたしになぜかを尋ね続けた。劉氏が抱いている疑問には、大きなことも小さなことも、父親の死から、きょうだいは都会に出て金を稼いでいるのに自分は村に残って一家の農場を経営しなければならない不公平まですべてが含まれているのがわかった。劉氏は体を支えるためにテーブルをつかみ、また突っ伏した。李斌とわたしは二人で劉氏を寝床まで運んでから、明るすぎるほどの月に照らされながら車で町まで帰った。

明日の夜、李斌はようやく遊びに出かけることができる。元宵節には山車が街に出て、主要な交差点の真ん中で九メートルもの高さになる巨大なかがり火が焚かれる。李斌は街を歩き、警官や政府の役人や実業家たちと会話し、名刺を配り、村ではけっして見られないような見せ物を心ゆくまで楽しむのだ。しかし今、くたびれた李斌は黙って運転していた。そこへわたしはずっと気になっていたことを訊いた。

「で、あの酔っ払いはどの息子だったの?」

「まだわからなかった?」李斌は道路から目を離さず、顔はダッシュボードの明かりに照らされていた。「泊まった家の持ち主だよ」

「ということは、その人の妻が離婚したいと言った女性? 大学に入ったのが娘?」

長い一日だったその日、強く印象に残った場面がそれまではばらばらだったのが、今になってはっきりと像を結んだ。結婚生活について助言を求めた女性、紙にきつく包まれた三枚の硬貨、みんなが感心してうなずくなかで自分の学習について話す若い女性、ビールの瓶を歯で開け、何度も「おれたちはなぜここにいるのだ?」と問う男性。

李斌はうなずいた。

「あの子はいったいどうやってあそこまで行けたんだろう?」わたしは訊いた。「父親があんななのに、という意味で」

李斌はため息をついて、しばらく何も言わなかった。それからこう言った。「何かが欲しいとき、とにかく自分でどうにかしなければいけないこともある。自分で自分の運命をつくり出す」

4 成都——衛（ウェイ）おばさん万歳

教会に集まった人たちに語りかける王怡（ワン・イー）は、未知の地平を見渡す探検家のように見えた(40)。説教壇を両手でつかみ、足の先に重心を乗せた前傾姿勢で、分厚い眼鏡の奥の目は遠くの一点を見つめているかのように細められている。笑顔が魅力的な王怡の頬は赤みがかり、声は力強く勢いがあって、使う言葉も話す内容も明快だった。以前は映画について書く人気ブロガーで、ハリウッドやヨーロッパの映画を分析する本を二冊出していた。法律が専門で、かつては中国でもっとも著名な人権擁護弁護士の一人でもあったのだが、政府はそんな弁護士のほとんどを拘束するか、弁護士活動をやめさせてしまった。王怡はそんなことがあった二〇一〇年代の初めにすでに新たな天職を見つけていた。二〇〇五年にキリスト教に改宗して秋雨之福帰正（チウユィチーフークイチョン）教会を設立し、すぐに中国でもっとも有名な説教者の一人になったのである。秋雨之福帰正教会は政府の統制から独立していたが、その分生き生きとしていた。王怡の説教の映像はソーシャルメディアで広まり、王怡の構想や考え、野心に限界はないようだった。プロテスタント派キリスト教は中国でもっとも急成長している宗教で、王怡はそのスターの一人だった。

しかし王怡は、傲慢で、聞いている人が理解できなくても構わず話す、神学上の問題について誰にもわからない理論的な説教をする、と批判されることもあった。中国の牧師の多くと同様、王怡は聖書をほぼ独学で学び、弁護士らしい理屈っぽさを教会にも持ち込みがちだった。二〇一一年にはごく親しい同僚の一人を秋雨教会から追い出した。その同僚が主張するとおりに女性に平等の立場を与えれば、「悪魔」を教会に入れてしまう恐れがあると言ったのである。

しかし、今夜は王怡が輝くチャンスだった。王怡の後ろには亡くなった女性の写真があり、人びとは彼女の死を悼むために教会に集まっていた。衛素英（ウェイ・スーイン）という名前のこの女性は、漠然とした説教以上のものに値する人だった。教会ではみんなに衛おばさんと呼ばれて慕われていたが、二人の娘とまだ幼い孫二人を残して六十二歳で癌で亡くなったのだった。葬式には家族のほか、連帯を示そうとたくさんの教会員も来た。式は衛おばさんの生涯についての心を打つスライドショーで始まった。続いて娘たちが、母親に説得されてキリスト教に改宗した話をした。二人とも、改宗したことで現代社会の物質主義を見抜くことができるようになり、人生が変わったと話した。人間として成長し、お金にこだわるよりも他人を助けることに関心を持つようになったのである。何人かがすすり泣き始めた。衛おばさんは急に亡くなったので、悲しみはまだ癒え始めてもいなかった。

　王怡の番が来た。その数時間前、王怡は共産党員が有名人を賛美するときに「万歳（ワンスイ）」と言うことについて考えていた。「毛沢東万歳」という具合である。万歳は中国では誰もが知る言葉だった。「共産党」に付く接頭辞のようになっており、党の支配が永遠に終わらないことを請け合うために決まって唱えられる。衛おばさんの死を受けて、王怡は自分が万歳という言葉をどれほど嫌悪しているかに気づいた。万歳は神や衛おばさんのような平凡な人たちに対する侮辱だった。そのような人の人生こそ賛美されるべきなのだ。王怡は、これは話としてはやや抽象的になるが、なんとかなるだろうと考えた。話をするため立ち上がった。いつもと変わらずメモは持っていない。静かに話し始めたので、みな自然と聴き入った。

「衛おばさんは素朴な女性と言っていい人だったと思います。母親として苦労して、二人の娘をほとんど一人で育てました。夫が若くして亡くなったのです」。娘の一人が泣き出した。教会に集まった人びとはうなずき始めたが、王怡がこう続けると動きを止めた。

「衛おばさんは『万歳』という言葉をそれほど頻繁に耳にした人ではありません。万歳という言葉を聞いたら、中国か、共産党か、毛沢東主席についてのことだと思ったでしょう。万歳。ほとんどいつもその三つについて使われます。それは間違っている。万歳、この言葉は、それが誰かのためにあるとすれば、それは衛おばさんのためのものです」。何人かがぎょっとして顔を上げた。

「今、衛おばさんには万歳という言葉が聞こえています。なぜなら衛おばさんが万歳だから、イエスのおかげで不死の人となったからです。この言葉を授けることができるのは政府ではありません。それができるのは神、そしてわたしたちも、日々の生活を通じて授けることができます。不道徳な社会で暮らしながらもわたしたちがする選択、これが万歳の本当の意味です。これは共産党が与えることのできるものではない。わたしたちが自分でつくり出していいものです」

人びとは急にほほ笑み始めた。これこそが秋雨之福帰正教会に来た理由なのだ。国が後援するつまらない教会とは違う。ここは温かく率直であるうえに、現代を生きる自分たちにとって意味のある話が聞ける。秋雨教会は、現状維持を欲しない、今ある毎日に代わるものを探している人びとのための教会だった。王怡はスーツを着て髪を短く切り、表情は真剣だった――きちんとした現代の若い男性で、いわば理想の義理の息子である。そんな王怡がみんなの前に立ち、政府が決めた国に対する見方に疑問を持てとはっきり言っているのだ。

数週間前に北京の老倪に会いに行ったとき、老倪も宗教を不滅の一種だと説明していた。ただしそれは私的な信仰心と共同体からの評価を通じて達成される。山西省の陰陽先生の李斌は、より新鮮で新しいものを求める都会の人びとからの要求に対応しながらも、昔ながらの儀式の世界にいた。現代に合った信仰を求める動きがもっとも進んでいたのは、おそらく中国各地の教会だった。それは神との直接の関係で、間に立つものはなく、政治的な意味を持つことを避けようとしなかった。

「衛おばさんはわたしたちのきょうだいでした」と王怡は弔辞の終わりに言った。「みんな衛おばさんが大好きでした。でも永遠の命を持っているのは衛おばさんであり、政府ではない。衛おばさんは正しい生活を送り、教会でわたしたちのきょうだいであり、身の回りの不道徳に屈さなかったことで自分のために万歳をつくり出したのです」

ここまで聞いてわたしは王怡がなぜ牧師になろうと決めたのかがわかった。知識人だったときは、王怡の言葉の大半は検閲されていた。しかし今、一つの部屋に集まった一〇〇人を前に話をしている王怡は、嘆き悲しむ遺族を支えると同時に、教会員たちにこれまでとは違う人生を生きるにはどうしたらいいかを教えていたのである。王怡は、すべての権限が政府にあるように思われる国で、本当の力を持っているのは普通の人たちであるという意識を広めようとしている一人だった。

礼拝が終わると衛おばさんの義理の息子の一人が王怡のところにやってきて、中国人がめったにしないことをした。王怡を抱擁したのである。王怡は涙をこらえながら、初めは戸惑ったようだったがすぐにうれしそうな顔になった。この人たちは真に自分の信徒であり、自分は彼らの牧師なのだ。

王怡の教会は山に囲まれた広大な四川省の省都、成都にある。その地形のために容易に行き着けない四川省は、何世紀ものあいだ中国のほかの地域から孤立していた。今日では幹線道路や鉄道が山々を貫き、飛行機でも省内の都市に行くことができるが、それでも中国人が集中する地域としては国内でもっとも辺鄙なところにある。北と西にはチベット高原が、南には昔から諸民族の領域である雲南省がある。四川省からは、中国でもっともよく知られるうちに入る詩人や画家、役人、軍人も出ているが、東部の大都市からは隔たっている感覚が残る。まるで山や距離や歴史によって、遠くの首都で発布された法律や命令や規則が弱められてしまうかのようである。

これは成都の街の人の暮らしからも感じ取ることができる。北京の特徴は壁である——北に万里の長城があり、紫禁城の隣にある共産党指導部の拠点の周りには警備員がいて、胡同は壁に囲まれ、その内側で日常生活が送られている。成都では人は屋外、とくに茶店にいる。それは広い公園や寺にあるうるさい公共空間であることもあれば、木陰にテーブルや椅子を適当に並べただけのところもある。大半はほぼどの区画にもある静かな店先で、一日中常連客がやってきては友人とおしゃべりをし、最新のニュースや噂について話をする。

北京の用心深い、隠された世界とは異なり、成都には議論好きな雰囲気が満ちている。北京を除けば思想家や反体制の人がもっとも多く集まり、一九八九年の抗議行動のような騒乱の時期には、国で二番目に激しい集会が開かれた。今日、成都はオルタナティブな生活様式の都のようになっており、ゲイカルチャーも盛んで、ヒッピーの生活共同体や独立した歴史博物館がある。料理は辛く、田舎に行けば緑が生い茂り、人びとは自由主義的である。

一時期、成都はわたしの第二の故郷のようになった。太陰暦の巡りを追いかけていたあいだは一度に数週間ずつ成都に滞在した。成都で過ごす日々は、李斌のいる陽高県の田舎の日常とは対照的ににぎやかで、また北京の閉鎖的な社会での過度に政治化された生活に対する貴重な中和剤でもあった。首都北京では政府の政策があまりに大きく扱われ、中国の未来を予測するものとして本来持つべきではない重要性を帯びていた。ところが成都では中国社会が自然な速さで展開しており、新たな全体主義が始まるという予測もそれほど当たりそうにはないように思えた。

李斌の故郷で春節の終わりにかがり火が焚かれてから二週間後、新年が二カ月目に入った。今年はこれがレントの始まりと重なった。レントは断食や祈りをする厳粛な四〇日間で、イエスの磔刑とイースターでの復活につながる。

レントは水曜日――「灰の水曜日」――に始まる。その日、人びとは額に灰で十字の印をつける。その前日は懺悔（ざんげ）の火曜日と呼ばれる。プロテスタントの家庭で育った姉とわたしは懺悔の火曜日にパンケーキを食べるのがお決まりだった。レントの前にバターなど贅沢品を使い切ろうというわけである。レントのあいだはデザートや酒、タバコなど好きなものを我慢する、または毎日祈ることを通じて、イースターに備えることになっているからだ。カトリックの国では懺悔の火曜日はもっと大事な祭日で、場所によっては「マルディグラ」や「カーニヴァル」として知られている。これらは元宵節風とも言えそうな、新しい季節の初めに街頭で開かれる清めのお祭りである。

しかし中国のキリスト教徒のあいだではこれらの行事はあまり知られていなかった。レント？　王怡の教会では誰も、中国語の訳語である「大斎節（ターチャイヂエ）」を知らなかった。わたしはようやく、神学の講義を受けている教会員を一人見つけた。その人は大斎節という言葉なら知っていると言ったが、まるでわたしがアラム語でも話しているかのような反応だった。

灰の水曜日、わたしは友人たちに会いに王怡の教会に行った。秋雨之福帰正教会のたたずまいは、わたしの知っているどの教会とも異なる。秋雨教会の法的地位が妙なことになっているのが理由である。中国にも尖塔やステンドグラスのある教会は存在するが、その大半は十九世紀から二十世紀初めに宣教師によって建てられた。一九四九年に共産党が権力を握って以来、これらの既存の教会は政府が運営してきた。

秋雨之福帰正教会は、そのような政府が認める宗教の世界の一部ではなく、「家の教会」や「地下教会」と呼ばれることのある未登録の教会である。以前は、このような教会の教会員はたいてい誰かの自宅か、どこか秘密の場所で集まっていたので、その呼び方も理にかなっていた。しかし最近では、秋雨之福帰正教会のように規模が大きく、公に活動する教会も増えている。事実、未登録の教会に行く人は中国にいる五〇〇〇万から六〇〇〇万のプロテスタントの約半分を占めており、中国の宗教生活の特徴である曖昧な領域の一つを形成している。一九八〇年代に建てられた妙峰山の寺院と同様、秋雨之福帰正教会も承認されていないが禁止もされていなかった。政府はその存在を知っていたが、閉鎖しようともしなかった。そのため秋雨教会は公然と活動していたものの、教会らしい教会を建てるための土地を購入することはできなかった。秋雨教会に限らず、中国各地にある何百もの未登録の教会は、江信（リバートラスト）マンションのような建物に拠点を置かなければならないのである。

江信マンションはその名前とは裏腹に、錦江に近い成都の古い地区にあるみすぼらしいオフィスビルだった。じめじめしていてタイルが貼られ、たいていは一つのエレベーターしか動かない。二〇〇九年、秋雨之福帰正教会は礼拝用に一九階に複数の部屋を購入したが、警官が教会員たちの入室を阻止したため、教会員たちは数週間のあいだ錦江沿いの公園に集まった。そのうちに当局は教会が購入した部屋の使用を認めた。理由は今でもわかっていない。専門職に就くホワイトカラーが大半を占める数百人を敵に回したくなかったのかもしれないし、それほどの強硬策をとるには北京からの指示が必要だがそんな命令が来なかったのかもしれない。いずれにせよ、それ以来、秋雨之福帰正教会は江信マンションに拠点を置いている――外からは見えないが、成都に暮らす何百もの人の精神生活の中心となっている。

教会は一九階の半分を占めていた。日曜日の礼拝はいちばん大きな部屋で開かれたが、この部屋には一五〇人しか座れないため、もう七〇人が座れる隣の部屋に礼拝の映像が配信された。午後に開かれる二度目の礼拝にもさらに一〇〇人ほどが出ることができた。ステンドグラスも木製の席もなく、説教壇もただの質素な演壇だったが、秋雨之福帰正教会は一週間を通じて活気に満ちていた。みんなは本を買いに、あるいは友人と会い、聖書の勉強をし、祈り、人権侵害の被害者支援をするために教会に来た。一年のうちに教会員たちは神学校を立ち上げ、政府の産児制限政策に異議を唱えるキャンペーンを始め、志を同じくする教会と連携し、成都の別の場所に二つ目の礼拝所を設立することになる。

こうした野心を示すものはただ一つ、入り口の脇の壁にある教会の緑と白のロゴだった。十字架が二人の人を庇護しているもので、教会が中国社会における役割をどう見ているかが表れていた。ロゴの隣にある廊下にはプロテスタントの歴史の年表が掲示されていた。政府公認の歴史とはかなり異なっている。年表は、初めは平凡に、ジョン・ウィクリフによる英語版の聖書が出版された一三八四年に始まり、マルティン・ルター、ジャン・カルヴァンなど教会史に残る偉人たちが続いた。

二十世紀に入ると、年表には白人の面々に代わってより多様な人たちが登場し、語られる内容もより破壊的になり始めた。出てくる人のなかには、公式の教会に入るのを拒否して共産党の強制労働収容所で何十年も過ごした王明道（ワン・ミンタオ）もいた。最後のほうにはインドネシア出身の中国人、スティーヴン・トンがいた。リバイバル運動の説教者で、彼の講演は中国語圏で人気がある。こうした人物はどれも中国政府が運営する教会には認められておらず、むしろ中国のキリスト教の独立性を強調する新しい歴史をかたち作っていた。政府のメディアはしばしばキリスト教を外国の信仰だとして提示するのだが、この年表では、ほかのどの国とも変わらず中国固有のものとして描かれていた。

灰の水曜日の朝、こうした人物の顔が並ぶ横を通って左に曲がると、王怡が執務室にいるのが見えた。王怡は顔を上げ、手招きしてくれた。いつものように王怡はこちらが拍子抜けするほど率直だった。わたしは神学校を設立する彼の計画について尋ねてみた。考えただけで自分が不安になるので、王怡がどう思っているのか気になったのである。政府の承認は受けたのか？

「いや、まあ政府は承認しないでしょうが、問題は政府が神学校を閉鎖にするかで、教会内の学校かと訊かれたので閉鎖にはならないと思っています。教会内の学校かと訊かれたのでそうだと答えたら、それで問題ないようでした」

「つまり秋雨の教会員だけを教えるためのものということですね」とわたしは言った。「でもそこで学んだ人たちは外に出て説教をするのですか？」

「もちろん。ここの人たちが宣教師になるというのがねらいです。ここで学んでから」

「でも今年は気をつけたほうがいいのでは？　だって……」。部屋に盗聴器が仕掛けてあるだろうかと思ってわたしは口ごもった。

「指導部の大問題のこと？」王怡の目は笑っていた。「毎年何か特別なことがあります。去年は何かの記念の年でしたし、数年前はオリンピックがありました。来年はまた別の何かがあるでしょう。今、共産党はそれほど安定しておらず、内部で何が起きているかは知りようがありません。党は何が何でも平穏が必要だと思っていて、こちらが困ることになるかもしれない。または、平穏が必要だと言ってこちらを無視する可能性もあります。何と言っても、こちらが何かを問題だと訴えているわけではないのだし。または、自分たちの闘争に夢中で、こちらに気づかないこともありえます。本当のところはわかりません。神を信じ、神に決めていただくだけのことです」

話をしているところに警官が一人入ってきた。初めわたしは、その人は中国にたくさんいる労働者か配達員かと思った。青い制服を着ていることがあるからである。それから警官が付けているバッジに気づいた。王怡は立ち上がり、警官を名前で呼んで親しげにあいさつすると、すばやく部屋の外に連れ出した。一〇分後に戻ってきた。

「この地区の警官です。毎週、教会に来た人の名簿を取りに来ます。この情報は提供しています。隠すことは何もないし、教会員たちも構わないと言っているので。実際、うちの教会に入るときの条件になっています。氏名、住所、連絡先を出して、それを教会が当局と共有すること。わたしたちは従来の地下教会的な考え方にはまりたくないのです」

王怡はメモや番号で埋まった壁のホワイトボードを指した。「これは日曜日の午前中の礼拝に来た数です。二二二人。午後は九二人。合計すると三一四人。二二〇人分の席しかないので、午後にも礼拝をしています」

わたしはレントについて訊いてみた。

「ここではほとんど祝われません。歴史が途切れたので――知ってのとおり一九四九年に宣教師が追放され、反宗教運動があって――多くのものが失われました。レントについてあまり知らない人が多い。レントの観念を説明して復活させようとするための礼拝もしましたが、めったに祝われません。懺悔の火曜日や灰の水曜日にも何もない」

後になってから、わたしはそれがレントに限ったことではないのに気づいた。教会の暦自体がろくに知られていないのである。しかし同時に、中国のキリスト教徒は伝統的な太陰暦も退けることが多い。せいぜい春節を祝うくらいで、その他の祭りや祝日は異教のものとして扱われる。

王怡とわたしはわたしがどのように育てられたかや、わたしの家族がレントのときには質素な食事をしたことについて話した。母は毎年レントのあいだ、さも大変そうにデザートを我慢していた。家族は母が体重を減らしたいのもあってそうしているのを知っていたので、イースターまでの四〇日間も我慢できるのかとからかったものだ。しかしその効果は明らかで、実際わたしたちはレントについて考えたし、レントを認識していた。これがいかに自然なことだったかを伝えるのは難しかった。そういう文化だったということで、正式に教わったのではないのだ。中国人クリスチャンのなかにはこれをうらやましがる人もいれば、原理主義的に拒絶する人もいた。彼らにとっては聖書を読むことだけが大事だったのである。聖書には、パンケーキを食べろの額に灰をつけろのとは書いていない。したがって、そういうことは元宵節のかがり火と同じように意味のないことだった。でも、王怡の教会と同じような教会はますます増えていた。そのような教会に行く人たちは伝統を全部欲しがり、セットとして輸入し、プラモデルの飛行機のように組み立てるのである。

「いちばん大きな違いはクリスマスであることがわかると思います」と王怡は言った。「西洋では自宅で家族と祝いますね。ここでは違います。勧誘するのにこれほどいい機会はない。教会に来てもらうため、会員に友達を招待してもらって盛大なお祝いをします。成都の教会の多くではクリスマスの礼拝に一〇〇〇人以上が集まります。普段の礼拝には数百人しか来なくても。クリスマスはご存知のものとはかなり異なるものになりますよ」

入り口の近くにある小部屋に教会の図書室と書店があった。壁に沿ってガラス戸の本棚が並び、未登録の教会が出した雑誌や、聖書のさまざまな訳本や古典ギリシア語の入門書などの参考資料があった。部屋の真ん中のテーブルにはキリスト教についての本が五〇冊ほど並べてある。多くはカリスマ性があるとされるアメリカ人牧師による著書の翻訳だった。王怡の説教も売られていた。わたしが最初に秋雨教会に興味を持ったのも王怡の説教がきっかけだった。どれも長く――四五分間のものが多かった――わたしが言語を問わず聞いたことのある説教のなかでもっともすぐれたうちに入っていたので、いつかそれらが翻訳されてインターネット上で公開されたらいいのにと思っていた。王怡は頭の働きが速く、礼拝で読んだばかりの聖書の一節に言及する一方で、時事問題にも触れ、ユーモアも交えた。王怡がつくり出す世界は一貫していて秩序正しく、教会の外、成都の街にある、盲目に先を急ぐ世界と対照をなしていた。

わたしは、王怡が面倒なことに巻き込まれずに説教をしていられるのはあとどのくらいだろうかと考えた。そんなことを考えたのは王怡の説教の内容が原因ではなく、王怡の教会が党の統制の及ばないところにある並行領域だったからである。教会には付属の保育園、託児所、神学校、小学校があり、どれも教会が所有するこの階に入っていた。資金も自分たちで賄い、外国からの資金はいっさい受け取らなかった。選挙や年次総会を行う点では政府と同じだったが、どちらも政府のよりも透明で、人を奮い立たせる力もあった。北京の社会評論家、李凡（リー・ファン）は中国におけるキリスト教についての論文で、中国では未登録教会が市民社会の例として唯一本物だと述べたことがある。つまり、政府の統制から独立して社会の変革や改善をめざしている組織は未登録教会だけだというのである。

これは秋雨教会の社会福祉事業にいちばんよく表れていた。政府は独立した積極的行動（アクティヴィズム）をひどく嫌っている。無害に見える団体も、政治的なものに成り変わるかもしれないと気にしているのである。これは一見するほどありそうもない話ではない。四川省では二〇〇八年に大地震があり、数千人が亡くなった。中国全国から人びとが自発的に支援や送金を申し出た。人びとはじきに、倒壊した建物の多くが学校だったことに気づいた。成都の活動家の譚作人（タン・ツオレン）をはじめとする批評家たちが建設業界の汚職について鋭い問いを投げかけ始め、北京の活動家でありアーティストである艾未未（アイ・ウェイウェイ）が関与したことで、この問題はさらに大きくなった。慈善活動として始まったことが政治的なものに変化したのである。地震発生から数週間のうちに、独立した支援者の大半は帰宅を命じられ、譚作人ものちに投獄された。

そんななかでも秋雨教会は活動を続けた。教会員たちは慈善団体を設立し、路上生活者だけでなく政治囚の家族までも支援した。秋雨教会は、自分たちは政治囚の側についているわけではなく、純粋に人道的な理由から行動しているだけだと主張した。それはおそらく本当だったのだろうが、薄氷を踏むような行為でもあった。

王怡の説教集や本をぱらぱらとめくっていると、友人が声をかけてきた。張国慶は四十代後半の地元の実業家で、未婚だがクリスチャンの妻を見つけたいと思っていた。演奏会や会議、大規模な公開行事の企画の仕事でいつも忙しく、そのうえ教会の活動もあるのでいまだに独身なのだった。張国慶はよくわたしに「対象」、つまり人生の喜びや試練をともにするパートナーを見つけたくてたまらないのだと話していたが、今のところは教会の活動に励み、成都にいる思想家の全員と、また教会を監視する国保の公安局員との非公式の連絡係をしていた。

「成都について書きたいなら、成都のことをもう少しよく理解しなくては」と張国慶はわたしに言った。「冉雲飛に会ってみる？」

二〇一一年に北アフリカのジャスミン革命についてのツイートをリツイートしたために拘束された、有名な作家でブロガーの冉雲飛？ 当局は裁判を開かず、冉雲飛は半年後にようやく解放され、以来厳しい監視下にある。わたしは大きくうなずいた。会ってみたいに決まっている。

「冉雲飛の妻が秋雨の会員で。冉とわたしは長年の友人で、もちろん冉と王牧師も古くから仲がいい。冉のことはよく知っている。国保がいないうちに朝早く行こう。七時に迎えに行くね」

わたしは笑った。「国保は七時を過ぎないと仕事を始めないの？」公安は休みなく働くものだと思っていた。

「ここは四川省だからね！ それに冉だし。でも言われてみればそうか、六時半にしよう。いや、六時がいい。客が来るとは思っていないはず」

「国保が？ それとも冉が？ 冉は本当に構わない？」

張国慶は笑ってわたしの背中をたたいた。「僕のためなら何でもしてくれる。きょうだいだから」

「クリスチャンということ？」

「冉は厳密にはクリスチャンではないけれども、似たようなものだ。では明日」[41]

冉雲飛は一九五〇年代に建てられた共産主義風の古い集合住宅に住んでいた。低層のれんが造りで、古い寺院のようにところどころが崩れており、何世紀も前に植えられたかのように見えるイチョウ並木に覆われていた。今、そのイチョウは朝靄(もや)を雨雲のようにためてわたしたちを包み込んでいた。濡れて苔むした滑らかな敷石に足を滑らせながら進むうちに夜が明け、曇って冷え冷えとした一日が始まった。

　そこは「単位(タンウェイ)　集合住宅」として知られているところだった。一九九〇年代まで、都市に住む中国人の大半は「単位」と呼ばれる職場で働いていた。会社や政府機関や大学など、終身面倒を見てくれる何らかの組織が単位である。中国が市場経済を採用するようになると、単位制度は次第に崩壊していった。もっとも影響があったのは、一九九〇年代に政府が単位集合住宅を住人に売却し始めたことだった。この動きは過小評価されることが多いが、人びとにたいへんな自由の感覚を与えた。冉雲飛の単位は『四川文学』という政府経営の雑誌で、今でも一応そこで仕事をし、中国の古典についてたまに記事を書いていた。自宅も典型的な単位住宅で、安普請の五階建てでエレベーターがなく、非常にみすぼらしかった。階段は暗く、不要になって外に出されたがらくたが乱雑に置かれていた。中国の公共空間はこのような状態である場合が多い。ごみを捨てる、つばを吐く、公共財産を乱暴に扱うのは当たり前のことだった。何と言っても、どこにでも移住労働者がいて掃除してくれるのである。

　張国慶が言ったとおり国保はおらず、冉雲飛も来客があるとは思っていなかった。五階の部屋のドアを開けた冉雲飛はパジャマ姿で、一瞬わたしたちをじっと見てからカカカと笑った。「まあ、国保に見つからなかったのならしょうがないな」とでも言っているかのようだった。冉雲飛は身長一六八センチと小柄で、髪は刈り上げられ、色黒だった。冉雲飛は揚子江近くの山地に住む土家(トゥチャ)民族で、自分を「土匪(トゥーフェイ)」と呼び――冉雲飛に言わせれば「背が低く色黒で怒っているからね」――ソーシャルメディアのハンドルネームも「土匪冉」だった。早口でどもりがあり、文の終わりに「トゥイ、トゥイ、トゥイ」――「そう、そう、そう」――と繰り返した。同意を確実に伝えたり疑問を隠したりするのには一度では足りないかのようだった。冉雲飛はわたしと握手し、そのまま部屋に引き入れた。それからすぐに断って部屋を出て、歯を磨き、着替えてやかんを火にかけた。

　冉雲飛は妻と娘と一緒に暮らしていたが、二人は仕事と学校に行くために起き出しているところで奥から出てこなかった。冉雲飛は茶を運んでくると、アパート内にある狭い階段を上がってわたしたちを屋根裏に案内した。冉雲飛はそこにガラス張りの部屋を作り、仕事部屋として使っていた。壁に沿って本がぎっしりと並び、ミカドゲームの竹ひごのように規則性なく積み重ねられていた。本棚の間には執務机、ソファ、安楽椅子と、沈没したスペインのガリオン船から救い出してきたかのように見える大きな木製の箱がいくつか置いてあった。明るくなるにつれて、窓から大気汚染のひどい成都を見渡すことができた。霧が立ち込めた森の木々のように、スモッグの中に建物が浮き上がってくる。客観的には醜悪な眺めだったが、あまりに抽象的なので、神秘の風景を描いた中国の古典画だと言っても通用しそうだった。

「元気そうだな」と、張国慶はまるで冉雲飛が休暇から戻ってきたばかりであるかのように明るく言った。

「牢屋では古典をたくさん読んだ。聖書は破壊的だということで認めないのに、古典は認めるんだ。破壊的な内容がたくさんあるのに！　もちろんやつらは古典が読めないからわからない。でもすごくためになった」

冉雲飛はわたしに、寺の絵が描いてある小さな青い本を渡してくれた。『古蜀の肺――大慈寺の物語』という題で、成都でもっとも有名な仏教寺院の一つの歴史を入念に調べてまとめたものである。わたしはその製本の質のよさに驚嘆した。ざらざらした手触りの表紙で、美しいペーパーバックだった。

「僧侶たちが解放後に攻撃されて『右派』と呼ばれたことが書かれています」。毛沢東時代に十分左翼的でないと見なされた者について使われた言葉である。「僧侶が右派とは！　まったくばかげているけれども、当時はそうでした。そういうことが全部書かれていますが、それについて政府を厳しく批判しようとはしていません。単に事実として書かれています。本はそうやって書くのが好きです。事実に基づいて明快に」

「それで出版することができたのですか」とわたしは尋ねた。

「出版社の倉庫にあったのですが、牢屋から出てきてから出版社が流通させようとしなかった。このことを国保に言うと、『有罪宣告を受けていないのだから出版してよろしい』と言われた。それで『すばらしい、では出版社にそのことを言ってもらえますか？』と言ったら、『それはできない、そんなことをしたら出版社は死ぬほど怖がってしまう！　でもこちらの見解をあなたが伝えればいいでしょう』。伝えたところ、刊行はされたがどこにも売っていない状態です。五〇〇〇部刷って二〇〇〇部ほど売りましたが、ほとんどは寺を通じて直接売りました」

「なぜ仏教の寺について書くことにしたのですか」とわたしは訊いた。「信者なのですか？」

「いえ、いえ。仏教徒ではない。キリスト教とはいろいろ関係がありますが。妻がキリスト教徒です。わたしも王怡を通じてキリスト教の思想に影響を受けてきました。信者ではないが無神論者でもない、信心の価値をわかっているからです。その価値は否定しません」

冉雲飛と王怡は長年の友人だった。二〇一一年に冉雲飛が拘束されたとき、王は心を揺さぶるような公開書簡を書いた。タイトルは「友人の冉雲飛が囚人になるのを見ることになるとは」で、暗い内容だがユーモアも交じっていた。以前、宗教について王怡と冉雲飛の議論があまりに白熱し、王怡は、冉雲飛がクリスチャンになるなど想像するのも嫌だ、冉雲飛が信者になったら冉雲飛と会う機会が増えて二人は今以上に言い争うことになるから、と冗談を言ったことがあった。しかし今、王怡はもっと嫌なことを想像する羽目になった。友人の冉雲飛が投獄されるかもしれないのだ。「わたしは母国を思って悲しみに暮れている」と王怡は書いた。「正義を求めたい」

冉雲飛の妻がつまみにと黒皮ピーナッツを持って階段を上がってきた。「ゆっくりしていってください、わたしは出かけますが」。丁寧だったがうんざりしてもいた。夫がまた懲りずに、避けたほうがよさそうな人たちと話をしていたからである。

わたしたちはしばらく無言になったが、冉雲飛が自分の言おうとしていたことを思い出し、たいへんな勢いで笑い、冗談を言い、宗教についての政府の見解を皮肉った。

「共産党は宗教を本当に破壊しました。宗教をまったくわかっていない。チベットはどうでしょう。国保にもやりすぎだと言いました。チベット人にダライラマの肖像を飾ってはいけないと言う。信仰がないのでわからないのです。それでチベット人が非常に怒り、意気消沈する。そこへ今度は寺院に入っていって毛沢東の肖像を飾る。やりすぎです！　間違っている。考えてみてください。焼身自殺するのも無理ない」

わたしは宗教組織がほかに何を提供しているのか尋ねた。主に慰めなのだろうか？

「いえ。それだけでは全然ありません。今の政府が中国にうまく発展してほしいのなら、信仰が必要です。非政府団体も必要です。中国人はNGOを理解していないとわたしはよく言います。NGOとは『善良な人たちが善良な活動をすること』だと思っていますが、それは間違っている。NGOが必要なのは、社会というものは政府がいろいろしていて人びとが支持か反対をすればいいところではないからです。わたしたちが自分たちでいろいろしていなければいけない、政府に反応するだけではなくて。わかります？

教会はそういうところです。未登録の教会は公共空間です。今日の中国では唯一の本当の公共空間かもしれません。それに、わたしも教会のおかげでより明確に考えられるようになったのもたしかです」

「教会のおかげでより明確に考えられる？」わたしは訊いた。

「インターネットではいつも人に罵詈雑言を浴びせられています。でもそれを受け入れられるようになった」

「もう一方の頬を向けるようになったということ？」

「そう、それか単に礼儀正しくしようとすることです。こんな感じです。議論について自分の決まりがあります。一つ、罵られても気にしない。二つ、褒めもしないしへつらいもしない。三つ、寛大に構える。たとえば、秘密警察とけんかしたりしません。もちろん、意見の相違はありますが」。ここで冉雲飛はげらげら笑い出し、口元を拭って堪えようとした。「でも議論はします。人を敵として扱ったりしません。互いに相手を丁重に扱うのです。このごろは中国で口汚く罵らない人はほとんどいません。知識人も常に怒鳴ったり罵ったりしている。だから中国で公の場で行われる議論はあんなにくだらないのです」

「では、なぜ教育について書いているのですか？冉さんのおっしゃる、公的議論の質が悪いことと信仰の価値が失われていることにはどう関係があるのですか？」

「学校の教材が党を愛することばかりを重視するような社会です。信仰の危機に陥るのも当然」

「関係がわからない」

「称賛しろと教えられることはみんな嘘なのです。今はまた雷鋒を売り込もうとしている」と冉雲飛は言った。雷鋒は、数十年前から無私無欲の模範として掲げられてきた共産党の英雄である。

「でも雷鋒が偽物であることはみんな知っています。

あの物語はほとんどが作り話なのです。でっち上げ。雷鋒は普通の兵士だったはずなのに、なぜか新華社のカメラマンがいて完璧な写真を撮れただと？ あの立派なことが書かれた日記も？ 人をばかにしている。党の模範的英雄はみんな嘘です。王杰（ワン・チエ）、劉文学（リュウ・ウェンシュエ）、頼寧（ライ・ニン）、嘘、嘘、嘘。だから道徳を教えるとなっても、その教材が偽物なのです。完全に偽物。

しばらくすると生徒たちは雷鋒がでっち上げられたものであることを知ります。これは有害です。教えられたことすべてを破壊するからです。何もかも本当ではないと感じてしまう。どうやって美徳を教えるのでしょう？ 教えようがない。もっとも称賛しなければならないものが嘘であることに気づくのですから。信仰は一つの基盤ですが、政府には基盤というものがなく、何でも言い、何でもやります。党が成功するための唯一の方法が人を騙すことなのです。それが政府の最大の成果になる――どのくらい人を騙すかによって。そんなものに統治されているのです」

「それとどう戦うのですか」

「もっとも重要なのは、議論の仕方を学ばなければならないということです。中国には論理的に議論のできる知識人が少なすぎます。やり方を学ばないので、常に互いを罵って終わってしまう。わたしがキリスト教から学んだことがあるとすれば、それは年がら年中みんなを罵るべきではないということです。わたしは気が短いですが、落ち着こうとしています。キリスト教がそれを教えてくれたと思っています。理性的でいることを」

それは興味深い話の展開だった。世俗主義者は宗教を非理性的だと言い、彼らが宗教に共感するとしたら、それは人間の人生の神秘的で不合理な一面で、せいぜい受け入れるしかないものとしてである。そうは言っても、数週間前に老倪も言ったとおり、信仰とはよい行いをして正直な人生を生きるという単純なことでもあり得る。これが真の幸福の普遍的な基盤ではないのだろうか？

対照的に、中国の急進的な世俗主義者が組み立てた社会はもっとずっと複雑であるようだった。道徳上の英雄が捏造されているだけでなく、冉雲飛自身の仕事などもそうだった。冉雲飛の仕事は本当には仕事ではなかった。ブログの投稿を理由に逮捕され、解放はされたが今も自宅軟禁のような状態にある。わたしはなぜ仕事を辞めないのか尋ねた。

「辞めさせてくれないのです！『だめ、辞めることはできません』と言って給料を支払い続ける。どんな手紙を書いても何を言っても、です。四川省の秘密警察は、人に体制の中にいてほしい。外に出してはくれません」

「そのほうが制御しやすいから？」

「そこまで直接ではありません。何かがあったときに国保が対処しなくていいからです。もっとずっと洗練されている。いい上司がいて、その上司に好感を持っているとします。すると国保はその上司のほうに行くのです。上司の娘が大学に進もうとしている。上司が非常にきまり悪そうにこう言ってきます。『これやあれを本当に出版しなければいけないの？　そこまで批判ばかりしていなければいけないの？』そう言われると、『上司の娘には大学に行ってほしいよな』と思うわけです」

「つまり、何もしないのに月に二五〇ドルもらうということ？」

「まったく狂った社会です。こんな例もありますよ。王怡は投獄されたことはありませんが、わたしはあります。でも王怡は本を出すことができず、わたしはできる。何らかのブラックリストがあって、わたしは載っていないけれど王怡は載っている。なぜ？　わたしは牢屋にいたことがあり王怡はない。説明してみてください」

「王怡が牧師だから？　ついてくる信者がいるから？」

「そのとおり！　中国社会で家の教会が果たしている役割を過小評価してはいけません。家の教会は今日の中国にある唯一の本当のＮＧＯです。王怡のような人にはそれぞれの信奉者がいる。本物の信奉者です。いつでもやめることのできるソーシャルメディアとは違う。王怡に、政府はわたしのような人よりも王怡のほうが怖いのだと冗談を言ったことがあります。王怡たちが本物の市民社会なのです」

わたしたちはそれからもう一時間話をしてから出た。心配していた国保には会わなかった。わたしは王怡の教会と、それが長続きしないのではないかということを考えずにはいられなかった。冉雲飛の拘束についての公開書簡で、王怡は自分が投獄されることも予測していた。そのとき投獄はされなかったが、書簡には、自分が逮捕される可能性が高いことについての妻の蔣蓉（チアン・ロン）とのやりとりを書いた、はっとするような一節がある。

妻にこう言われました。「あなたのほうが冉雲飛より先に逮捕されると思っていた」。わたしは水曜日から三日間断食し、考えられるさまざまな結末について妻と話し合いました。祈るうちに、わたしは自分が召命を受けたとの確信に至りました。

どこに行くにしても、それが自分の意志によるか否かにかかわらず、それは福音を広めるために行くのです。妻は何があろうとも牧師の妻です。人間の力は、わたしたちの奉仕の時間や場所や方法は容易に変えることができますが、神に奉仕するというわたしたちの基本的な使命を変えることはできません。

というわけで蔣蓉は、わたしが逮捕されたら何ができるだろうかとわたしに尋ねました。わたしはこう答えました。「アフリカに行くのと同じように刑務所に行きなさい。わたしは宣教師のままであり、あなたも牧師の妻のまま。わたしたちは昨日も福音のために生きたのであり、明日も福音のために生きる。これは、わたしたちを呼び出したお方が昨日の神であり、明日の神でもあるからです[42]」

第二部

啓蟄

虫たちの目覚め

中国の改革論者たちが太陰暦を捨てた理由の一つに、暦がだんだんとずれていくことがあった。太陰暦では一二の月を合わせても三四五日にしかならない。毎年一〇日ほど短いことになる。このため三年に一度閏月（うるうづき）を加えて調整しているが、それでも太陰暦上の行事が太陽暦上でいつになるかは年によって変わる。春節は一月のこともあれば二月のこともある。

これは重要でないように思われるかもしれない。何と言っても、ほかの宗教の暦にも、祝日の日付が変わるものがあるからである。しかし中国の暦は宗教をたどるだけではなく、仕事の日程も決める。従来の中国のような農業社会では、農民はいつ土が温まり、いつ雨が降り、いつ霜が降りるのかなどについて季節ごとに信頼できる道しるべが必要だった。これを定めるためには、地球が月ではなく太陽に対してどこにあるかを測らなければならない。

そのため人びとは太陽が星の間をどう動いているように見えるかを観察した。太陽の周りを回る地球からは、太陽の後ろにある星が動いているように見える。西洋人は、時期によってどの星座が太陽の後ろを通っているかを示す黄道十二宮を通じてこの考え方に親しんでいる。もちろん、太陽が星の間を通っているのではなくわたしたちが太陽の周りを回っているのだが、基本的な考え方は正しい。この動きは正確で、変わることがない。一年を通じて毎日約一度ずつ太陽の周りを回る。

昔の中国人はこの原則に基づき、一年を一五日から一六日ずつの細かい季節に分け、それを節気と呼んだ。一年には二四、季節ごとに六つの節気があり、どの節気にもそれぞれに特有の気象の傾向や詩、格言、何を食べるべきか——たとえば、夏には体を冷やし、冬には温め、乾燥する時期には水分が補給される食べ物——などの決まりまである。[1] それぞれの節気名は、今とは隔たった、農村中心の時代を思い起こさせる。穀雨、芒種、霜降、小雪、大寒。

近年、二十四節気は文化の表象として復活を遂げている。一九九〇年代には芸術家が政治や文化の行事で節気を象徴的に使うようになった。二〇一〇年ごろには消費者文化が二十四節気に着目した。いくつもの雑誌が特集号を出してこの伝統的な暦をあらためて紹介し、時期に合う食べ物や茶や服を提案した。北京では食料雑貨店のチェーンが民俗文化の専門家を雇い、二十四節気それぞれに合った食べ物を考案させた。春分には、暖かくなって増える細菌を払い退けるためのみじん切りニンニク入りの春餅、小暑には体を冷やす緑豆の菓子、寒い立秋の日々には体質を強めるためのこってりとした豚肘肉の煮込み、といった具合である。各節気にまつわる詩や神話や寓話を説明する本やアプリも出回り、小学校には二十四節気を説明する講師が招待された。友人宛の電子メールも「穏やかな冬至をお過ごしください！」など、重要な節気ごとのあいさつで締めくくられるようになった。

　二十四節気のなかでもっとも想像力をかき立てられるものの一つが「虫の目覚め」を意味する啓蟄である。啓蟄は、春の雷雨が眠っている虫を目覚めさせると信じられていた三月の初めにやってくる。六つある冬の節気の最後のもので、地球が軌道の三四五度に達し、種まきの時期もすぐそこである。新年のお祝いの興奮が収まり、世界が覚醒する。四世紀の道教思想の隠逸詩人、陶淵明（とうえんめい）はこう表現した。

春が近づき、折よく雨をもたらし
初めての雷が東方から轟く
冬眠する動物は、姿は見えないが驚いて目を覚まし
草木が辺り一帯でゆっくりと開く(2)

5 しきたり──過去の目覚め

中国の過去の黄金時代といえば周王朝である。三〇〇〇年前に始まり八世紀続いた伝説の時代で、孔子をはじめとする哲学者たちは、徳に基づいて統治し、武力に頼ることなく臣民を奮い立たせた叡知の極みとして、この王朝の初期の王たちを称賛した[3]。周王朝の行為の多くは後世にも手本とされ続けたが、その一つに、周の初代の王が「明堂」として知られる建造物を築いたとされることがある。これは新しい王国を統一するための象徴として建てられたのだった。当時の賛歌は、人びとがいかに奮起し、明堂を自ら進んですばやく建てたことを物語る。

誰もが作業に加わり
一日もかからず建て終えた
建設にあたり、王は誰も駆り立てなかった
それでも人が群がり集まった

一九五九年、共産党も自分たちの会堂を建設した。建国一〇周年を祝うため、党は壮大な規模の「北京一〇大建築」の着工を命じた。新しい鉄道駅、巨大な新スポーツスタジアム、広大な展示場、国家博物館、それに政治権力の殿堂である人民大会堂などである。共産党は建設業界にいるほぼ全員に当たる七万の労働者を動員した。そのなかには老倪とその父親もいた。彼らは一二時間交代で作業し、途方もない大きさの建造物をほんの数カ月で完成させた。どの現場でも、労働者たちは大昔と同じように働き、昼夜を問わずれんがや石を手で運んだ。数千年前もそうだったが、共産党は彼らの仕事の速さと自発性を強調した。これらの建物は大衆が党の統治権を支持していることの象徴なのだ。あるいは、建築技師の一人が述べたように、人びとは「この輝かしい任務を歓迎し……建築的創造のための強大な集団運動に没頭した」のだった。

一〇の事業のうちもっとも長く存続しているのは人民大会堂である。ほかの建物の多くはより大きな駅、より立派な博物館、より派手なスタジアムに取って代わられるなどして影が薄くなっている。しかし人民大会堂は今でも表向きには中国政治の中心である。堂々たる柱が目立つ巨大な御影石の建物で、天安門広場の西側に沿って約三七〇メートルも延びる。国の指導者たちが権力を示すために公の場に出てくるのがここである。また政府主催の晩餐会や諸外国政府高官の歓迎会、象徴的な政治会談が行われる場でもある。そこはいわば王の謁見室であり、党にとって神聖な空間である。人の目の入らない領域でされた決定の、公の世界での発現である。

かつての中国の政教一致国家との類似は偶然ではない。人民大会堂の簡素な外形は一九五〇年代の中国のスターリン主義的政策を反映している。当時、中国は主としてソヴィエトを手本にしていた。しかし建物の細部には中国の伝統が見られる(4)。表側に立ち並ぶ柱は、仏教で清らかさと高潔さを表すハスの花びらに乗っている。その数は一二で、紫禁城の中心にある太和殿の一二本の柱とあえて同じ数にしたものである。使用可能な床面積は約一七万平方メートルで、元はもっと小さかったのだが、紫禁城全体の面積を超えるように拡大された。

風水とも呼ばれる中国の伝統的な堪輿を取り入れ、人民大会堂は天安門広場の西側のちょうど真ん中には位置していない。真ん中だと、広場にある、共産党革命のために命を落とした人たちの慰霊碑の真向かいに入り口が来ることになるのだが、それでは死の象徴となり縁起が悪いので、建物全体が北にずらされた。主任の建築技師が述べたように、「生者は死者に対面するべきではない」のである。

建物の中も、政治の中心が伝統的に各地域をどう見てきたかを反映している。四〇〇〇年前、中国最初の王朝である夏(か)は、支配下の各地域とそこからの貢物をかたどった青銅の器を作った。人民大会堂には、中国にある三四の省や自治区、直轄市などそれぞれの部屋があり、同じように地方との結びつきが示されている。どの部屋にもその地域の名産物やそこを象徴するものが置いてある。香港の部屋にはヴィクトリア湾の夜景を描いた大きな絵が掲げられ、中国でもっともコスモポリタンな都市という香港の役割が表現されている。湖南省と陝西省の部屋には年代物の青銅器が並び、両省が古くから受け継ぐものとして紹介されている。新疆の部屋には「北京最大のオリエンタル絨毯（じゅうたん）」が展示され、チベットの部屋にはタンカ風の壁画が飾られている。

こうした遠方の領域を統一しているのが共産党の象徴の数々で、もっとも目立つのは大講堂の天井にある巨大な赤色の星である。毛沢東の指示により、この大講堂は一万人が座れるようにできている。この数は中国語で「万（ワン）」だが、永遠と同義で、たとえば永遠の命を指す「万歳（ワンスイ）」という言葉は文字どおり「一万年」という意味である。建築班によれば、この円形の天井は、

宇宙の無限の空間を暗示している。中央には樹脂ガラスでできた輝く赤い星があり、党の指導力を象徴している。この星は黄金の光線を放射し、その周りには金色のヒマワリの模様があり、それがさらに埋め込み照明で縁取られた波線に囲まれている。この装飾に込められたねらいは明らかである。すべての人びとは党の周りに結集し、革命を次々と勝利に進めるために党について行くのである。

毎年啓蟄のころ、共産党はこの輝かしい星や光の下で、権力を誇示するための行事としてもっとも重要なものを執り行う。これが一〇日間にわたって開かれる「両会」である。二つある大会のうちの一つでは、党の指導部が起業家や映画スター、宗教指導者、学者たちと協議する。そうすることで「あらゆる職業の」人が中国の統治という神聖な任務の一部であることを示そうとしている。

もう一つが毎年開かれる全国人民代表大会（全人代）である。これは儀式化された議会で、代表が出席するが、その代表は選挙で選ばれるのではない。議案も承認するが、中身は別のところで準備される。法律を発布するが、施行は裁量による。明るく照らされた部屋や古代の青銅器と同様、全人代も意図の表明なのだが、意図されているその計画はすぐには明らかにされない。今年、大講堂は会場として大会の内容にとくによく合っていた。指導者たちの発表によれば、中国が信仰生活を復活させることにしたからである。

一党支配制の国はどこもそうだが、中国も「文化」に執着している。これはオペラハウスや交響楽団に助成金

を出すという意味ではなく、それもするのだが、それよりも現代のマネジメント用語である「企業文化」に近い、ある組織を動かしたり人びとが行動するように奮起させたりする考え方や思想のことである。この課題に取り組んでいるのは権威主義国家だけではない。前近代には多くの社会が、ある種の神としての力か統治権を持つ世襲の統治者によってまとめられていた。この体制が崩壊してから新たに生まれた国民国家は、民族性と共通の歴史を軸にしたアイデンティティを採用することが多かった。ドイツはドイツ人の国、フランスはフランス人の国といった具合である。今日、ほとんどの国は自分たちの国が多民族からなることを認め、アイデンティティを広げようと努力している。ドイツは断固として過去に立ち向かうことを国の特性として採用した。フランスはフランス革命の歴史を強調する。米国、カナダ、オーストラリアなど従来から移民に支えられてきた国は、平等と基本的人権を重視する傾向がある。

　国民の合意の形成は困難なものであり、権威主義的体制を持つ国にとってはなおさらである。表現の自由や集会の自由がないなかでは国民のあいだでの議論や討論が妨げられるため、指導者はしばしばその国についての神話のようなものを国民に押し付ける。その成功の度合いはさまざまである。中国の公式のアイデンティティは、すべての人、信仰、伝統が平等に尊重される多民族国家である。この説明の仕方の問題は、中国を治めているのが漢民族であり、国の理想像を規定しているのもそれ以外の五五の民族ではなく、漢民族の価値観や夢や伝統だということだ。近代以降の経緯を踏まえると、国全体の理想としてもっと妥当なものを考え出すのも難しくなっている。最後の王朝だった清朝は、北方のステップ地帯から来た侵略者である満洲人によって建国された。清は一六四四年から一九一一年までに中国の領域を大きく広げ、以前は短期間だけ、または非常に緩い条件下で中国の支配下にあった遠方の民族も支配下に入れた。清朝はまた真に多民族からなる帝国でもあり、多くの文書や碑文が中国語、満洲語、モンゴル語、チベット語など複数の言語で書かれていた。清をまとめていたのは世襲制支配と、宗教の力が染み込んだ古くからの中国の政治体制だった。

　清朝が一九一一年に崩壊すると、中華共和国とそれに続いた共産党政権は——どちらも漢民族が支配していた

――満洲帝国の国境を引き継いだものの、満洲帝国に代わる理想や価値観を考え出すのに苦労した。

この問題を解決するため毛沢東がとった措置の一つに、自分を「偉大なる舵取り」や東方に昇る太陽など、神のような人物として前面に押し出すことがあった。しかし毛沢東の統治中は大災害が続いたので、後継者たちは信用性の欠如という重荷を負うことになった。解決策として彼らは経済に焦点を定めることにし、経済発展を国是とした。のちにここに愛国心が加わった。学生が軍事訓練を受けなければならなくなり、政府は、共産党に救われるまで中国は屈辱を与えられていたという話を広めようとした。

それでも一九八〇年代と九〇年代には不安感が根を下ろし始めた。二十一世紀の初めには、この社会的信頼の欠如はかなり多くの中国人を激怒させ、世論調査や研究結果にも表れた。政府のなかには、宗教が――厳重に管理されていれば――答えとなるのではないかと考えた者もいた。そのうちの一人が、国家宗教事務局を率いる葉(イエ)小文(シアオウェン)という、論議を呼ぶ人物だった。国家宗教事務局は、政策を定め、上級の宗教指導者を任命し、どの寺や教会やモスクに建設許可を出すかを決める政府機関である。葉小文は江沢民元国家主席と親しい政治的盟友で、四十五歳と比較的若かった一九九五年に局長に任命された。以後一四年間、局長を務め、改革時代の共産党の宗教面の取り組みにおいて間違いなくもっとも影響力のある人物となった。

葉小文は欧米では広く強硬派と見られているが、複雑な人物で、宗教について一定の理解もあった(5)。当初、共産党は宗教を禁止しようとしたが、回族やチベット人などのマイノリティ集団にとっては重要な、つまり触らないほうがいいものとして不本意ながら尊重した。葉小文のやり方はもっと洗練されていた。葉小文は中国でもっとも貧しい省の一つである貴州省で育ち、一九七〇年代に社会学を学んだ(6)。社会で起きるすべての現象は共産党のイデオロギーで説明できることになっていたので、社会学は長年、必要ないものとして禁止されていた。このため葉小文のような社会学の専門家は不足しており、葉小文はあっという間に昇進していった。八〇年、葉小文は三十歳にしてすでに貴州省の社会学会の会長になっていた。五年後には共産主義青年団の貴州省支部長となり、九〇年、天安門事件の直後に北京に呼ばれ、共産党の中央統一戦線工作部で働くことになった。この組織は社会にある非共産党団体を取り込み、支配することを目的とし、宗教も対象とする。共産党が大虐殺の後に社会との関係を修復しようとしていたなか、工作部の役割は非常に重要だった。

葉小文は厳格だが外向的だった。二〇〇三年には米国各地を回って中国の宗教政策を説明し、「中古車販売業者のように質問をさばいた」[7]。ロサンジェルスでは疑いの目を向ける記者たちの前に立ち、自分のような無神論者の共産党役員が宗教政策を担うのに何の矛盾もないと生き生きと説明した。葉小文はのちにこう述べた。「もしわたしがある宗教を信じていたら、ほかの宗教はそれを気に入らないだろう。すべての宗教に敬意を示し、どの宗教も信じていないからこそ、宗教に仕えることができる」[8]

しかし葉小文の仕事ぶりはそこまで公平ではなかった。葉小文は外国とつながりのある宗教は厳しく取り締まった一方で、土着のものと見なされていた信仰体系、とくに仏教、道教、儒教は支持した。二〇〇五年、葉小文は新しくできた儒教研究センターの開所式に出席して賛同を示した。まもなく、宗教としての儒教に批判的な学者が主要な研究所から追い出され、儒教の復活を支持する学者に取って代わられた[9]。その後すぐに、全国の大学や高校や小学校で儒教、道教その他の伝統的な宗派の価値体系を教える研究所や講座が設けられた。

共産党が新たに経済を重要視するようになったのに合わせ、葉小文は、宗教は社会的信頼を生み出し、社会にある不安を鎮めることで開発を推進できると主張した[10]。「宗教の力は中国がその強さの源とするもっとも重要な社会勢力のうちの一つ」だと、葉小文は二〇〇六年に開かれた仏教についての国際会議で述べた[11]。

二〇〇四年、共産党は独自の価値観の普及にいっそう力を入れ始め、「和諧社会」という言葉を作った。世の中と調和して生きるという、道教の理想を思い起こさせる言葉である。二〇〇六年には「八栄八恥」という、これまた古めかしく聞こえる言葉を採用し、党役員の行動規範とした。

これらの言葉は中身がないようでありながら、実は重要な転換の始まりを示していた。毛沢東のもとの共産主義は、社会は常に革命の状態になければならないという考えに基づいていた。鄧小平が革命をより柔らかい「改革」に変えたが、これも苦痛に満ちた変化を伴った。こうして見ると、二十一世紀に入って共産党が自らの役割を、社会変革を引き起こす主体ではなく、伝統的な理念によって対立を解消する仲介者と定めたのは、抜本的な概念だったのである。

　このスローガンに実体がないように見えたことは、また別の点でも誤解を招いた。中国で行われる事業では中身が来るのがいつも遅れるからである。中国では物事がとりあえず始まることが多く、事業はまず鳴り物入りで発表され、事業を行う意図の表明として建造物が建てられ、それから初めて中身が入る。その意味では、中国では国を統一するための新たなイデオロギーをつくり上げるのは、ショッピングモールを建てるのと似ている。計画が宣伝され、建物ができ、店がいくつか開くが、すべての店やレストランが営業を始めるのは何年も経ってからで、それも中核店舗の多くが破産したあと、という具合である。この当座しのぎのやり方は、徹底的に構想を練って計画され、その計画どおりに完成させる、欧米で理想とされるものとは異なる。それでも中国のやり方には独自の論理がある。事業が実行可能なら前に進むが、実行可能でないことがわかった場合に途中でやめるのがより容易なのである。

「和諧社会」と「八栄八恥」という新たな標語の中身は、五年後、胡錦濤総書記と温家宝首相が率いる政権のもとでの最後の大きな年次全体会議が開かれた二〇一一年の秋に固まり始めた。この大会が出したコミュニケは、中国社会について率直に「多くの分野で道徳が崩壊し、誠実さが欠け、社会の構成員の多くの生活観と価値観が歪んでいる」と述べた。[12]

　その解決策は、人びとに「社会主義核心価値観」を教えることだった。大半がありきたりのものだったが（「愛国」「誠信」「勤倹」など）、そのうちに漢民族の思想に基づくかつての政教一致体制の考え方によって補足されるようになった。親孝行の「孝（シアオ）」や、政治的理想を指す言葉で「偉大なる調和」と訳されることの多い「大同（タートン）」などである。実際、報告書は中国が受け継ぐ伝統を「中国国民が共有する心の園」と呼んだ。政治が新時代に入った今、人民大会堂での式典で命を吹き込まれるのはこれらの用語なのだった。

　中国の伝統的な宗教では、儀式を執り行う「法師（ファーシー）」が呪文を唱えると、普通の空間が神聖な場所に変わり、そこに降り立った神が祈りを受けてその共同体を再生する。この儀式は休憩や宴会を挟みながらときに何日も続き、終わると世俗の生活がまた始まる。中国政治では春の儀式が全人代で、その法師は首相である。首相は演説で大会を始め、見せかけの記者会見で締めくくる。首相の果たす役割は、全人代の象徴的な性質を表している。共産党で本当に権力を持っているのは首相ではなく総書記である。たいていの場合、首相は国を統治する大規模な官僚組織を運営する能力を買われて選ばれる。しかし首相は権力の表向きの顔であるにすぎず、決定権を持つ謎に包まれた委員会や派閥の最高権力者ではない。役に立つが、代わりはほかにもいる。

このような半ば宗教的な政治の式典は毎年行われるが、それぞれの年に特徴がある。二〇一二年には、胡錦濤総書記と温家宝首相から習近平総書記と李克強首相の新政権への権力移譲があった。秋に、胡錦濤は自らの別れの式典を執り行うことになる。その前に全人代で温家宝首相がまず別れを告げる。

毎年そうだが、二〇一二年の全人代もきっちりと台本ができており、前年の議題を見ていても進行を追えるほどだった。(13) 三月五日、啓蟄の初日に時間どおりに始まり、最初に温首相の活動報告があった。これは一時間に及ぶ演説で、たいていは前年秋の共産党会議での決定が繰り返される――今回は、新たな価値観を採用し、中国の伝統文化を推進するというものである。いつものことながら温首相は報告書に書いてあることをそのまま述べたので、耳を傾ける必要はなかった。演説の内容はその一時間前に公表されており、演説が行われるときには記者たちはすでに記事を書き終えていて、首相がどこかの行を読み飛ばさないかどうか確かめるためにだけ聴いていた。

大会は二日目以降もいつものように進められた。毎年必ず行われるのは議案の討議で、あたかも全人代が真に審議権のある機関で、何か新しい案を取り上げて討論をする可能性があるかのようである。今年は一部の代表たちがテレビ広告の禁止を求め、またほかの代表たちが、政府は若い女性が年配の男性と結婚するのを奨励するべきだと提案した。中国の都市でマンションを買う余裕のあるのは年配の男性だけだからという理由だった。また別の代表が、農村地域の子供が大学に行くのを認めるべきではないという重大な提案をした。大学に行けば先祖の故郷に戻らなくなり、伝統が失われるのだと提案者は述べた。言うまでもなく、これらの提案はすべて委員会に進む前につぶされた。どれも単に演出の一環だったのである。

毎年、共産党はほぼ同じやり方でこの式典の模様を報じた。五つの主要機関紙、『人民日報』『光明日報』『工人日報』『解放日報』『経済日報』の一面は区別がつかない。二〇一二年は、もっとも重要な『人民日報』では見出しが一面を飾った。前の年の見出しは「第一一期全国人民代表大会第五回会議が閉幕」という「第一一期全国人民代表大会第四回会議が閉幕」だった。その前の年には第三回会議が閉幕していた。今年も去年も一昨年も、紙面で使われた写真はどれも変わらず、ページの中央には、入念に飾りつけられた演壇にみな同じ顔、みな同じスーツ、みな同じ染めた髪の並ぶ全体写真がある。右側には、大会の主席が一枚の紙を手にマイクの前に立っている写真がある。どちらの写真も前の年の写真とまったく同じに見えた。

一〇日間の大会の最後は記者会見で締めくくられた。一〇年前の朱鎔基首相の退任と同様、今回は温首相がこれで国政の舞台から退場する。おそらく一〇年後には次期首相である李克強も同じことをするだろう。温家宝はやせた、修行僧にでも見えそうな男性で、首はシャツの襟に縮み込み、唇はいつも、ことにきまりの悪い告白を聞いてどうしようかと考える神父のようにすぼまれていた。[14] 以前は党内の改革派を支持しており、見かけもそれらしく、几帳面で慎重な、信頼できる人物と受け止められ、地元の新聞には「温おじさん」と呼ばれていた。しかし、この禁欲的なイメージは誤解を招くものだった。外国のジャーナリストがのちに証明したとおり、温家宝の家は大金持ちだった。[15] 年老いた母親はペーパーカンパニーを上場するために利用され、きょうだいは外国で楽な仕事に就いていた。非常に控えめに言っても温家宝は無能であり、社会を統制する前に自分の家庭を整えるべきという孔子の訓戒に反する例だった。

温家宝は舞台を降りたくないようで、記者会見は三時間も続いた。当時、政治面で閉鎖的な首都北京でもっとも注目されていたのは、薄熙来（ボー・シーライ）という地方の指導者の政治スキャンダルだった。薄熙来は妻がニール・ヘイウッドというイギリスの実業家を殺したとされていたのだが、この事件に遠回しに触れていたのだろうか、温は政治改革をするべきという「緊急の」要請を出した。めざすのは民主主義ではもちろんないが、今よりも公平で透明な、専制的な地方の有力者ではなく、法律によって制御される何らかの体制である。

温家宝個人の願望や政治についての警告は、興味深いが重要ではなかった。大講堂の星の下で行われた今年の式典の本当の重要性は、文化の復活を要請したことにあった。これが、共産党がこれからの一年間で採用する行動計画、権力の新たな基盤となる。記者会見が終わると、温家宝は敗者らしい重い足取りで舞台を降りた。今は政治改革の時代ではなく、中国の神秘的で力強い歴史に訴える時代の始まりなのだ。そしてその原動力となっていたのは、中国全土に広がっている、過去から選び集められた伝統に基づく、より安定して道徳性の高い社会を望む思いだった。

6　北京――説明などできない

倪金城（ニー・チンチョン）はたいへんな苦しみのなか、ベッドに仰向けになって奇跡が起きるのを待っていた[16]。心配事があるときによくなるとおり、ぎっくり腰になったのだった。原因は考えるまでもなく、父親の恐ろしい病気である。倪振山（ニー・チェンシャン）の癌は広がって、全身がむくんでいた。老倪（ラオニー）は春節にわたしを迎えてくれた広間の脇にある小部屋の寝台に横になり、もうほとんど動けなかった。家族がおむつを替えて食べ物をあげようとしていたが、日に日に弱っていた。広間の反対側には一家の祭壇が置かれている別の小さな部屋があった。絹の布で覆われた大きなテーブルがあり、その上にはたくさんの小さな神像に囲まれて、中心に高さ六〇センチのブロンズの観音像があった。観音は仏教の慈悲の女神である。手前には赤い座布団があり、その隣に大きな真鍮の鉢と木槌が置いてある。毎朝五時に金城はそこで祈りを捧げた。三本の線香に火をつけ、木槌で鉢を打って鳴らし、父親の健康を祈る言葉を述べて叩頭するのである。真鍮の鉢は低音域の鐘のように響き、広間を超えて老倪の耳に届いた。

　老倪が病気になったので、金城が倪家の長になっていたが、全心向善結縁茶会を率いる決心はついていなかった。長男である金城は一五年前に父親がこの会を設立するのを手伝っていた。ふんだんに寄付もし、毎年の春に北京でもっとも重要な聖山である「妙なる峰の山」、妙峰山で行われる一五日間の廟会のときに、茶会が廟を設けるのにも参加していた。そこで寛大さと信心深さを象徴する行為として、巡礼者に茶をふるまうのである。

　しかし本当のことを言えば、それまではほとんどのことを父親がやっていた。父の信心に刺激されて人びとが時間と金を捧げたのだったし、以前の癌からの回復は奇跡のように思われた。父には単に長く生きていることで備わる静かなカリスマ性と権威があった。父は取り壊された古い寺院の数々を見ていたし、自宅の隣の寺院に住んでいた道士たちも知っていた。年下の人たちには理解できないことを理解していた。そんな父と比べたら、自分はただの金持ちで信心深い息子にすぎないではないか？　たったの五十六歳、共産党革命後に生まれ、文化大革命が起きたときにもまだ子供だった。父なしで一家をまとめていくことなどできるのだろうか？　そして今、まるで運命が自分を試すかのように、あと数週間で妙峰山の廟会が始まるというときに箱を運んでいたら、椎間板ヘルニアになってしまった。

　金城は数日間ひどい痛みに耐えてから、体壇（ティータン）整形外科病院に入院した。そこは小さな診療所で、それほど有名でもなかったが、倪家がもともと住んでいたところの近くにあった。病院の名前には、倪家が旧市街から分鐘寺に移った経緯が入っていた。体壇は二つの略称からなり、「体（ティー）」は一九九二年のその建設が倪家の家が取り壊される原因になった国家体育総局を、「壇（タン）」は家のそばにあった歴史的建造物の天壇を意味していた。この名前は一家が失ったものを思い出す嫌なきっかけにもなり得たが、金城はそうは考えなかった。金城にとってこの名前は過去とのつながりをつくってくれるもので、つらいときに自分がひと続きの流れの中にあるという感覚を与えてくれるのだった。

　紳士らしく振る舞う倪金城は、止めるのも聞かずに病室の入り口でわたしを迎えてくれたが、前屈みで、黒い髪の根元が白くなっていた。しばらく床屋に行くこともできずにいるのだろう。金城はわたしに先立ってベッドまで足を引きずり、そろそろと端に腰かけて両手を見下ろした。自分の置かれた状態が恥ずかしかったのだ。それから心を落ち着けて指示を出した。「次からはもう一つのほうの携帯電話にかけて。今回、君が使ったほうは政府が支給したもので、盗聴されているから」

「政府が金城さんの携帯電話を盗聴しているですって？」金城が社会問題について確固たる意見を持っているのは知っていたが、金城は政治的な人ではなかった。「まさか！　なぜ？」

「汚職。わかる？　政府にいる人の多くが汚職をしている。僕の同僚もたくさん再教育キャンプに送られた。誘惑に負けない人なんていない。それほどの金がかかっているから。企業も賄賂を出さずにはいられない。受け取る人も多い」

金城は悩みを話し始めた。建設部の公務員である金城は、大規模プロジェクトを点検するチームに所属していた。問題を見つけると建設会社に罰金を科すのだが、その額は数百万ドルにのぼることもあった。しかし点検する側は月に一〇〇〇ドルほどしか稼いでいない。体制内の他所と同様、それが広範な汚職につながったのだった。これを受けて政府は、権威主義国家にしかできない厳しい取り締まりを始めていた。点検チームの全員が、自分の携帯電話は盗聴され、銀行口座も監視されているものと考えていた。

「でも金城さんは関与していないんでしょう?」

「まさか、僕が? 暮らしぶりを見なさい。家も見たでしょう。賄賂を受け取っているように見える?」

わたしは倪家の零落ぶりを考えた。満洲の兵士だった倪家は帝国時代に分鐘寺地区に定住し、「倪家の村」を意味する倪荘(ニーチュアン)の創始者となった。倪荘はもうないが今でも地図に載っている。十九世紀末、結婚式や葬式を執り行って裕福になった倪家は街中に移り住み、天壇の近くの住居を購入した。倪家は葬儀や結婚式のため臨時の廟を造り、道士や仏僧を招いて儀式をさせ、数日間にわたる一連の複雑な行事が滞りなく行われるように手配した。こうしたことから、倪金城の祖父は地域の指導者になった。夫に先立たれた女性が尊敬されながらも貧困のうちに亡くなることがあれば、自ら費用の全額を出して適切な葬儀が行われるようにした。

それも共産党時代に変わった。小企業の経営者一家だった倪家は国に雇われるようになり、金城の祖父と父は天安門広場と人民大会堂の建設に従事した。その後、金城とその弟も同じ業界に入った。一家はみな天壇の近くの家に暮らしていた。北京の大部分と同様、倪家の家も共産党支配が始まって最初の数十年間は無事だった。中国都市部の様相を根本から変える計画を実行する金が政府になかったからである。

それから一九八〇年代と九〇年代の経済改革が始まった。国は豊かになり、中国各地の都市の「改造」計画を実行に移す資金を得た。北京をはじめとする何百もの都市で、古くからあった地区が完全に破壊され、高層マンションやショッピングモール、高架の幹線道路が建設されたほか、国家体育総局の建設のように、国の威信を高めるための事業も行われた。倪家は聖なる都から追放され、一世紀前に先祖が住んでいた地区のすぐ近くに戻った。そこに金城が父親のために建てたのが、数カ月前の春節のときにわたしが訪ねた平屋である。金城は自分用には細長い四階建てのビルを建て、下の二階を貸して夫婦で三階に住んでいた。

ビルの四階部分は後から付け足されたペントハウスで、安普請だったが、金城の手によって北京の街の上にそびえる隠れ家になっていた。奥の部屋には父親の家にあるのよりも大きな仏壇があり、高さ九〇センチのブロンズの観音像が置かれていた。数週間後に妙峰山に運ばれるものである。手前の居間には巨大な陶磁器の鉢があり、肥えた金魚が何匹も泳いでいた。隣の部屋にはレース鳩の入った鳥かごが置かれ、一日中ハトが鳴き、歩き回っていた。ベランダからは、北京の南に広がる郊外を見渡すことができた。資材は間に合わせの安物だったが、そこに座って茶を飲み、一箱一ドルの「大前門」タバコを吸っていると、別世界にいるような、まるで分鐘寺がまだあって、寺の教えが町民たちに響いていた時代に戻ったかのような感じがした。

「いいえ。みなさんの生活は質素です」と、わたしは金城の自宅でとった食事を思い出しながら言った。麵、ハム類、一本二ドルの蒸留酒。「それでも今は危険な時期でしょう」

わたしは今後開かれる予定の政府の会合や汚職取り締まり運動のことを持ち出したが、金城はまるでわたしが天気について警告しているかのように笑った。天気も、予想はできるが変えることのできない勢力で、そのときになってから対処するほかない。

「信仰を持っていると、こういうことは大事でないことに気づく。でもほかの人は……暮らしぶりから、何かがおかしいことがわかる。これ以上は言いたくないけれど」

金城は慎重に言葉を選んでいたが、自分の職場に嫌気が差していた。汚職に関与していない者はほとんどおらず、賄賂を受け取らない者がばかを見るように感じていた。そこで金城は、年長者であることを利用して仕事に行かなくなっていた。建設部の規則では、約一二五万ドルに当たる八〇〇万元以上の罰金を科す場合には、三〇年以上の勤務経験のある検査官の承認が必要だった。中国では建設ブームが起きており、建設部は休みなく点検を行い罰金を科していたので、金城のような上長は貴重な存在だった。金城の署名がどうしても必要であるため、上司たちは金城が一カ月に一度しか出勤しなくても何も言わなかった。出勤しないときは病気か、出張中か、休暇中ということになっていたが、たまに出てきて机に積まれている書類に署名しさえすれば、金城がどれだけ休んでも誰も気に留めないようだった。

「父の世話をできるので満足している。ただ金儲けをしたい役人たちと付き合わなくてもいいし。あいつらには底線（ティーシエン）がない」

「底線」は翻訳しにくい言葉である。文字どおり「底の線（ボトムライン）」だが、それより下に行ってはいけない最低限の道徳基準のことを言う。底線がなければ、どんな手段を使っても何の問題もない。金城ら多くの中国人は——中国人の大半でさえあるかもしれない——自分たちの国には歯止めがないという感覚を持っていた。

金城は自宅を出て外の世界に立ち向かわなければならないたびにこれを感じた。自分の育った一九五〇年代から六〇年代初めにかけての北京は、今よりも単純だった気がした。すでに共産党が支配権を握っていたが、「規矩（クイチュイ）」と呼ばれる決まりごとの多くがまだ残っていた[17]。規矩には個人間の礼儀（テーブルで唾を吐かない）やプライバシーの尊重（ノックせずに部屋に入らない、まずきちんとあいさつをしてから人の家に入る）に関する規則もあった。しかしもっと大きな規範もあった。宗教指導者には敬意を持って接する。富は見せびらかすものではない。家族や友人や師に恥ずかしい思いをさせないために一生懸命努力するべきである、などである。

「最近の人は何も知らない」と、金城は狭い病室で言った。「人を押しのける方法以外は」

わたしは別の香会を率いる趙宝琪（チャオ・パオチー）を思い出した。趙宝琪たちは妙峰山で武術を演じる。あるとき、香会を理解する鍵となるのは何かとわたしが尋ねたところ、趙宝琪も「規矩」と答えた。社会に欠けているのは規則、規範、結びつきなのだ。中国社会は係留されていない帆船のようで、センターボードは壊れ、帆はいっぱいに風を受けて狂ったように水上を駆けている——岸で見ている者はわくわくするが、乗っているほうは恐ろしくてたまらない。

「誰がわれわれの敵か？ 誰がわれわれの友か？ これは革命のいちばん重要な問題である[18]」。これは毛沢東全集の第一巻の巻頭を飾る小論の書き出しで、金城のような中国人がそこから逃れようとしている暴力的な世界の起源である。毛沢東の言葉は、味方と敵の二つのものからなる世界をつくり出す。革命に反対する者は誰でも敵で、敵は殺される。これは隠喩ではなく、毛沢東時代には暴力はどこにでもあった。何百万ものいわゆる地主が――たいていは何世紀にもわたって伝統的な社会をまとめてきた知識階級だったとはいえ、多くはごく狭い土地を所有する小農にすぎなかったのだが――村人たちに生き埋めにされ、斬首され、殴り殺された。多くの場合、その村人たちは共産党の煽動家に駆り立てられていた。

それからわずか一〇年後、文化大革命がこの弾圧を継続させた。中国全土の何百万もの家と同様、北京でも中庭を囲む古い家屋が紅衛兵に荒らされた。倪家は仏像をすべて失い、隣にあった道教寺院も破壊された。秩序回復のために軍が北京などの都市に派遣されると事態はさらに悪化し、兵士は紅衛兵よりも多くの人を容赦なく痛めつけ、殺した。(19) 兵士たちが連れてきた何十万もの親戚が、中庭のある家屋や単位住宅、威厳のあったかつての寺院に移り住んだ。人間の振る舞いに関する基本的な決まりの大半が損なわれてしまった社会で、人びとは急に、よく知らない人たちに囲まれた。信用できるのは肉親や友人に限られるようになった。

文化大革命が終わると、多くの人は、いつかまた誰かを信用できる日が来るのだろうかと考えた。毛沢東時代の暴力に代わる、より寛大で優しい社会が生まれるのを願った人たちもいた。一九八〇年代を通して人びとは道徳の目覚めを求めて文書を書き、意見を述べた。たとえば、巴金(ばきん)をはじめとする作家たちは、過去の惨事を伝え、戒めとするために文化大革命博物館を造るべきだと論じた。

しかし一般市民のあいだでの議論は抑圧されていたうえ、一九八九年にデモ参加者が虐殺されたことで、社会をどう組織していくかについて公の場での討論はいっそう起きにくくなった。九〇年代初めに経済改革が加速すると、豊かになることにエネルギーを注ぐよう国全体に指令が出された。しかし、この繁栄の新時代の裏には怒りと暴力の気配があった。これはインターネット上の掲示板を見ると感じられる。ネット上の礼儀の基準はもともと低いとはいえ、議論があっという間に粗暴な論争になり、ネット上の暴徒が相手にとって不面目な私的な情報を公開して終わることが多い。毛沢東時代の弾劾の現代版である。北京大学の倫理学者である何懐宏(ホー・ホアイホン)はこう書いた。「われわれは普段の生活が残忍性に上塗りされているのを感じることができる」(20)

改革が多くの人にとってありがたいことだったのを忘

れてはならない。新しい政策によって何億もの人が貧困から抜け出すことができた。さらに多くの人にとっても将来の見通しが開けた。沿岸に移り住んだ農民は工場で働いて賃金を得るようになり、若者は教育を受けて新たな人生を歩み始めた。何百万もの人が中流階級に加わり、生まれて初めて海外旅行に行った。大勢の人にとって、改革時代は希望に満ちた時代である。

それでも不安は残り、繁栄から来る興奮が弱まった今では以前よりも顕著になっている。従来の社会では、学校や医療は地域の教師や医師との関係に基づいていたが、単位体制ではこのようなサービスは職場によって提供された。ポスト共産党体制では何もかもが売り物になっている。病院のベッドや学校の席、公務員としての職のように当然そうであろうものだけでなく、健康診断書、新聞に載る書評、科学論文までもがそうである。衛生から専門家としての誇りや学問の厳密性についてまで、さまざまな基準が後退した。

信用も、三角測量のようなことをして求めなければならなかった。この酒は偽物でないと信用できる。なぜならいとこの義理の兄弟が製造所で働いているから。この米には農薬が入っていない。なぜなら昔の同級生の親戚がまだ住んでいる村で作られたものだから。この医者には三〇秒で診察室から追い出されることはないだろう。なぜなら、はとこの娘だから。このような希薄な関係に意味があると本当には思っていなくても、人はそんな関係にしがみついた。そうして騙されなければいいと願いながら、実は騙されていることをわかっている。本当に安全な食べ物が出される唯一の場所は党指導部のいる中南海だし、本当にすぐれた医者が診察してくれるのはとんでもなく高額な私立病院だけで、まともな公立学校でも毎年一万ドル以上の袖の下を「寄付」として納めなければならないのである。

人びとが無力であることがとくに屈辱的だった。同じような問題を抱えている国は多いが、そのような国には、一般市民が不満を表明し、場合によっては制度を変えることさえできる仕組みがある。しかし中国には、圧力団体も組合も自由なメディアもない。非政府団体は、活動を災害救援などサービスの提供に限る場合にのみ存在を認められる。社会を変えるための運動は禁じられ、抗議行動や独立政党も同様である。人びとは助けてくれるものがない状態に置かれている。何か問題があっても、共産党が行動を起こしてくれるのを期待するか、自分のネットワークに頼るしかない。人びとが抱えるこの無力感は多くの世論調査の結果にも出てきている。二〇一四年に行われたある調査では、中国が直面する最大の問題は「信用の喪失」であるという結果が出て、回答者の八八パーセントが、中国が「道徳の衰退と信用の欠如という社会的病弊」に苦しんでいるという考えに同意した。[21]

規範の代わりに中国には「隠れた決まり」、著名な歴史家で有力誌『炎黄春秋』の編集者である呉思(ウー・スー)の言葉を借りれば、「潜規則(チエンクイツァ)」がある。[22]成功は縁故、えこひいき、非倫理的な取引に基づく。ハリウッドの俳優が性的接待をして役を得るのと似ているが、このようなひどい取引が中国社会では広範に行われている。

金城が気に入っている自宅も潜規則の典型例だった。政府は分鐘寺地区を取り壊すと警告していた。一棟か二棟の建物ではなく、何十もの区画をつぶして新しい高層住宅を建てようというのである。今いる住民はその高層住宅の部屋をもらうこともできるが、そのためにはわかりにくい官僚組織を相手にうまくやらなければならない。いちばんいい部屋は政府の高官にいくのがほぼ確実だったが、金城の交渉が首尾よくいけば、倪家は日当たりがよく居心地もいい部屋を二つか三つ手に入れ、金城はそのうちの一つを祈りの間にすることもできるかもしれない。失敗すればわびしい部屋を一つだけということになる。一家の運命が金城の交渉の腕にかかっていた。

「解決方法のわかる人を誰か見つけないと」と、あるとき金城は自宅でわたしに言った。

「人を見つける」も中国に特有の言い回しだった。「找人(チャオレン)」とは、自宅が取り壊されるのかどうかを政府に問い合わせるだけでは当てにならないことを意味する。何らかの助言をこっそりとしてくれる内部の人がいなければならない。当然、見返りが必要である。そう、君の自宅は取り壊される予定で、政府は一平方メートルにつきいくら以上を提示することはない。だから提示額がそれよりも低ければもっと高い額を期待してもいいが、あまり粘ると報復として本来よりも狭い部屋をあてがわれる。それから来年の夏までに必ず娘さんを結婚させなさい。そうすれば娘さんも別の部屋を取得する資格を持てるから。七月一日を過ぎたら資格がなくなる。そう、七月一日というのは決まっている。いや、まだ公表されていない。友人として教えてあげているんだ。この「朋友(ポンヨウ)」もまた歪んだ意味を持つようになった言葉である。

これを教えてあげているのだから、君は僕に借りができた、そんな意味を持つ。以前も縁故は重要だったが、縁故による関係や義理はもっと予測がつきやすかったうえ、倫理観や決まりによって調節されていた。今日の社会はある意味ではもっと単純だと言える。重要なのは権力と金で、あとは言葉のあやである。

金城はこの状況にひどく動揺し、茶会のよさを思い知るようになっていた。茶会には互いを信用する会員が三〇人いる。ほとんどが親戚同士だったが、外からも人が来て仲良くなった。会は大きな一族のようだった。中国人の大半が、故郷の村を離れ、さらに産児制限を受けたときに失ったものである。会員たちは口げんかをし、反目し、大声で言い争うが、碧霞元君に対する信仰心で結ばれており、互いのことを気にかけていた。みんな何も言わなくても――こういうことは言葉にするのはおろか、考えなくてもいいではないか?――まとまりのない、少しだけ機能不全に陥った家族と同じように互いを愛していた。

わたしはアメリカ人作家ビル・ポーターの著書『禅の重荷（*Zen Baggage*）』の、出たばかりの中国語版を持ってきていた。ポーターは長年、中国の詩や仏典の貧しい翻訳家として働き、わずかな印税や彼の仕事を評価する信心深い仏教徒からたまにもらう寄付で細々と暮らしていた。ワシントン州の田舎に住むポーターは生活があまりに苦しく、翻訳書のなかには、米国の農務省からの支援を受けた、つまり食料費補助制度の世話になったことが謝辞に記されているものもあるほどだった。しかし二〇一〇年に中国の仙人について書いた旅行記が中国語に翻訳されると、ポーターは一躍有名になった[23]。外国人が中国の宗教をどう見ているのかを知りたい中国人がポーターの本を何十万部も買い、サイン会では本にサインしてもらうために何時間も待った。国営テレビ局がポーターについてのドキュメンタリー番組を制作し、ファンたちはポーターが中国に来たときに使えるように銀行口座に金を送った。

本を見た金城は大喜びで、本を掲げ、その背を額に押し当てて「ありがとう。これは供物だ」と言って、ベッドの脇のテーブルの、何かを覆っている黄色の絹布の横に置いた。

わたしは、本の内容はかなり単純で、金城はそれほど学ぶことがないだろうと言った。

「いや、そうは思わない。ポーターは心でものを見ていて、それは基本中の基本だと思う。中国人であることとはまったく関係がない。ポーターが僕と同じようにしたら、僕は学ぶことがなくなる」

金城は本の隣の黄色の絹布を持ち上げた。下にはブロンズの鏡が木製の鏡立てに載っていた。その脇にはトランプ大のラミネート加工された紙が二枚あった。そのうちの一枚の表には何本もの腕を持つ仏像があり、裏には「チュンディ・ダラニ」という、一〇〇語からなる短いお経が書いてあった。金城は、これは非常に強力なお経だが頻繁に唱えなければ意味がないのだと言った。

「頻繁というとどのくらい?」

「まずは二万回。悟りを開くには八〇万回」

「そんな暇がある人がいるんですか」

「一日一〇八回唱えることになっている。朝に五四回、晩に五四回。五四回唱えるのに一〇分しかかからない」

「祈るのにどのくらい時間をかけていますか?」

「朝に一時間、夜に一時間。半年あれば二万回できる。信心深ければ大変ではない。それくらいできなければ、たいした信心ではないということ」

金城とわたしは今年の廟会について話した。太陰暦の四月の初日に始まるのだが、今年はそれが四月二十一日だった。金城はあまり遅れて行かないほうがいいと注意してくれた。大事なのは廟会の始まる前の晩、つまり太陰暦三月の最終日に着くことで、そうすれば四月の最初の日が始まる真夜中に妙峰山にいることになる。その瞬間が最高潮で、そこに達するまでの過程が重要なのだそうだ。正式に始まるときには、いちばんいいところは終わってしまっている。

わたしは金城を見て考えた。二週間も山に入ること、これが金城の使命なのだろうか? 一家の仏壇、レース鳩、ベランダ、祈りに費やす時間などがある世界にいるべきではないのか?

「行かないほうがいいのでは?」わたしはそっと言ってみた。「具合が悪いのに」

「そうだね」金城はゆっくりと、まるで行かない可能性を初めて考えたかのように言った。「いや、行かないと。でも忘れないで、早めに着くようにね! 遅れてくる人はいない。真夜中に着くようではもう遅い」

金城はかばんに手を入れて、ぼろぼろになった小冊子を取り出した。それは金城が在家の仏教信者であることを示す証明書類で、金城が仏教の思想や歴史についての短期講座を受けた北京の寺にいる師の名前が書かれていた。仏教や道教の在家の信者になる人が増えてきていた。歌手のフェイ・ウォンなど、著名な中国人も在家の仏教信者だった。かつてのセックスシンボルで失恋歌をよく歌っていたフェイ・ウォンは、難解な、仏教の言葉をそのまま使った歌詞の曲を出して新たなアイデンティティをつくり上げていた。

　チベット仏教に入信した人もいた[24]。その人たちは、チベット仏教は、中国の中でも手つかずのまま残っている地域であるチベット高原から来ているので、宗教としてより純粋な形なのだと考えていた。しかしチベット仏教に関心があっても、自治や、場合によっては独立を求める多くのチベット人に同情するわけではない。根っこにあるのは一種の利己主義で、政治的な意味があるとしたらそれは強奪のようなものだった。先住アメリカ人がまず征服され、土地を奪い取られたうえ、さらに信仰までポップカルチャーに乗っ取られたのとよく似ている。中国人にとってチベット仏教は、より強い効き目を持つ薬のようなもので、人によってはステータスシンボルでさえもあった。わたしにはラサに専属の師がいるとか、セラにいるわたしのリンポチェが、という具合である。金城はインターネット上の映像でこのような師の話を視聴することもあったが、お金をかけるのは茶会のほうで、自分の信心も内側に向けていた。

　金城は、ブロンズの鏡にほかの部分よりも光沢のある箇所があるだろうと言った。

「でもそこは触っていない。つやがあるのは祈っているから。たまにあることで——絶対にそうだとも言えないし、そうでないとも言えない。科学的でないとか言うが、実際こうなっているのが目に見える。説明なんてできない」

　金城はその小さな仏壇の前に置かれたガラスの瓶を指した。水が入っていて、金属製の蓋が閉まっていた。

「この水を一日一回飲むのだが、血圧は完璧で心拍数も完璧。これをどう説明する？　説明なんてできない」

　金城はこの瓶を自宅の仏壇から持ってきたのだと言った。水は一度に全部飲んではならず、半分飲んで水を足すのである。そうすると元からあった聖水によって新たに加えられた水が効き目を持つようになるのだ。

「瓶は何でもいい。仏壇の前に置いてあるからこうなる。祈るから特別な水になるのであり、祈らなければただの瓶に入った水のまま。なぜ効き目があるのか？　説明なんてできない。

　別の例を挙げよう。親父だ。知ってのとおりとても具合が悪いが、王徳鳳（ワン・トーフォン）が去年山に登って祈ったら、もう一年生きることができた。去年死ぬはずだったのに、今も生きている。どう説明する？　説明なんてできない。

　説明なんてできないものはたくさんある。これがわからなければ」と、金城は自分の心臓を指さして言った。

「これで説明がつく」

7 しきたり——かごの中の師

中国文化は国の北方、黄河や太行山脈のような神話に出てくる山々の近くに起源を発する。[25] しかし遠い昔に、気候と地理によって中国文明の中心は長江に近い地域、「川の南」を意味する江南に移った。より穏やかな気候と豊富な雨が繁栄をもたらし、この地域は中国のほかのどの地域よりも多くの役人、学者、画家、作家を生み出した。江南は今日も中国経済の原動力で、江蘇省と浙江省は、巨大都市上海とともに、中所得国と同規模の経済区域を形成している。四川省ほど騒々しくもなく、北京ほど政治と関係が深くないが、その富と洗練に並ぶものはない。

江南の中心には太湖(たいこ)という不思議な半円形の湖があり、中国でもっとも人気のある名産品がいくつもその周辺で作られている。湖州市の筆、宜興市の陶製の急須、蘇州市の絹、浙江省の丘陵地帯の茶葉、洞庭山の石灰岩でできた「太湖石」などである。隕石の衝突が原因でその形になったとされることもある太湖だが、その機能は鉄道の転車台に近く、品物や思想を江南全域に駆け巡らせ、また京杭大運河を通じて、政治面では豊かだが経済面では貧しい中国北部に送る。

太湖は中国でもっとも有名な現代の賢者、九十四歳の南懐瑾(ナン・ホアイチン)の地元でもあった。南懐瑾の人生は中国の近代史の大半と重なっている。中国沿岸部の裕福な一家の跡取りとして生まれ、聖なる山にこもり、軍隊に入り、政治的な揉め事に巻き込まれて台湾、米国、香港に逃げ、人生が終わりに近づいた今、また中国本土に戻ってきた。

それは自分の助言を聞き入れてくれる統治者を探して当時の世界を転々とした孔子にも引けを取らない旅の人生だったが、南老師(ナンラオシー)は存命中に認められることができた。中国本土では、禅仏教の師として、また中国の伝統を庶民的な、親しみやすい言葉で説明する本の著者として有名になっていた。南老師の本はウィル・デュラントとアリエル・デュラントによる『文明の物語（*Story of Civilization*）』のようなものだと言える。これは主として西洋の思想に関する複数巻からなる作品で、二十世紀半ばのアメリカの中流階級家庭の本棚に必ずあった。ただ、南老師の本はもっと著者の個性と主観が出ていて、学術的なことは気にせず、中国の伝統を体系的に書こうともしていなかった。それでも六〇〇〇万部を売り、政府直営の書店も南老師の本を目立つところに置いている。南老師は財団を通じて公立学校での古典教育の復活を支援し、伝統的な様式で教える学校を自分でも設立した。

　わたしがもっとも興味を持ったのは、ここ太湖のほとりに南老師の支持者や信奉者、金持ちの支援者からなる緊密なネットワークがあり、混乱させられる身の回りの現実について答えをもらおうと、毎晩競うように南老師の話を聞きに集まっていたことだった。北の北京では政治指導者たちがようやく中国の伝統的な価値観や信念を採用し始めたところだったが、ここでは南老師の導きのもと、そのような思想が一〇年以上前から育まれていた。わたしはどうやってそんなことができているのかを知りたかった。

　というわけで、啓蟄の初日にわたしは南老師に会いに太湖にやってきた。湖のほとりにある南老師の太湖大学堂はいくつかの伝統様式の建物からなり、花畑もあって気持ちのいいところだった。しかし同時に警備の緩い刑務所のような感じもした。警備員や犬があちこちに配置され、不気味に人気（ひとけ）がないことも多かった。入構を認められる者は元政府職員によって慎重に選ばれた。南老師はたくさんの本を出していたが、メディアのインタビューに応じることはなく、自分の話の録音や配布も禁じていた。また、教え子たちが自分の思想を教えるのも認めなかった。そして謎めいた世捨て人の役をうまく演じ、質問してくる人たちを物語やなぞなぞではぐらかした。

　滞在初日の終わりに南老師に会った。背が低くほっそりとして、髪を後ろにとかしているので鳥のような顔つきが強調されていた。濃紺の中国風の衣をまとい、片方の手には手彫りがほどこされた杖を、もう片方の手には「パンダ」銘柄のタバコを持っていた。年齢は九十を超えていたが機知に富み、ひょうきんで、よい主人らしく客を気遣った。この隠れ家は気に入ったか、とわたしは訊かれた。

気に入ったが戸惑っている、とわたしは答えた。誰もいない構内、警備員に弟子たち、有名なのに目立たないという変な組み合わせ。これはいったいどういうことなのか？

南老師は杖を剣のように両足の間につき、わたしの背後にある湖を見て笑った。

「あなたの本はこう書かれるべきですね。偶然、広大な湖、中国でもっとも大きな湖の一つに行き当たった。そのほとりに老人がいて、わけのわからないことをしゃべっていた。そういうことを書くのがいいでしょう」

南老師は、昔の中国が消えかかっていた一九一八年に生まれた。最後の皇帝は一九一一年に退位し、国民党のもとで近代化を進める新政府が国を統一しようとしていた。しかし同世代のほとんどの人と同様、南老師は昔ながらの学校に通った。そのような学校では古典を暗記する。教師は十九世紀半ばから末にかけて大人になった年配の男性で、中国文化を二五〇〇年前の孔子の時代から途切れずに続いているものとして解釈する伝統的な見方を南老師に吹き込んだ。それは従来の中国に対する分析的な評価をするのではなく、何世紀にもわたって中国をかたち作ってきた情報や前提、容認された世界観を大量にダウンロードするような教育だった。

それでも南老師は外の世界に気づいていないわけではなかった。一九三〇年代には、日本が中国領土をじわじわと侵略してくることに怒って軍隊に入り、二十一歳のときには数千人の兵士からなる部隊を指揮していた。背は低かったが引き締まっていて屈強で、眉毛も濃く、人を率いる能力があった。

その後、南老師の人生で繰り返される、不思議な、説明のつかない意外な展開の一つが起きた。日本による侵略が始まろうとしているのに南老師は軍事訓練をやめ、精神の探究の道に入ったのである。やがて中国南西部の四川省にある峨眉山（がびさん）にこもり、仏教の隠遁者として三年間過ごした。一九四三年に山を下りると、慣れない人間のにおいに胸が悪くなった。この悪臭から身を守るために喫煙を始め、その後もずっとタバコをやめなかった。盾を構えるかのように煙を吐くのである。

一九四九年、内戦に勝利した共産党勢力が権力を握ると、南老師は二〇〇万以上の中華民国の支持者や兵士とともに台湾に逃げた。伝統を重視する国民党政府が支配を続けた台湾は、毛沢東が本土で行った極端な社会実験からの避難先となった。カリスマ性があり説得力のある演説をする南老師の周りには、台湾でもっとも有名な知識人や有力な政界関係者が集まった。しかし、こうした人間関係が危険であることが明らかになる。台湾がまだ戒厳令下にあった一九八〇年代初め、教え子のうち何人かが政権の怒りを買い、南老師は身に危険が迫っていると警告された。八五年、南老師はワシントンDCに逃げ、あまり人に知られずに暮らした。ワシントンには三年いただけで、やがて香港に移った。

二〇〇〇年、南老師がついに中国に戻ると、たいへんな歓迎を受けた。すでに著書が地下出版物として出回り、拡大しつつあった中流階級のあいだでよく読まれていた。著書の大半は孔子の『論語』や老子の『道徳経』など一つの大著を題材とする。そのような本で事実が誤って書かれているので、学者はしばしば文句を言う。詩の題名が違ったり、参考文献がおかしかったりするのである。そもそも、それらの本を学術書だと思ってはいけない。南老師の著書には脚注も、原文の分析や考古学的発見への言及もほとんどない。それでも南老師の書くことは中国人に響いた。彼らは西洋に追いつくために一〇〇年以上も残忍な政策に耐えてきたのである。伝統を捨て、服を着替えるように新しいイデオロギーを次々と試した――軍閥支配、ファシズム、共産主義[26]。今は権威主義と資本主義が交ざった制度によって多くの人に繁栄がもたらされているが、切羽詰まった問いが残った。これほど多くのものを失った今、何が彼らを中国人たらしめているのか？　南老師は、よくいる、何かもっともらしいことを説明する学者でも、伝統について話すことはできるが真の信頼性を欠く軽薄なテレビのスターでもなかった。南老師はその年齢、教育、評判から、中国の複雑な過去を説き明かし、将来の見通しを示すことのできる真の師として受け止められたのである。

そういうわけで、南老師の帰国は一大事として扱われた。中国語圏でもっとも偉大な「国学（クオシュエ）」の師の一人が中国に戻ることを選んだ、つまり中華人民共和国がこの国の輝かしい過去の正統な後継者であることが証明されたのだ、というわけだった。しかしその後、中国での生活の現実が見えてきた。南老師は上海に移って不動産を買おうとしたが、不動産市場を統制する政府から繰り返し妨害を受けた。二年後の二〇〇一年、教え子の一人が南老師に、太湖のほとりの土地を見てみるよう勧めた[27]。南老師が弟子たちと上海から車で四時間かけて行ってみると、その土地は湿地であることがわかった。一行は引き返した。

帰途について数分後、護衛の警官が乗ったオートバイが道を外れ、南老師たちを近くのホテルに先導した。そこでは役人たちが赤い絨毯を広げ、南老師がその湿地を購入したことを告げる大きな赤い垂れ幕を掲げて待っていた。中国では実によくあることだが、どこかよそにいる誰かがすでに決定を下していたのだった。南老師の帰国は歓迎するが、住むのは中国の都市部から遠く離れたここでなければならない。故郷に戻ったのに、形を変えた流刑になってしまった。南老師はあきらめず、八十三歳にして人生を建て直した。武器は自分の声、戦いの場は夕食のテーブルだ。

太湖大学堂の一日は夜の六時ちょうどに始まる。南老師の夕食のテーブルにみんなが集まるときである。今日は、天津の不動産開発業者が投資先について南老師の助言を求めに来ていた。金はたっぷりあるがもっと稼ぎたかった彼は、アルツハイマー症の治療法に投資する機会があるのだと説明した。ただ、そんな取引の倫理性について自信がなかった。九十三歳の先生はアルツハイマーについてどうお考えか？

「それには投資しないほうがいい」と南老師はきっぱりと言った。その治療法に効き目があるのか疑問に思う、中国では医療詐欺がはびこっているのでなおさらだ、と。それから南老師はテーブルに着いていた一〇人ほどの顔を見回した。「年をとって死なないのは泥棒でいることのようです」と南老師は言い、みんながこの警句を理解するまで間を置いた。「人は年をとるものです」と南老師は説明した。「それはどうしようもない」

不動産開発業者はうなずいたが、有能な中国の企業家らしくすぐに切り替えることができた。「電気自動車のバッテリーに投資する機会もあるのですが……」と、答えを期待して途中まで言った。

「そちらはよさそうですね」と南老師は言った。「未来のほうを向いていますから」

開発業者はありがたそうにうなずき、南老師の見識に乾杯するためグラスを上げた。米から作られた色の濃い酒がいっぱいに入っていたが、彼は自分の誠意を示すために一気に飲み干した。南老師もグラスを上げた。一〇年前ならそれはウイスキーで満たされ、先生も一度に飲み干していただろう。しかしさすがに高齢になってきた今、グラスには色の濃いお茶が入っていた。南老師は一口飲んでうなずき返した。

南老師の夕食会は華やかな集まりだった。参加者はいくつかの大きな円卓に着き、手作りの料理を食べて赤ワインを飲みながら、マイクで話す南老師の話を聞く。仏教の尼僧が重要な点をホワイトボードに板書した。しばらくすると南老師は休憩し、弟子たちが古典の音読、茶法、古箏(こそう)の演奏など、伝統芸能を披露する。

夕食会にはたいてい最大で五〇人が参加した。航空会社の役員、銀行の支配人、若い学者、建築家、コネに恵まれた政府高官の子供たちなどである。多くはこの数十年間で確立されてきた世襲のエリート、「紅二代(ホンアルタイ)」だった。一九四九年に中華人民共和国をつくった共産党指導者の子や孫である。共産主義をいいと思っている人はほとんどおらず、伝統文化を支持するようになった人も多い。彼らにとって南老師は、自分たちの親が始めた共産党革命以前の時代から来たタイムトラベラーのような存在だった。南老師は、親たちが中国の信仰や価値観を抑えつけてしまう前の生活がどんなものだったかをみんなに教えるために、ほとんど奇跡のように現れたのだ。

わたしが行ったときには、参加者のなかには有力な政治家の娘、金融規制機関のトップの息子のほか、裕福な実業家が三人いた。天津の不動産開発王のような企業家にとって、南老師の助言は革命的だった。ここでは利益率や、取引を成立させるために誰に贈賄しなければならないかではなく、社会のためになる可能性があるかどうかが問題とされた。話し合いのなかで南老師は、中国の視野が狭く、経済発展しか見ていないことに何度も疑問を投げかけた。南老師によれば、これは伝統にのっとった過去を破壊したのが原因だった。これで中国には富と権力という物質的な目的とバランスを取るものがなくなってしまった。中国は何から何まで西洋のまねをしたので、独自のものが何もないのだと南老師は言った。

「中国人は精神面で物乞いのようだ」と、南老師は退席する前に一同に言った。「ほかのみんなから施し物をもらおうとしている」

南老師の人気の一因に、批判的だが反体制ではないことがある。公の場で政府を非難することはないし、台湾や、新疆やチベットなど問題を抱えた地域が中国の一部であることに交渉の余地はないと強く主張する。もっと深い面でも、南老師の著書や講演は、中国の過去が不変で輝かしいという考えを吹聴することで国民に誇りを抱かせようという政府の意図を支持するものである。多くの中国人学者にとって、これは危険なまでに単純な中国史の見方である。

南老師のやり方に反対する一人が、上海にある一流の復旦大学の有名な古典学者、朱維錚（チュー・ウェイチョン）である[28]。わたしが朱維錚に会ったのは以前に太湖大学堂に滞在したときで、そのときは車で外出して昼間は朱維錚と過ごし、その後、太湖に戻って南老師の夕食会に出た。朱教授と会ったのは上海市腫瘤医院で、教授は数カ月前からそこで癌の治療をしていた。翌年亡くなるのだが、この日はまだ意識もはっきりしていて親切だった。貴重な午後の時間をわたしにくれ、そのあいだ教授の妻が世話をしに部屋を出たり入ったりしていた。

「国学の用法のうちいくつかにわたしは反対です」と朱維錚は言った。「中国のナショナリズムを推進するために使われるべきではないと思います」

朱維錚は一九三六年に太湖に面する無錫（ウーシー）市で生まれた。復旦大学を出てからあっという間に学界で出世したところで文化大革命が始まった。教育のある人の大半と同様、朱維錚も地方で肉体労働に従事させられ、その後一〇年間は学者としての活動ができなかった。七〇年代末に社会復帰し、八〇年代にふたたび中国の古典についての本を出し始めた。

一九九〇年代には、中国は「国学熱」にかかっていた。中国本土では二世代ぶりに古典の作品が再版されて研究の対象となり、その後の一〇年で古典を大衆化させる人たちが出てきた。なかでも有名なのは政府承認のテレビ講師である于丹（ユイ・タン）で、孔子の作品について浅い考察を披露しつつ歴史上の論争を軽く流し、過去をバラ色に描いて見せた。主要な大学も実入りのいい国学センターを設立し、学識を証明したい実業家や愛好家のために高額な週末講座（額入りの大きな修了証付き）を用意した。政府も国学を利用し、外国で中国を宣伝するために世界各地で「孔子学院」を立ち上げた。

朱維錚はしかし、自分の勤める復旦大学が国学センターを作るのを阻止した。中国には実に長い伝統があるのだから、学者は金儲けや政府へのごま擦りのために儒教を単純化したものを売り込むのではなく、過去をより深く探求するべきだと朱維錚は主張した。朱維錚は問うた。中国人が儒教の理念に立ち戻ろうと言うとき、それは儒教がすばらしいものとする階級制のことを言ってい るのか、それとも社会正義の推進のことを言っているの か？　調和か、それとも反抗する権利か？

朱維錚は、国学という概念そのものが外来なのだとわたしに言った。「宗教」という言葉同様、「国学」も、すでにこのような厄介な事柄を言い表す語彙を作り出していた日本から来たものだった。伝統的な文化や信仰を、国を統治していた古い政教一致制度から切り離すことによって守ろうとしたのである。大国はその偉大な文化を誇示しなければならない。国学は中国に、皇帝を退位させ、その後の数十年間で伝統的な教育制度を廃止してからもずっと使えるものを与えた。

「二十世紀初めの初期の国学運動では独自の研究が行われ、わたしたちは今もそれに頼っています」と朱維錚は言った。「当時の人たちは非常に高い教育を受けていた。しかしその後の数十年間でこのような古い書物の実に多くを破壊してしまったので、今の人は、わたしの年齢の人も含めて、完全にはそれを理解していません。ほとんどの中国人にとってそれは外国文化のようなもの」

朱維錚は孔子の『論語』を重要な例として挙げた。南老師のような人は、『論語』を孔子が本当に書いたとされているものとして教える。しかし朱維錚によれば、学者のあいだでは、『論語』はかなり編集されており、さまざまな信奉者が書き留めた名言や逸話を集めたものであると広く理解されている。わたしは、于丹のように古典を大衆化させる人をどう思うか朱維錚に尋ねた。

「于丹は自分が理解していない文章を題材にしています」と朱維錚は言った。「句読点も正しく入れることができない。政府に仕えている人たちがこの調子とは」

南老師は？

「あの人は違います。于丹ほどあからさまに政治的ではない。あのご老人はおもしろいが、学者ではありません」

国学の問題は政治的な意図を帯びたことだ、と朱維錚は言った。国は孔子の人生を映画化する大がかりな事業に資金を提供し、二〇一二年には、国学を整理し普及させるため北京に国家国学センターを設立することを内閣が承認した。しかしこのような努力の大半は表面的であると朱維錚は言った。政府は過去を受け入れるとしながらも、偏見を持たずに過去を探索するのに必要となる学問の自由を認めていないのである。

「中国の問題について中立の議論をするのはほぼ不可

能です。出版社はどれも政府に支配されている。大学も政府に支配されている。財団も政府に支配されている。政府はますます自分たちの目的のために国学を利用したがっています」

著書の質がどうであれ、南老師は太湖で開かれる少人数の集まりで今でも人の気持ちを引きつける力があった。南老師のカリスマ性が最大限に発揮されるのはこのときで、高齢にもかかわらず中国世界でなぜこれほど長く人気を保ち続けてきたかを理解することができた。

集まりがあるのはいつも夜だった。南老師は夜を徹して仕事や瞑想をし、午前中に睡眠をとり、午後に起きて手紙の返事を書くなどする。初めて姿を現すのが夕食のときで、元武術家らしいしなやかな足取りでつかつかと部屋に入ってきた。視力が落ちてきていたので、古典を読むときには弟子たちが特別に文字を大きく印刷したものを使わなければならなかったが、それでも圧倒的に存在感があった。いつもまず部屋の壁にあるスイッチのところに行き、舞台をちょうどよくあつらえる監督のように照明や空調を調節した。

たいてい南老師は、参加者にその日に何をやり遂げたかを尋ねることから始めた。建築家の男性は大学堂で断食と幻覚を体験していた。

「先生、覚醒と睡眠との間の壁を壊しました！」

「ああそう、そのようですね」と南老師は淡々と言った。

別の人は、南老師がまさにそのために建てた禅堂で瞑想して一日のほとんどを過ごした。

「そんなに瞑想ばかりしないほうがいい」と南老師はたしなめた。「手段であって目的ではない」

何人かは仕事が忙しく、電子メールを効率よく処理して時間をつくり、南老師の職員が南老師の慈善事業の実施方法を決めるのを手伝った。ある晩、南老師は過去一世紀にわたって中国の思想家を困らせてきた問いを投げかけた。

「過去一〇〇年間、中国は中国の考え方ではなく西洋の考え方を使ってきました」と南老師は言った。「共産主義は西洋のもので、中国のものではない。資本主義も西洋のもの。社会主義も西洋のもの。何が中国のものですか？」

集まった人たちは落ち着かず、座ったままもぞもぞした。南老師は様子をよく見ながら待った。

「だからわたしたちは古典を読まなければならないのです」と若い男性が思い切って言った。この男性は隠遁者として一年間を過ごしたばかりで、仏教の寺を開こうとしていた。「何が自分たちのものかをわかっていないから」

「そのとおり」と南老師は言った。「古典を読みなさい」。それからすぐに場の雰囲気を明るくした。「せめて何か具体的なものから始められるでしょう。服装とか！」

南老師は好んでする話の一つをし始めた。あるとき、もう何年も前のこと、サンフランシスコの空港で米国の税関職員に止められ、スーツケースいっぱいに漢方薬が入っている理由を尋ねられた。職員たちを納得させたのは南老師がいつも着ている青い衣だった。その衣は、南老師が自分の文化を尊重していること、したがって税関職員も南老師を尊重するべきであることを示していたのである。

「衣の力だったのです」と南老師は笑って言った。

全員が酒の入った小さなグラスを持ち上げて南老師に乾杯した。それからしばらくは、南老師の弟子の一人で上海のテレビ番組の司会をしている男性が甘い声で古典を音読するのを聴いた。温かい、抑揚のある読み方だったが、現代の中国人の多くと同様この男性も古典の表現をあまりよく理解しておらず、中盤で続けて読み間違えた。目をつぶって聴いていた南老師は明らかにいら立ち、目を開けて怖い顔で部屋を見回した。

しかし、そこで南老師はある音を耳にしてなごみ、椅子にゆったりと座り直した。その音はみんなのいる建物の反対側、全寮制の学校のほうから聞こえてきた。子供たちが毎晩の古典の音読をしていたのである。これは南老師が作った伝統的なカリキュラムの一環だった。わたしは以前、南老師が言ったことを思い出した。子供たちはまったくくだらないポップソングやコマーシャルのジングルを暗記することができる。だったら『道徳経』か何か別の古典を覚えさせたらいいのではないか？　もちろん、理解はできないが、いつかはわかるようになるし、将来何か文章を書こうとするときには、香港の作詞家の陳腐な歌詞ではなく、老子の言葉の美しさが頭に組み込まれていることになる。

子供たちは孔子の『大学』の一部を唱えていた。なかには一年生もいて、まだ小さいので本の正しいページを開いておくのも大変そうだった。先生たちが気長に歩き回り、子供がぼんやりしていないか注意し、声が揃うようにした。子供たちの声は祈りのようにわき上がった。よりよい未来を願って何千年ものあいだ中国で唱えられてきた言葉である。

思いが誠実になると、心が正された
心が正されると、身が修められた
身が修められると、家が斉った
家が斉うと、国が治められた
国が治められると、天下は平らかになった

滞在が終わるころ、南老師はわたしが学んだことについて話すため自室に招いてくれた。南老師の住居は構内の一角にある広々とした別邸にあり、二階建ての私的な図書室のほか、有名な中国人による書が飾られた書斎がいくつかあった。わたしはまず、中国文化を復活させることが本当にできるのかについて、いつもする質問をした。

「文化大革命は中国文化を根こそぎにした」と南老師は言った。「根っこがないのに回復できるものなんてありますか? 古い根っこはあるけれども、もうすぐ死にます」

「でも生徒さんたちが」とわたしは言いかけたが、南老師にさえぎられた。

「生徒たちは新芽にすぎない。育つかどうかはわからない」

こんなやりとりを一五分続けた後、南老師はくたびれて目を閉じた。しかし急に元気を取り戻して目を光らせた。

「外国では、すべてのものに意味がなければいけない。記事や本にもみんな意味がないといけない。それにいらいらします」

「そうですか、わたしが知りたいのは……」また南老師にさえぎられた。

「昔の中国には別の書き方がありました。書き手は花や草について論じる。それから詩を引用すると、読んでいる人はみんな書き手が何を言っているのかがわかる。あなたがたのやり方よりも婉曲です」

「この詩のことを考えてみてください」と言って、南老師は七七二年に生まれた白居易の詩を朗誦した。

江南はすばらしい
ずっと昔にその風景を知っていた

日が昇ると川の花が火のように赤く
春には川が藍のように緑色になる
誰が江南を恋しく思わないだろうか

意味がわからず南老師を見ると、南老師はため息をついた。単純な詩でさえも全部説明しなければわからない無教養なやつがここにもいた。

「これは過去についての詩です」と南老師は言った。

「二度と取り戻せないものを恋しく思う気持ちを表している」

8 実践――呼吸を学ぶ

部屋は暗く、わたしたち四人は藁(わら)を編んだ丸く分厚い座布団に黙って座っていた。厚いカーテンの端から街の人工の明かりが漏れ、オレンジ色にぼうっと光っている。瞑想を始めて三〇分、静かに座る段階に入っていた。瞑想の初めに秦嶺(チン・リン)が心安まる穏やかな声で話しかけてくれて、わたしたちは内に向く用意をした。

脚を組んで座りましょう
肩、腕、肘、両方の手首、両手――
　どれも緩んでいます
背骨はまっすぐ
唇は軽く閉じて
歯を食いしばらず
舌は口蓋の上に
顎を軽く引いて
頭はまっすぐに
目を開けてください

みんなは目を開けた。

目は落ち着いています
遠くを見てください
壁の向こうを見ましょう
できるだけ遠くを見ます
あなたの思考はそこにあります
光が見えますか？　明るい光ですか？

光が見えなければ目をぎゅっとつぶってもいいと秦嶺は言った。そうすると血流と神経の働きでぱっと光が見える。でもたいていは、そこまでしなくてもよかった。

暗い部屋でまっすぐ前を見ていると必ず光が見える。

その光をゆっくりと自分に引き寄せましょう
二本の眉の間に来るまで引き寄せて
そっと、目を閉じてください

ここまで来ると意識は体の中にあり、空間に浮いていた。迷子になるかもしれないので、秦嶺はわたしたちがここ、今から離れないように注意した。

考えてください。この部屋の大きさは？
部屋に何がありますか？
人は何人いますか？
その人たちはどこにいますか？

わたしたちは中国道教の本山である白雲観のほう、南を向いた小さなアパートにいた。部屋は一二階にあり、下から車のクラクションの音がかすかに聞こえる。北京の西。政府の中心。外国人がほとんどいない。省庁、宿舎、軍。春が感じられるようになってきた。温まる空気、目を覚ます虫、北からの春の風。しかしそれらはみな外に、壁の向こう、自分の身体から離れたところにある。

　わたしたちは自然に呼吸していた。吸って吐いて、胸は空気が入ると膨らみ、出るとへこむ。でも瞑想では空気を、「気」を、下腹部にまで押し込まなければならない。そのため秦嶺はわたしたちに逆の呼吸を始めさせた。息を吐くときに腹部を膨らませて、吸うときにへこませる、瞑想でよく用いられる方法である。

吸って、全方向からの気を
　広がる毛穴に引き入れて
吐いて、毛穴から気を全方向に押し出して
吸って、身体を引き入れて
吐いて、身体を押し出して
吸って、自分を小さく、もっと小さくして
吐いて、自分を大きく、もっと大きくして
吸って、部屋を自分に引き入れて
吐いて、この部屋の壁を押して、部屋を広げて
吸って、自分を小さくして
吐いて、自分を大きくして
吸って、吐いて

自然な呼吸に戻りましょう。身体を楽にして。静かに座ります。

ここまでで一五分ほどかかった。これからおよそ三〇分間静かに座り、心を空にする。それは言うほどやさしくなかった。秦嶺は、映画のフィルムリールが高速で回るように思考を頭の中で走らせろと言う。新しいことを考えず、すでにあるものが終わるのを待つのだ。そうすればいつかフィルムは最後に達し、カチ、カチ、という音がするようになる。そのときスクリーンには何も映らない。

わたしは教科書の冒頭部分にあった一節を思い出した。

「道（タオ）」には名前も力もない。それはただ一つの本質であり、ただ一つの原初の魂である。本質と生命は目で見ることができない。それは天の光の中にある。天の光は目で見ることができない。それは両目の中にある。

始まりはここ、目の中なのだ。目は光を取り込んで内側に向け、内に隠れた思考を明らかにする。思考を清めれば、実に多くの宗教が追い求めること、つまり不死を達成することができる。わたしたちは座って心が空になるのを待った。思いや考えは、まだ実現されていない計画や変えることのできない過去に向かって音を立てて飛んでいた。

秦嶺に会ったのは、南老師の夕食会で知り合った若い男性を通じてだった[29]。男性の家族は中華人民共和国を建国した第一世代の共産主義者の子孫で、この男性自身も共産党指導者の子供たちが遊んでいた北京西部の「大院（ターユアン）」の一つで育った。南老師の夕食会で男性はわたしに、彼の一家の師の一人は自分の身体からエネルギーを発することができるのだと言った。中国語で発気（ファーチー）と言うものである。その師の力は人を飛び跳ねさせることができるほど強く、中国各地から生徒がついてくるほど知識も深いのだそうだ。

「その人は発気ができるのですか？」とわたしは尋ねた。その師のしていることは気功と関係があるように思えた。気功は身体と精神の修練の一つの形で、瞑想に似ているが、人によっては途方もない能力を発揮する場合がある。一九八〇年代と九〇年代、気功は中国現代史上もっとも大規模な宗教運動の一つで、何百万もの人が毎朝公園に集まり、座り、体を揺らし、空中浮遊の修行をし、木を抱きしめた。清華大学など非常に有名な国内の大学や軍が「気」――中国の宗教や医学によれば、人間の体内を巡るエネルギー――が本当に存在するかを研究した。熱心な気功師たちが全国を回り、国に充満していると人びとが感じていた道徳の欠如を解決できると言い張った。しかし闘争的な一派である法輪功が一九九九年に弾圧されてからは、気功は急に公の場から姿を消したのだった。だからその男性の話にわたしは興味を引かれ、こう尋ねた。「今でも気功をする勇気のある人がいるのですか？」

「もちろんです。でも今は違う名前で呼ばれています」

「内丹術（ネイタン）？」[30] 内丹とは、気功と似た身体的鍛錬を指す道教の言葉だった。

「内丹をご存知ですか？　では北京に戻ったら、うちの先生を知っている人を紹介します。その人に話を聞けるかもしれません」

数週間後、わたしは北京の主要な大通りにあるマンションの前でその男性と落ち合った。天安門広場から真西に約五キロ、木樨地（ムーシーティー）という交差点の近くである。十数階建てのそのマンションは、一九七〇年代の終わりに海外在住の中国人の帰国を促すために建てられた。当時は毛沢東時代の末期で、毛沢東の敵だった人たちの一部が刑務所から釈放されていた。そのなかには、迫害される前には中国の最高幹部に数えられていた人もいたので、新政権はそのような人の苦労を認めるために何かをしようと考えた。そうしてこの建物がその人たちに与えられ、海外在住者はほかの住居をあてがわれた。このマンションの住人には、毛沢東の私設秘書の一人だった李鋭（リー・ルイ）がいた。百歳近くになるが、今でも進歩的な政治改革を強力に支持している。ほかの有名な住人のほとんどは亡くなっていた。毛沢東に次ぐ二番手だったが獄中死した劉少奇の妻、王光美（ワン・クアンメイ）もその一人で、紅衛兵は王光美に公の場で売春婦のような服を着てピンポン玉のネックレスをするよう強要して屈辱を与えた。王光美は二〇〇六年に亡くなるまでこのマンションで暮らしていた。

完成当時、このマンションは中国が造りうる最高の建物で、設備も最新で広々とし、紫禁城の隣の共産党本部からもほど近かった。しかし今では軽警備の刑務所のような外見で、コンクリートの壁はところどころ崩れ、外廊下が部屋と部屋を結んでいた。建物は長く、およそ五

○メートルおきに入り口が六つあった。わたしたちが入りたかったのは二つ目の入り口だったが、節約のため奇数番号の入り口のエレベーターしか動いていなかったので、三つ目の入り口に歩いていった。エレベーターの中に入ると、退屈した様子の四十代の女性が小さな腰かけに座って、ぼろぼろになった漫画本を読んでいた。わたしはついほほ笑んだ。中国のおせっかいなエレベーター係を見たのは数年ぶりだったのだ。タイムワープしたかのようだった。女性はわたしたちの訪問先を尋ねた。

「蕭さん」と男性が言った。女性はうなずいて最上階のボタンを押した。エレベーターは大きな音を立てながら、どうにか上っていった。

　女性はわたしを一瞬見てから漫画に戻った。大会や記念日、死去など、政府との関係で注意を要する日には、中国人に見えない者の立ち入りが禁じられていた。でも今日は普通の日だったし、いずれにしても蕭家にはよく外国人客が来ていた。毛沢東時代に弾圧される前、蕭三と妻は共産党支配下の中国でもっともコスモポリタンなうちに入る夫婦だった。蕭三は粋な共産党の詩人であり宣伝員で、美しい妻はドイツの写真家エヴァ・サンドバーグである。今は、蕭三の次男で、一九四一年に共産党の山の要塞だった延安で生まれた蕭維佳がマンションの部屋の所有者だった。

　わたしたちは最上階で降り、部屋と部屋を結ぶ廊下を進んだ。この廊下は後から思いついたかのように建物の外側に取り付けてあり、モンゴルのほうから吹いてくる風を防ぐのに安っぽくてろくに閉まらない窓しかなかった。眼下には木樨地の明かりが瞬いていた。一九八九年の六月三日から四日にかけて、もっともひどい虐殺があった場所である。部屋をいくつか、そして本来使うはずだったが動いていないエレベーターを通り過ぎ、ようやく入り口に着いてノックした。しばらく待ってからわたしがもう一度ノックしようとすると、男性に止められた。「瞑想しているところかもしれません。都合のいいときに開けてくれますよ」

　はたして、数分後に維佳の妻の秦嶺が開けてくれた。四十代で落ち着いていて、運動をする人らしくがっちりした体つきだった。髪は短く、眉毛は濃い。中国南部の弾むような発音で話し、率直で遠慮がないが陽気で、自分の教える内容があまりにも深遠であり、その型にはまらない観念を説明するにはユーモアを使うしかないことをわかっているかのようだった。

秦嶺は廊下を通って居間に案内してくれた。何人かが膝などをさすっていて、明らかに瞑想を終えたところだった。テレビの前にホワイトボードがあり、あぐらをかいている人間の絵に、気の流れを表す線が描き込んであった。

　生徒たちが帰る支度をするなか、秦嶺は自分の師が王力平（ワンリーピン）であると言い、小さなペーパーバックを渡してくれた。表紙は青緑色で、丘のある風景にうっすらと太陽と月が描かれていた。中国語の題名は『偉大な道（タオ）をゆく隠遁した在家信者の王力平氏を訪ねる』の意で、裏表紙には値段が書いてあった。五・八五元、約一ドルである。紙は破れやすい安物だった。本をそっと持って出版年を見ると、一九九一年だった。この本は『竜の門を開く（*Opening the Dragon Gate*）』というタイトルの英訳版が出ていた。道教の在家信者が、年老いた道士三人とともに山の中を旅し、紅衛兵を避けながら瞑想法を学ぶ物語である。

「王先生の教えは有名な道教の本に基づいています。幸い、リチャデ・ウェイリアンによって外国語に翻訳されています」

「誰ですって？」

「リ・チャ・デ、ウェイ・リアン」。それから秦嶺はこの名前を英語でゆっくりと、ぎこちなく発音しながら言った。「リ・チャー・ド、ヴィル・ヘルム」

「ということは『黄金の華』も読んでいますね」と、わたしは驚いて言った。これは中国の瞑想について書かれた、もっとも有名で難解な本の一つだった。

　秦嶺はほんのりと笑みを浮かべ、問いかけるように眉を上げた。一緒にやってみる？　わたしはうなずき、ぼうっとしたまま帰途についた。いったい何を約束してしまったのだろう？

　これがわたしの中国の伝統的な瞑想法との出会いだった。このやり方は理想的ではなく、フランス語を学ぶ初心者がプルーストの本を渡され、几帳面さに欠ける教授にたまに教わるようなものだった。しかし数カ月もするとわたしは夢中になった。教科書は中国でもっとも古く有名な瞑想入門書の一つ、『太乙金華宗旨（タイイーチンホワツォンチー）』だった。ヴィルヘルムのおかげで『黄金の華の秘密（*The Secret of the Golden Flower*）』として広く知られているものである。

　この本は道教の伝統の一部である「内丹（ネイタン）」を扱う。内丹は不調や病気から人を自由にするという初期道教の目的に由来する。死後の生命ではなく、死のない生命をめざすのである。長寿を重んじる考え方をするのは道教だけではなかった。たとえばユダヤ教は、何百年も生きたエノクやメトゥシェラのような太祖を非常に重視する。初期の道教に特有なのは、信者が当初は寿命を延ばすために麻薬を使おうとしたことである。このために錬金術の実験も行われた――西洋の錬金術師の多くが試みていた金属の精製ではなく、生命の秘薬を見つけるためである。ヒ素、鉛、辰砂（しんしゃ）とも呼ばれる硫化水銀などの有毒な金属をはちみつなどの食べ物と混ぜ合わせた不死の丸薬が作られた。それを飲めば身体が浄化され死を避けられるとされた。

　時が経ち――不死の薬が効かないことがわかった後――この思想も変わっていった。錬金術の理論や実験の一部は、中国医学の基礎の形成を助けた可能性もある。中国医学の専門家は、病気を治すために鉱物だけでなく植物や動物の部分を使って実験していた。その間、不死は主として精神面の探究の対象になった。辰砂は中国語で「丹（タン）」だが、これが死後の生命と同義になった。不死の薬だったものが、人が瞑想の助けを借りて精神を清めることによって体内（中国語で「内（ネイ）」）でつくり出すことができる象徴的なものになった。これが「内丹」という語の由来である。一般的な瞑想法では、光やエネルギーを身体に入れ、下腹部にある辰砂の田、「丹田（タンティエン）」に流す。この光は錬金術師が浄化のために使う炎のように内臓を巡り、身体が死んだときに魂を天国に連れて行く不死の華をつくり出すのを助ける。これは身体面だけの修行ではない。『黄金の華』が明らかにするように、道徳も重要な役割を果たす。

> ほぼよいことだけをしてきた者は誰でも、死が訪れるときに清らかで澄んだ精神エネルギーを持っている……しかし、命あるうちに原始の魂が強欲、愚かさ、欲望、肉欲のために意識の魂によって利用され、あらゆる罪を犯していれば、死の瞬間に精神エネルギーは淀んで混乱し、意識の魂は息とともに絶えてしまう。(31)

『黄金の華』が欧米でよく知られているのは、中国在住のドイツ人中国学者ヴィルヘルムが一九二九年に翻訳版を出し、カール・ユングが解説を書いたからである。(32)二人は親友だった。一九三〇年にヴィルヘルムが亡くなったときに主な弔辞を述べたユングは、ヴィルヘルムと知り合ったことを「人生でもっとも意義ある出来事の一つ」と呼んだ。『黄金の華』はほどなく英語にも翻訳され、何度も再版された。現在は公有されており、ニューエイジ界の古典となっている。

ユングの序文がこの本を理解可能にするのを助けた。ユングはキリスト教との類似点をいくつも挙げ、キリスト教の神秘論者も心を清めるために光を使ったことを指摘した。ユングはまた、『黄金の華』の瞑想法を、ある種の精神分析の基本型であるとした。これはユングとフロイトが立ち上げるのを助けた分野である。『黄金の華』は、ほかの文化にも内向きの思考を行う独自の伝統があることを示した。

ヴィルヘルムは、自分が翻訳した本文の前にあるエッセイで、どのように『黄金の華』と出会ったかを説明した。ヴィルヘルムによれば、『黄金の華』は二十世紀の最初の数十年間に精神面の危機が中国を見舞ったのに伴ってふたたび現れた。言い伝えによれば『黄金の華』は初め口承され、現存する最初の印刷版は十七世紀に中国南部の僧院で見つかった。しかし当時でも、この瞑想法を行っていたのは限られた範囲の道士や、彼らにもっとも近い弟子たちだけだった可能性が高い。それが二十世紀初めに中国の宗教界が揺れ動いたことで変わった。宗教改革のさなかのヨーロッパ同様、中国社会も、宗教に関する知識は聖職者だけのものだという考えから離れていっていた。人びとが宗教書に直接触れたがるようになり、一九二〇年に『黄金の華』が一〇〇〇部印刷された。先のエッセイでヴィルヘルムは、書店や骨董品店で有名な北京の瑠璃廠（るりしょう）街で『黄金の華』を見つけたと述べた。

この時代は、南老師に影響を与えたような在家の宗教指導者が名を成した時期でもあった[33]。確立された宗教を退け、幸福のために瞑想を勧める者もいた。これは同時期にインドで起きていた運動と似ている。インドでは治療師でヨーガ行者のティルマライ・クリシュナマチャリアのような人たちがヨーガを集大成し、その一部を宗教から切り離した。

自己修養の観念は当時の政治情勢とも共鳴した。多くの人は、一貫性のある自己をつくり上げることを通じて、軍閥や外国の軍隊による破壊に耐える強い近代国家を築くことができると考えた。こうした人びとの集団は「秘密結社」と呼ばれることもあるが、本当に秘密だったことはなく、社会を回復、救済することをめざす集団という意味で「救済結社」のほうがより中立な呼び方である[34]。これらの団体は独自の思想体系（仏教、道教、儒教を合わせたものであることが多く、キリスト教やイスラム教が含まれることもあった）と、瞑想などの身体鍛錬法を持っていた。「一貫道（イークアンタオ）」などは各地に拠点のある有力な組織で、広い地域を支配下に置いていた。一九五〇年に行われたある調査では、一八〇〇万の中国人がこのような組織に所属していることが明らかになった[35]。

共産党は一九四九年に権力を握るとすぐに、これらの形成されたばかりの伝統を攻撃した。中華人民共和国は独立組織を許容できなかったため、そのような組織は「反革命」であると決めつけられた——政府が排除したい団体や個人は何でも「反革命」だった。新国家になって最初に行われた宗教に対する大規模な弾圧の一つでは、何万人もの会員が投獄された。

当初、共産党はこれらの瞑想法を何と呼ぶべきか決められず、ある委員会が「精神療法」「心理療法」「呪文療法」などの語を検討し、結局「気功療法」に落ち着いた。「気功（チーコン）」という言葉は新造語で、息を意味する「気（チー）」と練習を意味する「功（コン）」からなる。この新しい鍛錬法は「昔の迷信的な残骸」にとらわれていないのだ、と支持者たちはある論文で書いた。

気功は伝統医療体制の一部となり、鍼や漢方薬、マッサージなどと並んで教えられた。師弟関係が教室での教えに取って代わられ、実践の場も診療所になった。専門家が実験を行い、研究結果を発表し、会議を開いた。気功の受容は、一九六四年に文化大革命への準備段階で気功が禁止されて終わった。こうして伝統文化と少しでも関連のあるものは禁じられ、神として崇められることが認められたのは毛沢東だけになった。

しかし一九七六年に毛沢東が亡くなって文化大革命が終わると、気功は意外な新しい形で戻ってきた。公共の宗教である。それまで禁止されていたので、気功の提唱者たちは公園で教え始めた。八〇年代には自称「気功大師」が現れた。大師たちはみなよく似た「出山（チューシャン）」の話、つまり山から出てきた話をした。荒野で過ごして決意を固め、のちに人類を救うために戻ってくるという、イエスのような物語である。この新しい運動は、主として知識階級や上流階級に限られていた戦前の普及活動よりもはるかに大きくなった。今度の気功師たちは国営テレビやビデオテープや本を通じて何億もの人に影響を与えた。

　気功は精神体験の入り口のようなものになった。よい健康状態に伴う満足感と喜びに始まり、気功を実践する人の多くが真に神秘的な体験をした。人びとは自分には超自然な能力があると誇らしげに語り、中国の科学界の大半もそんな主張を肯定した。それまでの一〇〇年ほど、中国は科学の面では二流の国だと見られていたが、「気功科学」による並外れた力を利用して西洋を跳び越すだろうと考える政府関係者もいた。これは、西洋の弾丸に耐えられると主張した武術家集団である義和団など、二十世紀にあった過去の運動と似ていた。気功は毛沢東時代からのある種の魔術的思考にも響いた。曲がりくねって時間のかかる道を避け、人びとの教育やインフラの構築など努力を要し成果が出るまでに何十年もかかる退屈な段階を経ずに現代性と繁栄を手に入れたいという思想である。大躍進政策に見られるように、毛沢東は国家の栄光に達するために空想的な近道を行こうとした。しかし大躍進政策が推進した農村の土法高炉や非科学的な農業法が原因で、一九五〇年代末から六〇年代初めにかけて悲惨な飢饉が起きた。

　気功が、毛沢東が亡くなってすぐに盛んになったのは偶然ではなかった。毛沢東の死後、伝統的な実践の禁止は次第に解除されていったが、その基礎にあった超自然能力に対する信念は以前と変わらなかった。一九七九年に政府高官が出席して開かれた上級会議では、「気」は医療のためだけでなく、超自然能力を発揮させるためにも利用できるという報告があった。参加者の一人が一冊の本を耳のところで持ち、ものの数秒で「読んで」みせた。会議ではまた、気が身体を離れてそのような離れ技を可能にするのだという報告もされた。気がテレビをパチパチと鳴らす様子も科学者たちの前で披露された。これに続き五日後に開かれた別の会議では、中国科学院の会員の一人が、こうしたことを見てガリレオによる発見の数々を思い出したと述べた。二年後、複数の主要大学の研究者が「特異功能（トーイーコンノン）」、つまり特別な能力についての調査結果を発表した。科学者たちは疑いの余地を残さなかった。気は特殊な能力を解き放つことができるのだ。

　懐疑論者らはそんなものは偽の科学だと反論したが、気功の提唱者たちは中国でもっとも有名な科学者の一人である銭学森（チエン・シュエセン）、別名H・S・チェンを味方につけて迎え撃った。銭学森はカリフォルニア工科大学でジェット推進研究所を設立し、一九五五年に帰国して中国のロケット開発事業を指揮した。八六年、銭は中国気功科学協会を設立してほしいと中国科学技術協会に働きかけた。科学技術協会は同意し、支持者の一人は「気功は宗教と民間伝承を離れ、科学の殿堂に入った！」と言い張った。[36]

これはより幅広い議論の一環で起きたことで、今日も同じような議論が行われている。一九九〇年代は、中国をどう前進させるかについて共産党内部で議論があった時期だった。八九年の抗議行動は、政権の正当性を確固たるものにするには政府が経済改革に力を入れさえすればいいと考えていた多くの政府関係者に衝撃を与えた。党員の多くは、抗議行動やそれに続く弾圧を受け、社会にとって魅力的で、伝統に根差し、うまく利用できる概念を慌てて見つけようとした。気功はそれにぴったりであるように思われた。

宗教についてよくあるとおり――中国ではほかの多くの事柄についてもそうだが――気功が大当たりしたのは、それが政府による統制をほとんど受けずにすむグレーゾーンに属していたからだった。五つの公式の宗教（仏教、道教、イスラム教、カトリシズム、プロテスタンティズム）と異なり、気功は宗教に指定されず、武術の実践として登録された。このため気功の団体はチラシやリーフレット、本、ビデオ映像を配って勧誘活動をすることができた。これは宗教団体には当時も今も禁じられている行為である。

まもなく中国の都市にある公園は毎朝人でいっぱいになり、それぞれ地面に座って瞑想したり、引きつったような動きをしたりしていた。泣く、跳ぶ、身体をぴくっとさせる、げっぷをするといった人もいれば、異言を話す人までいた。それは人類学者のナンシー・チェンがこの時期についての研究で書いたとおり、文化大革命の苦痛を経た人びとの集団的ストレス発散だった。[37]「公園、中庭、それに道路までもが、大声で叫んだり止めようもなく笑ったりしてもいい空間になった……ある師が、数百人が参加した会の終わりにこう言ったのが的を射ている。『気功は中国の魂を解き放つ』」

政府にとってさらに厄介なことに、気功の大師たちは宗教的な宇宙論や解説のほか、正しい生活の送り方について法話のような指針までも打ち出すようになった。独自の倫理規定を作った団体まであった。そのうちの一つの「中功（チョンコン）」は、自らを教育、産業、政治の体制として打ち出し、太極図を少し変えた「至高の渦巻」というトレードマークまで持っていた。こうした集団のうち、もっともよく組織化されていたのが法輪功だった。創始者の李洪志（リー・ホンチー）が書いた複雑な二冊の本は、天国や地獄についての独自の創世記だった。李洪志は清い生活を提唱し、離婚も婚前交渉も嘘も禁じた。そのうちに法輪功の修練をする集団が中国のほぼどこの公園でも見られるようになり、運動は本土だけでなく満洲のラストベルトから中国の大都市にある一流の大学院にまで広がった。

一九九〇年半ばには、法輪功の興隆を受けて論争が激しさを増していた。九八年、複数の仏教雑誌が法輪功を「邪教（シエチアオ）」、異端のカルトだと非難した。「邪教」は中国では以前はあまり使われない言葉だったが、二十世紀末に米国のブランチ・ダヴィデアンや日本のオウム真理教など外国の集団を説明するために復活していた。九七年、公安部が「不法宗教」としての法輪功の捜査を始め、翌年「邪教」に指定した。

法輪功に対する批判が中国のメディアにも少しずつ浸透していった。一九九九年に法輪功が批判的な報道に抗議して北京の中心部で座り込みデモをしたとき——天安門事件のたった一〇年後である——法輪功の運命は決まった。数日のうちに政府は「六一〇弁公室」という全国規模のネットワークを設置し（法輪功が六月一〇日に設立されたことから）、これが法輪功の弾圧を主導した。法輪功の信者は、自分たちは愛国者であり、ただ修練をできるようにしたいだけだと主張し、二年間にわたって大勢が北京に来て抗議行動をした。ほとんどは天安門広場で脚を組んで座ったり、旗を掲げたり、法輪功の修練を始めたりするのだが、すぐに警察がやってきて、多くの人を「黒監獄」と呼ばれる違法な収容所に入れた。そこで信者たちは、法輪功を捨てるか殴られるかの選択を迫られた。多くの信者は法輪功を捨てるのを拒み、人権団体の推定によれば一〇〇人が殴り殺された。このほかに数万人が拘束され、数千人が再教育キャンプに送られた。この蜂起は今でも天安門事件以来最大のものである。

政府は、広義の気功運動が問題なのではないと述べたが、大きな気功の集団は法輪功と一緒に排除された。一九八〇年代から九〇年代にかけて中国の都市で本当によく見られた、公園で人がいろいろな体操や瞑想をする光景が消えたのである。代わりに政府は新たにできたスポーツくじからの利益を使い、鮮やかな黄色と青に塗られた安いエクササイズマシンを設置した。その多くには「科学的運動」という案内板が付いている。法輪功は独自の新聞やテレビ局を持つ、ある種の反政府運動として外国で存在し続けたが、中国では、法輪功もその他の気功もなくなってしまったように思われた。

あの若い男性に連れられて最初に秦嶺を訪ねたときから一年以上が経っていた。その間、わたしは秦嶺の教室に出るために定期的にこのマンションに通い、自分でも毎週何時間か練習をしていた。わたしにとって内丹には二つの魅力があった。内丹は一九八〇年代と九〇年代の気功運動を知る手段でもあったが、このような鍛錬法が何千年も前から中国の精神面、宗教面の信条の根底にあることもわかっていた。どんな伝統にも何らかの身体鍛錬が伴う。キリスト教の一部の修道会が行う瞑想や、ヨーガなどもそうだが、中国では身体鍛錬が何よりも重要である。身体を変えれば精神も変えられると考えるのである。中国各地で王力平や南老師のような「大師」が何百万もの信奉者を集めていた。この流れを理解するには、自分も加わって観察すること以外思いつかなかった。

身体鍛錬の重要性に最初に気づいたのは一九九〇年代、北京で米国の実業家ブロック・シルヴァーズに会ったときだった。ブロックは熱心な道教徒で、「道家光復学会」という慈善団体を正式に設立していた[38]。この協会は中国の動乱の一世紀に破壊された道教寺院の再建を助ける団体で、わたしはブロックが対象となる寺院を探し出すのを手伝った。このとき初めてわたしは本物の中国人信者と出会い、多くの中国人にとって身体鍛錬が宗教的体験の根っこにあることに気づき始めた。ブロック自身も瞑想をし、わたしもやってみたのだが、定期的にではなかった。瞑想は、教えてくれる人がいなければ理解が難しいことのように思われた。しかし当時は、どうやってそんな人を見つければいいかもわからなかった。だから秦嶺に紹介されたとき、これはまたとない機会だと思ったのである。

難解な鍛錬法を教わるだけでなく、一九八〇年代や九〇年代に王先生が中国各地を回ってスタジアムを満員にしていたころの話を秦嶺とするのも楽しかった。ある日、秦嶺はDVDを出してきて、そう遠くない過去がどんな感じだったかを見せてくれた。

「これは一九九〇年か八九年」と秦嶺は言った。映っているのは講堂のバルコニーから撮影された映像だった。大勢の人が、わたしたちが使っているのとよく似たマットの上に脚を組んで座っている。今よりだいぶ若い王力平がその間を歩き、まじないでも唱えているかのように腕を動かし、至福の笑顔を浮かべている。瞑想している人たちがゆっくりと、脚を蓮華座に組んだまま後ろに倒れ始める。王力平の後ろについている何人かの助手がその人たちを受け止め、ゆっくりと床に横になるようにし、頭の下に枕を置くこともあった。ときどきカメラがパンして観客席が映るのだが、そこでは何百もの人が夢中になって見ていた。

秦嶺が早送りすると、今度は参加者が互いに向き合って、しゃがんで手を互いの顔や肩に当て、トランス状態でマッサージしているかのように指を動かしている。王力平は両手を下ろして立っている男性に向き合っている。男性は眠っているようで、王力平は指揮者のように前後に揺れ、手を伸ばして男性が自分に合わせて前後に揺れるようにした。

カメラは、講演する王力平をじっと見る人たちをぐるりと映した。王力平はオーバーヘッドプロジェクターを操作し、北斗七星と北極星を見せた。はるか昔から天の中心にあり、わたしたちがその周りを回っている星である。その途端わたしは理解した。上に宇宙があり、わたしたちはここで、それを再現しようとしているのだ。わたしたちはその一部である。宇宙の中の小宇宙としての人間。わたしたちの身体を巡る光。部屋を自分の身体に引き入れなさい。

DVDを見ているところに秦嶺の夫、蕭維佳が入ってきた。

「古典の鑑賞かい！」と蕭は笑いながら言って、みんなと一緒にソファに腰を下ろした。背の高い蕭維佳は七十歳で、声が低く、堂々としていて、白髪が緩やかに流れていた。秦嶺が蕭維佳に白湯を持ってきて、わたしたちは続きを見ようと座り直した。ところが蕭維佳の顔が曇り始めた。蕭維佳はわたしたちを、それから映像を見て、急にこれが適切ではないと感じたようだった。

「もういい」と、蕭維佳は険しい顔つきで言った。秦嶺はリモコン操作に手間取りながら急いで映像を止めた。蕭維佳はわたしたちのほうを向き、申し訳なさそうとも言えそうな様子で、今みんなが見ていたものを説明しようとした。映っていたのは今とは異なる中国で、わずか数十年前のことだが、どういうわけか気まずいのだった。当時は今よりも無秩序で自由奔放な時代で、国も今ほど落ち着いておらず、政府も精神生活を統制できていなかった。蕭維佳は慎重に言葉を選んだ。

「王先生になぜこんなことをしたのか尋ねた。なぜこれほど深いところまで行き、こんなにたくさん不思議なものを見せたのか？ 参加者のほとんどはよく理解できないに決まっているではないか？ それなのになぜここまでするのか？ ほとんどの人は少しだけ学んで、深いところでは理解しないのに。

王先生は、そのとおりだが、それが存在することを人びとに見せたかったのだと言った。人はそれが破壊されていたと言う。でも先生は、それがまだあって、まだ力を持っていることを見せたかった。今日もまだそう。また形を変えただけのこと」

第三部

清明

大地が目覚めてから夏の暑さが来るまでのあいだ、風が吹いて空が晴れわたり、農民が春の雨を待つ時期が来る。これは二十四節気の五つ目、清明で、文字どおり「すがすがしく明るい」または「澄んだ明るさ」という意味である。木の花が開き始め、ネズミが穴から出てきて、農民が畑に種をまく準備をする。中国ではそれぞれの季節に六つの節気があるが、春の節気のうち清明節がいちばん重要である。

清明節は「掃墓節（そうぼせつ）」としてもよく知られる。これは死者を追悼する三つの行事のうち最初のもので、ほかの二つは陰暦七月の一五日目の「餓鬼節」と、陰暦十月の一五日目の「下元節」である。春の到来や再生の感覚と合うからだろうか、三つのうち清明節がもっとも広く祝われる。生者は、生存に必要な食料となる穀物を植える用意をするあいだも死者を忘れてはならない。紙銭を燃やし、食べ物を供え、墓石または墓の場所を示す塚の前で叩頭して死者を敬う。清明節が中国でどれほど重要かと言えば、二〇〇八年に正式に祝日となり、日付も現代の暦の四月五日に固定された。

同じ時期にある復活祭（イースター）と同様、清明節は複雑な感情を呼び起こす。先人に感謝しながらも、それよりも暗い哀悼の気持ちもあり、希望は遠くにしか感じられない。この相反する感情は清明節についての詩に反映されている。たとえば九世紀の唐時代の詩人杜牧（とぼく）による、ただ「清明」と題された詩がある。

清明節　雨が土地を覆う
人は道をとぼとぼと歩き　悲嘆にくれる
いちばん近い酒家はどこ？と尋ねれば
杏花村、と牧童は言い、遠い地平線を指す

9 しきたり——殉難者たち

その日は風が強く、青い空にはモンゴルから吹く風が巻き上げたほこりの幕がかかっていた。空気が静まると春らしくなった。しかしそこへ急に突風が通りを吹き抜け、わたしの目は冷たい涙でいっぱいになった。黒のアウディがいないか通りを見回したがいなかったので、道端で花を売っている男たちと立ち話をした。男たちは、なぜこんなに早く墓地に来ているのかと訊いた。清明節はまだ一週間先だったからである。わたしは、当日は都合がつかない友人を待っているのだと言った。男たちはうなずいて、花輪を買ったらどうかと言ったが、わたしは断った。徐珏(シュイ・チュエ)はもう花を選んであり、それは毎回同じだった(1)。毎年、手順は変わらなかった。四〇本の花、四人の警官、二台の車、一人の老婦人。

　徐珏は北京の西、永定河(ヨンティンホー)に接する住宅地に住んでいた。永定河は一三〇〇キロ南にある徐珏の故郷、杭州(ハンチョウ)市を起点とする京杭大運河の最下流部の一つである。北京の徐珏の自宅は快適で、寝室が二つに台所と、日当たりのいい居間があった——恵まれた公務員職に就いていたおかげである。この住まいは、徐珏の勤務先だった地質調査局が二〇〇〇年に徐珏に提供してくれたのだった。一九八九年の天安門事件で息子が殺されてから一一年後、夫が悲嘆にくれて亡くなってから七年後のことである。徐珏はそこに一人で住んでいた。いつもしんとしているが、土曜日の夜になると徐珏はアップライトピアノの覆いを取って賛美歌を弾き、神に少しだけ近づいた。

　徐珏は背が低く生き生きした七十三歳の女性で、髪は黒く染め、黒のズボンに鮮やかな花柄のブラウスとカーディガンを身に着けていた。声は高くほとんど少女のようで、先生が子供を相手にするように、短い、単純な文で話した。清明節の数日前に会いに行くと、徐珏は楽しそうに動き回り、お茶を淹れ、ビスケットがないことを気にした。しかし、徐珏にとって普通の暮らしは一九八九年に終わった。学生による抗議行動が始まったとき、二十歳だった息子の呉向東（ウー・シアントン）は初めデモに加わらなかった。高校では成績はよかったが、思ったことを口にする生徒だった。高校側は、向東が大学の入学試験を受けるのを勧めることはできない、仕事を探したほうがいいと言ったので、向東は東風電気機械会社に入り、北京理工大学の夜間講座を受けた。このため向東はブルーカラー労働者に分類されたが、抗議行動は国のエリートである大学生が率いていた。それでも五月末に政府が武力を使うと脅すと、向東をはじめとする多くの北京の一般市民が現場に行って兵士たちと言い争った。初めは説得に成功して兵士たちは退却した。しかし六月三日の夜にはそれまでとは異なる部隊が天安門広場を武力で一掃しようと入ってきた。向東はまた説得に行くことに決めた。

「夫とわたしは、行くな、本当に危ないから、と言いました。でも息子は戦車を止めに行きたかった」

徐珏はこの話を機械的にし、泣かなかった。徐珏は次々と謎を解くかのように語っていった。息子はなぜ行ったのか、どこで死んだのか、遺体はどこにあったのか、どこに埋葬するのか、どうやって追悼するのか、毎年の清明節にどうやって墓参りをするのか。

「三日の真夜中になると夫とわたしは心配でたまらなくなり、自転車で出かけました。そのころは携帯電話がなかったので何が起きているかわからなかった。西単（シータン）に行ってみるとたくさんの人が死んでいて、その多くが学生でした。撃たれた人もいれば、押しつぶされた人もいました。

夫とわたしは心臓が締めつけられるようでした。自転車に乗って息子を探しました。あの夜、六月三日の夜には大勢の人が外に出て騒ぎを見ていました。銃撃が始まるとその人たちは胡同に逃げ込みました。兵士に追われて胡同に逃げ込み、追い詰められ、もうどうしようもないと思って兵士を殺した人もいました。そう話してくれた。わたしたちは自転車で息子を探してありとあらゆるところに行きました。

木樨地に行くと、そこにいた人たちが息子を知っていました。ああ、息子さんはいい子だったよ、とても親切で、軍が学生を殺すのを止めようとしていた。息子は戦車が入らないようにしたかった。でも戦車はあまりに大きく、息子はあまりに小さかった。本当に恐ろしいことでした」

夫婦は自転車で自宅に戻った。翌日、二人は次の謎を解きに出かけた。

「遺体がどこにあるかわからなかったので、病院を次から次へと回りました。名簿が掲示されていたので、『これは入院している人ですか?』と尋ねると、『いいえ、亡くなった人です!』と言われました。

とうとう、復興門病院で息子の名前を見つけました。今度はどうやって遺体を病院から出すかが問題でした。兵士が来て燃やすという噂があったのです。わたしたちはお願いし、言い争いました。ついに誰かがわたしたちを中に入れてくれました。それで三輪自転車を借りて息子を連れて帰りました」

徐珏は話しながら箱を開けて中身を取り出し、息子の残されたものを形にしていった。あの夜に着ていた、染みのついた青いシャツをソファに広げた。洗濯してから同僚たちが署名したのだが、そのインクが綿の生地ににじんでいる。頭があるべきところに、徐珏は向東の白黒写真を置いた。若く、徐珏譲りの小さな口に鋭い目つきをしている。写真の下に「呉向東」という文字がテープで貼ってあった。

それから徐珏は白い綿布の切れ端を二本取り出し、シャツを縁取るように斜めに置いた。布の端は写真の上で合わさり、守ってくれる矛槍のように下に向けて広がった。左側の布にはこう書いてあった。

六四の殉難者の魂はけっして衰えない
下の山河に、上の太陽や星に存在する

右側の布にはこうあった。

正当な理由のために流された血は、千度の秋が来ても
報われないかもしれないが
その名声は首都の門に横たわり、その価値は全世界で
見出される

シャツの左に徐珏は息子が着けていたシチズンの腕時計を置いた。それに合わせて右側には息子が携えていたレザーケース入りのカメラを置いた。病院から引き取ってきたときにはフィルムは入っていなかった。

「埋葬しようとしたけれど、どこも受け入れようとしてくれませんでした。死因を尋ねられるのですが、なん

と答えればいいのでしょう？　ようやく、八宝山の墓地の人が何も尋ねずにいいと言ってくれました」

それは、革命の殉難者が眠る同名の立派な墓地の隣にある共同墓地だった。秦嶺の義理の家族のような有名な共産主義者たちが埋葬されるのは殉難者の墓地のほうだが、共同墓地も有名で、北京の中心からそれほど離れていなかった。徐珏は息子をそこに埋葬することに納得した。

「向東が小さかったとき、わたしはいつも現地で調査をしていました。仕事で山にいたのですが、息子が生まれるので北京に異動になりました。でも息子が生まれて一カ月後にはまた現場に向かわなければならなかった。だから息子は生後一カ月から二十歳まで夫が育てたのです。向東が亡くなってすぐ、夫は髪が白くなりました。黒かったのに、白くなったのです。健康状態も申し分なかったのに、白血病になって亡くなりました。でもわたしはなぜ死んだのかわかります。怒りが原因で亡くなったのです」。徐珏は「气死的（チースーダ）」という中国語の言葉を何度も繰り返した。一九九三年、徐珏は八宝山の墓地の、息子のと隣り合う区画に夫も埋葬した。

その後まもなく徐珏はドイツに留学し、台湾からの移民を通じてキリスト教に出会った。その台湾人たちが所属していたのは世界最大のペンテコステ派教会の一つである「真イエス教会」で、元は本土で人気があったが、共産党が権力を握ってからはカルトとして迫害された教会だった。イエスはユダヤ人で、ユダヤ人は土曜日を安息日とするという理由でこの教会では土曜日に礼拝が行われる。一九九〇年代末に中国に戻った徐珏は地下の教会に行ってみたが、あまりに秘密主義でカルトっぽいと感じた。そのうちの一つはある年の七月七日に世界が終わると言うので、徐珏は行くのをやめた。かと言って、国が認める教会は息子を殺した体制の一部だ。というわけで徐珏は土曜日の夜に自分で聖書を読み、ピアノを弾いて賛美歌を歌うようになった。夜更けまで弾くこともあり、近所の人たちが苦情を言ったが、私服警官が徐珏を見張っているのに気づいてからは何も言わなくなった。誰も警察とはかかわりたくなかったのである。

警察が徐珏の監視を始めたのは徐珏が「天安門の母」という団体で活動するようになってからだった。当初は中年だったが今は高齢の女性会員たちは、毎年初めに全人代に手紙を書く。徐珏をはじめとする母たちは、一九八九年の抗議行動についての評価が覆されることを願っていた。政府は当時のデモを反革命的運動と呼ぶのではなく、汚職に対する抗議行動だったと見なすべきなのだ。

毎年、母たちは虐殺が起きた日の周年記念日に木樨地の交差点でろうそくに火をつけようとする。そこで子供たちの多くが亡くなった。言うまでもなく、母たちは交差点に近づくことさえできない。毎年、警察が何週間も前から全員を自宅軟禁にするからである。

しかし清明節の行事を禁止するのは警察にもなかなか難しかった。清明節は、毛沢東時代にはあらかた禁止されたり大切にされなかったりしていたが、共産党自体が死者を敬う革命烈士崇拝と共通点があったために生き残った。

一九四四年、張思徳（チャン・スートー）という名の農兵が炭焼き窯の崩落に巻き込まれて死んだ。[2] それだけならこの事故は注目されなかったかもしれないが、張思徳はかつて毛沢東の護衛を務めたことがあった。二十九歳だった張思徳を追悼して毛沢東は有名な弔辞を述べた。

人は誰でも死ぬものだが、死の重要性はさまざまであり得る。昔の中国の作家、司馬遷はこう言った。「死はすべての人に平等に起きるが、泰山よりも重みのあることもあれば羽根よりも軽いこともある」……人民のために死ぬのは泰山よりも重みがあるが、ファシストのために働き、搾取者や圧政者のために死ぬのは羽根よりも軽い。

この弔辞は中国における殉難の長い歴史を踏まえたものだった。最初期の有名な批判者の一人に屈原（くつげん）がいる。紀元前四世紀の詩人で大臣だった屈原は、自分が仕えていた国の破滅につながった汚職に抗議するために自殺した。以後、屈原のような人は誠実と忠義の模範として崇められてきた。しかし屈原と異なり、共産党の殉難者の話はどういうわけか聞いても奮い立たされることがない。張思徳もそうだが、たまたま起きた事故で亡くなっていることが多い。もっとも有名なのは、冉雲飛をあれほどいらいらさせた英雄の雷鋒（レイ・フォン）で、彼も電柱が倒れて頭に当たるという事故で死んだ。冉雲飛が指摘したとおり、雷鋒については無私の偉業の数々を共産党がでっち上げたのが明らかなので——奇跡的にその場に写真家がいて記録に残り、善良な若い男性の平凡な人生であっただろうものが犠牲と勇気の壮大な物語に仕立て上げられている——余計に退屈である。しかし一九五〇年代には清明節が烈士記念日に改名され、その中心に雷鋒が置かれた。

どんな公的記憶も国に影響されるものだが、中国では政府の役割が圧倒的に大きい。中国政府は、多くの国がするような戦争記念碑の建立だけでなく、殉難者の伝記の出版まで行う。テレビでも特集するし、屋外看板やバス停の広告にも殉難者の顔を掲示する。過去には、その死に責任があるとされた人の見せしめ裁判まで開いていた。

一九四九年に支配権を握った共産党は、北京で殉難者の墓地にする場所を探し始め、北京の西の八宝山にあった護国寺に決めた。これは年老いた宦官が晩年の日々を過ごすために入った寺で、切り落とされた生殖器も保存されていた。一九五六年、護国寺は収用され取り壊された。まだそこに住んでいた数十人の宦官は干からびた生殖器の入った小袋を渡され——亡くなったときに一緒に埋められるようにするためだった——ほかの場所に住めと追い出された。別の寺で暮らすようになった人もいたが、貧困のうちに人生を終えた人もいた。

共産党は新しくできた墓地を近くの山にちなんで「八宝山革命烈士公墓」と名づけた。後になって殉難者を意味する「烈士」を削除し、「革命に格別な貢献」をした者なら誰でも入れるようにした。これには多くの有力な政治指導者のほか、共産党支持のアメリカ人ジャーナリストだったアナ・ルイーズ・ストロングとアグネス・スメドレーなど外国人も含まれた。この墓地の隣に、呉向東が眠る八宝山の共同墓地がある。

毛沢東の死後、清明節は元の名前に戻った。二〇〇八年には正式な祝日となり、主要な政治指導者たちが公然と参加するようになった。政治と死者崇拝との関係がもっともよくわかるのは、漢民族の始祖とされる神話上の帝、黄帝を敬うために清明節に陝西省で開かれる式典である。この式典は大がかりで、二五平方キロほどの広大な敷地にある陵で行われる[3]。黄帝陵は一九九〇年代と二〇〇〇年代に、四〇〇〇万ドルかけて数段階に分けて再建された。式典にはたいてい陸軍の儀仗隊が出動し、政府高官も出席するほか、何千もの見物人も集まる。

しかし死者が静かに休むことができるとは限らない。一九七六年には、毛沢東の急進的な政策を抑制する首相として人気のあった周恩来の追悼行事が、政治的過激主義に対する抗議行動に変わってしまった。そして八九年にはまた別の穏健派指導者の胡耀邦の追悼行事が拡大して天安門事件につながった。

徐珏が息子の墓を掃除するのを政府が認めないことにすれば話は単純である。何と言っても、徐珏は二四時間体制で監視されている。わたしは徐珏の自宅に一度しか入ったことがないが、それは敷地の入り口を間違えて意図せず秘密警察を避けたから入れたのだった。しかし政府は、徐珏が清明節に息子と夫の墓に参るのを禁止していない。死者を悼まずにいることがあまりに大きなタブーであるからかもしれない。というわけで毎年、清明節の一カ月前に警察が徐珏を訪ねる。警察は、清明節の段取りについて徐珏が受け入れるしかない提案をする。清明節の一週間ほど前、あまり人のいない午前中に徐珏を八宝山の墓地に連れて行き、徐珏が夫と息子の墓の手入れをするのを認めるというものである。そうすれば政府は徐珏が死者に対する義務を果たすのを妨げたと非難されることはない。今年も同じ取り決めがされたので、わたしは墓地の門の外で待っていたのである。

徐珏は黒のアウディでやってきた。すぐ後ろにもう一台同じ車が止まり、四人の私服警官が降りた。うち二人が両方の車の脇に立ち、もう二人は徐珏について墓地の入り口に歩いていった。少し離れて花屋のそばに立っていたわたしは四人が通り過ぎるのを待ってから後について墓地に入った。

徐珏は小道を右に曲がり、夫の墓に行った。いつもまずそちらに行くのは、三〇年以上も結婚していたからだと言う。それに夫の墓は息子のほど厄介なものではないとも思っていた。もし息子の墓で何か起きても、夫の墓の掃除は済んでいるというわけだ。夫の墓石を見て徐珏は「气死的」とつぶやいた。「憤死した」

墓石の表側には「呉学漢（ウー・シュエハン）」の三文字が彫られており、裏側には友人が作った詩が「憤怒が学漢の早世の原因となった」という文句とともに刻まれていた。もう少し下にその説明がある。呉学漢の墓に供えるべき花の一覧である。

八本のカラー
九本の黄色の菊
六本の白いチューリップ
四本の赤いバラ

八、九、六、四。一九八九年六月四日。二人の警官がそれなりに離れたところに立って見守るなか、徐珏は二七本の花を置いた。

それから徐珏は元の小道に戻り、息子の墓のある区画に向かった。警官も距離を置いて後に続いた。五基か六基の墓石ごとに松の木が伸び、静かで薄暗い雰囲気をつくっていた。徐珏は木立に入り、息子の墓を見つけた。第三列、一三番。墓石は小さく簡素な作りで、周りの墓石と区別がつかなかった。中国人の多くが毎年しきたりとしてすることに、墓石を赤いペンキで塗り、彫られた文字も赤くしてよく見えるようにすることがある。

徐珏はかばんから瓶入りの赤いペンキと筆を取り出し、身をかがめて息子の名前の三文字を塗り直した。

呉向東

それから徐珏は息子の名前の横にある、もっと小さい文字で書かれた彼の生没年月日を塗りにかかったが、かがみながら顔をしかめた。腰が痛かったのだ。徐珏は片手を腰に置いて痛みと疲れのため息をついた。警官の一人が進み出て、ペンキの瓶と筆を受け取ろうと手を差し伸べた。徐珏は抵抗しなかった。警官はしゃがみ、墓石の右上に彫られた文字を慎重に塗った。

一九六八年八月一三日　生
一九八九年六月四日　没

次に左下。

父　呉学漢
母　徐珏

徐珏が何か言った。警官はうなずいて、墓石の上と両側を赤く塗った。それは親戚の墓石を鮮やかにするために多くの人がすることであり、徐珏もそうしてほしかったのである。深い赤色のペンキが象徴するものがあまりに明らかであることに気づいていたのかはわからないが、警官は文句を言わなかった。早く帰りたかったのかもしれないし、これくらいの尊厳なら徐珏に与えていいと思ったのかもしれない、あるいは自分にも息子がいたのかもしれない。彼は赤いペンキをたっぷりと使って墓石の上と両側を塗り、白っぽい墓石が並ぶなかで目立つようにした。ペンキが台座に少しこぼれたが、出来上がりはよかった。みんな黙っていた。一週間後には周りの墓石も全部同じようになる。でも今は、徐珏の息子の墓石が、彼が生前そうだったように、よく目立っていた。

二人の警官は後ろに下がった。徐珏は息子の墓の前に一人残り、赤い花を一本と白い花を一二本、墓石の前に置いて頭を下げた。それから三人は入り口に歩いて戻り、もう二人の警官と合流した。そうして年に一度の儀式を終えた五人は車で走り去った。

10 山西省――埋められた書物

四月初めの中国北部は不思議議に静かである。[4] 陽気は晴れて明るく、ドライブやハイキングに行くのにちょうどいいが、種をまくにはまだ乾燥しすぎているので畑には何もない。農民が見据えているのは次の節気、穀雨で、それは二週間後だ。それまで、人びとは用意をし、待って、死者を悼む。

徐珏の墓参りが清明節の一週間前に済んだので、清明節は山西省の李さんたちのところで過ごした。李一家は、北京から八〇〇キロ南のより肥沃な分水界に達する太行山脈の反対側に住んでいる。わたしは二カ月に一度、車で李家を訪ね、一週間滞在することもあった。そして山西省では占い師、外国ではカーネギーホールで演奏する音楽家という二つの生き方をする李さんたちと一緒に村々を巡った。

北京では渋滞していた道路も、万里の長城の有名な峠を過ぎるとすいてきた。高速道路は二〇二二年の冬季オリンピックの開催地となる河北省の張家口市に向かって西に延びる。一帯は人口も少なく乾燥していて、主に岩や乾ききった畑からなる土地が、めったに来ない雨を待っていた。この地域は京津冀（北京の京、天津の津、両方の都市を囲む河北省の旧称の冀）と呼ばれる人口一億三〇〇〇万の巨大都市に形成されつつあった。これは北京と天津を互いに近づける見事なインフラ整備事業を通じて実現されているところで、何から何までがエンジニアの夢のように滑らかで平らで速かった。しかし代わりに都市部でない地域はかすんでしまい、鋼鉄とコンクリートでできた超高速リンクに素通りされ、置き去りにされるどうでもいい場所になった。そこは荒涼としていてわびしく、人気がないように見えた。

それが一変するのは五時間後、約五〇〇キロ走ったのちに高速道路を降り、ヤナギやポプラの木が立ち並ぶ二車線の国道二〇二号線に入ってからだった。最初のカーブを曲がって長い直線になると春が来た。突然わたしは木々に囲まれ、それが何列も何列も、道路に沿って地平線に向かっている。遠近法によって、木々の柔らかな色が水彩絵の具を薄く塗り重ねたように見えた。道は萌黄色の輪に包まれ、まるで色補正をした昔の写真のようだった。

　わたしは清明節を李斌（リー・ビン）の父親と一緒に過ごしたかった。老李（ラオリー）は県庁所在地の陽高町に引っ越すのを拒み、村の屋敷に暮らしていた。老李はそこに一家に伝わる書物を保管していて、住居の隣に伝統音楽の研修センターを新たに設立したとわたしは聞いていた。というわけで、わたしは李斌が住む陽高町から一五キロのところにある上梁源村（シャンリアンユアン）にまっすぐ向かった。

　上梁源村には五〇〇世帯の住居がある。大半は瓦葺きのれんが造りの平屋で、細い道に沿って延びるれんがでできた背の高い塀に隠されている。これは中国北部の村によく見られる形で、単調な地形への反応として村が外界に対して閉じられた面を形成しており、中国南部のもっと雑然とした集落と対照をなしている。

　村の主要な通りは最近舗装されたが、覆いのない側溝は水とごみでいっぱいだった。村の中心はよろず屋で、食用油、タバコ、酒、オレオクッキーなど必要最小限の物を売っていた。店が入っているのは白塗りのれんが造りの建物で、建物には唯一の飾りとして星が一つ、かつて赤かったが今は色が薄れて灰色になったものが付いていた。毛沢東時代の名残である。その時代の痕跡として村に残っているのはその星だけであるように思えたが、のちにこの考えが完全に間違っていたことがわかった。

　李家の屋敷は細道のいちばん奥、アーモンドの果樹園の隣にあった。赤い扉を押し開け、果物の木や野菜の植えられた庭を抜けて平屋に向かう。コンクリート製で白いタイルで覆われた建物は新しく、屋根は伝統的な黄色の瓦葺きだった。玄関を入ると廊下があり、左に寝室、右に台所と居間があった。居間では、中国北部で寝台と長椅子を兼ねる炕（カン）という台の上に老李が座っていた。両脚を組んで座りながらも片側に傾いて肘をつき、使い古したノートから新しいノートに何やら不思議な記号を慎重に写していた。鉄道機関士の青い帽子を目深にかぶり細いストライプのシャツを着た老李は、忙しい一日に備える鉄道駅の昔風の駅長のように見えた。

老李はゆっくりと頭を上げ、皺の刻まれた顔に満面の笑みを浮かべ、北京語で話そうと精いっぱいの努力をした。老李の妻、姚秀連(ヤオ・シウリエン)が出てきた。姚秀連は温かく親切な人だったが、訛りが強く、ごく簡単な言葉を交わす以上の会話をするのが難しかった。姚秀連はしきりに笑って食事の準備をしに台所に戻った。老李はわたしに炕に上がるよう身ぶりで合図した。今日は休みの日だったが、田舎の人なら誰でもそうするように老李も仕事の手を完全には止めず、この日は占いの本を作ることにしていた。これは、六〇年で一巡する干支と、たとえば月の周期や五行の相互作用の表といったほかの要素との関係がわかる日付や図——この上なく複雑な情報——が書き込まれた数冊の小さなノートである。老李は年中どこに行くにもこのノートを胸ポケットに入れていた。そのうちに安い紙が擦り切れてくるので、内容を手で転写しなければならなくなる。老李は色あせた革かばんにノートを全部注意深くしまってから、わたしにお茶を淹れてくれた。

「町で李斌に会ってきたんだね」と老李は言った。

わたしはうなずいた。

老李もうなずき、考え込むようにお茶を飲んで、何も言わなかった。

わたしたちは二人ともしばらく黙っていた。老李は必要がないのに話すことはなかった。わたしは老李が何を考えているのか訊いてみることにした。

「町にはよく行きますか?」

「わたしが?」老李は驚いたふりをして答えた。

「町は賑わっていますよ」とわたしは言った。陽高町の人口は一三万で中国にしては少ないほうだが、県人口の三〇万の半分近くであるうえ、南に新しい地区が開発されているため急速に増えてもいた。この地区では新たに三〇棟の二〇階建てマンションがクレーンによって建設されていた。じきに県の住民のほとんどがそこに住むことになるだろう。「いろいろなことが進んでいます」

「いろいろなこと」と老李は言い、茶碗越しにじっと先を見つめた。陽高町の様子を初めて想像したかのようだった。

「李斌のように引っ越すのを考えたことはありますか?」

「わたしが?」

「李斌は町に移ってから新しい客ができたと思います

よ」

「新しいところに行ったからといって新しい客ができるわけではない」。老李は『論語』の有名な一節を引用するかのようにきっぱりと言った。それからもう少し愛想よくするためにこう付け加えた。「でもこの村に昔から住んでいた家族もたくさん町に引っ越したし、李斌も行った」

老李が子供のころ、上梁源村には七五〇〇人ほどが住んでいたが、一九八〇年代にはそれまでで最多の一〇〇〇〇人近くまで増えた。当時は経済改革によって土地が農民の手に戻っていたが、都市化は始まったばかりで、中国の人口の約四分の三がまだ農村部に住んでいた。それが今は、公式の統計によれば中国人の半分以上が都市部に住んでいる。上梁源村もこの傾向を反映していた。公式には五〇〇世帯がいることになっているが、多くがもう村には住んでいなかった。年寄りとその孫たちだけが残り、それ以外はみな都会に行ってしまったのである。

李斌が引っ越したのもこの動きの一環だった。李斌は息子の李炳昌（リー・ビンチャン）が町にあるもっといい学校に行けるように村を出たのだった。その学校は二年後に破産したが、李斌は村には戻らず、別の町にある全寮制の学校に息子を転校させた。一家の生活に炳昌の影はほとんどなく、二週に一度週末に帰ってくるだけだったが、李斌にとっては田舎の生活から逃れるためならどんな犠牲も払う価値があった。

「李炳昌がこういうことを何も教わらないのは残念ですね」とわたしは言った。老李は八代目、李斌は九代目である。一〇代目はいないことになるのだろうか？　李斌は、息子は家業を継がないと頑なに言っていた。わたしが会ったときも炳昌はコンピューターゲームで遊び、大都市に住むことを夢見ていたので、李斌の言うとおりになるのだろうと思った。

「教わらないとは限らない。試験に受かれば大学で勉強できる。そうなれば陰陽先生にはならない。でも試験に落ちれば……」

「でもそのころには二十歳くらいになりますよ。学び始めるのに遅すぎるのではありませんか？」

「三十歳でも成功することはできる」と老李は言った。

これはない物ねだりのように思えたが、老李と会話を続けるにつれ、老李が正しいかもしれないことがわかってきた。

老李の人生は、一九五八年に北京で下された決定によって決まった。当時の指導者だった毛沢東が、根気よく生産、貯蓄、投資をするという通常の経済発展の原則は時代遅れだと断じたのである。そうではなく、中国は信念によって途中を飛び越して繁栄に達するのだ。ということで、農民は農作物を植える間隔を狭めるよう命じられた。そうすれば収穫が二倍、四倍、無限に多い収穫が得られる。これは打ち上げられたばかりのソ連の人工衛星にちなんで、スプートニクのように高い収穫量と呼ばれた。工業の面では、農民たちは原始的なれんが造りの炉を造り、先進国の最新の鋼鉄製品よりも質がよく量も多い鋼鉄を生産するよう指示された。

そんな妄想は大惨事を引き起こした。種の間隔を狭めて植えたために豊作どころか不作となり、手造りの炉からもひどく粗雑な鋼鉄しかできなかった。しかし毛沢東が起こせと命じた奇跡なので、たしかに起きたことを証明するものを出さなければならない。このため役人たちは、収穫量を増やすために、農民の手元にあったわずかな穀物を、翌年の植え付け用のも含めて取り上げた。また、本物の鋼鉄も生産できなかったので、農民は生産割当量に達するために自分たちの鍬(くわ)や包丁や鋤(すき)を溶かすよう命じられた。中国の農村部には、穀物も、種も、道具もなくなってしまった。

この結果起きた飢饉で三〇〇〇万以上の人が亡くなり、農村生活の基盤がぼろぼろになった。初め、農家の人たちは食べ物を探し回り、どうしようもなくなると樹皮や草を食べた。近くの都市に歩いていこうとした人たちもいたが、政府は地域内の移動を死刑に値する違法行為とした。人びとは食べ物のために嘘をつき、騙し、盗み、殺した。それでも食べ物がなくなると究極のタブーに手を出した。人食いである。埋められた遺体を掘り出して肉をこそぎ取る。亡くなった自分の子供の遺体を食べなくてもいいように、家族同士で交換する。親が死ぬと、孤児となった子供たちがその肉をめぐって互いに殺し合う。終末が近いように思われた。四川省のある村では、こんなことが書かれたチラシが出回った。「もうすぐ天の軍がやってくる。毛沢東の先は長くないだろう[5]」

この予言は当たらなかった。毛沢東は自分の政策に固執し、飢饉は拡大した。陽高県のように貧しい穀物生産地域の状況はとくにひどかった。一九五九年に飢饉が来たとき老李は八歳で、人が逃げる体力もなく、自宅でひっそりと亡くなっていくのを覚えていた。

「人が死んだ、本当にたくさんの人が。わたしはまだ小さかったが、食べるものが少なすぎるので誰も子供をつくれないのを知っていた。みんなの生活もどうしようもなかった。一人が一日に三、四両［一五〇～二〇〇グラム］の穀物を食べられればいいほう。野菜も肉もなかった」

老李の父親は、近くにある大同という町の民俗音楽団に入ることを強制されたため、老李は一家の農園に母親ときょうだいと残った。みな飢え死にしそうになり、老李はどの草なら食べてよく、どの草は食べてはいけないかを教わったのを覚えている。「草によっては食べると詰まって死んでしまう」と老李は静かに言った。

飢饉と同時に、伝統文化や宗教を禁じる過激な政策も実施された。老李によれば、村で最初に寺院が攻撃されたのは一九五八年だった。六一年に飢饉が終わると穏健な政策に戻ったが、それも三年で終わってしまった。新たに「四清運動」という運動が始まり、農村地域の宗教的実践がふたたび標的になった。

上梁源村に寺院があったとは知らなかった、とわたしは言った。

「みんななくなった。地蔵殿、観音廟、三清殿、財神廟、五道廟、三官廟、真武廟。三清殿などとても大きな寺もあった。この道の、ちょっとした尾根のところにあった」

二年後に文化大革命が始まり、以後一〇年間は演奏ができなかった。儀式の専門家として熟練していた李家は共産党が支配権を握るまでは裕福だったのだが、これが不利に働くようになった。李家は「金持ち農民」とレッテルを貼られ、文化大革命中はことさらに攻撃された。わたしは紅衛兵について尋ねてみた。

「こちらを牛魔王とか蛇の精などと呼んできた。紅衛兵は村の人で、地元の学校を出ていた。部外者ではなかった。やつらが全部燃やしてしまった」

「何を？」

「儀式についての書物を全部。本も全部。楽譜も。楽器は粉々にされ、衣も燃やされた」

老李はこんなことも付け加えた。人が互いを尊重しなくなったのがこのころだったと。年上の人に対する尊敬、権威に対する尊敬、そして一般良識までもが文化大革命のときに終わった。人が殴られても、助けるのは禁止されていた。(6) 近所の人が道端でぐったりしている。それを助ければ自分も有罪となる。わたしは中国社会に見られる故意の無関心のことを考えた。自分の「関係(クアンシ)」の外にいる人は助けないのである。これは、人を自分の関係の内側にいるか外側にいるかで分ける中国文化の深い構造が一因でもあったが、共産党支配の最初の一〇年間によっていっそうひどくなったのだった。他人を助けるのは無益であるだけではない。危険なのである。

李家は事実上の自宅軟禁状態に置かれ、畑を耕すことしか許されなかった。ついには自宅から追い出され、町の片隅にある小屋に住むことを強制された。畑仕事をしていた老李は一九七三年まで結婚を認められなかった。四年後に李斌が生まれ、伝統の一部がふたたび姿を現し始めた。

その時代のトラウマはその後もずっと響き続けた。迫害のせいで、老李は管楽器を教わらずに終わった。また寺院がなくなったので、一家が演奏できる曲も減った。以前は定期的に寺院で祭りがあったが、寺院の数が減ったので祭りの数も減り、一家が冬に演奏していた伝統的な感謝祭のように、ほとんどなくなってしまった儀式もあった。それでも生き残った伝統もあった。老李は楽器の演奏こそできなかったものの、父親の技能の多くを学んだ。楽団にも加わり、小鼓を打って拍子を取った。読経もした。占いのやり方も学び、目立たないが頼りになる人で、父親のいい後継者になるだろうという評判を得た。それは老李が陰陽先生に必要な五つの技能、つまり(笛を)吹く、(太鼓を)打つ、(葬式の知らせや守り札を)書く、(お経を)朗誦する、(未来やしかるべき日付を)見る、のうち四つを身につけたことを意味した。理想ではないが、十分だった。

孫が家業に加わることはないと言い切りたくない理由はこれだった。孫も、楽器は教わらなくても、老李自身が激動の時代にそうしたように戻ってくるかもしれない。その場合でも、孫がなるのは今とまったく異なるものかもしれない。もっと現代風の葬式専門家とか、カウンセラーとか。

将来どうなるとしても、それは過去のようにはならないし、それを言えば現在のようにもならない。今日の農村地域の葬式は二日かけて行われることが多いが、昔はもっと大がかりで、五日間にわたることもあった。儀式の数も今よりもずっと多かった。手順が書物に記録されているものもあるが、実際にどうやるのか誰にも確実にはわからないのだと老李は言った。それに比べて現代の葬式は長くても二日で終わり、都会の人の葬式はそれよりもさらに簡素である。

　それほど変わっていないのは占いで、これは社会がもっと深いところで必要としているものを反映しているようだった。

「占いを頼まれるとき、心理面の助言もしてあげることがありますよね」とわたしは言った。「元宵節のときのことを覚えていますか？　あのおじいさんの葬式のとき、女の人が離婚について尋ねてきました」

　老李はうなずいた。

「占いは鐘がどの時を指して鳴っているかによる。占いをするときに自分が暦の中のどこにいるか、一日の中でどこにいるかをわかっていなければいけない。占いは影響に関係してくる。どの日が人にいちばん影響を与えるか。どの日がふさわしく、どの日がふさわしくないか。あの女の人はこう言っていた。『気になっていることがあって、［寺で］おみくじを引きたい』。悩みがあるなら、もちろん神に助けを求めてもいい。ただ、絶対に答えが欲しいという確信がなければだめ。答えが出たらそのとおりにしなければいけないから。だからあの人はその一歩を踏み出す前にわたしの助言を聞きに来た。胸が痛んでいると言っていた。自分にそれができるだろうか？　次の一歩を踏み出せるだろうか？」

「それで李さんは、決められるのはあなただけだと言いました」

「最後は自分で決める。助言を求めてもいい、でも決めるのは自分。それがわたしに言えること」


　この地方の家屋はみなそうだったが、李さんたちの家は長い平屋で、正方形の部屋がいくつか隣り合って並んでいた。隣とつながっている部屋もあるので、たとえば玄関から入ってからまた外に出ずに寝室や居間に行くことができる。しかし家のいちばん奥にある部屋は庭からしか出入りができなかった。入り口の上には赤い浮き彫りで「恒山（ホンシャン）道教音楽研修所」と書かれた看板がかかっていた。

　中は小さな教室になっていて、ビニールが貼られたごく小さな机が並び、前方には農家を教室にした小学校のように赤い腰かけがいくつか置いてあった。それぞれの席にシンバルがあり、注釈が丁寧にホチキスで留めてある。いちばん不思議なのはほこりがまったくないことだった。中国のこの地域は乾燥していて、何でもほこりに覆われている印象だったが、この部屋は博物館のガラス張り展示のようにきれいだった。

奥の壁には「恒山道教音楽二〇一一年第二期研修」の開始を知らせる垂れ幕が掲げられ、その下に飾り額がいくつかあった。もっとも重要なものは、恒山道楽団を国レベルの無形文化遺産に認定する文書だった。誰もが欲しがる認定である。

左の壁には三枚の張り紙があった。一枚目には、研修所の規則が六つの対句の形で書かれていた。内容は、文化と衛生に固執する政府のスローガンの寄せ集めのようなものだった。

一　恒山道教音楽を熱烈に愛せよ。文化を基盤とせよ。
二　たゆまず勉強せよ。苦難に耐える精神を持て。
三　師を尊敬せよ。生徒をまとめよ。
四　規律を守れ。日程に合わせて学び、休め。
五　文明的な振る舞いをせよ。衛生に注意せよ。
六　公有財産を愛し、守れ。他者を助けることに喜びを見出せ。

ほかの二枚の張り紙には、実現できそうもない計画や行事が書かれていた。おそらく、訪れる政府の役人に印象づけるためのものなのだろう。ここ陽高県でさえも伝統的価値観を守っていますよ、というわけである。片方は二〇〇九年六月付で、それまでに行われた研修が列挙されていた。それによれば、八〇人の生徒がいたらしい。二〇一五年までに新たな楽団が結成され、世界的に有名になるとも書かれてあったが、それは明らかにまだ実現していなかった。もう片方の張り紙の内容はいっそう現実とかけ離れているように思われた。生徒の学習日程が書いてあるのだが、毎朝四時半に起きて二時間練習し、午後七時まで勉強した後にさらに練習する、とある。

どれもでたらめだったが、中国ではよくあるとおり、詳細は大事ではないのである。重要なのは全体としてめざす方向で、この張り紙が強調しているのは政府の賛同を得ているということだった。李家の行う儀式は「封建時代の迷信」として迫害されるのではなく、政府に承認されているのである。老李は無形文化遺産認定の額を見てうなずき、こう説明した。

「認定されたころ、うちには何世代にもわたって受け継がれてきたものがたくさんあった。国はそれが未来の世代に伝えられないのではないかと心配していた」

わたしは研修について尋ねてみたが、老李は教室がいつ開かれ、誰が教え、誰が受けたのかをよく知らなかった。八〇人も来たのか？　さあ。誰が教えるのか？　さあ。生徒は誰？　さあ。

研修が開かれていないのも道理だった。陽高にはほかにも道教の楽団があるが、どれも競争相手だった。李家の楽団には忙しいときに手伝ってくれる非常勤の演奏家もいたが、みな有能で経験豊富だった。それに全体として伝統は単純化していた。張り紙にあった研修や計画は、生きた化石を作りたいという都会の人の願望を反映していたのである。

しかしこの部屋には真の宝物もあった。部屋の後ろに金属製の小さな本棚があり、ガラス戸の奥に手書きの本が二〇冊ほど積んであった。初めは気づかなかったのだが、老李が歩いていって本を取り出した。長さ一二センチ、幅七センチほど、どれも二センチあまりの厚さで小さい。それでも、これらの本のおかげですべてが可能になったことにわたしは気づいた。これは老李の父親、李(リー)清(チン)の手書きによるものだった。中国北部のほかの何十もの道教楽団と異なり、李家の儀礼書は生き残ったのである。しかしどうやって？　みんな燃やされたと老李は言ったのではなかったか？

わたしはそれぞれの本をそっと開き、ページごとの書体と美しさに驚嘆した。中国の伝統的な本らしく手縫いで製本され、ページは右から左に開き、文字は上から下に書かれている。文字も当然、繁体字であり、共産党が政権の座に就いてから導入した簡体字ではない。どの本も漢文で書かれており、非常に難解で、古風な言い回しの多い英国国教会祈禱書よりもわかりにくかったが、わたしはその見た目の美しさを味わうことができた。どの字も力強く勢いのある筆運びで書かれており、古典では通常使われない読点が鮮やかな赤色で書き込んであったので、どのページも抽象画のように見えた。魔除けの記号が書いてある本もあった。初めは漢字なのだが、途中から渦巻いてあの世を描く。また文字と文字の間隔が広く、それぞれが渦巻く煙のような線で結ばれている本もあった。ページ上で線香が焚かれているか、文字が霞に乗って天に昇っているかのようである。本の題名は『禳(ラン)災経(ツァイチン)（災害を避けるための古典）』『召請全部(チャオチンチュアンブー)（招待全書）』『霊宝大罡歩(リンパオターコアンブー)（北斗七星の踊り）』『霊宝進表科範(リンパオチンピアオコーファン)（霊宝高等法の研究見本）』などで、どれも道士が使う古典作品だった。民俗宗教とは洗練された儀礼的内実を欠く迷信であると考える人がいたら、これらの本は必ずし

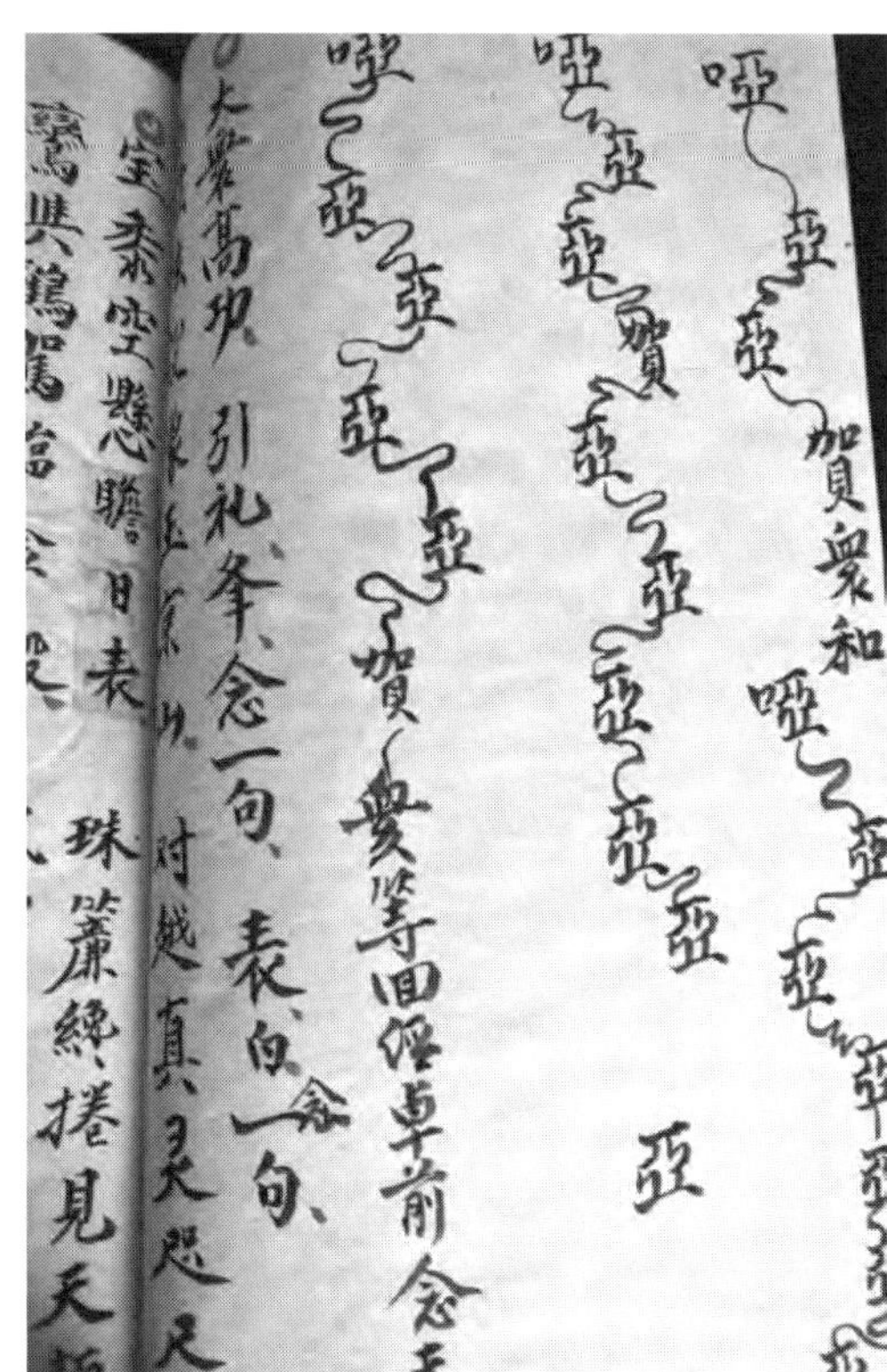

もその考えが正しくないことの証明だった。

しかし老李はそれらの本を仕事道具であるかのように見ていた。どの本もページの隅が折れており、老李が参考にしているもので、博物館にあるべき芸術作品ではないのだ。わたしは祖母がくれた英国国教会祈禱書を思い出した。ポケットサイズで革表紙の美しい本だったが、祖母が鉛筆で書き込んだ注釈でいっぱいだった。

これらの本はどうやって残ったのか？　わたしが聞いていた話は、老李の父親が全部の本の内容を暗記し、文化大革命が終わってからあらためて書き残した、というものだった。

「いやいや。そこまで記憶力がいい人はいない」と老李はかすれた笑い声を上げて言った。「ほかの家族の家にあったのもある。父には力を貸してくれる弟子や人がいたから。それにおじの李培森（リー・ペイセン）など親戚も本を取っておいた。ここには文化大革命の前からある原本もあるし、後から写したのもある」

そして原本はどこで燃やされたのか？　家の外、庭で？

「いや、台所で。かまどで」

「燃やすのを見なければいけなかった？」

「そう」老李は笑って言った。

二人で部屋を出ようとしたとき、老李がわたしを止めた。

「訊きたいことがある」

わたしはうなずいた。

部屋にある戸棚の一つに、グラッパのボトルが一本と、イタリアのタバコが一箱入っていた。老李はタバコの箱にある大きく目立つ文字を指して、これはどういう意味か、と言った。老李には、その文字はわたしにとってのさっきの漢文と同じように謎めいて見えていたのである。わたしは思わず笑った。イル・フーモ・ウッチーデ。『喫煙は死亡の原因となります』と書いてあります」

「じゃあこれは？」

「タバコを吸った人の肺の写真です」

老李はタバコを吹かしながら箱を眺めた。わたしはグラッパのことを訊いてみた。

「それについては考えがある」

わたしたちはもうしばらく教室に座っていた。老李はイタリアについてわたしを質問責めにした。楽団はほんの数週間前にイタリアから戻ってきたばかりで、その見知らぬ土地が記憶に新しかったのである。老李は明の時代に建てられたフィレンツェの大聖堂とその巨大なドームに感銘を受けたのだった。老李は二人の男に乳をやったオオカミについて知りたがり、そこから話は中国の神話に移った。西洋の葬式についても話し、わたしが通夜（ウェイク）の概念を説明すると老李はすぐに理解した。埋葬前に死者を見守るのは中国の伝統でもあるのだ。

話をしているうちに、老李がわたしたちそれぞれの文化の細かい点、非常に小さな類似や相違に注目していることに気づいた。対してわたしは一般的なことを聞きたかった。この世界のこと——神々、音楽、儀礼——を外国に持っていくのはどんな感じがするのか？　不思議な感じがする、と老李は答えた。中国では家族の依頼を受けて儀式を行うが、その音楽に本当によく耳を傾ける人はほとんどいない。西洋ではホールで演奏し、会場の人がじっと聴いているが、演奏しているものはその人たちには何の意味も持たない。葬式もないし、舞台上に棺があるわけでもない。それから老李は話すのをやめ、まず考えをまとめた。

「旅することについては何とも思わないが、わたししたちにとって道教を世界に紹介できるのは名誉なこと。光栄だと思う。でも、ある場所がほかの場所よりいいとは言えない。向こうは、風がひと吹きすればそこら中がほこりだらけになることとは違う。ヴェネチアは水の都で、一日中舟に乗っていた。ある島に行ったらそこら中に鳥がいた。岸に座って食事をして鳥を眺めていた。きれいだった。本当にきれいだったよ。すばらしい一日だった。けっして忘れない一日。

でも今年は冬にその礁湖が凍結して人が死んだという記事を読んだ。外で酒を飲んでいて凍死したのだそうだ。誰も家に入れてくれなかったので凍死した。自分の家を離れたらどこでも同じなのかもしれない。属するところがない、そうすると人は気にしてなどくれない」

きちんとした中国の家はみなそうだが、老李の家も、日当たりをなるべくよくするために南を向いていた。わたしたちは老李の部屋の炕の上の大きな窓から日が沈むのを眺めた。雲が強風でちぎれてかすかな筋になったのが空に広がっている。地平線の左側では月がもう昇り始めていて、あまりに明るいので日が当たっていない部分の輪郭も見えていた。あと二日で満月だ。

姚さんが何時間もかけて夕食を準備してくれて、わたしは気がとがめていた。この二人は高齢で動きの遅い夫婦だった。二人とも六十一歳だったが、八十三歳になるわたしの父のほうが身体が柔らかい。伝統的な生活を送っていた二人にとって運動は仕事であり、楽しみではなかった。道教は家業であり、健康法の形態ではない。喫煙（イル・フーモ）は贅沢であり、死なせる（ウッチーデ）手段ではない。

わたしたちは黙って座り、老李はタバコを吸いながら考え、窓の外を見て、思案にふけっていた。それから、テレビを見るのが好きなのだとわたしに言った。「妻はわたしがテレビを見るのを嫌がる」

「わたしは反対ですよ！」と、姚さんが台所から大きな声で言った。

姚さんの言うとおりであることを証明するため、老李はテレビをつけた。地元のニュース番組をやっていて、台所では姚さんがけらけらと笑った。

　姚さんは七時のニュースにちょうど間に合うようにちょっとしたご馳走を運んできた。わたしたちはテレビを見ながら黙って食べた。北京にいる友人はよく、全国ニュースには三つのテーマがあると言っていた。中国は繁栄している、指導者たちは忙しい、諸外国は大混乱にある、というものだが、今日の番組は最初の二つを取り上げていた。毎年の清明節と同様、番組はまず、中央政治局の委員らが地方を訪れて植樹する模様を映した。アナウンサーは、パーマをかけた髪に非常に細い眉毛の厳格そうな女性で、委員たちは「几帳面に」この作業をしたと述べた。全員が同じ服装で、黒の革靴に黒のスーツ用ズボンを身に着け、黒のウィンドブレーカーのファスナーをいちばん上まで上げているのはまるで一九五〇年代のオタクっぽいエンジニアの集まりのようだった。ジャケットは中国の軍人のと同じく詰襟で、決められたとおりの役人らしい格好になっていた。全員が真っ黒な髪で、染められているのはほぼ間違いなく、めったに木など植えない高齢男性特有の血色の悪い、黄ばんだ顔色をしていた。唯一のコントラストは、緑色の礼装に色とりどりのリボンをつけていた軍人たちだった。

　しばらくすると、自分だけがいつまでもテレビを見ていたことに気がついた。まるでほかの誰も気にしていないことについて手がかりを探すイディオサヴァンのようだ。姚さんは皿を洗い、老李は古来の式文を新しいノートに書き写していた。

　六時前に太陽が昇り、まさにすがすがしく明るい日が明けた。わたしは道の行き止まりにある果樹園まで歩いていった。ナシの木も何本かあるが、ほとんどがアーモンドで、李家の敷地より一五〇センチほど高い黄土の小さな高台に五〇本ほどが植わっていた。かつて三清殿があったのはここだ。わたしはそこまでよじ登り、小さな赤いつぼみをつけている木々の間を歩いた。畑にはもう人が出ていて、次の節気である穀雨を前に土を掘り返していた。周りには家しかなかった。寺は破壊され、その土台や物語は考古学者たちが来るのを待っている。

　李さん宅に戻ると、静かだった家でみんながせわしなく動き回っていた。昨夜遅く、裕福な鉄山所有者の王宜（ワン・イー）滄（ツァン）から老李に緊急の電話がかかってきた。翌日に家族の墓で堪輿(かんよ)を見てほしいのだという。老李は、行ってもいいが、自分の家の墓参りをする時間までには終わりたいと答えた。墓参りは午前中に済ませなければならない。王さんは承諾し、朝七時半に迎えに行くと言った。

メッキ仕様の日産のセダンでやってきた王さんは、墓地に向かう途中で事情を説明した。毛沢東時代、農村地域の人は土葬を認められていたのだが——今もそうだが、当時も共産党は都会の人に対してとは異なり、地方の人には火葬を強要しなかった——墓石の使用を認められていなかった。王さんはこの誤りを正したいと思ったのだが、墓石をどう配置するかが問題だった。王さんはまた、一家の区画の四つの角に石柱と小ぶりの松の木を配置して、墓地の場所をきちんと示したかったのだが、正式な境界線がはっきりしていなかった。これらはよく考慮するべき事柄だった。縁起のよい配置にすることはつまり死者を敬うことであり、そうすれば死者が生者の生活を邪魔することがなくなるからである。老李は考え込んだ様子でうなずいた。これはよくある問題で、老李はこれまでに何度も解決してきた。

一〇分後に墓地に着くと、老李はすぐに仕事に没頭した。地面にしゃがみ、羅盤(ルオパン)という、両辺が約三〇センチ、厚さ約二センチ半の小さな正方形の箱をのぞき込んだ。箱の中央にはコンパスがあり、そこから一二本の線がパイを切る印のように延びていた。それぞれの切れ端の中に、六〇年周期の年や日を数えるのに使う干支を示す文字が書かれている。このほかにも数えきれないほどの文字があり、老李はそれを見ては自分の占いの本にある注や、地中に眠る人たちの生年月日や没年月日と照らし合わせた。その様子は、固くぼろぼろとした土の上に魂の世界の地図を描く測量技師のようだった。

時間がかかり骨の折れる作業だったが、過ごしやすい陽気で、気温も七度ほどあり、どんどん上がっていた。陽高は広大な盆地にあり、東と北に山が連なる——北は妙峰山から、南は雨の多い中国南部まで延びる大行山脈の支脈である。盆地の北側には龍鳳山があり、朝の光に照らされて起伏のある尾根がくっきりと見えていた。しかし人里に近い山の下三分の一にはほこりと大気汚染の膜がかかっていた。このため山が麓(ふもと)から切り離され、畑の上に浮いているように見えた。

本を何度も見て確かめてから、老李は長さ六〇センチほどの赤い糸を出してきて、羅盤の中心の針が回る部分に結びつけた。それから針が指す方向に糸をぴんと張り、どの文字の上を通るかを見た。そして、本に書いてある今年の特徴――乾燥と苦難――に基づいて糸を少し右に動かした。王さんがその糸を引いて長い縄に結んだ。これで墓地の境界を定めることができる。

老李たちが作業をしているあいだ、家族のほかの人たちが主な二つの墓の前に小さな祭壇をこしらえた。墓と言っても、まだ土を一二〇センチほどの高さに盛っただけのものである。墓の掃除の儀式の一環として、何人かがシャベルで近くの畑から土を運んできて墓にかけた。墓が侵食されないようにするためである。別の何人かが墓の前に段ボールを敷き、果物やケーキやクッキーを置いた。ゆで卵の殻やちまきの笹の葉を剝く人もいた。それから紙銭を燃やし、食べ物を少し墓にまいて、残りは持ち帰った。そうして生者と死者が食事をともにするのである。

「これはずっと前からやりたかったことでした」と、老李が作業するのを見守りながら王さんは言った。「これが終わるまでは心が落ち着かなかった。うちにお金はあるのですが、これをちゃんとしなければ生活が安定することはないのです」

王さんは五十一歳で、三人の息子と五人の孫がいた。孫たちは追いかけっこをしていた。王さんはわたしに英語教室のことや移住の可能性について尋ねてきた。息子たちは教育があまりなかったが、孫のうち一人がオーストラリアかカナダに移住できることを王さんは大いに期待していた。

「その二つの国では、一生懸命働けば報われると思うんです」と王さんは言った。「中国では事情が複雑です。わたしは鉄山を持っていますが、数年すれば誰かほかの人の手に移るかもしれない。中国ではこういう事業を本当は所有できないのです」。わたしは賄賂や接待が王さんの富を支えているのだろうと推測した。

二時間近くの作業ののち、石柱や墓石を置く位置の地面に印が付き、王一家の男たちが石柱と若木用の穴を掘り始めた。午前中いっぱいかかるだろうが、自分たちでできる。王さんは別れを告げ、王さんの同僚がわたしたちを老李の家まで車で送ってくれた。その同僚は老李に謝礼として二〇〇元を渡し、走り去った。

家では李斌（リー・ビン）が、イタリアで買ってきた黒の格子柄のシャツを着て待っていた。今度は李家が先祖を敬う番である。わたしたちは車で村を出て南に向かい、町から三〇メートルほど高い、ちょっとした山並みに沿って走った。道は砂利道で、黄土のとめどない侵食によって大きな轍ができていた。轍があまりに深いので、真ん中の隆起部が車台に当たって危ないこともあった。李斌は小さな車の左側のタイヤを隆起部に乗せ、右側のタイヤが道の右側に乗るように運転した。こうしてわたしたちはときに滑り、ときに車の底を擦りながら進んだ。

一五分後、村の上の緩やかな斜面に畑が広がっている場所に着いた。道のすぐ下に巨大な塚があり、これが李清の墓だった。一家の伝統を救った李清には、ほかの家族から離れた専用の空間があった。これは特別な栄誉というわけではなく、実際的な理由によるもので、単に以前の墓地がいっぱいになったのでここに埋葬したのだった。一家は塚の南側に供物を置いた。果物とビスケット、それにたくさんの紙銭の束である。

それから老李が今日の目玉を取り出した。あのイタリアのグラッパである。なるほど、ここで使うつもりだったのか。

「ははは、これで父も飲める」と老李は言って、父のために一杯注いだ。李斌も残りの供物を並べるのを手伝った。道からは二人はとても小さく見えた。薄黄色の土を背景に暗い色の服を着た男たちがいて、その土は斜面を下って盆地に達し、さらに盆地のずっと向こうの龍鳳山まで延びている。

空は淡い青色で、風が強くなってきたのがわかった。初めは顔に当たってきて、みんなは目を細めなければならなかった。風は白い色をしているようで、地平線が白っぽくぼやけ、まるで空気の波があまりに乱れて地平線がかすんだかのようだった。老李と李斌は紙銭に火をつけたが、突風が断続的に吹くようになり、低木に覆われた小山のほうまで供物が飛ばされた。李斌は紙銭が飛ばないように棒で押さえたが、数枚の紙銭――あの世の銀行で使える一〇万元札――が畑を転げていった。乾いた草が燃え始めた。老李は木の枝を拾って炎をたたき、わたしも黄色くなった草の茂みを踏みつけて火を消した。斜面がここまで裸になっていなかったら、山火事になっていたかもしれない。

シルバーのミニバンがやってきた。老李の弟で、県庁で公務員として働いている李雲山（リー・ユンシャン）だった。子供のころは笙を吹くのが大好きだったが、大学に入るためにあきらめた。それでも十分うまかったので、楽団の海外公演に加わり、伝統が不変であるかのように見せることができた。李雲山の名前がプログラムに載っていると、李家から三人が楽団に入っているように見える。実際には、楽器の演奏に本当に熟練しているのは李斌だけだった。

李雲山と息子が車から降り、供物が入った袋をいくつか持ってきて、黄金の「金のなる木」と紙の束と紙の花輪二つを地面に下ろした。李斌はそれを全部、ビニールの包み紙に入ったまま集めて火にくべた。ビニールが丸まって溶けていき、気になるにおいを出した。プラスチックの「金のなる木」がくすぶり始め、有毒なかたまりと化し、それから一五分間燃え続けた。紙類はとうに燃えて消えていた。わたしは死者も煙でむせるのだろうかと考えた。

わたしたちが忙しくしているあいだ、李雲山の十六歳の息子は近くをうろうろしていた。一家の伝統について「おもしろいとは思います」と息子は言った。「でも僕は教わるには年をとりすぎています」。彼は省都で物理学を勉強するのをめざしていた。「中国にはたくさん大学があって、ほとんどが結構いいんです」。言いたいことはわかった。ここから出ていけるならどこでもいいのだ。

するべきことを全部終えると家に戻った。この間、姚さんはずっと料理をしていた。とてもいいにおいがしていて、みんなはじきに餃子、豆腐、野菜、それに大鍋で煮込んだ料理にありついた。

「もうすぐ雨が降る」と老李がきっぱりと言った。

わたしはなぜわかるのかと訊いた。

老李は「次の節気は穀雨だから」とだけ言った。

ありそうもないように聞こえたが、はたして二週間後に雨が降り、植え付けが始まった。

11 成都——聖金曜日

清明節に山西省で数日間過ごした後、わたしは張国慶（チャン・クオチン）とともに車で成都の街中を走っていた。[7] 会議プランナーを仕事とする国慶は、秋雨之福帰正教会の中心的な会員の一人だった。中国では多くの企業が春に社員の研修旅行を行うのだが、国慶はそのための食事やコンサート、チームビルディングの演習などを手配するのである。何年もの苦労を経て、今では業界で認められるようになり、ジーンズに開襟シャツとブレザーという、都会でプロとして成功している人らしい格好をしていた。しかし今、国慶はクライアントに会うために出てきたのではない。今日はイエスがはりつけにされた聖金曜日で、国慶は朝早くから成都でもっとも不運なうちに入る人たちを訪ねていた。

国慶は秋雨教会と社会の周縁との連絡役だった。一九八九年には、二年前に浙江大学を卒業していた国慶は杭州で反政府デモに参加した。学生はその若さと経験の少なさ、また中国社会で特権的地位にあることが考慮されて軽い罪で済んだが、仕事に就いていたデモ参加者はそうはいかなかった。国慶は数回デモに行っただけだったのに、三カ月拘束された。その後成都に移り、次第に政治よりも宗教に力を注ぐようになった。それでも社会の周縁にいる人たちとのつながりは捨てず、王怡（ワン・イー）の教会が社会への関与をどう続けるかについて意見する一人となった。今日はいくつかの事業の状況を確認する日で、まずは、教会が年に一万四〇〇〇ドルの寄付を通じて支援しているホームレス救済施設に行く予定だった。

わたしたちは第三環状道路をめざして西に向かった。環状道路はまだ完成しておらず、インターチェンジも道の両側に土の山がいくつかあるだけで、国慶のシトロエンが底を擦りながら小山を上ると、隣には橋やランプがくねくねと延びていた。今は誰もいないが、じきに渋滞が始まる。未舗装のでこぼこ道を進み、ようやくふたたび幹線道路に出ると南に向かった。

「共産党はこういう大きな事業にしか投資したがらない」と、国慶はこの複雑な高架交差路について言った。「人の生活には関心がない」

「これもみんなのためになるのでは？」

「ある程度まではそうだけど、こういう事業は全部、道路でも高速鉄道でも何でも、国営企業に与えられる。それ以外は誰もそこから恩恵を受けるすべがない。民間企業は外される。クライアントからよくそういうことを聞く」

ちょうどそのとき、前方に見えた橋に大きな赤い横断幕がかかっていた。「中国国家鉄路集団第一一局が成都のみなさまにごあいさつ申し上げます」。

ご機嫌よう、地球人。こちらは国家星。

わたしたちの目的地は三聖村（サンション）という、のどかな風景の中に茶店や食堂のあるちょっとした丘陵地帯だった。かつてはこの辺りでもっとも豊かな農地だったのだが、成都で土地が足りなくなり、果樹園や野菜畑が、郊外の住宅地や乗馬センターや農業ごっこをしたい金持ちのための区画になっていた。しばらく探してから、目当てのシェルターの入る、かつては農家だったコンクリートの二階建てを見つけた。高さ二メートル半ほどのれんがの壁に囲まれ、錆びついた板金の門がある。

国慶が車を降りて門のところまで行くと、鎖がかかっていた。国慶は鎖を引っ張ってすき間から怒鳴った。

「張斌（チャン・ビン）さん、開けて！」

張斌が走り出てきて門を開けた。もう九時だったので、開いているはずだったのだろう、国慶はいらいらしているように見えた。わたしは教会で張斌に会っていた。四十九歳、すらりとしていて、愛想はいいがどこか他人行儀ではっきりしない人だった。張斌はいつものとおり「質素だがきちんとした貧しい人の服装」で、擦り減ったローファー、折り目の入ったポリエステルのズボン、青いフランネルのシャツに擦り切れた千鳥格子のブレザーを身に着けている。張斌はシェルターの管理人で、自分の助けている人たちよりも少し境遇がいいだけだった。

農家は清潔だったが使い古されていた。庭にはイチョウと桃の木が二本ずつあり、白塗りの壁には聖書の節をステンシルで刷り出したものが何十も飾られていた。

「宴会を催すときには、貧しい人、体の不自由な人、足の不自由な人、目の見えない人を招きなさい。そうすれば、彼らはお返しができないから、あなたは幸いな者となる。正しい人たちが復活するとき、あなたは報われるだろう」などである。

張斌はこの家で十数人の男性と暮らしていた。わたしたちは家の中を歩き回り、国慶がいろいろなことの数値を尋ねては、張斌がつっかえつっかえ答えた。

「成都のホームレスは、一時的に寄るだけの人たちです」と張斌は言った。「年に二〇〇人ほど受け入れます。ほとんどが少しの間だけいて、わたしも仕事を見つけるよう勧めます」

「健康なら働かなくてはだめだ」と国慶が同意して言った。「そうでなければ教会は支援しない」

「まあ、規模を大きくしたくてもできません。政府はここにあまりたくさんの人にいてほしくないので、大きなセンターは造れないのです。政府はこちらが何か始めるのではないかと心配しています。数人でも増えると」と、張斌はわたしたちについて入ってきた住人たちを顎で指して言った。「警察が来て面倒なことになります」

シェルターにいる男たちが、自分の身に降りかかった不幸な出来事や困ったことについて話してくれた。

四十九歳の劉建雲（リュウ・チエンユン）は脳卒中を起こして家族に自宅から追い出された。「僕たちが見つけたときにはごみ箱の食べ物を食べていました」と張斌は言った。「杖がなくては歩けなかったのに、祈りの力を通じて今では杖がいりません。手の具合もよくなりました」

隣には于辰遠（ユィ・チェンユアン）が立っていた。六十六歳で、片目が濁った灰色になっている。地方の町の会社で修理工として働いていたが、はしごの上に立って電球を直していたときにガラスが割れて破片が目に入った。上司は補償しないと言うので家族が裁判を起こすと、上司は家族を脅すために暴漢を送ってきて、その暴漢が妻を殺した。于さんは恐怖で逃げ出し、五年も住むところがなかった。二年前にこの施設に引き取られ、今は調理人になっていた。

「精神状態にも効果がありました」と張斌は言った。于さんは下を見てほほ笑んだ。「あまりにも苦しんだので仕事に就くのはなかなか難しいのですが、料理はできます」

ただ一人就職できそうだったのは甄昌農（チェン・チャンノン）だった。三十六歳で背がとても低く、一五〇センチもない。歯は灰色がかり、髪の毛も脂っぽかったが、頭がよく言葉遣いもきちんとしていた。子供のとき継父にいつも殴られていたので家出したところ、すぐにギャングに拉致され、奴隷として働かされた。逃げ出し、河北省の北京に近い村に行き着いて、そこでトウモロコシ農家の畑の手入れをしていた。最近は食堂でテーブルの片づけをする仕事をしていたが、些細なことで上司とけんかになった。甄昌農の説明を聞くと、彼のかっとなりやすい性格が主な原因であるようだった。

昨年、張斌が甄昌農を実家に連れて行き、彼は母親と和解した。母親は病気で、継父はもう亡くなっていた。

「行って本当によかったと思っていますが、新しい仕事を見つけないと。仕事をしなければならないし、また母親に会いに行きたい」

甄昌農が話を締めくくるのを張斌は誇らしげに眺めていた。

「二年前に初めてここに来たときには洗礼を受けたくありませんでした。よく逃げ出して、戻らないこともありました」

「迷いがあるのが見て取れたので、無理強いはしなかった」と張斌は言った。

「でも去年の四月にできると思って、洗礼を受けました。クリスチャンになりました。今は心がとても落ち着いていて、なんにでも対処できる気がします」

「仕事に就いたほうがいいよ」と張斌は満足そうに言った。「自分の足で立って、住むところを見つけ、できれば家族を持つんだね」

わたしたちはごみ捨て場から拾われてきた古いラタンの椅子に腰を下ろした。お茶が出され、張斌が今日の本題に入った。教会からの支援に感謝しているが、センターはいっそうの支援を必要としている――今の三倍ほど。ノルウェー人の女性が少し寄付してくれるが、外国の資金は危ないのだと張斌は言った。国慶もうなずいた。外からの資金は必ず面倒な事態につながるというのは本当だった。それは政府が非政府団体の活動を止めるために使えるいちばん簡単な口実なのである。

「もっとほかの教会に支援を求める必要がある」と国慶は言った。「たまにうちの教会に連絡してくるけれども、うちとはそれほどいい関係ではない。何か必要なときにしか連絡してこないし」

「ほかの教会にも話はしています」と張斌は言い、当て付けるようにこう付け加えた。「かなりたくさんの教会が人を送ってきますが、結局あまり何もしてくれません。みんなここに見に来て、貢献していると感じたがり、自分の手柄にしたがりますが、たいしたことはしないのです」

「では帳簿を公開したらどう？　活動の内容を見ればみんなもっと寄付してくれる。込み入った話ではない」

張斌は「難しい」と曖昧に言って、帳簿をつけるのがいかに複雑かをとりとめなく長々と話した。国慶とわたしは顔を見合わせた。どちらも張斌が何を言っているのかわからなかった。

「単純なこと」と、国慶は施設を出る前に言った。「人は透明性を求めている。誰かからお金をもらっているなら、その人にはそれがどう使われているのかを知る権利がある」

秋雨之福帰正教会の社会活動は、六万九〇〇〇人が亡くなった二〇〇八年の四川大地震で始まった。四川大地震は多くの活動家やキリスト教徒にとって岐路となり、一つ前の世代にとっての一九八九年の天安門事件と同じくらい重要な出来事だった。政府の指導者も北京から飛んできて救助活動を指揮しようとしたが、主な活動は全国各地で行われた。市民が自発的に時間とお金を提供し、遠方の省から食料や水を車に積んで運んできたり、物資を配達するトラックを貸し出したりしたのである。そのような人たちは、政府が自らを英雄のように見せるために注力していることに愕然とした。また、政府が支援者を、市民同士の思いやりを示したすばらしい手本としてではなく、政府のやり方が失敗していることを人に気づかせる、面目を失わせる存在として扱ったことにさらに憤慨した人も多かった。四川大地震は多くの市民にとって、社会がどのように組織され、どのような価値観に支えられているかを以前よりもよく検討するきっかけとなった。

この大惨事を受け、王怡の新しい教会に来ていた人たちは、成都の病院の一つでけが人を助ける活動を始めた。また、震源地だった四川省西部のチベット地域であるガワ県の貧しい人向けのスーパーマーケットの支援もした。しかしもっとも慎重に行わなければならなかった事業は、良心の囚人の家族への財政支援だった。成都には、北京を除けば反体制活動家の数がもっとも多くいて、秋雨教会は愛する人が獄中にある家族を助けようとしたのである。これが、アラブ諸国がジャスミン革命を経て権威主義的指導者を倒した二〇一一年に重大局面を迎えた。同年、中国で同様の蜂起を起こそうと呼びかける声がソーシャルメディアで上がった。この呼びかけは無視されたが、政府が神経質に反応し、冉雲飛（ラン・ユンフェイ）を含む数十人の反体制派を拘束した。冉雲飛は教会とも関係のある、意志の強い作家である。彼は有名だったためすぐに解放されたが、ほかの人たちは投獄されたままだった。良心の囚人の家族について、王怡はあるときわたしにこう言った。「中国では、こういう家族はインドの不可触民のようです。妻や配偶者が職を失うことも多く、そうなると家族を支えるものがほとんどない。中国社会では、こうした人たちを助けるために十分組織化されて独立した社会勢力が、教会のほかにありません」

　王怡と国慶が何度も強調したのは、教会が受け取る寄付が外国からのものではないことだった。外国からの援助があれば、当局に事業を止められるのは間違いない。寄付金は全部が教会員からのもので、寄付した人も匿名ではなかった。公安部が寄付した人を知りたければ、教会は一覧を提出できる。国慶は、この寄付が政治囚のためのものではなく、あくまで家族のための人道的支援であることも力説した。

　わたしたちは成都大学の西門に着いた。国慶が何ともない様子で警備員に手を振ると、通してくれた。キャンパスの新しくできた区画をいくつか通り過ぎ、一九七〇年代に建てられた建物が数棟ある静かな一角に着いた。どれもコンクリートの五階建てで、カビと汚れが筋になってついている。イチョウの木々が建物を守るように囲む様子は、まるで何か恥ずべきものを隠しているかのようだった。

　国慶は車を道端に止め、わたしたちは建物の一つに入って四階まで階段で上がった。国慶がある部屋のドアをノックし、それから大声で呼ぶと、背の高い、疲れ切った様子の女性がドアを開けた。王慶華（ワン・チンホア）は五十代後半で、黒く染めた髪の一部がピンでまとめてあり、残りは耳の辺りにかかっていた。顔色は悪く、きれいに並んだ小さな歯はニコチンに染まっていた。

　国慶は王さんと知り合いで、すぐ部屋に入って後ろでドアを閉めた。わたしたちは小さな木製のテーブルに着いた。

「状況を知りたいのですが」と国慶は言った。

「どの状況？」と王さんは言った。

　王さんは、夫の譚作人（タン・ツオレン）が、住宅地の近くにパラキシレン製造工場が建設されるのに反対して拘束され、五年の刑を宣告されて以来、三年間独りで暮らしていた。譚作人は一四〇キロほど離れた雅安（ヤアアン）という町の刑務所にいた。

　王さんは夫が投獄されたことには驚かなかった。譚作人は成都で一九八九年の反政府デモに参加し、地下に潜って深圳市に逃げた。「連絡がなかったので死んだかと思いました」と、王さんは当時を思い出してほほ笑みながら言った。「その後、深圳から電話があって、わたしが合流して結婚したのです」

　譚作人は逮捕されず、二人はそのうち成都に戻った。譚作人はフリーランスの作家と映画製作者として働いた。二〇〇八年の地震が起きてから、倒壊した建物と汚職との関連を指摘したのは譚作人が最初で、彼は行方不明になった子供のデータベースも作った。譚作人が逮捕されると香港で抗議行動が起き、のちに活動家兼アーティストの艾未未（アイ・ウェイウェイ）によって大きく取り上げられた。艾未未は譚作人の裁判を傍聴しようと成都まで来たが、ホテルの部屋で暴行されたと述べた。

　王さんはわたしのためにこうしたことを手短に話してくれたが、誇らしげで、しかしいら立っている様子でもあった。それから王さんは譚作人の釈放予定日と、釈放されたら譚作人がまず何と言うと思うかに話を進めた。

「まずは、投獄についても自分が正しかった、六四についても自分が正しかった、地震についても自分が正しかったと説明すると思います」と王さんは言った。「夫はいつもさまざまなことについて自分が正しかったと説明するのです。それが本当にうまい」

　国慶はうなずいた。落ち着いて、と言っているようだった。

「でもほかにもしてもらうことがあります。仕事に就いてもらわないと。お金を稼いで家族を養ってくれないと！」王さんは感極まって唇が震えていた。わたしは王さんの娘のことを考えた。一家の政治面の問題のせいで大学に行くことができず、インターネット上のマーケティングの仕事をしていた。収入は低く、将来性もない仕事である。王さんは勤めていた電話会社から五十歳で早期退職を認められ、今は秋雨之福帰正教会から月六〇〇元の寄附金を受けていた。夫婦は教育があり、快適な人生を過ごすこともできたはずである。王さんは話を続けようとしたが、苦しそうに息をするしかできなかった。

「そのとおり！」王さんが泣かないように国慶が割って入った。「健康体なのだし、働けない理由はない。誰でも食べていくために働くべきです」
これは基金の管理人としての発言でもあったが、国慶の信念からくる発言でもあった。成都のキリスト教徒は、昔の清教徒のように労働に価値を認めていた。譚作人は中国でもっとも有名な反体制活動家の一人ではあるが、出所してもまだ五十代、当然働くべきなのだ。

電話がかかってきた。王さんの母親だった。話し終えてから、王さんはこう言った。「九十を超えているのにわたしの心配をするのです。夫がおらず一人でいるのをわかっていて、無事を願ってくれています」

「譚についてはどうお考えなのですか」と国慶は尋ねた。

「両親とも解放前に重慶で地下の共産党に入っていました。父は――ここがあまりよく働きません」と王さんは言って、頭を指で差した。「でも母は譚作人を支持しています。中国でもはっきり発言する人が必要だと言っています。はっきりものを言う人がいなければ、中国はどうやって向上するのでしょう？　誰もが常に黙って合わせるわけにはいきません。声を上げる人も必要です」

「譚は元気ですか？」と国慶は尋ねた。

「落ち込んでいます」と王さんは答えた。

「冉雲飛から手紙が行ったのではありませんか？」

「冉は、牢屋でも元気でいろと励ます三ページの手紙を書いたのですが、本人に渡されないのです。冉が電話口で読もうとしたら電話を切られました。それで冉は手紙を直接わたしにくれて、わたしは自分からのものであるかのように書き直し、それから刑務所に送りました。しばらくしてから譚に渡されました。看守は譚に『強烈な内容なので渡したくなかったが、妻からのものだから情けをかけることにした』と言ったのですが、譚はそれが冉からの手紙だとわかりました。大きな意味を持ったようです」

わたしは黄琦（ホアン・チー）という成都の反体制ブロガーのことを考えた。黄琦は、中国各地からの騒乱や抗議行動についてのニュースを掲載する６４天網（ティエンワン）というウェブサイトを運営していた。このサイトは中国国内では当然閲覧できないが、そもそも国がなぜそのサイトの公開を認めているのかという問いが持ち上がった。全面封鎖にして、黄琦のインターネットアクセスとVPNを止めてしまえば済むことなのに？　わたしは王さんにこのことを訊いてみた。

「それはできません」と王さんは言った。「注意を要する時期にはインターネットアクセスを止めることがあるかもしれませんが、インターネット接続はテレコム部という別の部局が管理しています。テレコム部に言って誰かの接続を一日中止め、『壊れたから』と説明させることはできます。でもその人は苦情を言うでしょう。そうすると、誰でもお金を払えばインターネットアクセスができることになっているので、二日目には気まずいことになります。そういうわけで三日目にはまた接続できるようになるでしょう」

「それに王彬（ワン・ビン）のことを忘れずに」と国慶が口を挟んだ。王彬は黄埼の右腕として働く技術者で、秋雨教会の良心の囚人基金の理事でもあった。しかしみんなは王彬が実は国の公安部の人間であるとも思っていた。

「黄埼は王彬が公安だとわかっている――僕たちもみんなそうだ――が、黄埼は何も隠さずにいるほうがいいだろうと考えているのです。公安がコンピューターの専門家を送り込もうとしてくるなら、そのまま受け入れたほうがいい」

まったくめちゃくちゃな状態だった。どんな社会も突き詰めればそうなのかもしれないが、中国における建前と本音の交ざり具合には混乱させられた。人口の三パーセントが警察の公式の情報提供者だったとされる東ドイツのような場所と比べると、(8)中国の体制はもっと洗練され、巧妙だった。そこを社会の例外部分だと片づけ、退けるのは容易だが、実際にはそこがほかのすべての部分を支えていた。まさにそこが社会の腐った中心部なのである。人の恐怖心に頼る政府は、人に道徳心を植え付けることはできない。単に特定の振る舞いを強制することができるだけである。王怡の教会が王さんのような人の側に立つのはこれが理由だった。

「毎月の六〇〇元はわたしたちにとって非常に多額のお金です」と王さんは言い、タバコをもう一箱取り出した。セロハンを剝がして丸めてテーブルに置くと、セロハンはゆっくりと元に戻った。

「でも助けになるのはお金だけではありません。自分たちを気にかけてくれる人がいる、自分たちが忘れられていないと気づくことも。ここの生活は……」と、王さんは消え入るように言った。わたしはコンクリートの部屋を見回し、窓の外で平らな大きい葉が出てきているイチョウの木を眺めた。「こんなはずではなかった。なぜ、わたしは何をしているのだろうと思います。なぜここにいるのだろうと」

「わたしに言わせれば」と国慶が静かに言った。「僕たちはみんな同じことのために活動している。より開かれた、よりよい中国のために。内側にいる人もいる。外側にいる人もいる。わたしがそちらに、彼がこちらにいるということもある」

　生まれてから最初の三〇年間は、王怡は宗教についてあまり考えていなかった。四川大学で法律を学び、二十三歳で教え始めてまもなく、とくに「関天茶館」「センチュリーサロン」という二つの人気のネット上の掲示板で、理想主義的な法的権利の提唱者として知られるようになった。二〇〇一年までに王怡は憲法について別の掲示板を、さらに映画など個人的な趣味のために四つ目の掲示板も立ち上げた。じきに全国で知られる解説者となり、中国でもっとも影響力のある出版物に入る『東方』『読書』『南方週末』『二十一世紀経済報道』などに寄稿するようになった。ある全国誌は、王怡を中国でもっとも著名な五〇人の知識人の一人に数え、立憲主義を推進しようとする彼の努力は、二十一世紀初めに江沢民政権を引き継いだ胡錦濤政権の新政策とも同調しているように見えた。

　二〇〇二年、王怡は友人から『十字架』という、数部からなるドキュメンタリー映画のコピーをもらった。一九八〇年代末に『河殤（ホーシャン）（川のエレジー）』というドキュメンタリーの制作に関与していた遠志明（ユアン・チーミン）によるものである。『河殤』は一九八八年に国営テレビで放送されたが、中国は過度に内向きで、文化もあまりに閉鎖的、政治的進路も狭すぎると主張する内容で、一九八九年の天安門広場での抗議行動に参加した学生に強い影響を与えた。学生たちの多くは、この作品が広範な改革の必要性、つまり経済面の変化だけでなく社会変革が必要であることに気づくきっかけとなったと述べた。弾圧後、遠志明は学生によるデモの背後にいた「黒い手」の一人だとされ、海外に逃げた。デモに関与していた人の多くと同様、遠志明も、中国で精神面の変化なしに政治改革ができるのだろうかと考え始めた。そしてキリスト教に改宗し、映画製作の手腕を、中国でのキリスト教の話を語ることに向けた。

　「あの映画を見る前は、中国にキリスト教の歴史があったとは知りませんでした」と王怡はわたしに言った。「教会が一つか二つあるのは知っていましたが、キリスト教が中国史や現代中国のなかで役割を果たしているとは考えていなかった」
わたしは王怡と妻の蔣蓉（チアン・ロン）と一緒に二人の自宅にいた。二人の部屋は成都で最大のうちに入る寺の近くにある大型アパートの中にあり、狭いが居心地がよかった。ここを訪れるのにはいつも神経を使った。警備員がいて身分証明書を見せろと言い、見せるとメモを取るのである。しかし中に入ってしまえばそういうことを忘れることができた。二人の部屋には幼い息子が描いた絵が飾られ、一方の壁には何百枚ものＤＶＤであふれる棚があり、王怡が昔から映画好きであることを思い出させた。キリスト教への関心を呼び起こしたのがドキュメンタリー映画だったのも納得がいく。

遠志明の『十字架』はネストリウス派の話で始まる。七世紀にペルシアの商人とともに中国に来たキリスト教の教派である。ネストリウス派は消滅したが、ほかの教派が中国にキリスト教をもたらそうとし、ついに十六世紀にイエズス会が中国にキリスト教の永続的な拠点を確立した。さらに十九世紀に西洋の砲艦が中国を外部の世界に開かせてからは、外国人宣教師も入ってきた。この時期は、中国の歴史書や博物館や映画では一様に屈辱の時代として表現されているが、『十字架』はそうではなく、キリスト教が広く普及し、宣教師が中国で最初の近代的な学校や病院の設立を助けた躍動的な時代として見せた。

『十字架』のもっともおもしろい部分は二十世紀についてのところで、勇気ある中国のキリスト教徒の話が紹介された。熱心な伝道者の王明道（ワン・ミンタオ）は、政府が運営する教会に入るのを拒否し、共産党の強制収容所で三〇年近くも過ごした。またウォッチマン・ニーのように信仰のために獄中死した人もいた。このような人たちの話は外国では語られるが、中国では歴史の記録から除外されている。王怡はこの箇所を見たときに衝撃を受けたと言った。「わたしにとってここはまったく空白の部分でした。わたしは知識人で、中国社会にかなり注目しているのに、このことについては何も知らなかった」

毛沢東の全体主義にもっとも強力に抵抗したのは――人権や民主主義などの抽象的な観念に対する信念ではなく――キリスト教信仰だったというくだりにも心を揺さぶられた。事実、毛沢東による迫害は信者としての試練に喩えられることがある。一九七〇年代に毛沢東時代が終わるとキリスト教、とくにプロテスタンティズムは急に人気が出た。共産党が力を握った一九四九年には信者が一〇〇万人だったのが、数千万に増えたのである。

「ごく素朴な、教育のない田舎の人たちでした。それでも文化大革命では毛沢東の歌を歌ったり彼の像に向かって祈ったりするのを拒否したので、刑を宣告され、いじめられ、殴られた。知識人よりもずっと勇気がありました。いちばん意志が強く、不屈でした。その人たちが勝利し、知識人たちはだめだった」

二〇〇二年にあった別の出来事が、王怡が宗教と中国の未来についてより深く考えるきっかけになった。成都の東にある歩雲（プーユン）という郷で、当地の民主主義におけるおもしろい実験が行われたのである。数十年間、中国の村では村民委員会の委員を選挙で選ぶことが認められていた。その選挙の公正さはさまざまで、当地の役人がどのくらい偏見がないかによったが、歩雲での選挙は一歩先を行っていた。歩雲郷には十数の村があり、一万六〇〇〇人が暮らしていた。楽観論者はこの制度を、県や、場合によっては省のレベルでも選挙をすることにつながる道を歩み始めたのだと見た。数十年前の台湾などで起きたような、ゆっくりだが着実な前進なのだ。これは楽観しすぎだったことになり、郷で選挙が行われたのは歩雲が最後になったが、王怡にとってそれはどうでもよかった。もっと重要なことに気づいたのである。

「宗教の存在に気づいたのです。歩雲郷には一二の村があり、それぞれに宗教活動の拠点がありました。大半は仏教か道教か民俗宗教でしたが、カトリックの村も一つありました。各村には当然、村役場もありました――党の委員会や村長などがいます――が、宗教組織のほうにも独自の財政規定と管理委員会もあった。それだけでなく、それぞれの宗教組織の財政管理が村役場のよりもしっかりしていたのです！　一二村はどれも二〇万元から三〇万元の借金がありましたが、一二の宗教組織はどれも黒字でした。さらにこれらの組織は――会所（ホイスオ）と呼ばれていますが――選挙で選ばれるのです！　つまり村でもっともうまく運営されている組織は共産党ではなく、村の宗教団体だったということ」

これはありそうもないことのように思えるかもしれないが、一部の政治学者が中国で明らかにしてきたこと、つまり宗教団体が一定の地位にある場所では、それらの団体が政府の権力を抑制し、役人の責任を問うことができるということを裏づけている。[9] 王怡は、政治的進歩には何かより位の高いもの、理念や憲法ではなく、すべての人に同じ権利を与える神が――政治指導者が取り除くことのできない何かが――必要なのではないかと考え始めた。

　ソファに座った王怡が話しているときに、妻の蔣蓉が隣に腰を下ろした。二人は子供のころから知り合いで、大学で交際を始め、一九九五年に卒業するとすぐに結婚した。蔣蓉は背が低く小柄で、ページボーイの髪型に、意志の強そうな口元をしていた。人の会話をよく聞いていて、控えめだが口を開くとその会話の一歩か二歩先の話をすることがよくあった。わたしが尋ねる前に、蔣蓉は王怡の政治面、宗教面での目覚めが二人の関係をこじらせた話をしてくれた。

　王怡が法的権利関係の仕事を始めたとき、蔣蓉はコンサートを企画する会社で働いていた。夫が活動のせいで教員の仕事を失うのではないかと恐れた蔣蓉は、貯金を増やすために超過勤務をした。ある日、職場に行くと手紙が届いていた。開けると、蔣蓉の個人的な情報がすべて、仕事のことや王怡の仕事のことまで書いてあり、王怡は悪魔だとあった。書き手は匿名で、王怡と一緒にいれば蔣蓉の会社はつぶれる、だから離婚したほうがいいと言う。蔣蓉は呆気にとられた。まるで文化大革命時代のようではないか。その後まもなく、政府が蔣蓉の会社を監査した。蔣蓉は上司に手紙を見せた。

「上司はとても立派な人で、これは公平ではないと言いました。『仕事を辞めるな、君の仕事はここにある。前から王先生に感心していた。最近書いたものを見せて！　何が問題とされているかを教えて！』と言いました」

　蔣蓉はそのとおりにし、自分でも王怡の書いたものを読んだ。そして、それまで夫のしていることにそこまで注目していなかったことに気づいた。

「注意深く読むようになりました。夫を知るようになりました。知っていたと思っていたのですが本当には知らなかった。わたしたちは意見が異なることがわかりました。違う世界に住んでいるようでした」

　理解はしても、合意には至らなかった。蔣蓉は、王怡が新たに親しくなった人たちのことが気に入らなかった。王怡は権利を擁護する「維権（ウェイチュアン）」の法律家たちと一緒にいることが多くなっていた。維権運動は二〇〇〇年代初めから一〇年ほど続いた、法に関する重大な運動で、これを機に法の支配が認められるのではないかという期待が中国内外で広まった。王怡たちは、農地を汚染された農民や不当に逮捕された人、その他規則に抵触した人の権利を擁護した。共産党支配に異議は唱えなかったが、政府が定めた法律を政府にも守らせようとした。運動でもっとも有名な人たちを含む四分の一ほどがクリスチャンで、彼らはキリスト教が社会正義を重視することに刺激を受けていた[10]。

「いいことをしているとは思っていたのですが、自分と関係があるとは考えていませんでした。なぜ政府が嫌がるようなことをしているのだろうと本当に思っていました。みんないい教育を受けているのに、人生を台無しにしていると。何の意味があるのだろう? 努力に見合わない、と思っていました」

嫌がらせがひどくなった。朝の三時に電話がかかってきて、相手が蒋蓉を子供でも呼ぶように親しげに「小蓉」と言う。これは「ベティちゃん」などと言うようなものである。それから電話が切れる。また、電話の相手が蒋蓉のその日の行動を正確に説明し、すべて把握していることを伝えてくることもあった。

夫が不倫をしていると書いてある手紙も届いた。王怡に尋ねると、王怡も同様の手紙を受け取っていた。

そうしているうち、二〇〇三年にSARSが中国を襲った。呼吸器官の病気が国中で流行し、一般向けの行事がすべて中止になったために蒋蓉の会社も仕事がなくなり、従業員は休暇を取らされた。ある日蒋蓉が自宅にいると、王怡が、成都出身で大胆な発言をする作家、余傑を連れて帰ってきた。北京に住んでいた余傑はキリスト教に改宗したばかりで、その話をしたがっていた。余傑は蒋蓉に、キリスト教のおかげで夫婦関係が救われた中国系アメリカ人女性による本をくれた。その女性が成都に来ていたので、蒋蓉は電話で連絡をとった。二人は定期的に会うようになり、いくつか年上の、黄維才というキリスト教に関心のある女性も加わった。現在、黄維才は秋雨之福帰正教会の運営委員会の主要な委員である。二〇〇五年の春が来るころには、蒋蓉たちは野外の公園で会うようになり、来る人も少しずつ増えていた。

「ある日、王怡がこう言いました。『いつも外で集まっているけど、うちで集まるようにしたら?』それが四月のことで、そうやって始まったのでした。日曜日の午後に来る人がどんどん増えていきました」

蒋蓉はキリスト教について学んで初めて王怡のことが理解できるようになった。以前、蒋蓉は王怡の実際的でないところが嫌だった。たとえば、大学教授だった王怡は、大学構内に住むこともできたのにそうするのを断っていた。蔣蓉はそれを愚かだと思っていたのだが、今では王怡が誰にも借りをつくりたくなかったということがわかった。蔣蓉のいら立ちは次第に称賛に変わっていった。

「これが本当にやらなければならない仕事であることに気づきました。公共の利益のために努力する人が必要なのだと」

二〇〇五年八月、米国から訪れていた中国系アメリカ人の牧師が、蔣蓉と黄維才その他数人の洗礼式を川で行った。みな昔のクリスチャンのように全身を水に浸された。しかし王怡はそこまでする用意ができていなかった。

「思想面ではキリスト教はいいと思っていたのですが、心がまだ開いていませんでした」と王怡は言った。「みんなは、わたしが洗礼を受けたくなった場合に備えて着替えを持ってきたよとからかってきましたが……いや、わたしはちょっと」

王怡は余傑を質問攻めにした。昔の善良な中国人はどこに行ったのか？　王怡の好きな詩人、蘇軾(そしょく)は？　蘇軾は中国史上もっとも偉大な人物の一人で、学識があり高潔な行政官でもあったが、地獄に行ったのか？　二人は余傑が成都を訪れるたびに、また王怡が北京に行くたびに長い時間をともにし、余傑は王怡の気が済むまでとことん話し合った。そしてついにその日が来た。二〇〇五年のクリスマスに、余傑はクリスマスを祝うために成都に来た。王怡の自宅で礼拝が行われ、王怡を含む九人が改宗した。

そのころには二〇人以上が定期的に王怡たちの自宅に集まるようになっていた。政府に登録はしていない家の教会で、みんなは教会にどんな名前をつけようかと考えた。蔣蓉の友人の一人が、聖書で気に入っている節を持ち出した。『申命記』一一章一四節である。一同はそれを読み、そのなかの語句を名前にすることにした。

私はあなたがたの地に、秋の雨や春の雨など、必要な時期に雨を降らせよう。あなたは、穀物、新しいぶどう酒、新しいオリーブ油を収穫するだろう。

国慶とわたしが王慶華を訪ねた数時間後、良心の囚人支援を行う委員会が会合を開き、王さんのような人を助けるにはどうするのがいちばんいいかを話し合った。聖金曜日の礼拝は昼前に終わり、今は六人だけが、成都のスモッグを見渡す部屋で小さなテーブルを囲んでいた。

もちろん国慶もいたが、礼拝のために先ほどよりもきちんとした服に着替え、サージの青いスーツに赤と青のストライプのシャツ、粋な赤いネクタイを身に着けていた。国慶は陽気で、冗談を言ってみんながくつろぐようにし、王さんやホームレスの人びとを訪ねてから思いついたことを話すのを楽しみにしていた。国慶のほかに四人が来ていた。緑色のトレンチコートを着たせっかちな女性は、すましていたが厚化粧だった。静かであまり口を開かない男性もいた。また以前は反体制活動家だったが今は不動産屋をしている悲しげな男性もいて、大きすぎる眼鏡をかけ、髪が薄くなりかけ、みんなにとって悪い結末が待っているというような表情をしていた。四人目は、蔣蓉と同時に改宗した委員長の黄維才である。五十代でやや不安そうだったが、ユーモアに富んでいて有能だった。黄維才の役割は、良心の四人の家族が支援を受けられるようにしつつ、この会合が反政府結社のようになってしまわないようにすることだった。教会の目的は合図を送ることで、閉鎖されることではないのだ。

賛美歌を一曲歌い短い祈りを捧げてから、みんなは全員が読んでいる翻訳本について話し始めた。『不正義についての朗報——人を傷つける世界における勇気の物語（*Good News About Injustice: A Witness of Courage in a Hurting World*）』という、人身売買や強制売春、迫害、拷問の問題について立ち上がったキリスト教徒たちを取り上げた本で、委員会は月に一度の会合のときに一章ずつ読んでいた。今日は思いやりの大切さについて書かれた第五章で、みんなが順番に一段落ずつ音読した。

三〇分後、六人目の委員が現れた。情報提供者だとみんなに思われている王彬（ワン・ビン）である。数年前、王彬が教会に来るようになってからまもなく、彼が国の公安部に雇われているという噂が広まったのだった。教会の人たちは心配したが、じきに王彬が教会に来るのを認めようということで一致した。それは、どこまでも開かれた教会をめざすという王怡の方針の一環だった。自分たちがしていることをそのまま知らせよう、そうすれば相手もこちらを恐れなくなる、という考え方である。

王彬はテーブルの端に着き、努めてほかの人たちを見ないようにした。太っていて、明るい青のポロシャツを着、演奏に備えるバイオリニストのように指でテーブルを器用に弾いた。それからお茶の入った水筒と小さな聖書をいじり始め、聖書のビニールの表紙の角で水筒の端についた茶の染みを削り始めた。王彬は周りの人をまったく気にせずひたすら削り、ほかの人たちは王彬のほうをちらりと見てはまた本に視線を戻した。

黄さんがみんなに第五章についてどう考えるか尋ね、まず自分の意見を言った。「不正にどう対処するべきなのでしょう？ 以前は個人の責任が取り上げられることはそれほどありませんでした。その代わり集団に責任がありました。一人が罪を犯したら全員が有罪だった。不正行為は全員の責任でした」

黄さんは王彬のほうを見てから、聖書の『ローマの信徒への手紙』第九章一九節から二六節を開くよう指示して、その箇所を自分で読み上げた。

そこで、あなたは言うでしょう。「ではなぜ、神はなおも人を責められるのか。神の御心に誰が逆らうことができようか」。ああ、人よ。神に口答えするとは、あなたは何者か。造られたものが造った者に、「どうして私をこのように造ったのか」と言えるでしょうか。陶工は、同じ粘土の塊から、一つを貴い器に、一つを卑しい器に作る権限があるのではないか。

わたしは密告者のほうに目をやった。この箇所は王彬に向けられた許しの言葉であるように思えた。陶器を造る者はあなたも造ったのであるから、われわれはあなたを卑しいと断ずることはできない。しかし王彬は聞いておらず、聖書を小刀のように使ってステンレスをひたすら削り、削り、削っていた。

神が怒りを示し、ご自分の力を知らせようとしておられたが、滅びることになっていた怒りの器を、大いなる寛容をもって耐え忍ばれたとすれば、どうでしょうか。それも、栄光を与えようと準備しておられた憐みの器に対して、ご自分の豊かな栄光を知らせてくださるためであったとすれば、どうでしょうか。神は、私たちをこのような者として、ユダヤ人からだけでなく、異邦人からも召し出してくださいました。

わたしはこのことをよく考えた。憐みはあり得るのだろうか？ 滅びる運命にある密告者は、警察は、国は、栄光の器であり得るのだろうか？ それから一同は最後の、許しについての部分を読んだ。

ホセアの書でも言われているとおりです。「私は、わが民ではない者をわが民と呼び、愛されなかった女を愛された女と呼ぶ。『あなたがたはわが民ではない』と彼らに言われたその場所で彼らは『生ける神の子ら』と呼ばれる」

国慶が発言した。この部分を読むと中国のことを考えさせられる。神は、中国でも起きた地震のような災害や、政治的迫害を容認する。神を称える一つの方法は、このような困難を使って慈善活動を通じて善なるものを示すことである、と国慶は述べた。

「今の時期も、わたしたちは［政治囚の］家族を支えています」と国慶は言った。「ある意味では、全世界が後退しているときにわたしたちは前進していると言えます。災害を通じてわたしたちは自分自身を知ることができる。災害を通じて神を知ることができ、自分たちを向上させることができる」

国慶はこのことについて王怡と話したばかりだと言った。王怡は、民主主義が唯一の解決法ではないと国慶に言ったのだった。

「初めは指導者に期待し、それから民主主義を崇拝したが、民主主義はすべての問題を解決できるわけではない。この世界では、何も当てにならない」

みんなが一斉に話し始め、声が入り交じった。

「今は、刑務所を出た人も含めて良心の囚人たちが非常に悪い状況にある」

「出所してから精神が乱れている人もいる」

「一人はわたしに、お金はそんなに必要ではない、愛情が必要なのだと言った」

王彬は黙ったままだった。手の爪はすでに噛み尽くされていた。今度はペンで自分の左の人さし指をつつき始め、そのうちに指が小さな点でいっぱいになった。ほかの人たちが周りで話している間も王彬はつつき続けた。

「一人は賭博好きで、麻雀をやっている！」

「賭博はよくないと言わないと。クリスチャンでないのはわかっているが、賭博は誰にとってもよくない」

「でも賭博が好きだからといって支援をやめるわけにはいかないでしょう。あれは病気なのだから」

「こう考えてみたら。教会員の一人にも支援金を出している。その女の人は月に六〇〇元受け取っている。でもクリスチャンではない賭博好きに月一二〇〇元あげている。教会員のなかにはなぜそんなことをしているのかと尋ねる人もいるかもしれない」

「この人たちは苦しい状況にある。信じられないほど圧迫されている。これはさっき読んだとおり愛の問題だ」

最後の発言は国慶のもので、国慶はそこから、お気に入りのテーマである、中国の政治が改革時代に入ろうとしているという話を始めた。今年は党大会も予定されているし、政府は統制を緩めている、絶対にそうだと国慶は言った。

ついに密告者の王彬が口を開いた。王彬はあばた顔で顎がたるんでいたが、声は冷たくさえていて、的確で論理的だった——ここにいるなかでいちばん理性的だった。「それはつじつまが合わない。昨日は綿陽市の警官一〇〇〇人以上が北川で陳情者を捕まえた。一昨日は数百人の警官がまた別の場所で陳情者を捕まえた。なぜ改革が起こるなどと言うのですか？ それはただの願望であり、論理ではない」

国慶は面食らったが、楽観的なことを述べ続けた。

「六月四日の事件について驚きの見直しがあるかもしれないという噂がある」と、国慶は中国の改革派がいつまでも持ち続けている、一九八九年の抗議行動は反革命的ではなく愛国的だったという表明があるという期待を持ち出した。人びとはそんな修正行為が政治改革のきっかけとなることを期待していた。

王彬は鼻で笑った。「良心の囚人は前より多い。客観的な事実」

一同は沈黙し、それから黄維才が一カ月後にまた会合を開くことを決め、散会となった。みなは立ち上がり、王彬をちらっと見た。王彬は座ったまま、聖書の端で爪の掃除をしながらうんざりしたように頭を振っていた。

12 北京——山に参る

中国人は後ろを向いている、何千年もの歴史によって過去に引きずられている、とよく言われる。(11) しかし日常生活では人びとはせっかちで、何か行事があるときも、未来を無理に早く来させようとでもするかのように予定よりも前に着く。今日は太陰暦三月の三〇日で、つまり明日は妙峰山の廟会の初日となる太陰暦四月の最初の日である。しかし真に信心深い者は初日には来ない。廟会にもっともふさわしいのは今夜、最初の夜、つまり当日の前夜なのだ。今日なら、時計が真夜中を打って月が替わるまでの、空の月もいちばん暗い時間をゆっくり味わうことができる。そうすることでこそ、この儀式が本当に理にかなったものになる。それは暗から明に向かい、一五日後に月が満ちてすべてがまた始まる過程なのだ。

こうしたことは倪金城(ニー・チンチョン)が病室で教えてくれていた——必ず早く着くように、と。でも、真夜中の行事のために午後四時に着けば早いだろうと考えたのは間違いだった。駐車場はすでに満車で、後から来た車が道の両側に乱雑に止まっている様子は、北京の強力な軌道に浮かぶ使用済みのロケットブースターのようだった。警備員の腕章をした男たちが来た人に車を止めて歩くように指示していたが、わたしは後部座席いっぱいに物資を載せているのを指さし、全心向善結縁茶会の関係者なのだと言った。この言葉がお札のような効果を持った。警備員は通してくれ、わたしは正面入り口にある伸縮ゲートまで車で一気に上がった。

寺院の敷地は狭く、空を見上げる、または街を見下ろす展望台のように小さな台地に載っていた。小道を九〇メートルほど行くと道幅が広がり、広場になっていて、真ん中に大きな松の木と「命運本源」と彫られた巨大な石がある。その向こうの、山頂の高台に碧霞元君を祀る廟があった。左側に並ぶ平屋が、一五日間ずっとここで茶や粥、豆、饅頭を出す香会の拠点である。

　最初の平屋の前に男が数人、折りたたみテーブルを囲んで座り、茶を飲みながら騒々しくふざけ合っていた。わたしが近づくと、背の低い太った女性に行く手を阻まれた。真っ赤なダウンジャケットを着て、パーマをかけた髪がヘルメットのように頭を覆っている。

「祁と言います。金城から電話があって、腰が痛くて来られないんですって。何か困ったことがあったらわたしが世話をしますから。そういうことです。わかりましたね?」

　わたしはおとなしくうなずいた。祁慧敏とは前に倪さんたちの家で会っていた。老倪を訪ねたとき、ほかの女性たちと一緒に奥の部屋にいたのだが、祁さんは奥に引っ込んでいる控えめな女性ではまったくなかった。男たちと同じ「大前門」銘柄のタバコを吸い、相手が誰であろうとばかげたことは許さない。祁さんがこの場を取り仕切っていることはすぐにわかった。

　祁さんは荷物を廟の中に入れるように言った。廟は長さ六メートルほどの中国伝統様式の建物に入っていた。両側と背面は灰色のれんがの壁、正面は赤い木製の張り出し扉でできていて、屋根の瓦は曲線を描いて宙に突き出ている。入り口の前には大きなカシの木があり、その向こうに碧霞元君の廟に続く最後の上り坂がある。茶会の廟の片側、ちょっとした斜面を下ったところに寺務所や食堂、トイレがあった。反対側の高台を少し上ると中国様式の建物がさらにあり、ほかの香会やそれぞれの廟が入っていた。

　倪家の廟の中には、わたしがそれまでに見たうちでももっとも珍しい祭壇があった。木製の卓が黄色の絹布で覆われ、形や大きさの異なる磁器の茶瓶が数十個も置いてある。茶瓶には道教や仏教の神が描かれ、茶会の名称「全心向善結縁茶会」が刻まれていた。中国の磁器産業の歴史的中心地である南部の景徳鎮であつらえられたもので、華やかだったが、数があまりにも多いので下の絹布がほとんど見えない。まるで「この会の人たちは実に敬虔なので、非常に多くの巡礼者の喉の渇きをいやすだろう」と言っているかのようだった。茶瓶に囲まれて、普段は金城の自宅の祭壇に置かれている高さ一二〇センチほどのブロンズ像があった。仏教の慈悲の女神である観音である。妙峰山は道教の女神のための山だが、観音を祀るのは何も変なことではなく、ただ同じ山を上がる道筋が二本あるというだけだった。このほかに大きな黄色のユリを生けた花瓶や陶磁器の香炉やろうそく立てがあり、信仰心に満ちた空間になっていた。

　祭壇の後ろには、床から天井まで黄色の絹布がかかっていた。その裏には会員が何人か休むことのできる簡易ベッドが何台か置いてある。前面には普遍的救済を意味する「普度衆生（プートゥーチョンション）」の四文字が、女神のすぐ上に来るように付けられていた。女神の背後には巨大な「茶」という字が貼り付けてあった。

　祁さんは小さな箱のスイッチを入れた。年代物のトランジスターラジオのようだったが、丸いダイヤルの代わりに、派手な渦巻き線に囲まれた観音の絵がぴかぴか光る。小さなデジタル表示があって、流れている信仰の歌の曲名がわかるようになっていた。祁さんは「大悲心陀（だいひしんだ）羅尼（らに）」という四〇〇語ほどからなる観音の教えの一つを選んだ。最初の行は「三宝に帰依す」だが、こんなふうに聞こえた。

ナ　モ　ア　リ　イェ　ヲ　ル　ジエ　ディ　シュオ
ボ　ラ　イェ

　これはサンスクリットから音訳されたもので、中国語でも意味をなさなかった。自分を落ち着かせたり瞑想をしたりするために歌ったり聴いたりするお経として使うものである。イエスの「山上の垂訓」が古代ギリシア語から英語に音訳され、思いやりの心を持つために唱えられるようなものだった。あるいは、カトリックや一部のプロテスタントが「キリエ・エレイソン」――ギリシア語で「主よ、哀れみたまえ」――を、その意味を知らずに歌うこともあるのと同じと言えるかもしれない。

　廟の片隅に祁さんの夫の常貴清（チャン・クイチン）がいた。手足が棒のように細く、肩まで伸びた髪に粋なソフト帽をかぶっている。隣には缶入りの燕京ビールがたくさん置いてあった。いつものとおり常さんは右手に飲みかけの缶を持っていて、わたしを見てその手を上げた。

サ　ヲ　サ　ドゥオ　ナ　モ　ヲ　サ　ドゥオ　ナ
モ　ヲ　ジア　モ　ファ　テ　ド

　お経が終わると祁さんはもう一度同じものをかけた。

アン　シ　ディアン　ドゥ　マン　ドゥオ　ラ　バ
トゥオ　イェ　スオ　ヲ　ハ

「これは健康にいいし家族のためにもなりますからね。何回繰り返してもいい」

わたしは祁さんがいつから信者なのか尋ねた。

「一九九〇年一月から。仏教を信じています。本当に信じている。こういうこと全部を信じています」。そう言って祁さんは祭壇や廟全体を身振りで指した。「迷信も信じますがね！」

わたしは笑いをこらえた。「迷信（ミーシン）」は中国政府がこの一〇〇年間、宗教的信仰の大部分の評判を落とすために使っていた言葉だったが、祁さんはそのような意味ではなく、単に一つの信仰体系を指すかのような使い方をしていた。

「そういうのも全部やります。占いをして、部屋に家具をどう配置するといいかを人に教えてあげることもできます」

「風水？」

「そう！　そういうことも全部できます。結婚する日や埋葬する日も選びます。そうです、できますとも。みんなに迷信がうまいと言われます」

「それは迷信だと思いますか？　仏教より迷信的ですか？」

「ああ」と祁さんは言って、参拝者の通る道のほうを見た。顔はいつものしかめっ面に戻った。「迷信、と呼ばれているけれど。それが何かは知りません。ただそれを信じているということです」

わたしはここにある小さな中庭、麻雀牌、女神に供える茶瓶、たまったほこり、かび臭さのことを考えた。それは迷信なのか？　それは祁さんたちの信仰から切り離せないもの、彼らの生活なのだ。

「大事なのはお祈りです。手抜きをしてはいけません」と祁さんは言った。「朝六時に起きてお祈りをしています。決まったお経を唱えます。布団の中でも椅子に座っていても祈ることはできる。自分次第です。みんな自分のやり方があります。それから夜にももう二時間くらい、片づけをしながら聞くだけのときもあります。それがやりやすいので」

「お子さんたちは？」

「息子は信じていなかったけれど、信じ始めています。今年は初めて登ってくる予定です。ちょっと問題があったので、この活動を始めたいと思っています。息子に合っているか様子を見ます」

廟には親戚や友人や同僚が集まってきた。みな茶会の廟を支援し、寄付をした人だった。廟会に興味のある新顔を連れてきた人も多かった。わたしは一人の女性に、信者なのか訊いてみた。

「そうなのでしょう」と、その女性はゆっくりと言った。「たぶん。まだいろいろ整理しているところです。自分たちよりも大きな、導いてくれるものがあるのはわかります。夫の友人たちから妙峰山のことを聞いて、来てみたらおもしろいのではないかと思って。もっとよく知りたいと思っています」

女性の隣に座っていた祁さんはうなずき、大前門タバコをふかしていた。時間は午後一〇時で、真夜中の儀式が近づいている。復活祭と清明節から二週間が過ぎていたので、今は次の節気である穀雨の最初の日だった。まるで見計らったかのように雨雲が妙峰山をすっぽりとくるんでいた。茶会の廟は建物のひさしに取り付けた小型のハロゲンランプで照らされ、目の前には広場があり、その向こうには上れば妙峰山の寺院に、下れば駐車場に至る道がある。その道にも明かりがあったが、霧でぼんやりとした光の輪になっていて、わたしたちのいる世界がこの一つの峰、この一つの夜に縮み込んだようだった。

少しずつ、一般の参拝者がやってきた。その人たちは、何か演奏をしたり倪家のように茶棚を出したりする会には入っていなかったが、数の面ではずっと多かった。今夜は何千もの人が碧霞元君に参りに来ることになる。知人などがいる人は「関係（クアンシ）」を使って警備員に通してもらい、車で正面の入り口まで来たが、ほとんどの人は麓の村まで車かバスで来て、あとは歩いて登ってきた。みな、長い線香を手にぞろぞろと廟に入っていく。真夜中の大混雑を避けるためにまっすぐ廟まで登ってお祈りを済ませ、それから倪家のをはじめとする無料の食べ物や飲み物を出す茶棚のあるところに下りてくる人が多かった。倪家の一人が香炉の横に座り、小槌でブロンズの鉢を打った。絶えず鳴るこの音が雨と音楽の音と交じり、狭い広場中に響いた。

少しのあいだ雨がやんだので、祁さんもお参りに行った。祁さんは長さ三〇センチほどの線香一〇本あまりに火をつけ、ぎゅっと握って燃え上がらせ、小型の松明（たいまつ）のように両手で持って額に押しつけた。火のついたほうは外側に向いて聖火のように燃えた。祁さんは三回お辞儀をした。線香はどんどん燃え、赤く照った燃えさしが折れて落ちていったが、祁さんは気に留めなかった。それから祁さんは急に驚くような機敏さでくるりと向きを変え、東西南北の方角それぞれに向かってお辞儀をしてから火のついた線香を香炉に入れた。茶会のほかの人たちも参拝するために線香に火をつけ始めたが、祁さんがいちばん堂々としていた。祁さんのお参りが廟会の本当の始まりを告げたようだった。

午後一時ごろ、ずんぐりした妙峰山の管理人、王徳鳳（ワン・トーフォン）が来た。力持ちで血色がいいのは地方の農民のようだったが、妙峰山の歴史についてどんな学者よりも詳しく、高度な理解をしていた。参拝者に対しては父親のような態度で、北京を見下ろす狭い尾根に集まった参拝者たちに、もっと助け合わなければだめだとたしなめることも多かった。

王徳鳳は地元の共産党の役員だったのだが、一九八六年、文化大革命が引き起こした破壊の一部を元に戻す努力の一環で、妙峰山の廟の再建を手伝うために送られたのだった。この知らせを聞いた香会はすぐに再結成を始め、一九九〇年に数十年ぶりに妙峰山に登った。一九九三年、地元の役所が国有の観光会社をつくり、株式市場に上場した。妙峰山を含む北京西部のすべての寺院の入場料がこの会社の収入となった。妙峰山の入場料は四〇元、約七ドルだった。

香会の多くはこの時点で妙峰山での活動をやめることもできた。たとえば老倪のような人は、営利化された寺院に参ってはいけないと考えていたのである。それでも老倪が茶会の活動を続けたのは王さんに対する敬意からだった。王さんはどの香会とも関係を築き——春節の二日目に老倪にあいさつに来たのもそれだった——香会の厄介な自尊心も理解していた。王さんは香会を妙峰山に招待し、入場料を取らなかった。廟会は祭りとも呼ばれ、時が経つにつれてその商業面のほうが強く出るようになってきた。もっと多くの人を集めようと、見世物を出す団体に金を払って来てもらう寺院もある。そうすれば、入場料を払い、売店で物を買う人も増える。しかし王さんはそんなやり方をしなかった。見世物を出す団体は入場料を免除されるがそれだけで、見世物を出しても金は払われず、交通費の分も出ない。代わりに王さんはもっといいものを与えた。北京でいちばん有名な廟会に参加するという栄誉である。これは、参加した人が物質的な利益を求めているのではない証拠になった。廟会が終わると香会は記念の旗を持って帰る。得るものはそれだけだが、それはその香会が本物の、尊敬される香会であるという、誰もが欲しがるしるしとなった。

六十一歳になった王さんは定年を超えていたが、政府に残ってほしいと頼まれていた。誰もが、王さんはいなくてはならないと思っていた。

今夜、王さんはまた外交官の役割を果たし、それぞれの香会に顔を出してあいさつした。香会の側は、祭りをこれほど如才なく企画してくれたことに礼を述べた。倪家の廟に来るころには、王さんは大量の酒をふるまわれていたが、もうすぐ廟会が始まるというのに王さんの表情はさえなかった。わたしは日に焼けた顔をほてらせた王さんとしばらく話をした。

「君たち――外国人という意味ではなくて――学者や作家や研究者やジャーナリストたちの相手をしている暇はないよ。君たちはここに来て何か持ち帰り、そのために有名になって去っていくけれども、わたしはどうなる？　今年六十一になるが、一九八六年にここに登ってきて寺を建て直した。でもそれで自分に何か残ったか？　汚職はしないので金もない。車もない、マンションもない。これで何を得たのかね？」

「みんなが王さんを尊敬していて、ここが北京の寺でいちばんの祭りだと言っていますよ」

「たしかに、妙峰山の話をするときにはそう言われる」と王さんは言って親指を突き上げ、次に小指を出して「こっちのことは言わない」と言った。「全部碧霞元君のためにやっている。碧霞元君がきちんと敬われるようにするのがわたしの務め」

「王さんは共産党の役員でしょう」とわたしはそっと言った。

「そのとおり。物質主義者だ」と王さんは言い、説明を試みた。

「わたしの信心はここにある」と王さんは胸の真ん中を指した。儒教で理想とされる中庸のことである。それから王さんは「ここではない」と言って心臓を指した。碧霞元君を祀る廟会がきちんと行われるようにするのが自分の仕事だという意味である。それが任務なのだ。と言っても当然、この種の道徳観念は二五〇〇年前、孔子のいたころから中国で理想とされてきた。王さんの努力は、人が通常仕事に費やすものをはるかに超えている。控えめに言ってもこれは王さんが情熱を傾けるもの、王さんの天職だった。それを信仰と呼ぶ人もいるだろう。

「これを上の人たちに説明するのは難しい」と王さんは言った。「あの人たちにはわからない。何人来るのか尋ねるので、『民俗宗教ですから、そんなに厳密に数えられません』と答える。来ることもあるし、来ないこともある。理由や時期ははっきりしない。誰もが正確な数を知りたがるが、そういうことではない」

王徳鳳は今夜のあいさつ回りを終わらせるために別の香会の廟に行った。倪家の廟は混み合ってきた。男たちは大事な試合のためにおしゃれをしてきたスポーツファンのようで、それぞれが何か変わった格好をしていた。常さんは先のとおり肩までの髪にソフト帽をかぶっている。そこへ一人の男性が袋に中折れ帽をたくさん入れたのを持ってきて全員に配った。その人はただ単にみんなで中折れ帽をかぶろうと思いついたのだった。というわけでその夜はみんなで中折れ帽をかぶって過ごした。

わたしは境内をぶらぶらし、無料の饅頭（マントウ）をふるまう香会の廟に寄った。赤い看板があって、毎日いくつの饅頭が供されるかが書いてある。初日となる明日は人出がいちばん多くなるので、六〇〇〇個が出される予定だった。この会は一〇〇年以上も前に北京の人たちが創設したのだが、今は上海の南にある台州（タイチョウ）という海沿いの工業都市の実業家たちが運営していた。北京からは一五〇〇キロほど離れている。

「北京でしばらく仕事をしていて、この会のことを聞いたのです」と会員の一人の白（パイ）さんは言った。「創設者が亡くなって、その子供たちは会に関心がなかったので解散することになっていました。この伝統をなくしてしまうのはなんと惜しいことだと思ったので、存続させるために団結しました」

白さんが話しているところへミニバンが停車し、みんなが饅頭の入った大袋を降ろし始めた。保管場所は倪家のと同じような祭壇の後ろだった。

「昔は参拝者はお腹をすかせていたので会も食べ物を出していましたが、今ではみんな食べ物が十分にあります」と白さんは言った。「だからわたしの会は健康と幸せのために活動しています。この饅頭は祈りによって清められているので、食べた人も清められるのです」

倪家の廟に戻ると、長身で目を引く男性が折りたたみテーブルに着き、長さ一五〇センチほどの真っ赤な紙に名前を書いていた。五十代前半で髪は短く刈られ、白髪交じりの長い頬ひげが顎の下でつながっていて、はげたアーミッシュの男性のようにも見えた。しかし服装は労働者階級のヒップスター風で、ぐるぐるとした縞模様の枝編み細工のハンチング帽をかぶり、ジーンズに黒のレザージャケットを身に着けていた。両手には太い石のシグネットリングが二つ、右手首には楠木のビーズのブレスレットがはめられていた。

　これはわたしの友人の倪金城の弟、倪金堂（ニー・チンタン）だった。見かけも物腰も金城によく似ていて強面で、ぶっきらぼうでとんでもない発言をしがちだった。しかし社交の場ではおおらかで、自然に人を引き寄せた。父親が動けなくなる前から、金堂は祁さんとともに実は香会でより重要な役割を果たすようになっていた。金城は長男である自分が会の存続に責任があると感じてはいたが、自宅の最上階にある自分の廟にいるのがいちばん好きで、廟会前夜の大騒ぎに備えていろいろ手配するのは苦手だった。しかし金堂のほうはそれを心待ちにしていた。

　金堂はそれまでの一時間のほとんどを使い、茶会のもっとも重要な仕事の一つをしていた。茶会の会員、友人、寄付者、敬虔な信者たち全員の名前を紙に書くのである。金堂は毛筆を巧みに動かし、ときおり祁さんに声をかけて名前を確認していた。一覧はほぼ完成していて、いちばん下に茶会の印も押してあったが、もう一つ印が必要だった。張宝京（チャン・パオチン）が運営する饅頭会の印である。張さんは以前から倪家と親しく、毎年数千個の饅頭を寄付してくれた。張さんは台州の裕福な実業家たちのように自分の廟を持つお金はなかったが、老倪が張さんを気にかけ、廟会の初日に倪家の廟の外に折りたたみテーブルを出して饅頭を配ってもいいと言ったのだった。老倪は張さんの善行を碧霞元君にたしかに伝えるために、真夜中に燃やす紙にも張さんの名前が必ず載るようにもしてくれた。

　金堂は何やらつぶやきながら紙を丸めてポケットに入れ、境内の奥にある小さな建物に向かった。そこはこの時間には誰もいないはずの寮だったが、金堂の勘は当たり、張さんが寝台で寝ていた。赤い絹の綿入れにだぶだぶの黒いズボンという身なりで、服には食べ物と酒の染みが少しついていた。金堂が肩を押すと張さんは目を覚まし、よろよろと寝台を下りて立った。「印がいる。早く」と金堂は言い、丸めた赤い紙を張さんに差し出した。

張さんは神聖な紙に印を押すためにテーブルに着い

た。ところが急に、張さんの動きが痛々しいほど鈍くなった。張さんはとても大きな手をぎこちなく、まるでワイヤーで制御しているかのようにゆっくりと動かした。

「まず封筒を作らなきゃ」と張さんは言った。何時間も前に作り始めた、神に捧げる赤い紙を入れる封筒のことで、どうしても完成させたいらしい。張さんはスティック糊を握り、半分に折った黄色の紙の端に沿って塗ろうとしたが、手が言うことを聞かず、糊は紙の上をジグザグに進んだ。張さんは自分の仕事のひどいありさまをじっと見た。

「印は」と金堂は言った。「封筒はどうでもいい。たくさんあるから。会の印がいる」

張さんはポケットを確かめた。あればすぐ見つかったはずだ。印は石でできていて、底に名前が彫られている。それを朱肉につけて紙に押すのである。張さんは同じポケットを何度も探したが印は出てこなかった。なんと腹立たしい。とうとう金堂が怒りを爆発させた。

「いったいどうなってるんだよ！　頭がおかしいのか？　印がない？　どこにあるの？　いつも押してたじゃないか」

張さんはぶつぶつと、どこかに置き忘れたとか、袋に入っているがそれがどこにあるかわからないとかいうことを言った。

「見つけろよ！」金堂は門神のように目を見開いて怒鳴った。「この役立たずのまぬけ者！　仕事はこれしかないのにそれもできないのか！　もうやめろ。もういい。探すな。見ていられない。

大輿のやつらときたら、いったいどうなってるんだ？　何の役にも立たない。印をなくした。見つけられない。置き忘れただと。うちの近所に住んでいたなんて信じられない」

金堂は不満を言い続けたが、その怒りは藁に火をつけたような、燃え上がってもすぐ消えるのが明らかなものだった。

「言いすぎだよ」と張さんは怪しいろれつで言った。「おまえだって、おまえだって」。でも金堂に対してひどく怒ることもできず、封筒作りに戻った。金堂は立ち上がって散歩に出た。

別の男が入ってきて腰を下ろし、わたしを見て浮かれたふりをした。外国人だ。そこで、今夜行われていることをわたしが正しく理解しているかを確かめ始めた。

「これは文化だ」と、その男は文化という言葉を伸ばして言った。「ぶ・ん・か。これは宗教ではない。政治でもない。わかるか？」

張さんが顔を上げて何かつぶやき、それから一眠りするため机に突っ伏した。

「はあ」とわたしは言った。

「これは文化。政治でもない。わかるね。ここでは政治はやらない！　僕は薄熙来ではないし、君もウー・トーではない」

薄熙来は失脚した元共産党中央政治局委員だったが、ウー・トーとは誰だろう？　わたしは尋ねた。

「君は外国人なのだから、ぴんとくるだろう。ウー・トー。聞いたことがあるはずだ。ウー・トーも外国人。イギリス人。死んだ。ウー・トーは死んだ」

ウー・トー。ウッド。薄熙来の妻に毒殺されたニール・ヘイウッドだ。当時は一大スキャンダルだった。

「僕は薄熙来ではなく、君はウー・トーではない！　わかったか！　ははは、僕は薄ではなく君はウーではない！　僕は君を殺すつもりはない！　僕たちは友達だ！　友達！」

「うるさい！」

金堂が戻ってきていた。

「こんなところで何をやってるんだ、ばかみたいにしゃべって？　こんなふうに振る舞ったら外国人にどう思われることか？　頼むからまじめにやってくれよ」

「これがぶ・ん・かで、宗教ではないと教えていただけだ」

「もう出るぞ。これから碧霞元君に参る」

祁さんが小さな鐘を鳴らしながら通り過ぎた。出発の時間だ。金堂は張さんの不器用な手から作りかけの封筒を取り上げ、自分で完成させるからと言った。「行くぞ」

わたしたちは歩いて倪家の廟に戻り、張さんもぶつぶつ言いながらついてきた。「ちょっと……速すぎる……ひどい……封筒を作り終わっていないのに……」

祁さんは新たに線香に火をつけた。金堂は手早く封筒を作り、張さんの印がないまま、かさばる赤い紙を詰め込んだ。まもなく真夜中で、みんなで頂上に至る小道を上がった。廟は崖の上にあり、坂を上るわたしたちに向かって赤い壁が迫ってきた。

幅の広い階段が最後の斜面についていて、真夜中に廟に入ろうとする人たちでごった返していた。廟そのものは大きくなく、中庭を囲んで四方に建物があった。人であふれる中庭には巨大な香炉があり、みんなが押し合いへし合いしながら線香の束を香炉に投げ入れていた。普段のように線香を丁寧に立てたり、香炉の前の膝つきのところで叩頭したりすることはとてもできなかったのである。事実、鋼鉄の香炉は線香でいっぱいで、マスクをした職員が、山のようになった線香の束を金属の熊手で香炉の後ろの石床の部分に落としていた。そこは立ち入り禁止になっていた。

混んではいたが秩序があり、倪家の茶会の人たちは香炉に向かって進んだ。張さんも数メートル後ろにいた。金堂が名前の書かれた紙を封筒ごとさっと火に投げ入れると、それはまたたたく間に燃え上がった。紙が燃えて名前が天に昇ったのを見届けると、金堂は燃えさかるこの情景を眺めるために入り口のほうに戻った。

張さんはもう少しその場に残り、口を開けたまま、まるで凍りついたかのようにじっと火を見つめた。紙には自分の印がないが、碧霞元君は自分がまたここに来て、饅頭を数千個寄付したのを知ってくださるだろうか？ それから張さんは、いや、碧霞元君は何でもご存じではないか、と考え直した。そこからまた、いや、碧霞元君がいちばん気になさるのは誠実さだ、と考えた。自分は誠実だろうか？ 大事なのはそこだ。

すでに真夜中をゆうに過ぎていたが、まだ長い夜が待っていた。倪家の廟のところでは、椅子で半分寝ている人もいれば、早く夜明けが来ないかと思いながら頑張ってトランプをしている人もいた。参拝者は夜通しやってくるが、朝六時ごろにまたたいへんな混雑が始まる。

廟の中をのぞくと、常さんが椅子に縛り付けられたように座っていた。わたしを見てかすれた声であいさつし、燕京ビールの缶を持った手を上げた。

「まだ起きているんですか？」とわたしは訊いた。

「じいさんは来られなかった」と常さんは言った。北京で病床にある老倪のことである。「誓ったんだ。寝ずの番をするって」

何千年ものあいだ、中国人は、山を天と地とが交わる場として崇めてきた。記録の残る最初の王朝である殷(いん)では、王たちが「岳(ユエ)」という山、おそらく中国中央部の嵩山(ソンシャン)に捧げ物をした。紀元前三世紀の古典『周礼』には、中国の堪輿上の五つの方角にある五つの聖山が記されている。東には妙峰山に祀られている女神が生まれた泰(タイ)

山、西の華山、中央の嵩山、南には衡山、北には李家が道教楽団の名前に入れた恒山。時が経つにつれ、これら五つの名山に、中国各地の数え切れないほどの山々が加わった。山はそれ自体が崇拝の対象だったのが、神々の住むところ、仏教や道教の寺院を建てるところになった。山は沈思黙考の場で、四世紀の道教家の葛洪はこう述べた。「けっして軽い気持ちで山に入ってはいけない」[12]

八世紀から九世紀以降は、すべての社会階級のあいだで聖山への巡礼がよくされるようになった。山は巡礼と強く結びつけられるようになり、どんな巡礼に出かけることについても「朝山進香（山に参り、線香を供える）」という言葉が使われるようになった。やがて実態よりも概念のほうが支配的になり、聖なる場所はどんな地形でも山と呼ばれるようになった。中国でもっとも人気のある巡礼先の一つは上海に近い普陀山だが、高さのほとんどない岩島である。

妙峰山は太行山脈という、中国中央部まで続く岩がちな山地の端にある。最高地点の標高は一二九一メートルしかなく、麓の村からは三〇〇メートルほど高い。下の村に車を止めて「千の肘の小道」を上れば、四五分で楽に頂上に着く。妙峰山の歴史も同じくらい短い。それでも、記録のある最初の廟会が一六八九年に行われて以来、妙峰山は中国でもっとも有名な山の一つになった。これは妙峰山に祀られる主な神である碧霞元君が、中国北部でもっとも広く崇拝される神に数えられるということもある。碧霞元君は「送子娘娘」という名で呼ばれることも多い。「子供をもたらす女神」、つまり子宝の女神だが、道教の神々のなかで重要な存在でもある。かつて北京には碧霞元君を祀る大きな寺が八つあった。これは三山五頂といい、五頂は北京の東西南北と中央にある小さな寺で、三山は北京の郊外にあった。そのうちの二つ、丫髻山と天台山は宮廷が贔屓にし、妙峰山が庶民のための山だった。

北京に近いことも手伝い、妙峰山は宮廷や北京の活気のある文化生活と結びつけられて有名になった。[13] 十八、十九、二十世紀に香会が妙峰山を訪れたことが記された石碑がある。記録によれば、十九世紀半ばには芸人組織が妙峰山に登るようになった。最盛期は一八九九年だった可能性がある。その年の石碑には、一四一の会が妙峰山を訪れたことが記されている。

二十世紀に入ると、妙峰山は学術調査というまた別の目的のために登られるようになった。一九二〇年代に顧顧頡剛（チエカン）という、初期中国史を専門とする若い学者をはじめとする因習打破主義的な知識人たちが、中国の民俗学の基礎を築くのを助けた。顧頡剛らは妙峰山を主な研究の場とした。顧頡剛らにとって、妙峰山で見られるような民間伝承は、諸王朝が編纂し何世代にもわたって学童が暗唱してきた公式の歴史と比べて、本物の歴史なのだった。民間に伝わる慣習は、昔の生活がどう組織されていたかを現代の人に示す「生きた化石」と見なされた――これは過去のこと、とくに始まってからまだ二〇〇年ほどしか経っていない巡礼を、あまりに理想化する見方だった。顧頡剛は妙峰山に何度か通い、これまでに妙峰山について出ている数十の本のうち最初のものを書いた。

（プロクター・アンド・ギャンブルの一家の）シドニー・D・ギャンブルなど外国人も、社会学的調査をするため中国を訪れた。ギャンブルは一九二四年から二七年までに妙峰山に三度行き、そのときに撮影した映像をもとに驚くべき一五分間の作品を作った。そこにあるのはすっかり別の時代の光景のようである。一人の男性が枷（かせ）と呼ばれる、両手と頭を入れる穴の開いた懲罰用の器具に入れられ、また別の男性が背中に鞍（くら）を付けられて馬のように四つ足で歩いている。そんな光景はもう見られないが、ギャンブルによる記録のほかの部分は今日見られる光景とよく似ているように見える。ギャンブルは、廟会には一〇〇以上の会が参加し、なかには今日の倪家の茶会と同様、食べ物や飲み物などを提供する会もあったと述べる。碧霞元君のために竹馬、武術、獅子舞などの見世物を出す会もあった。現在と同様、当時も香会は会員自身が組織し出資しており、歴史を通して中国の宗教生活の大部分が政府の統制下にあったなかで、政府の統制をほとんど受けない自律的な組織だった。

一九三八年五月、『ニューヨーク・タイムズ』紙が妙峰山の注目すべき廟会を取り上げ、こう書いた。「チョーサーの物語のカンタベリー巡礼に相当するものが中国にもある。今月、北平（ペイピン）の北約二七キロのところにある妙峰山で行われた毎年恒例の巡礼である」[14]。当時は日本が中国北部を占領したばかりだったが、信者の熱意は冷めなかったようで、同紙によれば日本軍はむしろ信者を盗賊から守るために民兵を組織した。

ギャンブルの友人にL・キャリントン・グッドリッチと妻のアンがいた。二人とも宣教師の子で、キャリントンはのちにコロンビア大学の教授として立派な業績を残し、アンもすぐれたアマチュア人類学者になった。一九九八年に、一〇三歳になっていたアンは一九三一年に妙峰山を訪れたときのことを書いた記事を発表した。当時アンが集めた情報によれば、その年にはおよそ五〇万人が妙峰山に詣でた。別の夫婦とともに妙峰山に歩いて登った後、アンたちは廟の中のごく狭い部屋に泊まった。

　客室は狭く、キャンプ用の寝台があるだけだった。高い崖のいちばん端のテラスにあるので、山々や北京まで続く平野の眺めがすばらしかった。そこで日の出の前に目覚め、峰々の間に抱かれた雲が夜明けの光を受け、太陽によって真っ赤になっていくのを見たことはけっして忘れない経験だろう。

いちばんよかったのは「その年のうちに、一緒に行った友人たちに女の赤ちゃんが生まれ、夫とわたしも双子を授かったこと」だったとアンは書いた[15]。「碧霞元君のお気に召したのだろうか？」

　倪家の廟では、翌朝六時に茶会のみんなが眠そうに起き出した。祁さんと金堂その他数人は一五日間ずっとここにいるが、ほとんどの人は最初の夜と今日の行事のためだけに来ていた。その人たちは乗ってきた車やキャンプ用の椅子で仮眠を取り、今はよろけながら茶と粥にありつこうとしていた。常さんは昨夜と同じ椅子にかけていて、ソフト帽を目深にかぶり右手に燕京ビールの缶を持っていた。わたしを見てつぶれた声でおはようと言い、ビールを持ったまま右手を振った。

　わたしも手を振り返したが、隣の徳清（トーチン）鮮花聖会のところに腰を下ろした。倪家の廟とはやっと通れるくらいの細い廊下を隔てているだけで、民間信仰の花の女神を祀っている。倪家の廟よりも小さく、ビスケットや果物を積んだ皿のほか、ポインセチアやヒヤシンスやチューリップの植わった鉢が二〇個あった。祭壇にはブロンズの像ではなく漆（うるし）を塗った濃い色の板絵があり、そのなかには伝統的な衣をまとい髪に花を飾った女性の写真があった。

　廟の前には、その名前が会につけられている八十六歳の陳徳清（チェン・トーチン）がいた。倪家とも親しい。折りたたみ椅子にかけた陳さんは老年の美しさを絵に描いたようで、白くなった濃い髪はとかされて肩にかかり、あか抜けた青いブラウスの上に赤いカーディガンを着ていた。常にほほ笑んでいるのできれいに揃った白い歯が引き立っている。廟会は陳さんにとって一年でいちばん大事な行事で、たいへんな時間をかけて準備や貯金をして達する最高潮だった。

「また来たの」と陳さんは言い、隣に来てお茶を飲みなさいという身振りをした。一九八〇年代、すでに五十代だった陳さんは、北京から三輪自転車を漕いで女神に花を供えに来たのだった。自宅から六〇キロの道のりを来るには二日かかり、最後の二五キロは急な未舗装路で、三輪自転車を降りて押さなければならなかった。

今年、陳さんとその家族は花や食べ物のほか、一五日間山にいるために数千ドルかけていた。陳さんは祭壇の後ろの寝台で休み、夜明けとともに起きて廟の前で番をする。参拝者が花の女神に叩頭するたびに陳さんはブロンズの鉢を木槌で打つ。これが陳さんの廟会での勤めで、期間中はまるで天と地とを仲介する巫女（みこ）のようだった。中国の宗教でよくあるとおり、陳さんも何も正式な資格は持っていなかったが、その献身によってこの神聖な役目を果たすことを認められていた。そのために参拝者は陳さんを信じることができたのである。多くの人は陳さんを単に「活仏（フオフォー）」と呼んでいた。その敬虔さと信心が崇敬に値する人のことである。

このような慈善団体を営む人の多くがそうだったが、陳さんも口数が少なかった。わたしは王怡をはじめとする内省的なクリスチャンたちのことを考えた。彼らは自分がなぜキリスト教徒であるのかを説明するため――正当化するためと言ってもよい――大量の論文やエッセイや本を出している。陳さんは行うだけだった。女神を信じていて、花を供える。それで思い出すのは、李家の儀式も含めた山西省北部の民俗音楽についての本を出すイギリスの学者、スティーヴン・ジョーンズである。ジョーンズは付属のＤＶＤの一枚に『行うこと』という題をつけた。民間信仰の描写として完璧である。理論や歴史はほかの人たち、つまりその場をうろついてノートを取る学者や作家のためのもので、実際に行う人たちにとっては行動こそが重要なのである。

香会には二種類あった。民間人の「文会（ぶんかい）」と、「武会（ぶかい）」である。わたしが参加しているのは文会で、二週間ずっと廟にいて奉仕をする。武会のほうは、記章の付いた長い棒を放り投げる棍法、剣術、それに力技などを披露するのでそう呼ばれていた。ほかにも踊ったり、突拍子もない寸劇――異性装者、アヘンを吸うふりをする人、巨大な数珠を首にかけてフラフープのように回す滑稽な僧侶など――を見せたりするところもあったが、どれも武会に分類されていた。各会には芸人、楽団員、家族を含めて三〇人から四〇人の会員がいた。全部が一度には集まらず、毎日少なくとも二つか三つの武会が来るようになっていたが、廟会初日の今日のような大事な日には多くて一〇あまりの武会が来る。みんな朝早く到着し、「命運本源」の石の前に集まった。

陳さんは今でも、すべてが首尾よくいき、みんなが女神のためにここまで旅してきたこと、自分も徳清鮮花聖会としてそこに参加していることに感嘆していた。陳さんはわたしを見てほほ笑んだ。言葉のいらない温かさである。

遠くから武会の音楽が、ほとんどが太鼓やシンバルが打ち鳴らされる音だったが、聞こえてきた。わたしたちは先頭の武会が上ってくるのを見た。獅子舞の会で、ほぼ全員が黄色の服を着て幟や旗を持ち、楽団がしんがりを務め、小道を歩いて上がってきた。まず碧霞元君の前で演武をしてから下りてきて、わたしたちにも獅子舞を見せてくれる。このとき必ず型どおりのあいさつがあり、二週間ずっとここにいる倪家の茶会などに感謝を述べる手書きの手紙が渡される。このときの陳さんは水を得た魚のようで、お辞儀をして両手を組んで演者を迎える。女神を拝むために遠く北京から三輪自転車に乗ってきていた花のおばあさまのことはどの会も知っていた。中国で宗教生活が復活したのは、このような一人ひとりの目覚ましい行いの積み重ねによるのである。

どの香会にも同じような話があり、昔のことを覚えていた年老いた男性や女性が、剣や棍の動かし方や竹馬の踊りや昔の歌を子や孫に教えたのだった。女性だけからなるある会は、二メートル近くある木製の三叉の矛を放り投げ、肩で受け止め、腕に転がしてまた放り投げるという見事な技で力強さと優美さを印象づけた。

それでも、こうした見世物はシドニー・ギャンブルが撮影したときはおろか、二〇年前と比べても見劣りするという点でみんなが一致した。レパートリーが少ない会が多く、芸も以前ほど大胆でも緻密でもなかった。これは意外なことではない。現代の世界では、一日に何時間も棍法や竹馬の練習ができる人はほとんどいないのである。どこに行っても、ほぼどの宗教でも、儀式は簡略化されている。大事なのは人が来て、行動をともにし、より深い意味を見つけることだった。それに、一見遊びのようであっても、多くの人にとって廟会は葛洪の忠告と同じくらい意味深いもので、軽い気持ちですることではなかったのである。

昼前、わたしは廟の前に座って倪家の茶を飲み、参拝者が通り過ぎていくのを見ていた。祁さんのかける仏教音楽が霧の中に漂っている。それは合唱隊が「観音菩薩を拝む」を意味するサンスクリットの音訳を繰り返し唱えるだけの曲で、こう聞こえた。

ナン　モ　グアン　シ　イン　プ　サ

これは中国の宗教でもっとも有名なお経で、音節が長く、長く伸ばされて雨の中に響いた。

ナン　モ　グアン　シ　イン　プ　サ

まだ初日で、これがあと二週間続くのである。わたしの意識は聖地を超えて北京に戻った。そこには死にゆく老倪と、腰の手術を受ける金城がいた。金城は明日退院する予定で、一週間後の観音の誕生日に山に登ってくることになっていた。今月の八日目、廟会が最高潮に達するときである。その一週間後に廟会は終わる。そのときまでに六九の武会が妙峰山に登り、碧霞元君のために踊り、戦い、くるくると回り、歌うことになる。台州の商人たちは四万二〇〇〇個の饅頭を配り、一〇万以上の人が山に来る。そのなかには信心深い参拝者もいれば観光客もいるが、大半はどちらでもない人で、線香を上げて自分の道を見つけるのである。

ナン　モ　グアン　シ　イン　プ　サ

山西省では、穀雨が来れば李家の隣人たちが夏の作物を植えることができる。四川省では、王怡が神学生たちに古代ギリシアの奥義を伝える準備をしている。政治の世界では、秋にお約束の政権交代が無事に行われるように悪者が取り除かれていた。すがすがしく明るい時期が終わり、もうすぐ蒸し暑い夏が来る。

ナン　モ　グアン　シ　イン　プ　サ

延々と流れる音楽は、雨と参拝者の果てしない伴奏曲のようだった。昼になるころ、五人組が倪家の廟にやってきた。わたしは香炉の隣に座っていた。香炉は錆びついた大きな入れ物で、中の線香が消えかけて軽くくすぶっている。五人は二十代から三十代のおそらくホワイトカラーの専門職で、今日は車で遊びに来たのだろう。建物を品定めするように見ながら廟の前に立ち、しばらく互いと話をしたのち、若い男性がわたしのほうを見た。

「この建物はなんですか？」と男性は尋ねた。

「観音の廟です」とわたしは答えた。「観音は仏教の碧霞元君のようなもの」

五人は笑い、わたしは線香を上げないのかと尋ねた。

「持ってきませんでした」と、退屈そうな様子の若い女性が言った。高価な野外用ジャケットを着ている。山でハイキングをする服装である。

ナン　モ　グアン　シ　イン　プ　サ

祁さんが廟から出てきて、倪家の分の線香の山から一束取り、黙って若い女性に渡した。女性はためらったが受け取り、同時にポケットから財布を取り出した。

「奉仕です！」と祁さんはぶっきらぼうに言い、女性は驚いたように見えた。

若い女性は左手に線香を握り締めて立っていた。若い男性が歩み寄って金属のライターをさっと開け、線香の束に火をつけた。二人は例の大きな金属の入れ物のところに行き、燃える線香を投げ入れた。煙があふれ出し、二人はどうしていいかわからず立ち尽くした。

「叩頭しなさい」と祁さんは言った。「三回。それから祈る」

「やり方は？」

「叩頭の？」

「祈り方。なんと言えばいいんですか？」

「心にあることを言いなさい。だから来たんじゃないの？　心の中で言えばいい」

若い女性は膝つきのところまでつかつかと来たが、そこに一人で立って女神を前にすると、顔からこわばった表情が消え、言葉を探しているかのように柔らかくなった。

祁さんは木槌を手に取った。若い女性はおずおずとひざまずき、ひれ伏して一回目の叩頭をした。祁さんは手首をさっと動かした。ブロンズの鉢が響き、清らかな音がした。

第四部

芒種

中国の夏を構成する六つの節気の中心となるのは暑さと情熱、成長と収穫である。この二元性は、夏の節気のうちでもっとも重要なうちに入る「芒種」に象徴されている。芒種は収穫と植え付けを意味する複合語で、芒は植物の穂の先端を意味する。この時期には小麦、大麦、エンドウ豆などの芒にすでに穀粒が入り、収穫を待っている。種とは植えることで、この時期はトウモロコシやモロコシ、アワ、コーリャン、大豆などの秋植えの作物の種をまかなければならないときでもある。六月初めに来るこの期間は非常に重要で、最近までは都会に住む人も田舎の家に手伝いに戻るために休暇を申請していた。

　いま、地球は黄道を七五度のところに達し、次には真夏の節気がいくつか続く。日がいちばん長い六月下旬の夏至、それから七月の小暑と大暑である。そのころには暑さの盛りはもう過ぎていて、早いようだが次の節気は八月初めの立秋となる。

　夏には一年でもっとも華やかなうちに入る祭りが二つある。一つは太陰暦で二度目の死者の祭りである餓鬼節で、七カ月目の一五日目に行われる。これは八月にあることが多く、不本意に亡くなった人をなだめ、俗界をさまよって生者の邪魔をしないようにする祭りである。もう一つは二度目の生者の祭りである端午節で——生者の祭りにはほかに春節と中秋節がある——「龍船節（ロンチュアンチエ）」とも呼ばれ、紀元前四世紀の詩人で政治家の屈原（くつげん）の人生を称えるものである。とはいえ中国の祝日のほとんどがそうであるように、中秋節には死の要素もある。屈原は政府に愛想を尽かし、悪政に対して声を上げてついに自殺した。龍船は屈の遺体を探しているのだとよく言われる。

　屈原は中国でもっとも重要なうちに入る詩の作品群も残した。なかでも「離騒」という自伝的な詩は、政治に対する落胆や神話上の生き物との空想的な遭遇を語る。長江の南で植物が青々と茂る様子の描写を通じて、自身の失望と国の将来についての懸念を表したのが次の部分である。

私は見渡す限りの蘭を育て

木犀も百畝植えた
牡丹や芍薬も育て
寒葵と香しい鎧草も交ぜて植えた
枝葉が繁茂するとき
時が来ればすばらしい実りがあることを願っていた
飢えに苦しめられても、それは取るに足りないことだが
植えた花がどれも雑草にまみれて枯れるのを深く悲しむ①

13 成都——朗誦

七月のある金曜日の朝早く、王怡(ワン・イー)は二〇人の男女からなる祈りの会を率いていた。[2] わたしたちは王怡の執務室の前の広間に円になって座っていた。タイル床は固いのでゴムマットを敷き、しゃがむ人もいればひざまずく人もおり、何人かは四つん這いになっていた。フットボールの試合の前のチームミーティングで選手が頭を真ん中に向けて円陣を組み、気持ちを高めているような感じで、一同は蒸し暑い成都のスモッグの中で長老派の古い賛美歌を大声で歌った。王怡の教会では近道をせず、いつも全編を歌う。最後までいくと一番を繰り返した。次のような意味である。

十字架のもとに　喜んで立つ
干からびた土地の　巌のかげ
真昼の焼けつく暑さと日ごとの重荷
すべて下ろす　荒野の中の憩いの家

「これはエアコンもなければ扇風機もない時代のことですが、こうして涼んでいたんですよ！」と王怡は冗談を言い、みんなは額の汗を拭ってマットに腰を下ろした。それから『マタイによる福音書』から祈り方についての部分を読んだ。

また、祈るときには、偽善者のようであってはならない。彼らは、人に見てもらおうと、会堂や大通りの角に立って祈ることを好む。

王怡は、これは見せびらかすように祈るものではないことを教えているのだと言った。中国の多くの教会では、人が隣の人に自分の罪や希望を聞いてほしいかのように声を出して祈ることがよくあったが、王怡はこれをいいと思っていなかった。王怡にとってそれは正しい祈りの仕方ではなかった――少なくとも、王怡が模範とする海外の教会ではそんなやり方はされていなかった。

「小さい子供は声を出して祈りますが、人は成熟するにつれて黙って祈ります」と王怡が言うと、みなうなずいた。「そのほうが自慢げにもなりません。みなさんと神のあいだのことですから」

わたしたちはもう一曲賛美歌を歌ってまた祈った。マタイの忠告も構わず、みな順番に自分の祈りを口に出した。まるで自分の見解を明らかにする必要があるかのような、中国語で「表態（ビアオタイ）」という、自分がその集団の一員であることを示すためにそうしているかのようだった。今日がうまくいくことを願う人もいれば、勤勉であることを願う人もいる。全員が、聖書が自分の心に入ることを願っていた。それからまた声に出して祈ったが、今度は全員が同時にそうしたので、ハチの大群のようになった。

「不誠実でした。もっと誠実にしてください」

「わたしの心を開いてください」

「よりよい人間にしてください」

「罪を犯すのを止めてください」

そこにいる人のほとんどは四十代の男性で、身だしなみもよく、専門職に就いていた。一同は王怡に注目した。そのカリスマ性と筋の通った主張によって、暑さと居心地の悪さの中でも集中し続けることができたのである。それに、みんながここにいるのは王怡がまた思い切った行動に出たからだった。王怡は家の教会の牧師を養成するための神学校を開いたのだ。

それは大胆な動きだった。中国では、国家宗教事務局が国の教会、寺院、モスクだけでなく神学校も運営する。誰が神父、僧、尼僧、イマームになるかを決め、カリキュラムを設定し、ある宗教の歴史のどの版を教えるか、どの儀式が容認できるものか、どれが「迷信」か――過去一世紀にわたって中国で他人の信仰の評判を落とすために使われてきた曖昧な、ほとんど意味のない言葉――を決める。そして当然ながら政府は政治についての講義も養成講座に組み入れ、どの宗教の聖職者も最新のスローガンを知っているようにする。宗教の専門家にとって共産党の最新の政策方針を知っているのは都合がいいとも言えるが、政府の養成講座を受ける人の多くが政府の受け売りをするようになった。これは説教が非常に大きな意味を持つ教会でとくに見られる。政府が運営する教会の牧師や神父は、社会にある問題に極力触れないようにし、よくて当たり障りのない説教をした。そんななか、秋雨之福帰正教会のような教会はそれに代わるものを提供していた。真昼の焼けつく暑さから逃げ込む陰をつくる巌である。

神学校では、毎週金曜日は聖書ギリシア語の日だった。生徒たちの教科書は欧米で使われている最新の入門書である『聖書ギリシア語の基礎（*Basics of Biblical Greek*）』の、香港で出版された中国語訳だった。しかし教室は「不信のトマス」だらけだった。ギリシア文字もまだ習得していない生徒もいたうえ、ほとんどの生徒は名詞の接尾辞に戸惑っているようだった。

「意図はわかりますが、これ全部は覚えきれません」と生徒の一人が言うと、みな大笑いした。

「みなさんは実際的なことをたくさん、たとえば教会や教会会議を組織するやり方などを学んできましたが、これも大事なんですよ」と教師が言った。「福音書を原語で読むチャンスです」。この注意を聞いて生徒たちは静かになり、文法に集中した。教師は手短に、ギリシア語には文字が二四あり、名詞には男性名詞、女性名詞、中性名詞があるのだと説明した。何人かが居眠りを始めた。

最前列には王怡と妻の蔣蓉（チアン・ロン）がいた。二人は黙って座り、今でも恋している幼なじみ同士らしくたまに目線を交わした。数カ月後に王怡はこう書く。「二〇年前、わたしには夢があった。教室で先生が急にこう言う。『王怡、あっちに行って蔣蓉の隣に座りなさい』。神は本当にすばらしい。神のおかげでしかるべきときに妻が教室でわたしの隣に座ることになり、初めての恋を成就させる願いがかなったのである」

今日の授業の主題は愛だった。教師が無条件の愛を意味する言葉「アガペー」を黒板に書き、生徒たちが語幹の「アガ」と語尾をノートに書いていった。次に教師は言葉を意味する「ロゴス」でも同じことをした。神の言葉のロゴスである。

二〇人あまりの生徒たちはノートに顔を近づけ、見慣れない文字と格闘しながら格変化を書いていった。半数ほどは成都の人で、キリスト教をもっと深く知るために来ている秋雨教会の会員もいた。残りは中国各地、遠くは東部沿岸部からも来ていた。これから一年かけて四週間から六週間ずつの講座を受け、神学、歴史、組織の仕方などを学ぶことになる。大半は四十代から五十代で、四分の三ほどが男性、ほぼ全員が所属する教会から送られてきていた。今日の授業はとてつもなく難しく感じられたかもしれないが、生徒たちは少なくとも説教で「アガペー」という言葉を使えるようになろうとしていた。みな、わたしが初めて古典の漢詩を少しずつ読み進めたときに抱いたのと同じ驚嘆の念を覚えていた。ただ、学ぶ内容が持つ重要性の点ではこちらのほうがはるかに大きい。この授業は単に異文化を知るための窓ではなく、神の言葉を記録する言語を学ぶ機会だったからである。

休憩時間にわたしは阜陽（フーヤン）市から来た生徒と話をした。全体として裕福な東部沿岸のなかで、比較的貧しい地域にある都市である。四十五歳のこの男性は二〇年前に改宗し、地元の教会で活動するようになった。一〇年前に、ほかの多くの健康な男女とともに仕事を求めて市内に移り住んだが、長年の畑仕事から肌の色はまだ濃かった。ポロシャツとジーンズを身に着け、何から何まで目立たなかった——中国の都市にいると一日に何百人も目にするような男である。

「田舎からは人がいなくなっています」とその人は言った。わたしたちは秋雨教会の主な礼拝堂にいた。元は会議室だった部屋で、奥の壁に大きな十字架がある。「年寄りと子供しか残っていないから、教会の仕事は街にあります。

でも人びとは変わってきています。以前は村の教会を運営するのはカリスマ的な人たちでしたが、人はそれでは満足しなくなってきている。もっと内容が欲しいのです」

そのような背景があって、六〇人ほどが通うこの男性の教会が金を出し、彼を三年間の研修に送り出したのだった。費用は最小限に抑えられ、男性は古い、遅い列車に乗ってきて、成都ではクリスチャンの家族が下宿させてくれた。授業料と教科書代が学期ごとに一〇〇〇ドルほどかかるほかは、一カ月一〇〇ドルあればバスに乗り、遅くまで勉強するときにたまに麺を一杯食べることができた。来月には阜陽に戻り、二カ月の間、自主勉強と、牧師の助手として教会の手伝いをすることになっている。

「ずっと先のことのように思えますが」と男性は笑っ

て言った。「数年後にはおそらく自分の教会を持っているでしょう。ここで学んでいることの一部を教えることができればいいのですが」

今週はもっと実際的に見える授業もあった。「教会開拓（チャーチ・プランティング）」というもので、ニューヨークから来た二人の講師が教え、英語から翻訳された十数冊の本を使った。『教会開拓のツールキット』『内発的な教会開拓』『文化を越えた教会開拓』『新しい教会を始める』『教会開拓における地雷』『宣教する教会を開拓する』『増える教会』などである。

教会開拓は中国のキリスト教徒のあいだでたいへんな話題になっていることの一つで、秋雨教会にも直接影響を及ぼしていた。秋雨教会はすでに人であふれていたので、教会の指導者たちは成都の別の場所に新たに教会を開拓することを話し合い始めていた。ある町で教会を必要としている地域を見つけ、中核となる信頼できる教会員を数人そこに送り込んで礼拝を始めさせるこのやり方は、世界中で試されていた。その地域から元の教会に通っていた人たちも新しい教会に通い始め、友人を連れてくるようになるかもしれない。うまくできれば、新しい教会が根を下ろす。

わたしは、新しい教会を開拓できるのはどの季節なのだろうと考えた。どうやって根づくのだろう？　今は土が肥えているように思えなかった。もうすぐ共産党の大会があるし、政府はキリスト教ではなく中国の伝統的宗教の推進に力を入れていたうえ、社会統制を強めてもいた。しかし復活祭のときに王怡がわたしに言ったとおり、中国政治の日程はいつも要注意の日や記念日で埋まっていた。草の根の市民のあいだではそのような行事の重要性は薄れ、日々の生活はもっと不変のリズムに乗って展開していた。

ギリシア語の授業が終わると、王怡とわたしはご飯と野菜炒めの簡単な弁当を食べた。生徒たちががつがつ食べているのと同じ、一ドルで買えるものである。いま経験したこと――祈りの会と古代ギリシア語の難解な決まりの学習――は、人権擁護弁護士という王怡の以前の仕事とかけ離れているように思われた。直接のつながりはあるのだろうかとわたしは考えた。映画製作者の遠志明（ユアン・チーミン）などは、一九八九年の民主化蜂起が失敗してすぐに改宗した。王怡の改宗のきっかけとなったのもそれだったのか？

「六四は、わたしの見方では、社会のなかの共産党の立場を破壊したので、わたしは自由の信奉者になりました」と王怡は言った。「自由が社会でいちばん重要なことだと思ったのです」

「キリスト教がなければ政治改革も起きないと思ったということ?」

「政治的な目標を達成するかどうかの問題ではなく、天の神と生命の移り変わりを信じ、魂の永遠も信じるなら、この世にとって意味があることはそこまで重要ではないということです。もちろん自由で民主的な体制があればいいとは思います。そのほうが聖書に合うと思いますが、民主的な社会があることがいちばん重要なのではない。神が望むなら、神は民が非民主的な社会に暮らすようにすることができます。それでもその民を愛し、慈しむことができます。大事なのは心の中の自由です」

「政治とは関係がないということ?」

「そう、大事なのは神の言葉を知っていること」

　時間は一二時三〇分で、夕方まで神学校の授業はない。王怡は午後にまた古代ギリシア語の勉強をする予定だった。わたしは泊まっていた小さな宿に戻り、届いていた伝言を聞いた。そのうちの一つに、王怡の昔からの友人で亡命中の作家、廖亦武(リャオ・イーウー)からのものがあった。廖亦武も成都出身で、雲南省の山岳民族のキリスト教信仰について書いたことがある。(3) しかし廖亦武は改宗せず、のちに歩いて山を越えてヴェトナムに入り自由の身になった。今は新たな妻と幼い娘とともにドイツに住んでいるが、かつて王怡の生活の中心にあった、冉雲飛(ラン・ユンフェイ)などの活動家の政治的自由を求める日々の戦いに今でもかかわっていた。

　廖亦武は、これも四川省出身の作家で活動家でもある李必丰(リー・ビーフォン)の裁判がまもなく始まることを世界に知らせていた。以前なら王怡は李必丰を擁護し、場合によっては法廷で弁護人を務めていたかもしれないが、今は何も発言しなかった。実際、王怡は冉雲飛のように政治面で活発な友人たちとはめったに会わず、秋雨教会に集中していた。

　ワシントンを訪れていたある日、わたしは余傑(ユイ・チエ)と会った。彼も王怡の旧友で、二〇〇五年に王怡を改宗させ、今は米国に住んでいる。王怡とは異なり、余傑は自分の教会を設立せず、政治を念入りに追い続け、投獄されたノーベル平和賞受賞者の劉暁波(リュウ・シアオボー)の伝記を書き、中国の政治問題を批判していた。余傑は若い、厳しい男で、慎重に、しかし率直にものを言った。
「神は王怡を選んで牧師になるようにしたが、他方でわたしは王怡が、今ではたいした知識人でも作家でも法について考える人でもなくなったのが残念です。以前と比べてあまり書かなくなりました。教会でしなければならない具体的な仕事がたくさんあって時間を取られている。将来、教会がもっと成熟したら、教会を運営できる助手が増えて、王怡に考える時間ができるといいと思っています」

王怡がまた政治的に活発になる日が来るのかもしれないが、わたしはこのことを別の角度からも考えた。中国のような抑圧的な国では、知識人としての王怡は積極的行動を通じて獲得できるものはあるのだろうか？　自宅軟禁とインターネット接続遮断？　李必丰を解放しろという、誰の目にも留まらない訴え？　牧師と神学校の教師としてなら王怡は何百もの人に影響を与え、国中に教会を開拓するのを助けることができる。最低でも、王怡は独自の社会をつくり出していた。中国最大都市の一つの中に、秩序と正義のあるほんの小さな宇宙を。

成都でもっとも神聖な場所の一つに青羊宮（せいようきゅう）がある。ここは手入れの行き届いた道教の寺院で、木陰に賑やかな茶店がある。わたしはいつも、この寺院のよさをもっともよく味わうには、カシの古木の下で一杯の緑茶を飲みながら道（タオ）について思索するのがいいのだろうと想像していた。残念なことに、その茶店に入るとたいていはこんなことになる。茶を買いにカウンターに行く。誰もいない。待つ。不機嫌な老婦人が出てくるが、無視される。なんとかして老婦人の注意を引くと、茶だろうがなんだろうが出すのは自分の仕事ではないと言う。ようやく担当の人を見つける。それはまた別の不機嫌な老婦人であることが多い。何か尋ねてもろくに返事をしてくれず、茶碗と受け皿と茶のパックを投げてよこす。それから一五分間店内をさまよって空席を探す。たくさんあるのだが、座ろうとするたびにそこは誰かのためにとってあるのだと言われる。やっとのことで席に着いても、お湯を入れてくれる男性はめったに来てくれない。一時間後には、道教のイエスが来て寺院からこの両替人をみんな追い出してくれないかと願うことになる。

ある土曜日、わたしは寺の「老荘学院」で「推拿（トゥイナー）」と呼ばれる道教のマッサージの講座を受けに青羊宮に来た。この学校は一般向けの教育センターで、多くが王怡の率いるような教会に関心を持つ、より高い教育を受けた都会人に訴えようとする道教寺院の努力の一環で二年前に開校した。以前、道教寺院は秘密主義的で、一般に開かれることは少なかった。たまに開かれても、線香を上げて占いをしてもらう場所として講堂を提供するくらいで、儀式や経典や道教の背景にある思想などはみな隠されたままだった。今日の講座は、宇宙と人間の身体についての道教思想にも起源を持つ中国の伝統的な治療術を道教に結びつける試みだった。共産党時代にこの治療術は宗教から引き剝がされたので、中国人の多くは道教がいったい何なのか、中国文化にどう貢献してきたのかを知らないままだった。寺院でマッサージ教室を開くことは、この治療術が道教に由来するものであることを示すチャンスだったのである。

ところが講座は予告なく中止になっていたので、わたしは一時間かけて茶を飲もうとみじめな努力をした。それから、この寺院で土曜日の午後に宗教としての道教の基礎となる『道徳経』の読書会がたまに開かれるのを思い出した。部屋を見つけてのぞいてみると、中には六十代の男性がただ一人、部屋の端から端まである非常に大きな木のテーブルの周りを歩いていた。テーブルには二五の席があり、男性はどこに座るか決めかねているようだった。

「どうぞ入って席に着いて」と男性はわたしに言った。まるでわたしがそうすれば自分も席を決められるかのようだった。「どこでもいいですよ」

わたしは入り口のそばの椅子を選んだ。男性はわたしの向かいに座った。男性は気が落ち着かない様子で、鼻の先から今にも落ちそうになっている大きな八〇年代風の眼鏡が目についた。男性は名刺をくれた。名前は黄牛（ホアン・ニュウ）で、中国では誰でもそうであるように、数え切れないほどの肩書きや称号やポストを持っていた――肩書きや栄誉があまりにもたくさんあるので全部を見るには名刺の折り目を二度も開かなければならないほどだった。無形文化遺産について政府に助言をし、『道徳経』を広めるための委員会の一員で、道教哲学についての委員会の委員長を務めている。書道を教え、木製の衝立を作り、硯（すずり）をデザインしている。わたしが名刺を見て褒めていると、黄さんは『道徳経』の本をこちらに滑らせた。

「わたしが編集しました」と黄さんは言った。「ほら、ピンイン表記があるから漢字がわからなくても読めます」

黄さんは中国語をアルファベットに変換する体系のことを言っていた。

「今日はこれを音読します」と黄さんは言った。「どうぞご一緒に」

「全部を読むんですか？　なぜ？」と、わたしは腕時計をちらっと見て言った。「どのくらいかかりますか？」

「音読すれば徳を積めますが、知的に理解したいというだけである場合でも、本当に理解するための唯一の方法は一〇〇回読むことです」

「それはすばらしい」とわたしは不安になって言った。「でもどのくらいかかりますか？」

「五〇〇〇字しかありませんから、けっこう早くできます。一度読むには一時間か一時間半くらいかかります。だから本当に集中すれば一週間で一〇〇回読むことができます。今日は一回読むところから始めましょう。そうすればみなさんはやり方をつかむことができます。わたしはみなさんに急いで読んで欲しくないのです。仏教の書物がサンスクリットの音訳で、ほとんどの人には意味をなさないので、みんな急いで読み進めるのに慣れています。でも『道徳経』は元が中国語で書かれているので、本当に理解することができます」

「ある作品を理解するために次にしなければならないのは、手で写すことです。そして最後は暗記すること」と黄さんは言った。「とはいえ、読んで写したころにはほとんど暗記しているでしょうが」

わたしは暗記が軽んじられる時代に育っていた。小学校からずっと、いつでも参考書で調べればいいと教師たちに教えられてきた。わたしがこの指導の誤りに気づいたのは大人になってからだ。手元に参考書があっても、記憶の中から詩を呼び覚ますことの代わりにはならない。わたしは、シェイクスピアの詩や韻文がすっかり脳に組み込まれていてすぐに思い出すことのできる父がうらやましかった。わたしの世代ときたら、ポップソングやコメディードラマのせりふを暗記しているのである。『道徳経』を暗記するのも悪くないかもしれない。

人が集まり始めた。二人の若い女性が黄さんの隣に座った。

「道教をどう説明しますか？」と、強気な若い女性が黄さんに挑むように、無礼とも言えそうな尋ね方をした。

「誰もがこのごろはキリスト教の話をします」と黄さんはわたしを見て言った。「西洋では、人は神が至高だと言います。一つの神がいて、その神がすべてを支配する。でも道教は違います。わたしたちも神の存在を信じています。でも神の上に『自然（ツーラン）』があります。それはただの神よりもずっと謎めいていて強力です。その神がどんなに強力でも」

ツーランという言葉はよく英語で「ネイチャー」と訳されるが、英語のネイチャーよりも、宇宙や毎日の自然で自発的な流れのようなものを意味する。黄さんの背後には濃い色の木のパネルが二〇枚あり、『道徳経』の全編が彫り込まれていた。両側に柱が立ち、読む者を奮起させ戒める対聯（ついれん）が飾られていた。

弟子たちに交じって聖人がいる
自然（ツーラン）がなければ道（タオ）もない

黄さんは最初の行を指し、この聖人とは孔子のことだと説明した。黄さんは、孔子は重要な人物だったが、全体像を把握していなかったと述べた。孔子の決まりや習慣はたしかに大事だが、道がなければ空っぽなのだ。

部屋にはもう十数人が入ってきていて、二時半に朗誦が始まった。わたしはほかのみんなほど速く漢字を読めなかったが、字の下に黄さんの付けたピンインがあったので楽に音読できた。初めて音読しているのに、声に出して読んでいるから急にはっきりとわかった部分があることに気づいた。初めて理解を試みているような感じがした。

一時間後に読み終わった。最後の数行を読んだ後——「道は強いないことで与え、聖人は支配しないことで導く」[4]——みなぼうっとして顔を見合わせた。外の世界が遠く感じられ、文章が身体の中に存在している感じがした。

『道徳経』がまだ頭の中で響いているまま、わたしは成都の反対側にある大慈寺に向かった。仏教の寺で、冉雲飛が大慈寺について本を書いていたので、そこで会って案内してもらうことにしたのである。目立たない小さめの寺で、大部分が文化大革命後に建てられたが、年の初めに老倪がくれた、いちばん立派な寺やいちばん歴史の古い寺が宗教の真の拠点であるとは限らないという大事な洞察を思い出させた。たとえば北京の妙峰山は文化大革命後に何もないところから建てられた。こうした寺院には名刹や聖山のような文化財産はないかもしれないが、それは関係がない。大事なのは人が実践を行うことで、彫像の古さではないのである。

冉雲飛の寺はまた、仏教が道教よりもずっとよく組織されていることを思い出させた。この違いについては多数の理論があり、それぞれに少しずつ真実が含まれていたが、要は単純に仏教寺院のほうが行事や活動を多く行っているからである。寺に入ってまず見えたのは、仏教哲学について複数の講座が開かれることを知らせる大きな垂れ幕だった。この間、本堂では五〇人の在家信者を新たに迎え入れる儀式が進行中だった。この信者たちは寺で経典を配り、案内ブースに詰め、訪れた人が仏教の教えを理解するのを助けるボランティアや活動家で、儀式では僧侶の指示に従ってひざまずき、立ち上がり、唱えていた。

隣には、この地域の仏教慈善団体の事務所があった。立派な報告書に、この基金の最初の六年の活動内容が詳しく書いてある。入会金はたった一二〇元、約二〇ドルで、基金は動物を野生に返すこと（生き物に対する暴力の拒絶を象徴する行為）から貧しい学徒を支援することまで、ありとあらゆる活動をしていた。わたしはこれを青羊宮と比べずにはいられなかった。『道徳経』の音読会はあったが、もう一つの講座は中止だったし、今週は在家信者のための行事はほかに何もなかった。

そのうちに茶店にいる冉雲飛を見つけた。いつものとおり騒々しく、政府のしがないソーシャルメディア担当者が北京の公園で女性記者に殴られた話を上機嫌でしてくれた。わたしは冉雲飛がたいへんな早口で話すのを楽しく聞いた。冉雲飛の頭はあまりに速く切り替わるので、身体も電流で痙攣（けいれん）しているように上下に揺れた。床屋に行ってきたばかりの冉雲飛は夏に向けて髪が短く刈られていたが、そのほうが頭が少し冷えていいのかもしれないとわたしは思った。

会話はわたしたちの共通の友人である王怡と、王怡が選んだ道に移った。

「誰にでも人生における役割というものがあり、王怡は自分の役割を果たしている。王怡は知識人としてよりも牧師としてのほうが中国で影響力を持つことになるよ。教会はいま本当に大きくなっている。中国にとって絶対に不可欠で、中国で唯一の独立した組織だ。こういう寺は政府が運営している。それもいいと思うよ、言っておくと。でもやっぱり違う。

僕自身も聖書を読んでいる。一つの書から一章を毎日読む。そうやって読むものだろう？　あまりたくさん読んではいけない。一日一章を読んでじっくり味わう。僕は起きてほぼすぐに読む。起きて何か緊急な電子メールが来ていないのを確かめる。それから聖書を音読する」

日曜日は王怡が朗誦する番だった。水色の半袖オクスフォードシャツに縞のネクタイをした王怡は、説教壇をポゴスティックのように持ち、足の先に体重をかけて前に弾みながら、今日の礼拝で読む聖書の部分を説明した。イエスがほんの少しの魚とパンだけで五〇〇〇人に食べさせたという奇跡の話である。

「今日、中国の教会もこのようです。たくさんの人が、とくにわたしが以前そうだったような知識人がこう言います。『キリスト教は経済発展を推進できる。資本主義はキリスト教によってもたらされる。キリスト教はわれわれに服を着せ、食べさせてくれる。信用に基づいた、より洗練された形の商業を助長することができる』

　キリスト教は民主主義と人権をもたらすことができます。われわれを法の支配に基づいた立憲国家にすることができます。つまり、キリスト教はわれわれが天のマナやパンと同じように自分で食べていくことを可能にします。キリスト教は真に調和のとれた社会をもたらすことができます。

　でも福音書はそんなことを言っているのではありません。福音書と資本主義との関係は？　関係はない。神と民主主義との関係は？　関係はない。キリスト教と十分に食べることとの関係は？　関係はないのです。

　だからといってわたしたちが、自由と民主主義と人が十分に食べることができることを求めて推し進めないわけではありません。でも聖書はそういう話をしているのではない」

　そうではなく、聖書は神がイエスを通じて姿を現すことについて述べているのだと王怡は言った。個人が自分の行動に責任を持つところから始まる。「存在する」を意味するギリシア語の動詞から始まるのだと王怡は言った。それから王怡は朗誦を始めた。

「エゴ・エイミ」と王怡は古代ギリシア語で言った。

「わたしはある」

　わたしは命のパンである
　わたしは世の光である
　わたしは道であり、真理であり、命である
わたしはある

14 実践――歩くことを学ぶ

北京の北部と東部は、念入りに手入れされた同市の表向きの顔である[5]。主要な空港からも遠くなく、飲み屋のある通りや外国人居住区、大学地区、こぎれいになった胡同(フートン)、オフィス街、大きなホテルチェーンがある。北京の南部は後から適当に加えられたような地域で、比較的貧しく、高層住宅群がどこまでも続いて河北省のトウモロコシ畑のほうに延び、途切れるのは、人びとを裕福な中国南部に急送する高速鉄道が通るところだけである。しかし首都北京の神秘と力が隠れているのはその西側で、この一帯は太行山脈の北端に沿って標高を上げ、市内のもっとも神聖な場所の数々に至る。太行山脈は中国では単に西山と呼ばれ、妙峰山のほかにも臥仏寺(がぶつじ)、大覚寺(だいかくじ)、八大処(はちだいしょ)、戒台寺(かいだいじ)、潭柘寺(たんしゃじ)と、帝国時代からの有名な寺院がほぼすべてここにある。

共産党はこの伝統に則った。紫禁城の真西には政権の中枢である中南海がある。塀に囲まれた敷地で、かつて宮廷の庭園だった二つの池の周りに建物が散らばっている。続いて省庁や政界のエリートの住居がある。もっとも有名なのは南沙溝(ナンシャーコウ)という居住区で、入り口には兵士が立ち、一六ある建物はそれぞれに異なる省庁が入っているので「部門楼(ブーメンロウ)」という異名で呼ばれている[6]。六号楼には中国社会科学院、八号楼には電力機械部、一〇号楼には財政部、一二号楼には建設資材部といった具合である。コネのある党役員の多くもここに住む。たとえば習近平も、地方で名を成す前の一九七〇年代から八〇年代にここに住んでいた[7]。

北京のこの地区は落ち着いていて、権力が見せつけられることはない。北京の東部の人はランボルギーニやフェラーリに乗って富を見せびらかすが、西部の通りは整然とし、高級レストランもさえない見かけのホテルに入っていて目立たず、富はたまに顔を出すだけである(8)。永定河沿いに並ぶ、上級の将軍や役人に国への貢献の見返りとして与えられるテラスハウスはその一例で、各部屋が九〇〇平方メートル以上あると言われている。そこに住む役人やその家族が現金が必要になれば部屋を売ることができるのだが、いちばん安い販売価格が二五〇万ドルだった。このような話はけっして公表されないが、近所に住んでいる人たちには知られている。彼らは暗い色の重厚なセダンが通りをうろつくのを見、新たな入居者が来たことを知らせる改修工事に気づく。共産党が、外交官居住区や外国人向けの住居を北京の東のほうに造ったのに不思議はない。お願いだから野蛮人をなるべく遠くに離しておいてくれ、ということである。

共産党権力の拠点として最たるところは、軍――共産党を権力の座に導き、そこに居続けるのを可能にしている組織――に関係する建物が集まる一帯である。国防部と姉妹機関である鉄道部、そして軍事博物館は互いにすぐそばにある。同じ通りには党の殉難者や忠実な役人たちが埋葬されている八宝山革命公墓もある。

軍関係の地区の北には、現代宗教国家としての中国を称える、非常に変わったものがある。中華世紀壇という、一九九九年に江沢民元国家主席によって建てられたもので、中国の世紀という新たな時代を祝うはずのものだった。花輪をかたどった石のフリーズと巨大な鎌と槌が飾られ、コンクリートのバンカーの上に途方もなく大きな日時計のようなオブジェが載っている。基部には水や汚れの筋がつき、針が対空砲のように天を指している様子は今では安っぽく見えるが、中国の魔力と精神主義の源泉を表現する素朴な建造物として一種のお守りのような力を発してもいる。法輪功の弾圧の直前、国中が気功に熱狂していた時代、中国が今ほどは厳格ではなく、運命や神意に対する古くからの信念の一部を外に表す意気があった時代を物語っているのである。

七月のある日、秦嶺(チン・リン)から連絡があり、わたしとほか数人は一週間分の内丹術の練習をするために北京西部に集まった。秦嶺の自宅は南沙溝のすぐ南の木樨地にあり、かつての宮廷の庭園である玉淵潭(ぎょくえんたん)公園から数区画しか離れていなかった。この公園はその名のとおり一三〇ヘクタールあまりの敷地の約半分がエメラルド色の深い池で、その周りに小道や花畑が作られていた。

「修養は内面だけのものではない」と秦嶺は電話でわ

たしに言った。「外面の修養も大事です。歩き方を学びます」

道士は雲に乗って飛ぶものだとわたしは思っていたが、秦嶺によれば道士はどちらかと言えばオリンピックの競歩選手のようで、両腕を前後に、両脚もジョギングに近い速さで動かすのだった。滑稽に思えたが、実際にやってみるとどれほどきついかがわかった。人の足取りは呼吸と関連している。いちばん単純なやり方は、六歩で息を吸い、六歩で吐くものだった。三歩で息を吸い、三歩分息を止め、三歩で吐き、三歩分息を止め、三歩で吸い、というやり方もあった。これだけでなく、秦嶺はわたしたちに、頭を上げ、胸を張り、手が尻に触りそうになるくらいまで腕を後ろに振ってから前に振り戻すように言った。「閲兵する指導者みたいになって！」と秦嶺は指示したが、わたしは自分がモンティ・パイソンの「バカ歩き省」にいるように思えてならなかった。

玉淵潭公園は歩く練習をするのにぴったりの場所だった。北京で緑のある空間としては大きいほうだったが、市の西側にあるので観光客はほとんどおらず、人もそれほど多くない。わたしたちは小道を行くほかのどの人よりも速かったので、常に人を追い越していた。のんびり歩く庶民のあいだを縫って腕を振り振り歩いていく道士である。西洋の考え方をすれば、道教徒が歩くのがいちばん速いというのはつじつまが合わないようだったが、西洋人は道教を間違って解釈しがちで、道教とは何でも気楽に受け止め流れに逆らわないことだと思っている。実際には、本格的な信仰の実践はどれでもそうだが、大変なことなのである。

その日は蒸し暑く、太陽は低い雲とスモッグの層に隠れていた。重苦しい空気がみんなを沈黙で覆い、わたしたちは自分のリズムに集中し、それを内に取り込み、心を落ち着かせた。しかし深い池の周りを一時間歩いたところで雲が厚くなってきた。北京の夏の雨嵐の始まりである。大きな雨粒が落ちてきて固くほこりっぽい地面に跳ね、魔法が解けたようになった。わたしたちは一声叫ぶと、数区画離れた秦嶺の部屋までばらばらに走って戻った。

一〇日間、毎日の日程は同じだった。公園で運動してから『黄金の華』に従って瞑想する。この組み合わせはしっくりきた。歩いた後で身体が緩んでいるので瞑想はいつもほど苦痛でなく、わたしは一時間半以上もじっと座っていることができた。

一同は秦嶺のアパートの奥にあるいつもの狭い部屋で、分厚い藁の敷物の上に座った。全員が集まると、秦嶺はまず王力平の小さな写真を本棚に載せてから、まるではしけの船長のようにみんなの後ろに座る。そうしてみんなの外形から目を離さないのである。中国ではいつでもそうだが、形が重要だった。内側で何が起きているかも大事だが、一方がなければもう片方もできない。大切なのは何を感じているかだけで、外側に表れているものは衣服であろうと身だしなみであろうと空っぽの上辺にすぎないという、今日繰り返される言説とは対照的である。中国の伝統では、儀式は器で、そこに意味が入っている。

今日は、前回教わった呼吸から始めた。息を吸って吐いて三〇分間静かに座り、日々の出来事が巻きついているのを緩めるようにする。それからようやく今回の瞑想の核心である『黄金の華』の学習に入った。まず光を身体に取り入れ、臓器を巡らせて清める。それから「祖竅のツボに精神を集中すること」を意味する「安神 祖竅（アンシェンツーチアオ）」をする。両手を八卦の位置、つまり膝の上に置いて右手の親指と中指の先が触れるようにする。左手の親指と中指も形は似ているが、親指は右の掌の中指の付け根の関節の下にあり、左手の中指は右手の中指位の付け根の上にある。身体のエネルギーの通り道をつなげておくということである。

頭を上げて
見ずに見て
遠いところを見て
本当にしたいこと、本当のものを見て
その遠いところを見て
それは明るいですか？　輝いていますか？
見ずに見て
その遠いところを小さく、明るくして
その光を両目の前の中間に引き寄せる
そして安神祖竅を始めます
光の焦点を合わせて
少し前に進めて
時計回りに引き戻して
焦点を合わせて、非常に小さく、非常に明るい光にし
て
眉は広げたまま

見ずに見て
全身を緩めて

息を吸って、光を腹部に下ろして
両目からの二本の通り道に沿って下ろして
（上腹部の）上丹田から中丹田まで
両目は内側を見ています
それは流れます。目から鼻、鼻から心臓、心臓から腹部、そこから下丹田まで

吸って！
光を保って！
気を使って囲んで
丹田に保って
吸って、丹田を引き締めて
吐いて、丹田を広げて
目を使って丹田を見て
すべてが緩んでいます
二本の手首、二本の腕
丹田を見て
頭を上げて

わたしはいつも瞑想のこの部分がやや怪しいと思っていた。何か欲しいものに集中してそれを自分の中に引き入れ、自分のものにしろと言われる。もちろんその欲しいものはいいことでもありえたが、それについては何の指示もないのである。何か自分本位のものや邪悪なものだったらどうなるのだろう？ この伝統が政治的権力と結びついたらどうなるのだろう？

わたしが一九八四年に中国に初めて行ったとき、気に入って訪れていた場所のなかに白雲観があった。北京でもっとも古く静かな寺院の一つである。たいていは誰もおらず、青い衣をまとい、髷の上に黒い帽子をつけた道士がたまに歩いていくくらいだった。共産党支配の最初の数十年で、白雲観の規模は大幅に縮小した。講堂は取り壊されるか別の目的のために徴用された。周辺の地区も、道教の武神、真武を祀る巨大な寺も含めてすっかり破壊された。一九八〇年代には、白雲観は共産党時代に建てられた住宅と煙を噴き出す発電所に囲まれていたが、それでも一〇〇〇年近く前に建てられた、堂々として由緒ある建造物のままだった。

時が経つにつれて白雲観は元の規模に戻っていった。文化大革命という大失敗が終わり、経済改革が始まったころの中国政府は弱っていて金もほとんどなかったが、一九九〇年代以降は力を取り戻し始めた。税収を増やし、政府によるサービスに投資するようになり、医療を改善し、警察部隊を専業化し、公務員の給与を上げた。また異なる意見をより効率よく監視し、国を治めるために豪華な建物をいくつも建てた。これらは人民大会堂ほど派手ではなかったが、ほぼどの町でもいちばん立派な建物だった。高さがあり左右対象で、周りには庭園があり、高い塀と伸縮ゲートに囲まれている。これらは権力者のためのゲーテッド・コミュニティで、一般の人は立ち入り禁止のよそよそしい場所だった。人びとはこれを説明するために「共産党は金持ちになったから!」という皮肉を言った。

五つの公式宗教も、政府の気前のよさから恩恵を受け始めた。白雲観は新たに改築した棟に診療所を開設し、中国の伝統医療の一部を復活させた。道教徒にお役所仕事のやり方を教えるための新しい学校も建てた。寺院の帳簿のつけ方、ウェブサイトの立ち上げ方、政府の助成金の申請方法、地区内の信者を効率よく監視する方法などを学ぶのである。白雲観に本部を置く中国道教協会は、正面入口から通りを隔てた向かいにある店が立ち並ぶ土地など、不動産への投資も始めた。また李家の農村の音楽のように、道教の慣習の多くが政府の「無形文化遺産」に対する支援の対象にもなり始めた。政府は官僚に道教理念を奨励することまで始めた。[9]

それでも道教はほかの宗教と比べて制御しにくく、より神秘的な雰囲気に包まれたままだった。このことは、白雲観の向かいにある書店の店先からも垣間見える。秦嶺のアパートから数区画しか離れていないので、わたしは夕方に練習が終わると内丹術について何か資料がないかよく見に行った。そこは何の変哲もない、幅三メートルに奥行き六メートルのごく小さな書店だったが、中国道教協会によって運営されていないので、公式の道教が忘れたい内容の資料がたくさん置いてあった。一九八〇年代から九〇年代に気功が大流行した時期の本、雑誌、説明書の海賊版、コピーされた論文などが床から天井まで積んであり、なかには今では廃刊となった『気功』や『中華気功』などの雑誌のほか、偉大な気功の師たちの自伝や聖人伝めいた評伝なども多数あった。

雑誌は「胃管中部の悪性腫瘍の新たな気功治療法」の

ように科学的に聞こえる短い記事や、[10]気功術によって奇跡的に回復した話（「長年患った病、歯茎の出血、実践して一週間以内に完全消滅」[11]）、武術の道具の広告、「神秘の電気気功師」という、身体に留め付けた線を通じて電気ショックを送る変な装置の全面カラー広告など、雑多な内容だった。

置いてある本のなかには王力平の自伝や実践の手引きもあったが、大半はもっと突飛な、偉大な師が有名な人の病気を治した話や、荒野で自力でこれこれの治療法を発見したのち、選ばれた数人に――人類を救うために――教えることにしたという物語などだった。そのうちの一冊に陳竹（チェン・チュー）という若い男による『中国の超人　陳竹の世界』がある。[12]表紙は西洋風のスーツを着、ビーチボールを持っているかのように両手が離れた陳竹の写真である。両手の間には赤、緑、青の光が円形に並んでいるのが合成されている。また別の『気功実践家が警告する――悪魔に取り憑かれた』というもっと暗い本もあった。タイトルの後半は「火の中を歩いて霊に取り憑かれる」を意味する「走火入魔（ツォウフオルーモー）」という中国語の表現から来ていた。何かを極限まで実践することを指し、カルトについてよく使われる。気功について懐疑的なこうした本は、気功についての議論が盛り上がり、正統派の共産党員が気功の支持者と対立していた一九九〇年代から出始めた。

気功の最大の支持者は、一九八〇年代と九〇年代に中国でもっとも人気のあった小説家でもあった。柯雲路（コー・ユンルー）は北京で育ち、一流の一〇一中学に通って中国の支配階級の子供たちと知り合った。[13]文化大革命のときにはほかの何千万もの都会の若者と同様、毛沢東に国の遠隔地に送られて一〇年近くも労働させられた。このような経験を経て柯雲路は、中国のトラウマは精神主義を通じてのみ解消されると確信するようになった。

柯雲路のベストセラーの一つに、七〇万部売れた一九八九年の小説『大気功師』がある。[14]若い男が、陰と陽などの中国の伝統的な概念や、『易経』のような古典を通じて人生の意味を明らかにしようとする話で、男は探求の途中で偉大な気功の師に出会う。そして二人は、師の奇跡を起こす力を自分の目で見てもなお信じようとしない頑固な官僚に立ち向かう。序文で柯雲路は「現在、人は新たな精神を必要としている。われわれの時代は新たな意味を見つける必要がある」と述べ、精神の復活を呼びかけた。

　われわれはより開かれ、より率直、より誠実、より愛他的、より寛容、より芸術的になり、よりくつろいで、より自然に、われわれの歴史的協力と人生における使命をより実行できるようになる。

　われわれは黄金の赤ん坊のようになる。

　われわれは夜明けの太陽のようになる。

　われわれは前向きになり、超越し、晴れやかになる。

　われわれは世界を啓発する[15]。

　柯雲路の本は前の時代、中国の針路がまだ定まっていなかったころの産物だった。政治でさえもどの方向にも行く可能性のあった一九八〇年代には、著名人が公然と民主主義を支持していた。その議論は一九八九年の学生による抗議運動と虐殺によって終わったが、精神面についての全面論争はもう一〇年続き、九九年の法輪功の弾圧まではカリスマ性や魔術が重要な役割を果たした。こうしたことはどれも遠い昔のことではない。いま中国を率いている人たちはその時代に大人になった。当時起きたことは、彼らがもっとも影響を受けた体験の一部なのである。

　柯雲路は国際的に有名な作家にはならなかったが——翻訳された小説は一つもない——その当時の二つの重大な出来事をしっかりとつかんでいた。気功の宗教的復活と、第一世代の共産党指導者の子たちの新たな指導者としての台頭である。柯雲路はこの政界のエリート階級の登場を、また別のベストセラー小説で取り上げた。有名な革命指導者の息子でもある若い共産党事務官の物語で、この若い男は進んで毛沢東主義者の地盤に行き、資本主義経済という新政策を推し進める。この小説は一九八四年に出版されるとたいへんな人気となり、とくに原作をもとにテレビドラマが制作されると、主人公の李(リー)向南(シアンナン)の名前は誰もが知るようになった。

　小説が出た直後から、政治マニアはこの若い党の事務官が誰をモデルにしているかを突き止めようとし、さまざまな噂が飛び交った。何と言っても柯雲路は党幹部の子供たちと育ち、全員を知っているのである。党指導者の有名な息子たちのうち、数人は李向南と同じような経歴をたどってもいた。主人公は実在する三人の人物の合成だと考える人が多かった。一人はすぐれた農業改革者でのちに脇に押しやられた翁永曦(ウォン・ヨンシー)、もう一人は元共産党指導者劉少奇の息子でのちに軍の将軍となる劉源（リュウ・ユアン）で、三人目は習近平である。小説の予言のようなタイトルは『新星（シンシン）』だった。

15 しきたり——新星

師が執事に問うた、「どこへ行っていたのか。」執事「州の都へもち米を売りに行ってきました。」師「みんな売れたか。」執事「みんな売れました。」師は杖で目の前にさっと線を引いて、「ところで、これは売れたかな。」執事は一喝した。師はすぐさま打った。すると、そこへ典座がやってきた。師がこの話をすると、典座は言った、「執事は老師の真意がわかっていませんな。」師「そなたならどうだ。」典座はさっと礼拝した。師はやはり打った。

『臨済録』(16)〔入矢義高訳注、岩波文庫、一九八九年〕より

華北平原は北京に向かってゆったりと広がり、農村が密集するほこりっぽい一帯に小さな、宝石のように貴重な町がちりばめられている。安陽（アンヤン）は中国の古代文字が見つかった地で、邯鄲（ハンタン）はあまりに多くの神話や伝説の源泉であるために中国語の慣用句の都のようになっている。かつて裕福だった徳州（トーチョウ）は京杭大運河を行く船から税を徴収していた。そのうちにこのような小さな町は、広がり続ける鉄道連絡地である石家荘（シーチアチュアン）など、特徴のない新都市の陰に隠れてしまった。文化的価値のあるこれらの町のなかには忘れられたり荒廃したりしたところもあった。二十世紀末には遅れた地方都市になり、沿岸部で進むわくわくするような経済改革からは遠く離れていた。

一九八二年、二人の男が人生をやり直すためにそんな衰退した都市の一つにやってきた。二人が新たに拠点としたのは、仏教でもっとも重要な宗派の一つの発祥地で、中国でもっともよく保存された寺のいくつかがある正定（チョンティン）だった。男の一人は釈有明（シー・ヨウミン）という有名な仏僧で、六歳で出家し、三十歳になるころには尊敬される宗教者になっていたのだが、その後三〇年間も共産党に迫害さ

れ、天職を離れて畑で労働させられた。六十六歳になった今、正定にある廃墟のようになった伝説的な寺の一つが釈有明の最後の任地だった。

もう一人は共産党最高幹部の息子で二十九歳になる習近平だった。柯雲路の小説の主人公同様、習近平は義務である地方任務をこなすために田舎で働くことを志願したのだった。習近平は、国の貧しい地域でも働くことができることを党の上層部に示すことで経歴に磨きをかけたいと思っていた。文化大革命のときにも山村での生活を強いられてはいたが、若者は誰でも同じような経験をしていたため、正式な任務には数えられなかったのである。一九八〇年代に、野心のある若い役人の多くが、大半が文化大革命中に田舎で労働していたにもかかわらず地方に赴任したのはこれが理由だった。

どちらの男にとっても、正定は名を上げられる見込みのあまりない場所だった。河北省の、北京から南に車で一日かかるところにあり、自給農業をしている家がほとんどで、収穫期には中国の南北に走る幹線道路のうち二本を農家が占領した。小麦、トウモロコシ、コーリャンを収穫してから道路に広げ、車やトラックにその上を走らせるという荒っぽい脱穀をするのである。この渋滞原因の解消が地方政府の大事な仕事の一つだった。公式書類では、共産党の事務官たちは正定を三つの言葉で表現した。「混沌として汚く、未発達である」[17]

この二人は文化大革命で意外にもよく似た経験をしていた。釈有明は寺から追放され、出家の誓いも放棄させられ、工場で働くことを強いられた。習近平は十代で地方に送られて農場で働いた。今、二人は失われた時間を取り戻そうとしていた。習近平は自分の父親がかつてそうだったような政治家としてのキャリアを築きたかった。正定はそのための最初の重要な一歩であり、習近平は手柄を立ててみせる必要があった。釈有明にとっての重要性はもっと大きかったと言えるかもしれない——正定への赴任は釈有明の生涯をかけた戦いの総決算だった。

正定には、禅仏教の一派である臨済宗（リンチー）の発祥地である臨済寺があった。国外では日本語の「リンザイ」という呼び方のほうがよく知られている。臨済宗はもっとも有名な禅宗の一つで、中国語では公案（コンアン）、日本語では「コウアン」と呼ばれる奇妙で不思議な物語を特徴とする。公案は聞く者に衝撃を与えて悟りに導くためのもので、師が夢を見ている人をたたき起こそうとするところで終わる話が多い。これらの公案は『臨済録』に集められ、世界中で何世代もの禅の実践家に学ばれてきた。しかしそれまでの数十年間の混乱のせいで、臨済寺は六世紀に建てられた石塔が一つ残るだけだった。釈有明はよく「この寺は仏教と修養を広めるためのものであり、浮世とは接しない」と言ったが[18]、公案の師にも寺が必要であり、釈有明は臨済寺を再建するために習近平の助けが必要だった。習近平は習近平で、このわびしい任地で明白な成功を収めなければならなかった。当初はこのようなおぼつかない歩みを経たのちに、共産党は伝統宗教を受け入れることになる。

初めのころ、中国の共産主義者は宗教にとくに反対ではなかった。一九四九年に内戦に勝つまで、共産党は中国東北部を拠点としていた。病気や攻撃によって人数が減っていたため、現地の住民を、それがチベット人やムスリムの回族などの非漢族マイノリティであろうと信心深い中国人の農民であろうと、遠ざけるわけにはいかなかった。というわけで共産党は公式には無神論だったが、この時期には宗教について実際的な対応をし、党の支配に直接反発するようなものでない限りはおおかた放っておいた。毛沢東自身は宗教の持つ力を理解しており、神の権威を伝統社会を結びつける「四本の太い縄」の一本と見なした[19]（残りの三つは政治の権威、血統の権威、家父長制である）。一九五〇年代、人生の最終段階で二〇年にわたる誇大妄想の時期に入った毛沢東は、宗教という縄を断ち切ろうとし、挙げ句の果てに何万もの礼拝の場の破壊を取り仕切り、宗教生活を禁じることになる。しかし初期の共産党はもっとずっと慎重だった。

習近平の父親は共産党の実利派を体現していた。一九四〇年代末、習仲勲（シー・チョンシュン）は共産党が占領していた西の甘粛省や寧夏省の政治局を率いていた。ムスリムやチベット人が相当数いる地域である。この地域の宗教面の指導者と協力する能力があることで知られていた習仲勲は、党の宗教に関する活動で重要な発言力を持つようになった。のちに、習仲勲は中国が文化大革命で無神論の最高潮に達するなかで毛沢東に反対したために追放された。

一九七六年に毛沢東が死ぬと習仲勲は復活し、本人の説明によれば、八〇年から共産党の宗教面の活動を率いた[20]。二年後、そのときもまだ習仲勲の影響下にあった中央委員会は、宗教政策について現在までもっとも重要な文書、「一九号文件」を出した。一万一〇〇〇字からなるこの文書は、宗教活動を禁じる行動をとったり宗教活動がすぐになくなるものと考えたりしないよう党員に警告した。一九号文件はまた、寺やモスクや教会を修復し、宗教専門家を復職させ、新しい世代の聖職者を育てるよう求めた。

同年、習近平が正定に赴任した[21]。釈有明や正定にある寺に対する習近平の態度にはさまざまな要因があった。裕福な沿岸部とは違って正定は孤立しており、乾ききった環境から経済発展の可能性も限られていた。しかし文化面の富を運用して観光業につぎ込むことはできた。習近平は家族のコネを使い、古典小説『紅楼夢』を原作とした大規模な歴史ドラマ映画の撮影を正定に誘致した。中国のほかの地域でもそうだったように、習近平は宗教を経済発展戦略の一部として見ていたのだろう。

わたしは習近平が権力を握ってから何度か正定を訪れた。話をした人はみな、習近平は正定を開発したい実利主義者だったが、仏教に対する本物の尊敬の念にも突き動かされていたと口を揃えた。習近平は臨済寺を定期的に訪れるようになり、釈有明が寺の再建のためにとくに日本から資金を集めているときに、お役所的な障壁を取り除くのを助けた。そして臨済寺がまだ廃墟で、釈有明も石塔の隣の小屋に住んでいた一九八三年、習近平は臨済寺が一般に向けてふたたび開かれることを承認した[22]。

翌年、習近平は臨済寺が合法な礼拝の場として、また釈有明がその僧院長として、中国の内閣に当たる国務院に承認されるのを助けた。共産党の若い事務官だった習近平は、臨済寺への日本からの正式な援助を受け入れるための会合を開くのも手伝った。本堂のほか、釈有明を慕って臨済寺に来るますます多くの僧のための寮の再建も始まった[23]。習近平は正定にある、ほかの八つの寺院の再建も進めた。のちに、中国の他地域にいた共産党の役人の多くも寺院の再建を政界で出世するのに役に立つものと見なすようになったが、習近平は同世代の多くが避けていた危険を冒してこの動きの先頭に立った一人だった。それは目覚ましい再建の時代であり、正定はふたたび中国北部の信仰の拠点として確立された。

正定に来てまもなく、習近平は自身を含めた役人全員が農民の生活や仕事の様子を見るために村に引っ越すことを定めた。習近平の村は、トウモロコシ畑に囲まれ、泥とれんがでできた農家が集まる塔元荘(ターユアンチュアン)だった。今は正定の郊外で、村にある一〇階から三〇階建てのビルを買い始めた正定の投資家もいる。

急速な都市化によって習近平の暮らした塔元荘はすっかり消えたが、習近平がいたことを記念するものは今でもたくさんある。習近平が権力の座に就く用意をしていた二〇一二年の夏、村の関係者たちは習近平が仕事をした場所ができるだけ立派に見えるようにしていた。その少し前に塔元荘は伝統的なアーチ形の門や展示館、巨大な広告板の付いた三メートルほどの高さの長い壁を建てていた。そこに役人たちの任務や権限、地域で計画されている新しい公園や人造湖の情報が掲示された。地元の指導者たちの写真の隣には前任者たちの広告板があり、習近平の写真もあった。

臨済寺も見違えるように変化した。石塔しかなかったのが今では再建された講堂に図書室、僧のための宿舎からなる、以前よりずっと大きな寺になった。二〇一〇年に亡くなった釈有明の部屋は小さな廟に改造され、書や祭壇のほか、壁際に展示ケースが並べられた。

わたしがこの廟を見学していると、現在の僧院長が入ってきた。釈彗常（シー・ホイチャン）という名前で、隣の狭く暗い部屋に寝泊まりしていた。[24]「そこが有明が実際に住んでいた部屋です」と釈彗常は言った。「ここ［の廟］は後から有明に敬意を示すために造りました」

彗常は、習近平が沿岸部のより重要なポストに移された後の一九八九年に臨済寺に来たのだった。しかし九〇年代を通じて――トップに立つのが確実になるずっと前から――習近平は臨済寺と彗常を訪問し続けたと彗常は言った。

「習近平は仏教に多大な貢献をしました」と彗常はわたしに言った。わたしたちは有明の衣服や本や写真が飾られた展示ケースを見て回った。「南部で仕事をしているときも、北京に行ったときには寄ってくれました。尊敬の念を示してくれた。信者だったかには確信が持てませんが、仏教を尊敬していました。仏教についてほとんどの人よりもよく知っていました」

わたしたちは立ち止まって二〇〇五年の写真を見た。浙江省のトップだった習近平が、次期国家主席の座に就くため北京に戻る直前のことである。習近平が訪れた唯一の寺が臨済寺で、このときも有明が習近平を案内した。習近平は有明と手をつないで境内を歩き、古い塔の周りに建った新しい講堂や像を感心して眺めた。

それからわたしたちは八〇年代の習近平と有明の写真を見た。不釣り合いな二人だった。習近平はその世代にしては身長一八〇センチと背が高く、濃い黒髪を韓国の映画スターのように後ろにとかしていた。その隣にはサフラン色の衣をまとった有明がいる。小柄で、髪は剃り落とされ、禅の師のように笑っている。わたしの宗教を消し去ろうとした党の指導者と一緒に歩いている、わたしの置かれたこの状況ほど不合理なことはあるだろうか？ と有明は言っているようだった。この光景についてどんな公案が書けるだろうか？ 誰が誰を打つのか？

柯雲路（コー・ユンルー）にとってこの一五年間は楽ではなかった(25)。新世代の政治指導者の台頭をとらえた二作の小説を書いてから、柯雲路は自らの成功の犠牲となった。一九九九年、柯雲路が五十三歳のときに法輪功が禁止された。それで気功運動が終わり、有名人としての柯雲路の役割も消えた。柯雲路には気功について四つの大作があったが、どれも突然禁止された。『新星』はまだ絶版ではなく印税も生んでいたが、柯雲路がふたたび政治をテーマにした本を書き始めると、今度は運に見放された。文化大革命についての連作に取りかかり、五作の小説のほか、自分が少年だった当時の歴史についての本を一冊書いたが、どれも禁止されるか、メディアによる宣伝が禁じられた。柯雲路はすっかり影響力を失った。

しかし中国が習近平の時代に入ると、わたしは柯雲路のことがどうしても頭に浮かんだ。柯雲路は八〇年代初めに習近平を有望な政治家として見抜く洞察力があっただけではない。それだけでも十分驚くべきことである。しかし柯雲路はほかの誰にもできていないやり方で中国の宗教の復活も記録した。わたしは自分の経験から、古くからの身体面の鍛錬法の多くが戻ってきているのを知っていた。柯雲路はその後どうしているのだろうとわたしは思った。

複数の仲介者を通じてわたしは柯雲路に電子メールを送り、内丹術に関心があること、自分でも実践していることを説明した。驚いたことに数日後に返事が来た。「わたしの作品をいくつか読んでくれたとのことなので、一部のテーマについてわたしが誤解されてきたことをわかってもらえると思います。かつて『自分の希望を時に委ねる』と書きましたが、今でもこの信念を持っています」

わたしは返信で、時がまさに柯雲路の見解が正しかったことを証明した、と書いた。伝統は戻ってきており、柯雲路の信念は間違っていなかった、と。そこから一年にわたる文通が始まった。柯雲路は面会は断ったが、やりとりのなかでは率直だった。わたしがはっきりさせたかった点の一つに、何が気功の復活に拍車をかけたのかということがあった。

「文化大革命後の時代、精神の解放が切望されたことが原因だと考えています」と柯雲路は書いた。「支配的なイデオロギーが」――共産党の思想や党による禁制を柯雲路は婉曲的にこう表現していた――「そのような問題を容認し消化する用意ができていない」ために、並外れた力が軽視されることになったのだ、と柯雲路は言った。

わたしは『新星』についても質問した。電子メールを通じて柯雲路が「またか」とため息をついているのが聞こえてくるようだった。わたしは主人公の李向南が習近平をモデルとしているという説について尋ねてみた。柯雲路からはそつのない返事が来た。

わたしとしては読者に読み取ってもらうほうがいい。どうしてもこれについて何か書きたいのなら、わたしが李向南の世代のような若い政治家たちに注目していて、彼らをよく知っていた、実のところ多くの人よりもずっとよく知っていたと書いても構いません。

この話はここで終わりにしたいので、これ以上の答えを控えさせてください。

それでもわたしはどうしても重ねて訊きたいことがあり、柯雲路への返信で、この世代の政治家について何を学ぶことができるか、と尋ねた。彼らは気功ブームの時代に成人し、それを容認したのである。どこまでも礼儀正しい柯雲路はこう答えた。

前にも書いたように、わたしは李向南のような人を知っていました。そのような人たちが政権を率いるとしたら次のような特徴があるでしょう。

一　彼らは比較的強い。行動する度胸がある。
二　改革について意識がある。分野によっては前任者の残したものに固執しない。
三　国家の再生について強い意識がある。

習近平の政治家としての経歴のなかで、正定での業績はそのとき限りの出来事ではなかった。習近平は沿岸の福建省に赴任したときにも文化の保存を支援し、重要文化財を保護するために不動産開発を止めたことが二度あった[26]。二〇〇五年に正定と臨済寺を訪れた際に習近平は中国メディアに対し、浙江省の仏教指導者に、臨済寺に来てその再建について学ぶよう指示したと言った。正定での習近平の仕事が政府と宗教の協力の見本だということがはっきり示されたのである。習近平はまた、中国最大の宗教を広めるために団結するよう仏教徒に呼びかけた[27]。

このような行為は習近平自身の宗教性を証明しているのだろうか、それとも習近平は政治家として計算づくの賭けに出ていただけなのだろうか？　共産党の党員は無神論者でなければならない。信念の話をするときはたいてい共産主義の信条のことを言っているのであり、清明節に故人に敬意を払うのも、八宝山革命公墓に花輪を捧げて終わりである。

それでも人びとは国の指導者に信心があると信じたがり、その指導者たちが宗教について少なくとも強い共感を持っていることを示す証拠もある。もっとも古く、信用できる噂の一つに、元国家主席の江沢民についてのものがある。江沢民の妻は敬虔な仏教徒であると広く考えられており、わたしも夫婦が寺を私的に訪れている写真を見たことがある。公式の訪問はどんな指導者も公的な立場で行い、本人の信心を表すものではないが、わたしの見た写真は公式訪問の一環で撮影される宣伝用写真ではなく、私的な訪問の写真で、江沢民が線香を手にしている一枚もあった。写真はプロの撮影によるものではなく、明らかに信者か僧侶が撮ったもので、訪問後に寺の掲示板に掲載されたのだった。

江沢民は故郷の揚州（ヤンチョウ）市に、仏光山（フォークアンシャン）宗教活動の広大な敷地が建設されるようにもした。仏光山は台湾に拠点を置く仏教の布教団体で、台湾の慈済（ツーチー）のような仏教慈善団体ではない。中国に入ることを認められたごく少数の外国の宗教団体の一つとして、仏教に対する江沢民の共感の表れと見なすこともできるかもしれない。

江沢民の後を継いだ胡錦濤は宗教的な人物とは見られていなかったが、胡錦濤のもとで首相だった温家宝はキリスト教に好意的だと広く考えられていた。そんなことはありえないように思われるかもしれないが、そうでもない。温家宝の演説を入念に分析した欧米と中国の学者は、温家宝が中国語の「愛（アイ）」をキリスト教的に、つまり隣人愛や他者に対する思いやりという意味で使っていることを明らかにした。二〇〇九年には、温家宝は中南海を訪れた生徒たちにこう言ったとされる。「何事も愛によって決まる。子供であるみなさんが愛を理解し、愛を大切にし、愛を学び習得することを願っている。愛を実際的な行動に変えなければならない[28]」

同様に、習近平が二〇一二年に権力を握ったときも、習近平が何を信じているかが中国で信仰を持つ人たちのあいだで盛んに議論された。習近平をよく知る中国人は、習近平が父親と同じように仏教に好意的だと考えていた[29]。子供のころ習近平と親しく、その後八〇年代に隣人だったある人が、米国の外交官に話をした。のちにウィキリークスを通じて公開されたこの会話の記録によれば、この習近平の友人は――その外交公電では「教授」と呼ばれていた――習近平が正定を離れてまもなく赴任した福建省に習近平を訪ねた。教授によれば習近平は「健康を増進すると言われる仏教の武術や気功その他の神秘的な力や、五台山など仏教の聖地に対する関心を示した」。教授は、習近平が本当に信心深いかは知らないが、「習近平の宗教についての知識や、習近平が超自然の能力を信じているようであることに非常に驚いた」と言った。

習近平は仏教について好意的かもしれないが、キリスト教との関係はそう簡単にいかないようである。習近平は二〇〇二年から〇七年まで浙江省の党委書記を務めたが、地元のキリスト教徒と相対したときに省政府は不評を買った。蕭山(しょうざん)区の信徒たちが教会を建てたのだが、二〇〇五年に省政府はその教会を違法だとして取り壊そうとした。警察が送られたが、教会員たちはすばやく態勢を整え、何百もの信者たちが敷地に押し寄せた。省政府は最後には教会を取り壊すことができたが、これは習近平の任期中でもっともきまりの悪い事件の一つになった[30]。

習近平が権力の座に上り詰めた夏、臨済寺の人たちは習近平が自分たちの味方だと感じていた。わたしが話をしたある女性は、八〇年代から臨済寺にいると言った。有明の最初期の在家の弟子の一人だったのだそうだ。女性は寺の本堂の前に座って刺繡をしながら、訪れる人が中の像の写真を撮らないように見張っていた。わたしは習近平を知っているか尋ねてみた。

「習?」と女性は言った。「もちろん、みんな知っています。よくここに来ました」

「それで仏教は信じていましたか?」とわたしは尋ねた。

「当然です。信じていないはずがありますか?」と老婦人は言った。「仏教の法を信じていました」

これはおそらく厳密には本当ではなかっただろう。共産党の、それも利口な高官として、習近平は臨済寺で積極的に参拝はしなかったはずである。わたしは女性にそう言った。

「それはもちろん、線香に火はつけませんよ」と女性は言った。「でも習の任期中に何が起きたか、この寺が再建され、老師に会いに何度も戻ってきたことを考えれば、ほかにどう表現すればいいんでしょう?本当のことは言葉よりも行動のほうに表れます」

16 北京——花の老婦人

汗ばむ陽気の七月のある朝、北京でいちばん小さな寺の一つである中頂廟には、五時半から信者が続々と入ってきていた。[31] この寺院は二十世紀の騒乱で規模がぐっと小さくなり、今では中庭があるだけだった。それでも今日は太陰暦六カ月目の初日、毎年恒例の祭りの日で、男や女が線香を上げて祈るためにこの狭い空間になだれ込んだ。信仰の対象は碧霞元君、妙峰山でも祀られている道教の神である。碧霞元君は「送子娘娘（ソンツーニアンニアン）」として広く知られており、わたしはずっと、碧霞元君は子授け信仰の一部なのだと思っていた。しかしいま中庭にいる人の大多数を占める女性を見ると、一〇〇人ほどいるうちのほとんどはかなり前に出産適齢を過ぎているようだった。

わたしはいちばん若く見える女性のところに行った。五十代で髪は赤みがかり、線香の束をろうそくの上にかざして火がつくのを気長に待っていた。

「この女の人たちはまさか子を授かるように祈っているのではありませんよね」とわたしは言った。

「みんな年をとりすぎていますよ！」と女性は言った。「でもここは送子娘娘寺と呼ばれています」

「平安と、家族の存続を祈っているんです、自分が子を産むためではなく。それでは狭すぎる」

「つまりみんなの子供たち、娘や息子に子が生まれて家族が続くのを祈っているということ？」

女性は少し考えた。

「そうとも言えるけれど、もっと大きい。世代から世代の生命というか」と女性は言ってみた。「子供は未来を意味します。よりよい明日のために祈っているのです」

永遠の命は現世とは関係がないとする宗教が多い。永遠の命は神から授かるもの、または自分で獲得し別の次元に存在するものという考え方である。しかしこの世にもこの世の永遠のようなものがある。自分は死ぬが、子や、自分の経験を共有したり教えたりした他者を通じて生き続ける。先に送られるのは自分の本質で、それが混ざり、渦巻き、未来を形成していく。世界の主要宗教は、目に見えず証明できない「その後」を信じるよう信者に求めるが、中国の宗教は目の前に証拠を示す。老倪のような故人を記念する石碑や、生者が拝む先祖の碑、墓の掃除をする際に心を込めることなどである。

小柄な白髪の女性がわたしのところに来た。少し腰が曲がっているが、元気がありしっかりとしている。片手に杖を持ち、消えることがないように思える笑みを浮かべていた。

「覚えている？」

わたしは一瞬その女性の顔をじっと見た。

「覚えていない！　考えて。わかるから！」

「陳さん！」とわたしは言った。そうだ、妙峰山の倪家の茶会の隣に廟を持つ陳徳清（チェン・トーチン）だった。かつて碧霞元君に花を供えるために山の中を何キロも三輪車に乗ってきた花のおばあさまである。「ここで何をしているんですか？」

「ここはわたしの村です」と陳さんは言った。「ここで露店を出しているのはわたしだけ。一三の会が来ていますよ。手が空いたら外にいらっしゃい」

「一三の会？」

「一三の香会」と陳さんはいつもの低い、かすれた声で言い、わたしが何かものすごく基本的なことを忘れたかのように笑った。北京には伝統的に一三の香会があった。今では一三会が揃うのは年に二回、妙峰山の廟会と中頂廟の廟会だけだった。しかしなぜ中頂廟に来るのだろう？　目立たないし、北京でも最小の寺のうちに入る。それでも会の人たちは仕事を休み、トラックを借り、設備を運び、化粧を施す人を雇い、演じる――すべて自費で。なぜ？

北京にはかつて碧霞元君を祀る廟が八つあった。三つは妙峰山を含む山に、五つは街中、北京の東西南北と中央にあった。北京は起伏がほとんどないが、これら五つの寺院は「頂」と呼ばれ、山と信仰の追求が同義に近いことを示している。以前、東頂廟は左家庄（ツォチアチュアン）地区の、外国人や裕福な専門職の人が暮らす「当代ＭＯＭＡ」ビルから遠くないところにあったが、一九五〇年代に住宅団地建設のために取り壊された。南頂廟もかつては北京の南の大紅門（ターホンメン）の近くにあり、二十世紀半までは「群育（チュンユィ）」（人びとに教えよ）と刻まれた正面の門がまだ立っていた。しかしそれさえもなくなり、今は何の痕跡も残っていない。

　もう二つ残っている廟があるが、使用状況はそれぞれ異なる。藍靛廠（ランティエンチャン）にある西頂廟は療養所として、次にゴム工場として使用されたが、正面の門と本堂は残った。今は寺院としての機能が完全に復活し、廟会はないが高齢の道教の女性道士が三人いる。北頂廟は二〇〇八年のオリンピックで使われた「ウォーターキューブ」のすぐ南にある。数カ月おきに中国のソーシャルメディアに再掲される記事によれば、北頂廟はこの水泳センターとスタジアムの建設のために取り壊される予定だったが、いよいよ取り壊し工事が始まろうというときに作業員が数人、不可解な状況下で死亡した。記事の内容を信じるならそれは女神の仕業で、信じなければ事故である。いずれにしても、工事が遅れたために廟の保護を求めていた人たちが取り壊しを止めることができた。ただ、北頂廟は一般にはほとんど開かれていない。

　しかしこの四つの廟のどれも、陳さんの中頂廟ほど重要ではない。中頂廟は以前は村だった西鉄営（シーティエイン）という、農地だったところに安アパートが建てられた地区にあり、倪家の分鐘寺と雰囲気がよく似ている。これらの建物は二〇一四年に取り壊されることになっているが、政府が伝統的な信仰の保護をめざすことにしたために、廟は取り壊しを免れる予定である。高層ビルに囲まれることになるが、五つのうち廟会が開かれる寺院として十分に機能しているのは中頂廟だけである。

　わたしは二〇一一年に包世軒（パオ・シーシュアン）と初めて中頂廟を訪れたのだった。北京の寺や宗教生活にもっとも詳しい人の一人である包世軒は、長身で手足もひょろ長く、北京古代建築研究所の教授として、北京の西の郊外にある寺について十数のモノグラフを書いていた。香会史の生きた記録のような人で、香会は大きな行事や儀式のたびに包教授を招き、敬意を示して上座に着かせた。わたしを倪さんたちに紹介してくれたのも、ごく小さいこの中頂廟がなぜ北京の宗教生活でこれほど大きな役割を果たしているのかを教えてくれたのも包教授だった。

　そのとき包教授とわたしは永安門（ヨンアンメン）の近くで落ち合い、タクシーで南に向かった。包教授は道の右側に並ぶ店をよく見て、天津に至る高速鉄道のすぐ手前で急に運転手に右折するように言った。突き当たりに、狭い広場と、中頂廟と地区の役所があった。役所には六十八歳の村の長老がいて、村が管理を任されるようになるまで、廟にはある会社の事務所が入っていたと言った。この長老たちが中頂廟を修理し、文化大革命のときに人びとが隠した、粉々になった遺物を廟に戻したのだった。

わたしはそれが宗教なのか尋ねた。

「宗教」と、長老はその言葉を聞いて縮こまりそうになりながら言った。「いやいや、宗教などではない。全然違う」

「でもみんな線香を上げて、何千もの人が来て碧霞元君に叩頭します」

「ああ、あれね。あれは宗教ではない。あれは信仰。文化だ」

後になってから包教授は笑ったが、いかにも政府の宗教に対する曖昧な姿勢らしい、と言った。現行の宗教の体系によれば、中頂廟は中国道教協会に所属しているはずだった。何と言っても碧霞元君を主に祀っているのだ。しかし中国では宗教組織はもっとも力がない組織のうちに入るので、寺院の資産は観光局や地元の文化省に取られやすく、どちらも寺院を営利目的で運営しようとする。中頂廟は地元の村の役所に管理されていたが、その活動は無形文化遺産保護のために新たにできた政府の部門の後援を受けていた。無形文化遺産は定義が曖昧な用語で、あらゆる種類の半宗教的な活動や文化的な活動に適用される。廟会のような活動を文化の領域に入れてしまうのは宗教にとって不利であるようにも思えるが、実際にはそのほうが都合がよかった。「宗教活動拠点」に指定された寺院は国家宗教事務局に承認されなければならず、その管理下に入れられる。文化としておくほうが単純なのだった。

「中国では何でもごちゃごちゃ。上場企業が寺院を運営し、政府が祭りを運営している」と、包教授はため息をついて言った。「それが中国。混沌としている」

陳さんのような人にとってこうしたことはどうでもよかった。大事なのは参拝が認められていることである。倪家の茶会同様、陳さんの花の会も中心となっているのは家族や友人、なかでも陳さんの娘と長男、それに一家と親しい一人の友人だった。

わたしは数年前に陳さんを自宅に訪ねて、それまでの話を聞いた。陳さんは一九二六年生まれで、共産党が権力を握ったときすでに二十三歳だった。「わたしは要するに読み書きができません」と陳さんはそのとき言い、その後もわたしに会うたびに言った。「一文字も読めません」

陳さんは、父親が伝統的な香会の一つに参加するのを見ていたが、共産党支配が始まって最初の数十年は何もかもが禁止されていた。

「しばらくは怖かった」と、あるときわたしが陳さんを自宅に訪ねたときに言った。「だって、解放後には線香も上げてはいけなかったから。当局はこちらがそこで何をしているのか知りたがった。何か面倒なことをしているのか？　なぜそんなことをしているのか？　だから行くのが怖かった」

しかしその後、陳さんが退職した一九七六年に毛沢東が死んだ。次第に宗教生活が戻ってきて、父親の信心深さを見習いたいと思った陳さんも参拝し、九〇年代前半の数年間は三輪車で妙峰山まで行った。その噂が広まり、家族や友人たちが金を出し合って徳清鮮花聖会を設立した。わたしはこうしたことから何を学んだか尋ねた。

「よい行いをする、そして悪いことは言わない」と陳さんは言った。「それがわたしが学んだこと。ほかに何があるでしょう？」

祭りが盛り上がってくると、陳さんは花の会の露店の持ち場についた。妙峰山の廟よりも小さく、木の枠に入った花の女神の代わりに、陳さんの家族が片側を開けたテントを張っていた。花の女神の写真やさまざまな旗、書の巻物に数本のヒヤシンスが飾られており、陳さんは脇に出された折りたたみ椅子に腰かけた。幼い子供が膝つきによじ登って叩頭のまねごとをすると、人だかりができ、何台ものカメラが音を立て、シャッターが切られた。

わたしが陳さんの隣に腰を下ろすと、別の友人がやってきた。弟のほうの倪（ニー）さん、妙峰山で会った、よくしゃべる倪金堂（ニー・チンタン）である。その数日前、旅先から戻ったわたしは老倪が亡くなったことを知ったのだった。倪金城（ニー・チンチョン）が、葬儀が三日間に及んだこと、主な香会がどれも来て故人のために演じたことを教えてくれた。今、夏の日差しの下で、金堂は父親の死をなんとか受け止めようとしていると言った。

「身体が水分でむくんでいて。棺の蓋を開けておくことができなかった。暑すぎたし、病気で顔が変わってしまっていて……」

声が聞こえなくなった。それから金堂はまた話し始めた。

「先週末にまた妙峰山に行っていろいろ見てきた」

「一人で?」

「そう、車で行ってちょっとその辺を歩いた。亡くなってちょうど三〇日だったので、お参りをして、線香を上げたかった」

金堂は考え込んだ。それからタバコの新しい箱を取り出し、セロハンと銀紙を剝がすのに集中した。父親が亡くなり兄の金城もまだ腰痛に苦しんでいる今、倪家の茶会の活動に以前よりも力を入れているのだと金堂は言った。加えて、金城の娘は巡礼に興味がないのに対し、自分の息子は関心を持っていた。つまり息子が受け継ぐことができる。

今日の行事は、茶会の廟を運んできてたくさんの茶瓶を出すには短すぎた。政府が半日で終えるよう指示していたのである。

それでも金堂は陳さんとの連帯を示すために来た。服装にも気を配り、麦わらの中折れ帽をかぶり、シルバーと黒の水玉模様のサテン織スーツを着ていた。

「僕たちがここにいるのも陳さんのおかげ」と、金堂は陳さんを指して言った。「あの人はまあ本当に特別な人」

金堂の言葉に合わせたかのように、一三人の男が陳さんの前に進み出た。竹馬で歩いたり長い棒を放り投げたり、重い石を使って力技を見せたりする一三の武会の代表である。儀式用の旗を掲げた一三人は陳さんの前に整列して頭を下げ、右脚を前に出し、陳さんに敬意を表して旗をさっと下げた。

「敬礼!」と男たちは声を揃えて言った。

陳さんはほほ笑んで立ち上がり、両手を組み合わせて応じ、敬意を示した。輝くような笑顔で、目はきらきらと輝いていた。「ありがとう、ありがとう」と陳さんは言った。

男たちはそのまま碧霞元君に参るために廟に入っていった。陳さんは腰を下ろした。祭りで支給された青いTシャツを着て無線機を持った北京の役人が、陳さんにほほ笑みかけた。

「あの人たちは、あれは、あなたを拝んでいるのですか?」とその若い女性は言った。「お辞儀をしていましたが……」

「ああ、そうではなくてね」と陳さんは言った。「拝んでいるのは女神ですよ、わたしではなく」

若い女性はほっとしたように見えた。拝まれているのはこの老婦人ではなく女神のほうに決まっている。でもあんなに尊敬されるなんて、この人は誰だったっけ？　こんな老婦人が何かの地位に就いているなんてありえるのだろうか？　女性はさらに質問しようと口を開けたが、何から訊けばいいかわからなかった。

武会は寺で線香を上げてから演舞をした。それから高速鉄道の前にある村の広場に行く予定だった。そこで観客の前で演じることになっているのだが、その前に政府の式典が行われるのを待たなければならなかった。演壇と、テーブルと椅子が二列用意され、二〇人ほどの役人が式を見物できるようになっている。演説が始まると、タイミングよく、役人たちが崇めるもの、すべすべとした高速列車の「和諧号」が北京の手前で減速しながら通過した。騒音で演説がかき消されたが、誰も気にしなかった。

香会がそれぞれ旗を持っているように、党にもスローガンがある。それが書かれた大きな赤い幕が広場を飾っていた。

文化的価値を推進し、文化的産業を開発し、村人の心を奮い立たせよ

北京党大会の精神を推進し、西鉄営の北京との統合を促進せよ

この二つのスローガンを分析すると次のようになる。

誰も共産主義を信じていないのだから、新たな価値をつくり出せ、文化で金儲けをし、この貧しい地区に少しでも希望を与えよ

最近の党大会で出された指示にとにかく従え、西鉄営を取り壊してまた新たな郊外にしろ

アナウンサーが来賓の名前を読み上げた。北京道教協会会長、北京市人民代表大会の地区代表、さまざまな専門家や関係者など、全部記すには多すぎたが、重要なのは無形文化遺産の事務局関係者だった。わたしは以前ここを訪れたときに会った地元の役人の言ったことを思い出した。これは宗教ではない、文化だ。女神を拝むのはただの文化である。はい、復唱して。

それからようやく演舞が始まり、一三の会が観客の前で踊り、戦い、持ち上げ、放り投げた。日が昇った。今日は太陰暦六月の最初の日で、一年の真ん中に差しかかっていた。今月の四日目は大暑の節気である。年内に香会が出る大きな行事はこれが最後でもあった。伝統的社会では、夏は用事や収穫で忙しかった。祭りのほとんどが植え付けを挟む春や初夏に行われるのはそれが理由である。秋や冬にも祭りはほとんどない。収穫をし、新年に備えて身体を休める期間だからである。

かつて北京の夏は快適だった。八〇年代の夏は暑く湿気が多かったものの、涼しい風が強く吹いたし、人びとも「清熱（チンロー）」、つまり暑さを払うためにスイカを食べ、酸っぱい梅ジュースを飲んだ。どの家にもエアコンなどなく、実際あまり必要ではなかった。六週間から八週間暑さが続いたが、扇風機があればしのぐことができた。事実、二〇日もすれば立秋、秋の始まりである。それでもまだ蒸し暑い八月の初めだが、いちばん暑いときは過ぎ、地球はゆっくりと、しかしたしかに冷えていることを暦が教えてくれた。

人口二〇〇〇万の巨大都市に暮らすようになり、地球の回転を感じることができず、日が経つのを示す月も見えないことが多くなるまでは、こうしたことすべてが道理にかなっていた。今日のようなスモッグのかかっている日は太陽さえはっきりと見えない。白い霞の向こうに小さな赤い円形があるだけである。

午前一一時には行事は終わりに近づいたが、指導者たちの演説がまだ一つ残っていた。わたしは誰も注目しないのではないかと思っていたが、どの会も聞きに来て、参加の記念としてもらえる旗を受け取るために待っていた。最後に陳さんが表彰された。

『炎のランナー』の最初の部分に似たオーケストラ演奏の録音が流された。ファンファーレで始まり、心を揺さぶる音楽が盛り上がって最高潮に達する。プロのアナウンサーが立ち上がり、陳さんが三輪車に乗って遠く妙峰山まで行き、いかにたくさんの寄付をしたかという話をした。

「陳徳清は敬虔な心を持っているので、『花の老婦人』という美しい名前を残しました。ここでも妙峰山でも、誰もが知る名前です」

ここで来賓が全員立ち上がって拍手した。陳さんは壇上に上がって賞品の旗を受け取った。娘が隣に立ち、陳さんの後ろには例の若い女性が陳さんの花の会の標語である「拝之（パイチー）」と書かれた赤いバッグを持って立っていた。この二つの字に、参拝するすべての人の原理と実践がかかっていた。「拝みなさい」

17 山西省――神聖なるものの源

李さんたちの家のある上梁源(シャンリアンユアン)村からトウモロコシ畑を隔てて八〇〇メートルほどのところに下梁源(シアンリアンユアン)村がある。[32] 二つの村は名前と同じくらいよく似ている。れんが造りの平屋の周りを日干しれんがの壁が囲み、門は枯れ枝を荷造り用の紐でくくってあるもので、通りの日陰のある側に牛や馬がつながれ、放し飼いのブタが鼻を鳴らしながらごみを漁っている。美しい光景は意図されずそこにあるものだったが、くっきりと印象に残った。泥壁越しに揺れるヒマワリ、青々とした畑の脇で葉をさらさらと鳴らすポプラの木、晩夏の月夜に小川のようにきらめく砂利道。

ただ一つ異なるのは寺院だった。李家の村にはかつて七つの寺院があったが、文化大革命が終わるころには全部なくなっていた。なんと畑の向かいの下梁源村では、霊源(リンユアン)寺という寺院が生き残った。一九八〇年代にふたたび開かれたとき、霊源寺はほとんど寺の体をなしていなかった。本堂は取り壊され、金箔で仕上げられた像も焚火で燃やされた。儀式の道具一式もたたき壊され、経典も破られてばらまかれた。ある部屋は一五年間、穀物庫を兼ねていたため残った。その部屋には清時代の壁画の一片があったため歴史的建造物だということになり、最終的に取り壊されずに済んだのだった。

霊源寺は切り落とされた四肢をまた生やし始めた。新たに四つの堂ができ、今では寺が主に祀る胡龍(フーロン)の像もある。胡龍は、帝国時代の有力な役人でのちに守神として祀られるようになった胡という名の男の霊である。[33] 胡龍の像のうち三つは新しくてけばけばしいもので、派手な色で塗られた三メートルもある張り子の像だった。しかし霊源寺には八〇年代に作られた木像もあった。こちらはずっと小さく、九〇センチほどの高さしかなかったが、名工の手によるものだった。正体不明で誰も知らない親方で、共産党の権力奪取前に修業した人だろうとわたしは想像した。木像は衣をくるりとまとった男の姿で、眉をひそめて怒った顔をし、深く刻まれた皺が燃えるような目を引き立たせている。村人はみなこれが胡龍の本当の姿だと考えていて、太陰暦七月の七日目である今日は胡龍の生誕日だった。この小さな像は輿に乗せられて寺院の外に出て、歌劇でもてなされ、胡龍の霊をこの世に運び下ろす複雑な儀式の主人役を務める。そして今年も村が無事で栄えるように加護を与える。

　しかしその前に、人間同士のつまらない問題を解決しなければならなかった。長年、胡龍の生誕日には李家が音楽を演奏し、儀式を行ってきた。老李には五〇年代と、七〇年代に宗教生活が復活してからの三〇年間、下梁源村で演奏した記憶があった。しかし霊源寺が新たに雇った袁という名字の管理人は李家を招かなかった。この数年、袁さんは袁利山という在家の道教徒（管理人の親戚ではない）が率いる別の楽団を招いていた。財政面では、このことは李家にほとんど影響を及ぼさなかった。出演料はたった八〇〇元で、葬式でもらう二〇〇〇元よりずっと少ない。それでも以前は李家が夏の祭りに出ていたので、老李は招かれなかったことを侮辱として受け止めていた。老李は気位が高く何も言うつもりはなかったが、李斌は町でのつてを使って事を正すことにした。李斌は陽高の文化局の担当者に話をし、彼らが管理人の袁さんに李家を招くように言い、袁さんはそのとおりにした。

　夏も終わりに近づいた今日、李斌、老李、呉美などの楽団員は朝八時に寺院の一部屋に集まり、演奏の時間が来るのを待っていた。窓からは寺の中庭が見渡せた。左手には胡龍の新しいお堂、向かいには台所があり、濃紺色の空に松の木が枝を伸ばしていた。窓枠は鮮やかできれいだったが、窓ガラスは古風で歪んでいた。

　李斌は、近所で育ち、今は近くの大同の町にいる友人たちに連絡をとろうと方々に電話をかけていた。そういう人たちにいいところを見せたかったのである。李斌はイタリア製のベルトのバックルに触れた。数時間後に友人たちに見せて自慢するのだ。

「わかった、約束ね。一一時半に祭りに迎えに来てもらって、そこからレストランに行く。イタリアの話をするよ」

　李斌の父親は不機嫌そうに李斌を見た。葬式や祭りのときには、楽団はいつも一緒に食事をしていたのである。そうすることで団員同士や主催者との仲間意識が生まれた。しかし李斌にとっては旧交を温めることのほうが未来につながっているのだった。

管理人の袁さんが入ってきた。背が低くはげていて、今日は仏僧の灰色の衣をまとい、道教徒風の白い縁取りの付いた黒い布製の靴を履いていた。顔は小さく、怒ったネズミのように攻撃的な様子で、声はまるで声帯がなくなりかけているように低くかすれていた。

「それでみなさん揃いましたかね？」と袁さんは部屋を見回して言った。老李はタバコを吸い、袁さんをじろりと見てうなずいた。

「そうか、じゃあ、こういうわけです。みなさんのことは喜んで迎えます。わたしは反対したことはありませんよ？　ははは。どうしようもなかったんです。お金がなくて、地元の楽団を雇ったという。その楽団も上手で――ご存知です？　袁利山の楽団ですが」

「知っている」と、老李がいつになくすばやく、きつい調子で答えた。この二つの楽団の関係は何世代も前から続いていた。袁利山たちも道教の楽団だったが、文化大革命で本から楽器まですべてを失っていた。袁利山の父親は毛沢東時代が終わる前に亡くなり、息子にあまり多くを教えることができなかった。騒乱後、二十代になっていた袁利山は一度も演奏したことがなかったが、一家の伝統をふたたび始めようと決心し、老李の父親の李清（リー・チン）に助けを求めた。李清は袁利山に教え、自分のつてを通じてほかの人の家に残っていた袁家の儀礼書を何冊か手に入れることができた。見つからなかったものについては自分の本を袁利山に与えた。数年たち、八〇年代末に袁利山は李清のもとを離れ、李家の承認を得て袁家の楽団を立ち上げたのだった。

二つの楽団は異なる方向に進んでいっていた。袁家は今でも田舎での生活を中心にしていた一方で、李家は二つに分かれ、李斌が陽高におり、老李が一家の家に残っていた。このため非公式のさまざまな関係を保つのが老李の仕事になっていたのだが、老李はたわいもない話をするのが苦手だった。アレルギーのため酒が飲めず、管理人の袁さんのような人に取り入るために必要な、延々と続く食事会を開く元気もなかった。

「それで」と管理人の袁さんは続けた。「そちらの楽団が演奏していたわけですが、今日は二つの楽団がいます。それはいいことです。幸運なことです。ありがとうございます。でもどちらかが先に演奏しなければならないわけで、あちらがこれまでずっと来ていたので、あちらが先に演奏します」

「わかってる」と、老李は袁さんをさえぎって言った。

「まあ、というわけでみなさんおわかりになるでしょう、ははは！」袁さんは何度かうなずいてから後ろ向きに部屋から出ていった。

中庭の反対側にある小さな部屋では四十代の女性の周りに人が集まっていた。女性は髪を後ろでまとめ、太陽や風にさらされていない顔には皺一つない。ラインストーンをはめ込んだ先の尖ったピンク色のプラスチック眼鏡をかけ、黒いタイツをはき、黒と赤の渦模様の長いワンピースを着ていた。隣には大きな黒革のバッグがあり、中身が炕の上に散らばっていた。

女性の向かいには男性が座り、緊張してもぞもぞしながら事情を話していた。六十代で、おとなしいが背筋が伸び、肩幅が広い。右腕にはギプスがはめられ、厚紙とリボンでできた粗末な吊り包帯が首に食い込んでいた。雨の祭りの実行委員会の熱心な委員だったこの男性は、雨の日に用事で急いでいるときに転んで手首を折ったのだ。

男性はなぜこうなったのかと女性に尋ねた。自分は何を間違えたのか？　祭りの準備をしようと最善を尽くしていたのに。誰かを怒らせたのだろうか？

女性はよく話を聞いてからタバコを押しつぶして消し、荒っぽい高い声で歌い始めた。それは女性本人の声とは思えなかったが、実際そうではなかった。女性は神と交信していたのである。

そなたは勤勉
善良でもある
しかし家が整理されていない

「どのように？」と男性は尋ねた。

女性は神との交信をやめ、右手の人さし指を使って左手の指の内側の関節を数え始めた。手首から始めて、親指の関節を触り、人さし指の付け根、関節、指先の関節、それから中指の先から根元まで、次に薬指の根元から先まで、そして小指の先から根元まで順に触った。わたしは気功の授業で教わったことを思い出した。どの関節にも名前があり、それぞれエネルギーの場と関連づけられていた。

「ご自宅で神様たちが間違った場所に置かれています」と女性は自分の、喫煙者らしいかすれた声で言った。

「祭壇には何の神様がいますか?」

「財の神様と、関公」と男性は答えた。

二人は神の向いている方向について話した。

「間違った方を向いて置かれています。家の中でエネルギーがきちんと流れていない」と女性はきっぱりと言った。男性はまごつき、恥ずかしがっているようだった。村で大事な役割を果たしているのに、これでは家庭が正しく営まれていないことになる。

初めわたしは男性が気にしすぎていると思ったが、男性が話し始めたときに言ったことを思い出して考えを変えた。男性は自分の娘に言及していた。娘は二十代後半でまだ家にいた。これは中国の都市部でも遅いほうだが、田舎ではとんでもなく遅い。女性が男性の家が「整理されていない」と言ったとき、それは未婚の娘のことを言っていたのだろうか? 男性は家族の心配事に気を取られて、寺の仕事に本当には専念できていなかったのではないか? 少なくとも、男性の家庭は細かいところまで決まっている田舎の村の生活に従っていなかった。けがをしたことも、人によっては運が悪かったからとか間が抜けていたからということにしたかもしれないが、男性はそこにより広い道徳上の欠点が表れていると受け止めたのである。そんな調子では村の生活の中での重要な一員としての面目がつぶれる。

男性は礼を言い、一ドル五〇セントほどに当たる一〇元を炕の上にそっと置いて出ていった。女性はお金は無視し、話をしたくて待っていた女性たちのほうを向いた。なかには中庭に立ったまま窓を押し開け、顔を突っ込んで話を聞いていた人もいた。女性たちは出産や結婚式、何かの建設を始めるのにいちばんいい日について相談した。ほとんどは割によくある占いで、李斌の父親が定期的にしているのと同じようなものだった。話が終わるごとに相談者は一〇元、ときにはその半分を置いていった。

しばらくすると女性は休憩を取って足を伸ばしに中庭に出たので、わたしもついて行った。話をしている途中で李さんたちが演奏のために本堂に入っていくのが見えた。こうした寺の祭りでは、性別による一種の分離が起きることにわたしは気づいた。楽団員は男性で、本堂の神の前で演奏する。楽団の隣には全員が男性の村の年長者たちが壁際に座って見ていた。わたしがさっきまでいた部屋には、相談に来た男性とわたしのほかに男性はいなかった。そこは女性の領域で、本堂ではなかったが、こちらのほうが強力だとも言えた。本堂では楽団員たちが神が現れるように拝み呼びかけていたが、この部屋ではすでにこの女性を通じて霊が現れ、村の重要人物の一人を批判までしていたのである。

女性は名字が張(チャン)で、近くにある大同の町に住んでいると言った。四十五歳でもう定職には就いていないが、都会の女性が寺の祭りを見に行く旅行を企画したり、先ほどの男性のように人の悩みを解決したりすることでいい暮らしができていると言った。この祭りにも五人の女性を連れてきていた。全員が信心深く裕福で、自由に使える車があり、夜には南にある別の寺に向かう予定だった。女性はその仕事でどれほど稼ぐのか詳しいことは言わなかったが、厳密な金額は重要でないことをわたしは経験から知っていた。金額は客の女性たちによるかもしれない。満足して帰れば数千元か数百元をくれるだろう、あるいは何も払わず、後日別の形で払うかもしれない。裕福な仲間をさらに紹介したり、女性自身に悩みができたときに助けたり、高額の食事をごちそうしたり、海外旅行にも連れて行くかもしれない。

「人には定神(ティンシェン)と呼ばれます」と女性は言った。霊媒のことである。

「話すときにはどの神と交信しているのですか」とわたしは尋ねた。

「そのときによります」と女性は漠然と答えた。毛沢東時代から一九八〇年代、九〇年代に入っても、霊媒は迷信的だとして奨励されていなかった。復活を遂げた今でも主流から外れていて、一人で登場し、ほとんどが家庭での務めのない四十代か五十代の女性だった。何かの宗教組織には属しておらず、たいていは祭りの実行委員会に招かれるわけでもないのだが、自分ではなく神の声を伝えるので大目に見られていた。

半世紀前、陽高県は寺院でいっぱいだった。二五〇もの村があり、寺院の数も五〇〇は下らなかった。李さんたちの村だけでも七つあり、年配の人たちはどの村にも二つくらいあったと言う。こうした寺院は特定の宗教組織に正式には属しておらず、道教や仏教の専属の聖職者がいるところは非常にまれだった。かつての中国の寺院の大半がそうだったように、陽高県の寺院も管理人の袁さんのような地元の人が管理し、その管理人が必要なときに宗教の専門家を雇った。

その専門家の役割を果たしていたのが李家だった。どの寺院も毎年何らかの形で廟会を行っていた。祀られている神の、たいていは生誕日を祝う行事である。祭りの規模や頻度は人びとの裕福さなど多くの要因に左右された。二十世紀に文化が破壊されるまでは、李家をはじめとする楽団は祭りでの仕事にかなりの時間を割いていた。葬式の仕事がほとんどである今日とは対照的である。

廟会は葬式に似ている。楽団は、葬式で故人の自宅の部屋をあてがわれるのと同様、寺院の一部屋をあてがわれる。一日のうちに何度か演奏し、廟会では棺の代わりに祭壇がある。半数の曲は「経典を開く」「経典を朗誦する」「水を得る」など、葬儀で演奏するものと同じである。

しかし廟会でだけ、とくに神がお堂から出されて寺院が清められるときに演奏される曲もある。儀式をして寺院の神の準備が整えられなければ神の霊は現れないので、信者にとってこれは非常に重要な演奏である。神の霊が現れなければ祭りに意味はない。楽団が祭りを神事にするのであり、それがあるからこそ今日の祭りも、部外者にはそう見えるかもしれないような、単に寺院の前にことに活気のある縁日が出るだけではないものになるのだ。

演奏される音楽をどう描写すればいいだろうか？　様式の点では廟会のも葬式のもほとんど同じである。力強いが、インド亜大陸のカッワーリーのような恍惚感や、西洋の合唱曲のような複雑さはない。李さんたちは熟練した演奏家でどの曲にも精通していたが、根本的にこの音楽は儀式を引き立てるために奏でられるものである。

ほとんどの曲は一定の構造を持っている。シンバルと太鼓でゆっくりと始まる。ほかの楽器が加わり、次第に盛り上がっていき――七分しかない曲もあれば二〇分の曲もある――シンバル、太鼓、その他の楽器が大きな音を立てて最高潮に達し、みんなが力を込めて演奏する。わたしは自分の緊張を緩めて、ある種のトランス状態に入り、曲が盛り上がるのに身を任せるといちばん楽しむことができた。毎回必ず足でリズムを取り、シンバルが大きな音を立てるのを今か今かと待つことになる。でも必ずしも一時間も二時間も聴いていたい音楽ではなかった。音楽学者たちが作った四五分間の演奏会がだいたいちょうどいいようである。

寺院で行われる儀式そのものにも独自のパターンが

あった。葬式のときと同様、初めは地味なことが行われる。経典が開かれ、それから朗誦される。儀式は次第に複雑さを増していく。楽団員たちは聖水を取りに寺を出て集落を抜け、町の外れにある井戸まで行く。聖水は儀式用の容器に入れられ、後で使うために寺院または故人の家まで運ばれる。人前で行われるこの行為が人びとを引き込み、儀式はますます公のものになっていく。儀式が頂点に達すると人びとの感情が引き出される。葬式では、供物を燃やしてからの埋葬が頂点である。祭りの頂点は寺院を清めてから神を外に出して安置することで、これによって共同体における神の存在が象徴される。葬儀でも寺院での儀式でも目的は同じで、制御された形で感情をほとばしらせることだった。

午後に張さんはまた活動を始めた。今度は村の人に助言するのではなく、管理人の袁さんを批評している。張さんは袁さんの事務室にある炕に袁さんと向き合って腰かけていた。部屋は女性でいっぱいで、唯一の男性である袁さんは居心地が悪そうにもじもじし、霊媒が高い声で歌うなか、信じられないというふうに部屋を見回した。

おまえは役立たず
自分のことしか考えない
そこまで仕事もしない
人びとに奉仕もしない
それが管理人になった
独裁者のようだ！

張さんは一〇分間歌い続け、指を振って袁さんを叱った。わたしはその非難が当たっているのか判断しかねたが、袁さんの李家に対する扱いを知っていたし、この廟会がこれまでにわたしが見に行った廟会のほとんどよりも一段と混乱していることに気づかずにはいられなかった。始まって半日経つのに、袁さんの職員は色とりどりの旗や吹き流しなどの飾りをまだ付け終わっておらず、売店の食べ物もひどかった。わたしは袁さんがどうやってこの職に就いたのだろうと思った。

霊媒は歌い終わった。袁さんは落ち着かない様子で姿勢を変えた。みんなが袁さんに注目した。

「わかった、批判を受け入れます」と袁さんはぶっきらぼうに言った。「もっと一生懸命働きますが、ここを運営するのは人が思うよりも複雑なんです」

霊媒は首を振ってまた歌い始めた。一つひとつの音節を伸ばし、まるでアリアを歌っているかのようだった。

勧告は
人を悪から救うことができる
用心しなさい
地獄に
罪人は
引き込まれる

袁さんの口の左側がぴくっと動き、左の鼻孔が憤怒で膨らんだ。ひどく腹を立てているようで、状況が違ったら何をしていただろうかとわたしは思った。それでも目は恐れで少し閉じられていた。袁さんは唇にこわばった笑みを作り、左右を見ながら後ずさりし、頭をひょいと下げて部屋から出ていった。

霊媒は周りを見回した。何人かの女性がにこやかに近寄って悩みを打ち明けようとしたが、張さんはくたびれた様子で首を振り、タバコに火をつけた。霊は去り、張さんはただ祭りに来た人に戻った。

翌日は胡龍の生誕日だった。陰暦七月の七日目、七が二つ並ぶ日である。マーケティングの世界では、この日は中国のバレンタインデーと呼ばれるようになっていた。報われない恋の物語のなかで、牛飼いの少年と機を織る少女の星座が出会う日だからである。しかしこの日は多くの寺院で祭りが行われる日でもある。ちょうど夏の盛りで、今年は大暑が始まるのも今日だった。この節気は暑い夏の最後の二週間に当たり、秋の収穫を待ち望む時期でもある。空には雲一つなく、霊源寺の前の砂地の広場は反射板のようだった。通りには車がぎっしりと並び、祭りに来た人たちが押し合いへしあいしながら境内に、そして寺院に入っていった。

村から遠く離れたところからも人が来ていた。その一人の張偉（チャン・ウェイ）は四十代のひょろりとした男性で、高価なアウトドア用の服に身を包み、色の濃いアビエーターサングラスをかけていた。陽高の町から妻と娘を連れてジープ・チェロキーに乗ってきたのだった。わたしと話をしているとき、張さんは手首から太い数珠のブレスレットを外し、親指と人さし指で玉を送り始めた。仏教徒であることのしるしである。

「あれが見える？」と張さんは寺院の前に掲げられた

旗を指さした。「雨順風調（ユィシュンフェンティアオ）」と書いてある。文字どおり読めば「風雨は農作業に合ったときに来る」という意味だが、何かをするのにふさわしい時を知るという、昔の兵法書に出てくる格言でもある。「要はそういうこと」と張さんは言った。「うまくいくように生活を調節する」

参拝者は本堂に入っていった。そこでは李さんたちが準備をしていた。たくさんの人が寄付金の箱にお金を入れ、係が金額を記録した。肩越しにのぞいてみると、一〇元しか寄付しない人もいたが、ほとんどはその一〇倍を出していた。今でも農業に依存している地域にしてはなかなかの額である。

占いをする人が多かった。中国語圏の寺ではだいたいそうだが、参拝者はまず外で線香に火をつけ、鋼鉄の大きな吊り香炉に入れる。今日はその香炉から煙がもくもくと巻き上がって中庭に流れている。それから参拝者は本堂に入り、たいていは竹でできている細長い入れ物を手に取る。中には箸ほどの長さの棒が二〇本あまり入っていて、それぞれに占い書の箇所を示す文字が書かれている。参拝者は叩頭し、入れ物を横に持って振ると棒が一本出てくる。その棒に書かれた文字が参考書で確認され、引いた人の年齢や今の年によって調節が加えられることもある。それから占いが書かれた紙が渡される。非常に簡潔で詩的な古い言葉で書かれていて、意味を説明してもらわなければならないこともあった。

ここ胡龍の寺では、占いの説明をするのは壁際の長椅子に座る三人の年老いた男性の仕事だった。三人はタバコを吸って雑談しながら、手写されたぼろぼろの参考書を引っ張り出した。元は九世紀初めに書かれたもので、油布にくるんで豚小屋に埋められて文化大革命を生き延びたのである。自分たちにもわからない難しい占いが出てきたときには、引いた人を三人よりもさらに年長の、寺院の奥に住んでいる老人のところに行かせた。

「年寄りだから」と三人の老人の一人が言った。「いろいろなことを見てきた。いろいろなことを知っている」

「年寄りだ」ともう一人が相槌を打った。

「年寄り」と三人目が、間違いないというふうにうなずいて言った。

李さんたちが「線香を上げる」の演奏を始めた。長くてなかなか終わらない、二〇分もある曲である。最初は呉美の吹く管子の音が細々と、太鼓とシンバルと二つの笙が取るリズムに重なる。

音楽が盛り上がるにつれて人がどんどん入ってきた。

老李はたしかに最高齢だったがいちばん迫力があり、ほかのみんなを駆り立てるかのようにシンバルを強く打ち鳴らした。李斌は笙でもの悲しい音を出し、基部に沿ってドリルで開けられた穴の上を飛ぶように前後に指を動かした。呉美は天に向かって吹くかのように管子を宙に突き出し、太鼓、シンバル、笙の音に乗って目を閉じて演奏した。ジャズでリズムセクションを背景にソロで即興演奏をするのと似ていたが、実際には即興ではない。曲は細かいところまで決められていて、天が開かれ、地からの供物を受け入れるようにするためのものだった。この古ぼけた小さな寺院の中にある祈り、線香、ろうそく、吹き流し、将来のために祈る人びとなどが全部、ほんの数時間だけ天に通じる入り口になるのである。

それから祭りは最高潮に達した。胡龍が輿に乗せられて外に運ばれるのである。六メートル四方の広場の四隅と中央に柱が立ててあった。昔の中国の境界を定めた五つの山や、北京にある碧霞元君を祀る五つの廟とまったく同じ位置である。五本の柱には古風な筆で黒い文字が書かれた赤い紙が貼られていた。四隅のはそれぞれの方向の神を、中央のは北極星を表していた。

両方の楽団が演奏しながら広場に出てきた。柱の脇を通り、次の柱の脇も通り、中央に出てからまた別の柱に、という具合で、色鮮やかな衣を舞わせながら、最後に一本目の柱で止まった。管理人の袁さんが急いで柱の前に小卓を出し、仮の祭壇にした。寺院の長老の一人が祭壇の前に身を投げ出し、ひざまずいて叩頭した。この男性は青い綿のズボンに白い上着という地味な服装で、裸足だった。霊媒の女たちと異なり、この男は口を利かず周りの人の存在も認めなかったが、両目が狂ったように回り、口もずっと開いていた。参拝者たちは闘牛場で血が流れるのを待つ観客のように柱の外側に押し寄せた。

管理人の袁さんが黄色い紙の束を渡すと、取り憑かれた男はそれを供えるために火をつけたが、入れ物には入れなかった。入れ物などないのである。男は手に持ったまま紙が炎に飲み込まれていくままにし、最後の最後で砂地の地面に落とした。紙は晩夏の風に吹き飛ばされそうになり、男はまだ火のついた紙を、熱さに少しだけひるみながらも手で軽くたたいた。やがて紙は灰になった。

それから管理人の袁さんが聖水を地面にまいた。取り憑かれた男は線香に火をつけて柱に供えた。黄色っぽい地面に頭をつける男の周りを、灰が生きているかのように舞う。この間に楽団が男の両側に並び、男の動作に合わせて「種をまく名もなき人」という曲を演奏した。

その後、楽団員たちはもう一度広場を巡り、次の柱のところで「罪を消し去る」を演奏した。取り憑かれた長老はまた叩頭し、黄色い紙に火をつけ、荒れた手で持って燃えるままにし、たたいて消し、線香をつけ、叩頭し、曲が終わるまでひざまずいて祈った。そしてまた次と、四つの柱、つまり四つの方向すべてを祀った。ついに広場の真ん中の柱、われわれを確実に導いてくれる天体である北極星のところに来た。袁利山が紐を引くと柱の上から巨大な旗が広がり、小銭や飴が広場中に散らばった。子供たちが走って取りに行き、集まった人たちは拍手して歓声を上げた。

撮影している人も多かった。幸運にも前方にいた人たちは携帯電話をしっかりと持ち、その後ろの人たちは電話を高く上げて何か少しでも録画しようと必死だった。どんよりとした日差しにやまない風、温かい地面、荒涼とした風景、崩れた壁に塀の向こうのヒマワリ——すべてが重なり合って、まるで自分たちが別の時代にいるように感じられた。一種の消えゆく習俗が実は自分たちのものだったことに急に気づいて記録しようと思った、そんな時代である。わたしはこの行事に行ったんだよ、そう、本当に。昔、何もかもが今とは違っていた二〇一〇年代に——それは将来のために救っておくべき過去だった。

昼食後は老李の家で休んでから午後四時ごろに寺に戻ったが、祭りはすでに終わりかけていた。楽団は最後にもう二曲演奏してから手早く荷物をまとめて出ていった。中国の行事はいつもこうだった。重要なのは事前の期待や準備なのである。行事そのものはいつもおざなりな感じがして、最後は慌ただしく照れくさい。

吹き流しは垂れ下がったままだった。日が傾き、地面が冷えてきた。まもなく霊源寺はまたただの小さな目立たない寺院になり、渋滞もなくなればその場所を示すものも消える。祭りは、急に発生し、通り過ぎ、跡形もなく消えた嵐のようだった。

第五部
中秋

元宵、つまり最初の夜は、月の堂々たる初登場――その年の最初の満月である。しかし月がもっとも華やかに迎えられるのは七カ月後の今、太陰暦八月の十五日目になってからである。これが中秋節で、中国の暦上、生者のための三度目で最後の祭りである。

数多くの言い伝えがあるが、いちばん有名なのは、偉大な射手が、ある日空に昇った九個の余分な太陽を射落として地球を救ったという話である。射手は褒美として不死の薬と王の位を与えられた。しかしのちに暴君となり、彼がいつまでも生きるのを防ぐために妻がその不死の薬を飲んだ。激怒した射手は妻を追いかけ矢で撃とうとしたが、妻は飼っていたウサギとともに月に飛んでいった。今、射手は兎児爺（トゥーアルイエ）というウサギの神になっている。獰猛な目つきをした闘志盛んな手強い動物で、人類を疫病から救うための薬を調合するすり鉢とすりこぎを振るう姿が月面に見える。

中秋節は地球が太陽の周りを半分、一八〇度まで回った秋分の節気の直後に来る。次の節気である寒露や霜降はまた新たな、より過酷な時期となる。

月は孤独な象徴であり、昔から中国の詩人は、人が一人でいるときや喪に服しているとき、あるいは将来を案じているときの、静かでときに不穏な考えを表現するために月を使ってきた。八世紀の詩人である張継（ちょうけい）は「楓橋夜泊（ふうきょうやはく）」で、停泊中の舟に一人いる旅人、近づく秋の気配、月の入り、寺の鐘の音の情景を描く。この詩は一〇〇〇年以上にわたって東アジア中の人に感銘を与えてきた。今日でも、中国と日本と韓国からの観光客が、詩に出てくる寺と鐘を見に江蘇省の蘇州を訪れる。次の訳は仏教徒のビル・ポーターによるものである。数カ月前、倪金城（ニー・チンチョン）は、学者であり隠遁者でもあるポーターの仏教についての著書に非常に興味をそそられていた。ポーターは、情景の全体が見えるように句読点を使わない。まるで地球上の時間がなくなって鐘の鳴る音だけが残るかのようである。

カラスが鳴く　月が落ちる　霜が空を満たす

川岸の楓　漁火　愁いが眠りをさまたげる
姑蘇城外の寒山寺から
真夜中の鐘の音が旅人の舟に響く

18　実践――座ることを学ぶ

　朝五時に起き、丘を登って仏塔をめざした(1)。早朝の月があまりに強力でまぶしかったので、見慣れた風景もいつもと変わって見えた。不自然なほどの明るさの中で光り輝くアスファルトに影が落ちる。道は山の斜面を削って造られたばかりで、濃い色の赤土が崖を下り、村と寺とダムに達していた。ダムの水は鈍く光る青色で、光を吸い取ろうとしているようだった。

　もう二〇分登ると仏塔に着いた。剝き出しのコンクリート製で、小便のにおいがする。よくある目障りな建物の一つだったが、眺めは申し分なかった。軒下からは村の全体が見え、白い建物が月の薄い光を反射していた。近くには黄大仙（ホアンターシエン）を祀る道教寺院がある。今日から一〇日間は、一日二回そこに集まることになっていた。山は北に延び、谷を風や嵐から守っていた。尾根は引き締まった筋肉のように隆々としている。地球内部に続く洞穴が口を開け、静かにこもって自己修練する場所になっていた。その外にある風景は豊かで柔らかく、寛大で、なぜ黄大仙を祀る寺が一七〇〇年前からここにあるのかがわかった。

　夜が明けた。雄鶏が鳴き、雲がはっきりとした形をとる。山の向こうから日が昇って月と並び、月は影こそ薄くなったものの、消えずにいた。空は淡い黄色になり、上空に飛行機が現れた。近くの江南の都市である蘇州、杭州、上海のどれかに行くのだろう。じきに、ジェット機の低い音は五時半を知らせる寺の鐘にかき消された。銅鑼のように低く豊かな音で、辺り一帯に響きわたってからいったん止まり、それから岩や木や人に当たってこだました。ゆっくりとしているが粘り強く、一日を始める合図である。

　一九八六年、丘を下ったところにある金華市に暮らす女性が幻影を見た。女性は、偉大な師が遠くの山脈にある隠れ家を出たことを知った。その師はまもなくここに来て、何世紀も前に黄大仙がしたように、山の洞窟で瞑想する。師はそこで自分を完成させ、それから一般の人に教え、古くから伝わる術を広めるのだ。女性の予言のとおり、数週間後に三十七歳の男が現れ、自分は精神の旅の最終段階にいるのだと言った。男の名は王力平（ワン・リーピン）。それから数十年経った今、王力平は不死を教えにこの盆地に戻ってきた。

一九九九年の法輪功の弾圧後、気功の大師たちは姿を消した。しかし二〇一〇年代の初めには、伝統宗教に対する政府の姿勢が変わり始めていた。伝統宗教は迷信や騒乱の原因ではなく、道徳性や社会の団結の源だと受け止められるようになったのである。二〇〇八年に王力平は黄大仙の寺で一般向けの講演をするようになり、二〇〇人ほどが集まっていた。

王力平はわたしの教師である秦嶺（チン・リン）の師で、わたしたちが瞑想する部屋の本棚には王力平の写真があった。大師である王力平に会いたく、わたしは昨年開かれた王力平の修練会に参加した。そのときには参加者は五〇〇人にまで増えており、秦嶺の自宅で見た一九八〇年代の映像にいそうな人も多かった。しゃがんだまま、ロシアの踊り手のように脚を突き出しながら歩き回る男性がいれば、常に後ろ向きに歩く人もいて、つまずいたり転んだりしながらホテルから寺までの道を往復していた。王力平に治してもらえないかと、意識が半ば混濁した母親を無理やり連れてきた女性もいた。瞑想の時間に自閉症のティーンエイジャーがわめき、王力平が治療用の鍼を頭蓋骨に刺してやっと止まった。ある老婦人は、手作りの靴の中底や、王力平の写真をラミネート加工したものを配って回った。王力平の頭には過度の露出によってできた筋が入っていて、老婦人は「これは先生の龍の魂だけど、フィルムでは明るすぎて見えない」と言いながら、その写真を一枚、わたしの手に押し付けた。王力平がやってくると予言したのはその女性で、王力平の存在によって起きる奇跡について話したがった。昨年の修練会は荒削りで生々しい場で、無数のエキストラがいてろくに演出されない中国の野外映画の制作現場のようだった。

今年の修練会は去年のより落ち着いてはいたが、もっと注目するべき面もあった。王力平の側近の一人が参加者に、奇跡の時代は終わり、今は「伝統文化」の時代なのだと言った。これは賢い見解だった。政府の政策を支持する側につくことになるからである。中国では、気づかれないようにしていることが長期的によい結果を招くことはけっしてない。新しい指導者の統制が厳しい場合はなおさらである。伝統文化が支持される時代になったということで、修練会には政府関係者も招かれていた。金華市での修練会は時代に合わせて売り出し方を変え、今年はバカ歩き省の人たちは来ず、信仰による治癒を求める人たちも公の場には出てこなかった。それでも五〇〇人が参加し、わたしは弁護士や実業家、音楽家、画家、映画制作家たちと一緒に瞑想した。中国の宗教生活では普通のことだが、この会も、すべてを円滑に進めるために仕事を休んで来たボランティアによって運営されていた。ボランティアたちは、手からエネルギーを発したり空中浮遊したりするために来たのではなく――それができて文句を言う人もいなかっただろうが――自分たちの信仰の伝統を再発見するために来ていた。

政府の賛同が会場にも反映されていた。黄大仙はこの辺り出身の羊飼いで、周辺の山の中にある洞窟で瞑想していたのが、のちに神格化され、道教でもっともよく拝まれる神の一人になった。とくに国外の中国人コミュニティで人気があり、たとえば香港の黄大仙（北京語ではホアンターシエン、広東語ではウォンタイシン）の寺院はかなり大きく、高速道路の高架橋、地下鉄駅、地区の名前にもなっている。本山であるここ金華市の寺院は文化大革命で破壊されたが、一九九〇年代に香港からの資金で再建された。中国で新たに建てられた寺院の多くと同様、この寺院も昔を現代風にしたものだった。正しい数のろうそく、果物の入った鉢、線香入れ、鶴の像、はめ込み細工の木、壁画など道教の寺院にあるべきものはすべて揃っている。しかし全体がとにかく大きく、巨大な柱のある本堂は高さが四五メートルもあり、そこに不死の薬を持つ黄大仙の特大の像があった。像は光り輝いていたが、まだエンジンをかけたことのない新車のような感じがした。

今回の修練会はこの新しい乗り物を使う実験だった。通常、道教の儀式は次のように行われる。色彩に富んだ衣に身を包んだ男か女の神官が、わかる人のほとんどいない古典の中国語で書かれた儀礼書を読むか、朗誦する。そして祭壇の前でお辞儀し、ひざまずき、叩頭し、回転するなど、聖なる空間を清めるための非常に象徴的な、しかしわかりにくい動作をする。それから、たとえばある共同体に平穏をもたらすために神の助けを求めるなど、何らかの要請をする。このような儀式は美しいが人に通じにくく、道教信者の多くが変えたいと思っていた。

　というわけで、今回は意味不明の華やかな儀式の代わりに、入り口で郭林安（クオ・リンアン）という五十四歳の音楽家に迎えられた。眼鏡をかけた郭さんは、十三世紀の詩人である白玉蟾（パイユイチャン）による詩をもとにした歌の紙をみんなに配った。白玉蟾の「道（タオ）の精神」という詩に郭さんが曲をつけたのである。わたしたちは祭壇の前で藁を編んだ敷物に座り、郭さんが祭壇の横に置かれた電子オルガンに向かった。電子オルガンがあるだけでわたしは衝撃を受けた。これまでに訪れた数多くの寺院で現代の楽器など見たことがなかったからである。会場の参加者は、白玉蟾の詩を復興信仰運動の賛美歌のように歌うように指示された。覚えやすい節に合わせて合唱するのである。問題は、誰も歌い方がわからないことだった。みんなで初めの数語をもごもごと歌うと、郭さんは途中で弾くのをやめて立ち上がった。

「いいですか、わたしが歌うのを聴いてください」と郭さんは言い、力強い声で曲を歌った。それから西洋式に、ドレミミドレミ、ドドドレミと音を歌い、「こういうふうに」とみんなを促した。それからオルガンで同じ音を弾いて歌ってみせると、みんながうなずき始めた。それからわたしたちは全員で歌った。

白い雲、黄色い鶴、道教徒の家
古筝に剣に一杯の茶
衣は煙と雲の色
弟子は外界に汚されず

世の凡人は笑う
なぜ真の道を養うために
四海を旅して苦しむのか
弟子は外界に汚されず？

凡人は見て笑うが
なぜ富と名声のために苦労するのか？
元に戻って偉大な道に目覚めよう
不死の者のふるさとで、何にもとらわれず

この曲を聴いていると教会にいるようで、まさにそれがねらいであることにわたしは気づき始めた。集まったわたしたちには、畏敬の念を持って神官を眺めるのではなく、参加することが求められていたのである。これは一〇〇年前にあった救世運動や、一九八〇、九〇年代の気功の師たちを思い起こさせるものだった。彼らも中国の古い宗教を近代化しようとしたが、その必要を認めなかった国によって否定され、倒された。今、わたしたちが政府の後援する寺院に集まり、政府の祝福を受けようとしていることは、まさに新時代の到来を告げるものだった。

曲が終わると来賓の政治指導者たちが立ち上がり、修練会の開会を祝う言葉を述べた。寺院の責任者たちは抜け目のないことに、入り口に「大歓迎　第一八回代表大会――健康の文化を学ぶ――調和した社会に奉仕」というスローガンをよく目立つように掲示していたのだが、指導者たちはそこにあった言葉をもとに演説をした。全員がこういう場によく出てくる中年の漢民族の男性で、それぞれ統一戦線工作部、地元の政治協商会議、省の社会科学学院の宗教関係担当者だった。三人は所属機関の序列に基づく順番で話をした。一人は二分間のうちに「調和した社会」を五回、「科学の進歩」を七回使った。この二つはまもなく開かれる党大会で退く現政権のスローガンだったが、新政権は「中国の夢」という独自のスローガンを発表することになる。来年の修練会での演説で繰り返されるのだろう。政府が祝辞を述べ終わると、わたしたちは不死の探求に取りかかった。

最初の瞑想は、中国の一般向け行事でよくある、参加者は静かにしなければならないのに誰も静かではないなかで行われた。携帯電話が鳴り、通知音がし、参加者は自分の持ち物をいじる。常に誰かが出たり入ったりするので入り口の扉はなかなか閉じたままにならない。みんな自分だけが特別だと思っていた。五〇〇人もの参加者がいたため、瞑想をするたびに忍耐力を試されることになったが、それによって貴重な洞察を得ることにもなった。つまり、中国の伝統で瞑想や隠遁者がこれほど大きな役割を果たすのは、社会と関係なくそうなるのではなく、社会が原因でそうなるのである。この自己本位の大騒動から逃れるには、山を登って洞窟に入る以外に方法がないではないか？　もっと意地悪な考え方をすれば、この状況は一人ひとりが宇宙の縮図であるという道教の考え方の結果かもしれない。自分が小宇宙であるなら、自分のほかに重要な人はいないのではないか？

一時間後にはみんな落ち着いた。太陽が美しく、寺が温かい光に照らされていた。わたしは寺に取り入れられた風水のことをまた考えた。誰かが、日光が空をどう移動するかをわかっていて寺を正しい向きに建てたのである。もっとも単純に考えれば、日が当たるのは寺が南を向いていたからだった。でも、寺院が本当に竜の腕の中に体をうずめているような、竜が寺院をかばいながらも温かさに向けて開いているような感じもした。

一時間するとわたしは熱っぽく、くらくらしてきた。前日に風邪をひいていたのだが、瞑想で身体が緩むどころか、急に汗が出て、気を失うかと思った。なんとかとどまり、眼鏡をかけ、置いてあった靴を持ち、右手に柱が並んでいるところまでよろよろと歩いていった。王力平の上級指導員の一人が来て大丈夫かと訊き、靴を履くのを手伝ってくれた。わたしは柱に寄りかかって苦しく息をした。指導員はボトル入りの水をくれ、飲むように静かに言った。そのとおりにすると気分がよくなり始めた。今度は自分が自己本位の小宇宙になったのだ。回転を制しきれず、周りに迷惑をかける。

瞑想の時間がもうすぐ終わるところだったので、わたしは部屋の後方に座って見学した。参加者には青い綿の上着とズボンが支給されていて、全体に感じのいい統一感があった。高さ三メートルの黄大仙の像のある祭壇の前に一〇〇人ほどの生徒が十数列に座り、その両側にも二〇人ずつの列が一〇あまりあった。わたしもそうだが、半分くらいの人が脚を組んで座るのがつらいようだった。つらいのは西洋人だけかと思っていたが、もちろんそんなことはない。都会で育ち、常に椅子に座って西洋式トイレを使っていれば、しゃがんだり脚を組んで座ったりするのがうまくできないのだろう。生活様式が変わった中国では、多くの人にとってそれは物理的に無理なことになっていた。

あと一〇分ほどで終わるというときに王力平の助手たちが部屋を回り始め、みんなが大丈夫か確かめた。たくさんの人が痛がっていた。身体にそれほど負担がかかることを本当に実践しているのはどのくらいの人数なのだろうかとわたしは思った。そこには矛盾があった——内丹術はウェルネス（中国語では養生（ヤンション））として宣伝されているのに、それを実践するには、王力平やその弟子たちが繰り返すとおり、まず健康でなければならないのだ。太極拳のように柔らかく心地よいものでもなく、むしろほとんど動かない。自分を清めるための内面の訓練なのだが、それを達成するには身体を犠牲にする必要があった。

しかし同時に、微動だにせず座っている人もいるのに気づいていた。秦嶺は、ある老婦人は岩のように動かず、楽に呼吸していた。姿勢が鍵である、なぜならまっすぐに座れば経路が開き体の内部が楽になるから、と言っていた。思想を自分のものとするために身体を使う点で、成都での『道徳経』の朗誦と似ていた。

最初の講座がその後の修練会の雰囲気を決めた。まずみんなで、例の孤高の僧侶の歌を歌った。郭さんが作ったのはその曲だけで、道教の一般向けの賛美歌集のようなものはまだなかった。それから王力平か王の補助教員が、午前と午後に一時間ほどずつ講義をした。講義の後に九〇分間瞑想をしてから昼食か夕食に行く。夜は選択講座を取るか、自由時間だった。

王力平の講義は混沌としていてあまり役に立たなかった。出席者の力量にとんでもなく差があり、幼稚園生から大学院生までが一つの教室にいて、風変わりな世捨て人がその全員を教えるのと少し似ていた。幸い、わたしたちは八五〇ページもある道教の資料集を渡されており、夜の集中講座で補助教員の指導を受けることができた。しかしある意味では、王力平が講義がうまいかどうかは重要ではなかった。王力平は大師であり、みんなは王力平を畏怖するために来ていたので、真の信者にとっては王力平がいるだけで意味があったのである。

それでも王力平が急に調子を取り戻すことが何度かあった。かつて王力平はそのように教えていた、と弟子たちは言った。ある朝、王力平は、道教の修練の大半は、十二世紀の道教徒で、チンギス・カンに会いに中央アジアに旅した丘処機（きゅうしょき）に由来する、と説明した。北京の白雲観や、道教でもっとも重要な一派である全真教は、丘処機が開いたものである。王力平は、丘の自己修練法についての章を読むよう指示した。資料集の一四九ページを開くと、王力平は身体と宇宙との関係を示す図を指した。

道教では、世界が天、地、人の三つに分かれていることに言及されることが多い、と王力平は言った。これは身体にある三つの主な洞房、つまり頭、肺の周辺、そして下腹部に対応している。人の「神」は頭にあり、「気」は肺を通じて取り込まれ、われわれを生かす生命力であり、限られた量しかない「精」は下腹部にある。そこから王力平は思想や概念についての説明を続けた。わたしの周りでは大勢の人が、主催者が配った小さな手帳にメモしていた。携帯電話を持ち上げて王力平の講義を録画している人もいたし、王力平の近くのテーブルに録音装置を置いている人も多かった。わたしもまた同じことをしていた。物質世界を捨て去る方法についての情報を、何ギガバイト分も積み上げるのである。

しかしほとんどの講義では、王力平はわけのわからない話を漫然とするだけで、昔からの弟子のなかには、王力平の教えのひどさと、金儲けのにおいがすることに動揺している人もいた。法輪功の弾圧以来、金華市での修練会を除くと、王力平は故郷の町かヨーロッパで少人数の講座を教えるだけだった。受講料は高く、たとえば大連で開かれる講座は一週間で五〇〇〇ドルもした。王力平が物質的なものをむやみに欲しがるようだと言う生徒もいた。王力平はメルセデスのSUVに、使い方を知らないライカのカメラを持っていて、絶えずお金の話をしているというのである。金華市でのこの修練会はもっと安く、宿泊と食事を含めて一〇日間で五〇〇〇元、約八〇〇ドルだった。これは、泊まる部屋だけでも一泊五〇ドルとされていることを考えれば、まずまずの値段である。主催者は当然もっと低い値段で予約しているのだろうが、食事も出している。宿泊と食事が合わせて五〇ドルだとすれば、王力平は一日二度の講義で三〇ドルしか取っていないことになる。もちろんそれが五〇〇人分になるわけだが、王力平には補助教員の旅費や、おそらく寺の使用料などの出費もあった。利益が少ないから講義に力を入れないのだろうか？　古くからの弟子のなかには、王力平が金持ちに囲まれている、その多くは収入源が怪しいとして厳しく非難する人もいた。

わたしはそこまで決めつけようとは思わなかった。六十代の王力平はそれでもたいへんなカリスマ性があり、引き締まっていて髪はクルーカットにし、目は鋭く、澄んでいた。主催者として参加者をよく気にかけ、ときに怖いほど頭が切れた。あるときわたしは、洞窟で瞑想しているときに途中で退出しなければならないことがあった。瞑想を始めて三〇分ほどしたときに、一〇年前に亡くなった母の幻影が見えたのだ。悲しみの感情がわき上がり、制御するのが難しかった。呼吸に集中しようとしたがうまくいかない。一〇分後、わたしは手探りで懐中電灯を見つけ、荷物をまとめてよろよろと日差しの中に出ていった。洞窟の入り口で苦しく息をしていると王力平がやってきた。王力平はあいさつし、わたしたちは今の幻影について話をした。

「それは何も問題ではない。いいことです。出てくる必要があったのでしょう」と王力平は言った。「それについて書くといいですよ」

　翌日、王力平はわたしや具体的なことには触れずに、瞑想をしているとつらい思い出が浮かぶことがあるが、それについて熟考することで対応するべきであると言った。それを聞いてわたしは『黄金の華の秘密』にユングが寄せた序文を思い出した。ユングはそこで、瞑想は規則正しい静かな思案をする機会をくれると書いている。今日では貴重なことである。そこで王力平はこう言った。「地球はわたしたちの母であり、洞窟に入るときわたしたちは母のもとに戻っている。洞窟に入り、出てくるときには変わっている。どう変わっているかを言うのは難しい。耳を使って、山が動き、話すのを聴きなさい。地球に耳を傾けなさい。地球が動いているのが聞こえる。美しい。自分の母親や父親のことを考えなさい。そうして気づいたものはそれでいい。知る価値のあるものなのです」

　一九八九年六月の天安門事件の数カ月後、奇跡のようなことが陳開国（チェン・カイクオ）の身に起きた。四十五歳の陳開国は、鄧小平の経済改革の最前線にあった国家農業委員会という機関で働いていた。委員会にはすぐれた農業経済学者の翁永曦（ウェン・ヨンシー）など、中国の改革時代においてもっとも頭脳明晰な人たちが何人かいた。翁永曦は習近平や劉源（リュウ・ユアン）とともに、田舎の既得権に立ち向かう聡明な若い役人たちを描いた柯雲路（コー・ユンルー）の小説『新星』のモデルとされている。陳開国は天安門で抗議行動をしていた学生の大半よりも年上だったが、デモに参加して民主主義と政府の透明性を求めた。ただ、重要人物ではなかったので政府内で行われた粛清では無傷だった。しかし多くの役人と同様、政治委員が隠れ民主派を一掃し、委員会を党の厳しい統制下に戻すのを待つあいだは手持ち無沙汰で、若い同僚の鄭順潮（チョン・シュンチャオ）と話すようになった。鄭順潮は大学を卒業したばかりだったので、二人は二〇も年が離れていたが、とくに鄭順潮が王力平というすばらしい人物と出会った話をし始めてから親しくなった。

　鄭順潮の話は次のようなものだった。王力平が小さかったとき、三人の道士が物乞いの格好をして王家の玄関の扉をたたいた。王力平の母親は信心深く、三人を泊めて食べ物を出した。すると三人は正体を現し、自分たちは王力平に道教の術を教えるために送られたのだと言った。両親は同意した。三人は町外れの農家を借り、王力平は毎日学校が終わるとそこに通って、ときに非常に厳しい指導に耐えて修練を積んだ。王力平が正しい姿勢を保つように、道士たちは王力平を縛りつけたり穴蔵に座らせたりした。時が経つにつれ、王力平の何時間も座り続ける能力は向上した。一九六六年に文化大革命が始まると四人は山地に向かい、麓の町や盆地が政治的混沌によって破壊されていくあいだ、中国農村部の高地をさまよった。八〇年代には、王力平はかつて秘められていた術を公然と教えており、たいへんな数の信奉者がいた。

政治面での行動が不可能であることを理解していた陳開国にとって、このより精神的な志向には希望があった。興味をそそられた陳開国は鄭順潮から聞いたことを全部書き留めるようになり、そのうちに二人はあることを思いついた。王力平の物語を書いて出版したらどうだろうか？　王力平に電話すると王は賛成した。それから陳開国は政府の出版局にいる友人たちに連絡をとり、『大道行』〔英語版のタイトルは *Opening the Dragon Gate*〕が出版された。何度も重版され、今日でも複写版を綴じたものが売られるほどよく読まれている。

陳開国と鄭順潮は修練会に参加していて、ある日の集まりに来た。じきに奇跡の話になり、白髪にひげを生やした老人が『大道行』をどう理解したらいいのか尋ねた。書かれている奇跡のいくつかを除いたとしても、かなり信じがたい話だったのだ。王力平は本当に三人の年老いた道士と自宅の近くで何年も修練したのか？　ティーンエイジャーのころにその道士たちとともに紅衛兵を避けて野山を旅し、道教の魔術を学んで善行を重ねたというのは本当なのか？

「この本を勉強していると人に言うと、その人たちは、まあ――それは本当の話ではないんでしょう？　と言う。寓話か何かなのだろうと言うんです」とひげの男性は言った。

陳開国は鄭順潮とともに部屋の前方に座っていた。陳開国はすでに七十一歳、髪は薄くなり眼鏡をかけ、あまりに多くの政治運動にかかわってきたのでもはや自分がどう考えているのか、何と言えば問題ないのかがわからない高齢の共産党役員らしい、ためらいがちなところがあった。陳開国は鄭順潮に発言の機会を譲った。

「イエスがはりつけにされたかは証明できませんが、だからといってキリスト教徒が信じないわけではない」と鄭順潮は言った。「わたしも以前は奇跡を証明しようとしていましたが、重要なのはそこでないことに気づきました」

集まった人たちからも賛成の意見が次々と上がった。

「王力平の周りにはオーラが見えます」

「眠っているときに練習すると王力平が現れることがあります。寝室に入ってきて話しかけてくるのです」

後でわたしは陳開国と二人で話をした。陳開国は長い間、王力平の運動にかかわっていなかった。デモへの参加を追及されなかったものの、陳開国は首都北京の政治面の雰囲気を圧政的だと感じ、ほかの多くの人と同じように遠く離れた深圳経済特区に逃げて民間の事業を始めていた。二〇〇二年に引退し、王力平とふたたび連絡をとったのは金華市での修練会が始まった〇九年になってからだった。今は『大道行』の新版を企画している、と陳開国は言った。

「これからやるのは伝統文化を強調すること」だと陳開国は言った。「奇跡の時代は終わった」

王力平に対する疑念が浮かぶたびに——常軌を逸した講義や高い報酬に支えられた生活のことを考えると——わたしは王力平が人を奮い立たせることを思い出すようにした。王力平はこれだけのことを実現させたのである。寺での瞑想会が開かれただけでなく、郭さんなどは道教音楽を現代化する機会を得た。欠点もあるが、王力平はたくさんの善意の人たちが伝統的な思想を新しいやり方で探求するための足場をつくり出したのであり、それは立派な成果であるように思われた。ロシアの新興財閥のための講座を開いて金を稼ぐというのは、たしかに人を奮起させる振る舞いだとは言えないかもしれないが、ほかの多くの宗教が資金稼ぎをする方法とそこまで変わらないのである。

王力平の取り巻きのなかでもっとも有望な一人に、首席補助教員の沈志剛（シェン・チーカン）がいた。五十代前半で、自分のことを話すときには慎重で控えめなのに、内丹術の話をするときには熱心で、人を引きつける力があった。中国西部で工学を教える沈志剛は、西安交通大学の学生だった一九八六年に王力平と出会った。「王力平のオーラはあまりにもまぶしくて」と、沈志剛はある日わたしに言った。「非凡な人であることがわかりました。この人が知っていることをわたしも知りたかった」

それから三〇年間、沈志剛は『黄金の華の秘密』をはじめとする、王力平の一派が説く自己修練法を教えてきた。この修練会でも、沈志剛がボランティアとして受け持つ講座は大人気で、二時間ほどの講座に約一〇〇人が詰めかけた。沈志剛が人気なのは、王力平の難解で不十分な教えを文脈に入れ、欠けている部分を補って、みんなに理解できるわかりやすい言葉で説明することができるからだった。

しかしわたしにとっていちばん有益だったのは、沈志剛が的を射た結論を導くのを厭わないことだった。ある晩、沈志剛は、中国は今でも生きている唯一の古代文化であると述べた。ギリシアやエジプトの古典を読み、古くからの儀式を生かしているギリシア人やエジプト人は何人いるだろうか?

対して中国では、言語が今でもだいたい同じである。古典中国語を学ぶのは容易ではないが、それでも学校で全生徒に教えられているし、たとえば西洋人がラテン語を学ぶよりもずっとやさしい。高校の教育を受けていて少しばかりの根気のある中国人なら誰でも、古典の一作品を読み切ることができる。まさに李斌のような道士が していることである。そんな道士の大半は高校さえ卒業していないのに、難解なテキストを読みこなす。

「西洋では、このような知識のほとんどは失われたり抑制されたりしました」と沈志剛は言った。「でも中国では、道教を通じてこの有史以前の知識が伝えられた」

ニューエイジ思想の一部がキリスト教以前の信仰に基づいている点で、沈志剛は完全には正しくなかったが、全体としては重要な指摘をしていた。現代のアテネで、宗教生活を再現するために古代ギリシアの作品を読む人はいないが、中国ではまさにそういうことが行われている。孔子を読んで解釈したことに基づいて学校のカリキュラムが組まれ、ひらめきを得るために『道徳経』を読む。親孝行を奨励するために『詩経』から引用し、『黄金の華の秘密』のような昔の文学をよく調べて瞑想の手がかりを探す。西洋人は、中国文化が失われているとか破壊されているとかいう話をよくするが、それは西洋では建造物の古さが高く評価されることが一因である。中国文化では書かれた言葉が何よりも重要で、それが残っているのである。

沈志剛の講義は、神秘の世界への旅のようだった。

熱っぽく話し、それに合わせてホワイトボード一面にぐるぐると図を描いたり箇条書きをしたりした。人間の内臓や星や巡る気の図をどんどん描いていくので、助手がホワイトボードを消すのが間に合わず、消すそばから沈志剛は中国の無尽蔵の過去からの言葉をまた書いていった。

ボランティアはほかにもいて、沈志剛よりも平凡だが感動させるやり方で会に貢献した。ある日わたしはホテルのロビーで張暁菲(チャンシアオフェイ)に会った。二十代後半のあか抜けた若い女性で、二歳の息子を膝の上であやしている。張さんは参加者の登録と会の運営を任されていた。自己本位の小宇宙が五〇〇も集まっていることを考えればたいへんな仕事である。わたしは、張さんは二週間ほどこの仕事のために派遣されてきた地元の公務員か何かだろうと思ったが、張さんは、普段は近くの町の保険会社で働いているのだと言った。

黒いスラックスに紫のブラウスと黒のブレザーという地味な服装の張さんはたしかにそれらしく見えた。髪はポニーテールにし、きまじめで非常に辛抱強かったが、したたかな面もあって、それで仕事がよくできていた。頬にはうっすらとした長い傷跡があり、おそらく子供のころのけがだろうが、今では人を惹きつけるところだとも言えた。

「以前からずっと信者でした」と張さんは言って息子を下ろした。息子は歩き、転び、つやつやしたタイルの床を這い回った。「この辺では、こういう歴史もあるので、たくさんの人がお寺に行きます。手伝いがいると聞いたので、引き受けました」

それは王力平が修練会を再開させた二〇〇九年のことだった。張さんは、会社は彼女が休みを取るのをよく思っていないと言った。秋はいちばん忙しい時期なので、一日休むごとに一〇〇元、約一五ドルの罰金を科されるそうである。つまり張さんは年間の休暇の一〇日間を全部使うだけでなく、ボランティアをするという名誉のために自腹を切っているのだった。それは相当の犠牲だとわたしは言った。

「いいえ」と張さんは、なんと狭くおかしな考え方をするのだろうとでも言うように答えた。「縁分(ユアンフェン)です」。縁分とは「運命」と訳すこともできる言葉だが、そこには宿命、義務、ときには運の意味も入る。「ただするのです。これはわたしがしたいこと」

わたしはまた、王力平から寺の院長、会に参加する何百もの人まで、全員が張さんを尊重していることを見て取った。これは張さんの人生により深い意味を与える何かに違いない。わたしは自分の両親のことを考えた。両親もわたしたち家族が通う教会でボランティアをしていた。フロリダ州タンパの教会で、母は副管理人として、ほかの人がやりたがらない、教会の運営に関するありとあらゆる種類の問題に対処しなければならなかった。ある年、教会の屋根を新しくすることになり、母は何カ月もかけて請負業者の見積もりを取り、教会は何千ドルも節約することができた。正式な謝辞は結局受けなかったと思うが、母は自分の仕事に満足していた。

張さんとわたしが話していると、やせた太極拳の師が入ってきた。張さんと同じ運営委員の一人で、今夜は委員会が開かれ、金華市でもっとも有名な双龍洞という洞窟で瞑想ができない問題について話し合うことになっていた。噂では、政府の観光当局が入場券を売りたく、修練会の参加者にも通常の営業時間にのみ入場を認めようとしていると言われていた。しかし日中の双龍洞は赤、緑、青の投光ランプで照らされ、人がぞろぞろ歩いていくので無理だった。そんな状況で誰が瞑想できるだろう？　当局は譲歩として、入場料を割り引くと言ってきていた。やせた太極拳の師はこの成り行きに悲しげに首を振った。

「できることしかできない」と師は言った。「この場合は、何もできることがないと思う」

太極拳の師は、だぶだぶの黒いズボンに八卦模様のついた金色の上着を着ていた。その上着はベロアのカーテン生地から作られたように見え、ちょっと変だったが、師はそれを、自分が太極拳の師として認められており、地元の太極拳団体の長でもあることを示すものとして、威厳を持って身に着けていた。背が低く、やつれていると言えそうなほど細かったが、このいつもの黒と金色の服を着ると、八卦の名人、中国文化の擁護者に変身するのである。双龍洞を運営する地元のごろつきどもが譲歩しないなら、いったん退却し、来年反撃に出てやろう。

会が終わりに近づいたころ、わたしは自分で双龍洞に行ってみようと決めた。前の年には、わたしを含めた数人が出口からこっそり入り、観光客のいない静かな数時間を過ごしたのだった。というわけで、ある晩わたしは双龍洞に行ってみたが、観光業界の番人たちが一歩先んじていたことがわかった。洞窟の出口は巨大なフェンスに囲まれ、回転門には鍵がかかっている。見回りをする家族も雇われていて、その家族には犬がいた。犬は吠え、唸り、噛みついてきた。小水石を穿(うが)つ。いつかは。今日はだめなので、わたしはその場を去った。

近くに小川が流れていて、巨大なコンクリートの東屋が立っていた。いつか、これの代わりに木でできた東屋ができるだろうとわたしは自分に言い聞かせた。いつか、人びとがより豊かになり、よりよい教育を受け、もっと旅をするようになり、などというふうになれば、すばらしい眺めとなるだろう。いつか、自分は死ぬ。

でもわたしは自制した。コンクリートの東屋が美しいかどうかが大事なのではない。月明かりのもと、コポコポと流れる小川の横で瞑想しようとしているのだ。その計画は実現できる。月はまだ強烈に明るかった。小川は音を立てている。瞑想では目を閉じる。古い木製の東屋など必要ないではないか？意思があればいいのだ。

わたしは小川のほとりに敷物を置き、目を閉じた。流れの音が聞こえ、月明かりが木々に反射しているのが見えた。右には東屋があり、下には地球がある。過去の情景が浮かんできた。不自然なほど明るい道、寺で吐き気を催したとき、奇跡について論じる人びと、薄い傷跡のある女性――こうしたことすべてが脈絡なく前に流れ、ついに記憶のリールが空になった。わたしは黒い中の遠くを見た。岩の向こう、はるか先まで。光が見えた。明るい。それを自分に引き寄せ、そこに何があるかを見るために目を内側に向けた。

数日後に北京に戻ってから、香港にいる友人のケン・ペンから、南老師が亡くなったことを知らせる電子メールを受け取った。それからしばらく、インターネットは南老師の火葬についての記事でいっぱいだった。遺灰には色とりどりの大小の玉が交じっていたそうで、それは南老師が超自然の力を備えていた証拠だとされた。これらの記事は主要なニュースサイトには掲載されなかったものの、ソーシャルメディアを通じて伝えられ、広く受け入れられて真実として扱われるようになった。

わたしはケンに電話し、礼を言って修練会のことを話した。ケンは以前、香港気功協会の副会長だったことがあり、道教の修練法をよく知っていた。ケンは、自分が今では南老師の禅様式の瞑想のほうを好む理由を教えてくれた。

「僕にとって道教の修練で困るのは、エネルギーや気を身体に巡らせるためにあまりに時間を使うので、心が本当には落ち着かないこと」

ケンは、昔のように瞑想中に跳びはねるとか、何か変わったことをする人がいたかどうか尋ねた。ケンが今ではそのようなことをよいと思っていないのがわかった。禅はもっと主流に近く、人はそこまで変わった行動はとらない。

大丈夫だった、とわたしは答えた。異常なことは何もなかった。

泣き出す人は？　とケンは訊いた。気が動転した人はいなかった？

ちょっと違うけれど、とわたしは言って、母が亡くなった記憶が急に出てきて瞑想を中断したことを話した。

「変でしょう？」とわたしは言った。内丹術によって抑制できないほどの感情が解き放たれることがあるのを、ケンがいいと思わないと思ったのだ。

「いや、全然そんなことはない」とケンは言った。「それは大事にするべきものだ。内側に何があるかは見るまでわからないからね」

19　北京——聖なるスラム

地下鉄一〇号線に新たにできた駅から出ると、分鐘寺地区はいつもと変わらないように見えた。寒い十月の夜で、人びとはせわしなく動き回り、道路に開いた穴や崩れた歩道、油の筋、格別に白い光で照らされた果物の屋台を避けて歩いている。そこにかすかな音が流れてきた。太鼓やシンバルが鳴り響き、わたしが前に進むにつれて音が強くなっていった。もう夜で、何かのお祝いには遅すぎる。この時間に音楽が演奏されている理由は一つしかない。誰かが亡くなったのである。

それは老倪の妻の于秀栄（ユイ・シウロン）の葬式だった。[2] ここのところ倪家の茶会の関係者が続けて亡くなり、最後が于秀栄だった。六月に老倪が亡くなった。碧霞元君のおかげで命拾いしてから二〇年近く経っていた。それから二カ月後、祁（チー）さんの夫の常貴清（チャン・クイチン）が亡くなった。廟会でいつもビールを手にしていた親切な男性である。さらに二カ月後、今度は于さんが旅立った。死因は肺癌で、一カ月のうちに病に圧倒されたのだった。

于さんほどの重要人物が亡くなれば、一三の香会の代表が出席する必要があり、全員が来ていた。来てくれと頼むまでもなかった。于さんが亡くなるとすぐに知らせが届き、誰もがするべきことをわかっていたからである。なぜ来たのかと尋ねるとみんな驚いた。老倪は文化大革命の後に一三の香会の再建を助けた。故人はその妻であり、六〇年間も老倪の伴侶だった人である。出席しないわけがないではないか？

「人間の性質をわかっていなければ、この世で何も成し遂げることはできない」と、老倪の長男の金城が後でわたしに言った。「共産党の役人まであいさつに来た。ここでの暮らしがどんなものかわかっている」

倪家の家に続く路地の最後の九〇メートルのところ

に、高さ六メートルの鋼鉄の骨組に緑色のキャンバスのシートがかかったテントが立てられていた。中には控えの間が一つあって、棺が置かれていた。その周りには一〇人からなる仏教の楽団がいた。山西省の李家の楽団とよく似ている。楽団は「越度亡霊（ユエトゥーワンリン）」の小さな金属の像を持ってきていた。于さんが無事にあの世に渡れるようにしてくれる神様である。像はテーブルに置かれ、楽団員たちはその周りの腰かけに座って太鼓やシンバルを打ち、笙や哨吶（スオナー）という管楽器を吹いた。

ガラスの棺には一〇本あまりの紙の輪がかかっていて、小さなガラス窓から于さんの身体を覆う黄色の絹布が見えた。布には中国語とチベット語で仏教のお経が刺繍され、于さんの顔の輪郭がなんとなくわかる。棺の頭の位置には小さな祭壇があり、于さんのモノクロ写真が供物の果物や線香に囲まれて置いてあった。テントの頂点からは、観音菩薩や弥勒菩薩の名前が織り込まれた絹のブロケードが垂れ下がっていた。

アーチをくぐってテントの広い部分に入ると、そこは広い食堂のようになっており、腰かけが置かれ、ビニールのかかった折りたたみテーブルに箸と紙皿が並べられていた。奥には調理場ができていて、白いコック帽をかぶった五、六人の調理人がごちそうを準備していた。

入り口の近くに座って友人たちと話していた金城がわたしを見て声を上げ、隣に来いと手招きしてくれた。あか抜けた服装だったが、見たこともないほど白髪が多く、げっそりとして疲れ果てているように見えた。わたしはお悔やみを述べ、調子はどうかと尋ねた。

「疲れたよ！」と金城は言った。「でも仕方がない。母親が亡くなる。それは疲れるものだ」

じきに夕食が出され、みんなが穀物酒の瓶を開けた。わたしはこれまで何度も、疲れている、頭痛がする、体調が悪い、などと言って酒を断ってきたが、見ているとそこにいる人は誰も断らなかった。酒を飲むのは儀式の一部で、とくにこんなときにはけっして断らず、少なくとも飲もうという姿勢を見せるものである。飲むのが好きな人もいるが、敬意を示す一つの方法でもあった。プラスチックのコップが用意され、わたしのコップにも透明な穀物酒がなみなみと注がれた。

金城の気分は、いつもの陽気さと強い悲しみのあいだで揺れ動いていた。同じテーブルの人たちと軽口をたたいたが、自分は一口も食べず、しきたりどおりに一五のテーブルを回ってそれぞれで客に礼を述べて乾杯しても、戻ってきたときコップにはまだ酒が半分残っていた。金城はうめき声を上げて腰を下ろし、テーブルをぼうっと見つめた。

弟の金堂がやってきて、「神耳老会（シェンアルラオホイ）」と囁いた。金城は目を輝かせた。そして「来たか」と答え、ゆっくりと立ち上がった。

外では黄色の絹布をまとった十数人の男が、皇帝の使いでもあるかのように厳かに待っていた。男たちは二人ずつ四組に分かれ、暗闇の中から明かりのついた路地に歩み出てきた。それぞれの二人組の間には、竿から巨大な銅鑼が吊られている。後ろには数人からなる楽団が続き、先頭には、やはり衣をまとい首に締め金をつけた男が立ち、その締め金から棒が頭の後ろに垂直に伸び、頭の上で九〇度の角度に曲がって釣竿のように男の顔の前に突き出ていた。そこにはごく小さな銅鑼が吊るされ、顔の三〇センチほど前のところにぶら下がっている。この男は赤い絹布に包まれた木槌を手にし、鼻の先にある銅鑼をいつでも打てるようにじっと見つめていた。

祁さんがすでに外にいて、ブルドッグのような顔にほんのうっすらとわたしを認める笑みを浮かべた。倪兄弟は息子としての務めに忙しかったため、祁さんが旗手として茶会の旗を右手に握っていた。由緒ある香会の訪問を受けるのは名誉なことだが、今夜はいつにも増して特別である。中国の葬式で重要なのは意図を伝えることで、四つの巨大な銅鑼を携えた楽団以上にその役にふさわしいものはなかった。

「先祖代々一四世代続く、神耳老会が参りました！」黄色い衣の男の一人が祁さんに向かって叫んだ。

「ようこそいらっしゃいました！」祁さんも大声で返した。

一行の長が祁さんのほうに一歩進み出て頭を下げ、同時に儀式用の旗を下げた。それに合わせて祁さんも茶会の旗で同じことをした。仏教楽団の団員が二人のお辞儀と同時に大きなシンバルを打ち合わせた。二人はもう一度、さらにもう一度頭を下げ、シンバルの音が互いの敬意を際立たせた。

締め金を付けた指揮者が派手な動きで木槌を振って例の小さな銅鑼を打つと、ごく小さなゴーンという音が響いた。それが合図で、後ろにいる男たちも巨大な木槌を振るって銅鑼を打ち、古い町内に低い音が鳴り響いた。それは于さんだけでなくみんなのために鳴っていた。わたしたちはその音をよく味わった。音が消えかけると、先頭の男が小さな銅鑼をふたたび鳴らし、また反響音がこだました。男は最後にもう一度同じことをした。三度銅鑼が鳴り響き、三度の叩頭があり、亡くなった老婦人と、彼女がその一員であった香会に対する敬意の表明が三度繰り返された。

そこへ幽霊のように金城が現れた。テントの入り口で裸電球に後ろから照らされ、より若い親戚に両肘を支えられている。故人にもっとも近かった者は、支えられなければ倒れてしまう印象を与えるためにそうすることが決まっているのだが、金城は本当に倒れそうだった。目には生気がなく、その下のくまは心配になるほど色が濃くて重そうで、身体もぐったりとしていた。金城は神耳老会の男たちに笑顔でうなずいた。男たちは三歩前に進み、指揮者が金城に三度頭を下げた。金城もそれに合わせて服喪用の笏(しゃく)を下げた。笏は白い紙で包まれ、いちばん上から細切れの布が下がっていて、それぞれの布切れに祈りや信仰の言葉が手で書かれている。

その後も同じような一行の訪問が続き、一三ある主要な香会すべてが故人の長男に敬意を示した。どれも演技は行わなかった。葬式では、武術や寸劇はふさわしくないのである。死者を悼む銅鑼の音だけがあればよく、それが町内に響き渡った。

中国の都市を支配する、空間は時間が経過すると質が上がるという自然界の法則に分鐘寺は反していた。過去にさかのぼれば分鐘寺のように寂れた場所がある。または北京からある程度離れても、同じような地区が残っている。しかし分鐘寺が北京のような大都会の中心近くに存在しているのは、中国の道理に外れていた。こんな空間は高層ビルやショッピングモールでいっぱいのはずである。分鐘寺は中国の都市計画の時空に挟まった歪みのようなところだった。このような場所は城中村(チェンチョンツン)、つまり「都会の中の村」と呼ばれる。

このような変則的な場所も、そのうちに法則に従うようになるだろう。安アパートの代わりに現代的な高層住宅が建てられ、路地が大通りに、商店はモールになる。でもそうなったときには何かが失われる。小さな建物や路地は、由緒があるというほどではないが、旧市街の胡同のように人間に合った規模で、親密だった。そんな場所では、かつての北京にあった神のいる生活を再現することが可能だった。路地を歩けば、近所の人は自分を知っている。人びとは供物を出す。戸口に立って往来する人を見る。サイロのような住宅に住み、隣の人を知らずにいるのはどんな感じがするのだろうか？ 共同社会の宗教生活は残るだろうか？ 宗教生活はそれまでとは異なり、自宅に祭壇を作り、たまに妙峰山などの廟に参る金城のような、もっと個別のものになるだろう。しかしこれも大まかな輪郭にすぎない。未来は今、ようやく少しずつはっきりと見え始めたところだった。

　参列者たちはニューオーリンズのジャズ葬の中国版さながら通りを行進した。神耳老会が先導し、近くにいる人たちに知らせるために銅鑼を打った。男たちの歩みはゆっくりとしていて、銅鑼の低い音が町内に響き渡った。

　神耳老会の後ろには、銀色に塗った紙の日傘や大きな紙製の動物など、象徴的な供物を持った男たちが続いた。途中、一行は一〇〇メートルほどごとに店や家の入り口で立ち止まった。そこは于さんに敬意を表したい人たちの家で、外に小さな台が出してあり、一行のためにプラスチックのカップに入ったお茶や、ヒマワリの種やミカンが用意されていた。これにはあの世に向かう于さんが道中、食べ物と飲み物に困らないようにするという意味があった。

　わたしたちはこれ以上ないほど細い路地を通り、近くの病院に入院している人の親戚のためのごく小さな宿屋や、狭い雑貨店、粗いれんが造りで外階段が付いた集合住宅などを通り過ぎた。北京では珍しいくらい見苦しい地区だったが、その夜だけは、参列者たちによって北京中でいちばん神聖な一角になっていた。

　一行を導くのは月だった。ちょうど満月で、すりこぎを持ったあのウサギが、于さんを救ったかもしれない薬を用意できないままこちらを見下ろしていた。太陰暦の八月だった先月に月をめでる祭りがあったが、スモッグがないからだろうか、今夜の月のほうが明るく見えた。信仰と慈善に捧げた正しい人生への報いとして葬儀を成功させようと、天の神々が手を組んでいるかのようだった。

　T字路に出るとちょっとした渋滞に行き当たった。道幅が狭く、自転車やスクーターや車が行列の脇を抜けようと先を争った。しかし一行にとってそういうことはどうでもよかった。一〇分間だけ、参列者たちは都市計画が狂ったこの一帯を、あの世への入り口に変えたのである。

　神耳老会が最初に交差点に入り、黄色の衣をまとった男たちが、倪家に続く道に曲がりかかったタクシーの行く手を阻んだ。運転手はすぐに何が起きているかを察し、バックして車を止め、エンジンを切って行列が通り過ぎるのを気長に待った。しかし運転手によっては待たされたくないのでなんとか通り抜けようとする人もいた。神耳老会の男たちはそんな車の前に立って銅鑼を打った。今だけは車を思いどおりにできる。いつものように小走りで車を避けなくてもいい。そんな魔力に満ちているかのようである。男たちは交差点の中央に正方形を作り、道行く車をどれも止めた。運転手たちは不承不承にエンジンを切った。

後ろに続いていた香会や参列者たちも交差点に着き、持っていたものを全部、交差点の真ん中に山にした。紙でできた馬、銀色の日傘、紙銭の残りも投げ込まれた。人が集まってきた。みんなこれから何があるかを知っていた。

一行のなかで年の若い男の一人がライターを取り出した。供物の山はすぐに燃え上がり、炎がプラスチックで覆われた紙の上を走って三メートルもの高さに跳ね上がった。警官が火に気をつけながらぶらぶらと通り過ぎた。夜に交差点で焚火をする許可は取ってあるのか?警官にはその謎を解こうという気はなかった。

香会の会員たちは衣装を脱いだ。神耳老会の男たちは、黄色い絹の衣を脱ぐと一気に灰色、緑、茶色、青というほかのみんなと同じ色合いになった。ウィンドブレーカーにズボンを身に着け、皺の寄った顔に荒れた手の男たちが手探りでタバコを探し、大きな声でしゃべっている。

何もかもが消えた。金城の持っていた白い笏さえも、金城が火に投げ入れるとすぐに炎に飲み込まれた。火が消えると葬儀は終わりである。道路はふたたび自動車のものとなり、車が灰の上を通っていった。

あっという間に元の普通の人間に戻ったわたしたちは、倪家に通じる路地を戻った。小さな公園の横を通ると、夜の一〇時で気温も零度ほどなのに、フォックストロットを踊ったり単純な運動器具を使って前後に揺れたりしている人たちがいた。通りの向かいにはレストランの代わりに携帯電話ショップや雑貨店、二つ三つのテーブルしかない店先食堂などがある。いつの間にかこの汚い地区が、城壁も、一世紀前に建てられた家も、寺も、鳴る鐘もないのに倪家の地元になっていた。倪家は追放されてここに来たのに、そこを自分たちのものにした。そしてそれがまもなく取り壊されるのである。

金城が立ち止まり、道端のセメントブロックに腰を下ろした。「いいから」と力尽きたように手を振った。「先に行って。僕はここでしばらく休む」。金城は頭を上げることができなかった。みんなはどうしたらいいかわからずその辺に立っていた。少ししてから若い男性二人が金城の脇の下に肩を入れて担ぎ上げ、なんとか家まで連れて帰った。

明日の朝五時に葬儀車が来て棺を火葬場に運ぶことになっていたが、その前にもう一つ儀式があった。ほかの多くの儀式と同様、食べ物が関係してくる。仏教楽団が位置につき、年長の団員がお経を上げるのに合わせて一〇分間演奏した。それから金城が力を奮い起こして母親の棺の頭のところにある小さな祭壇の前にひざまずき、大きなガラスの容器を差し出した。二〇人ほどの親戚が列をつくり、順番に食べ物を少しずつ箸で取って容器に入れていった。于さんの身体が地を離れる前の最後の食事である。金城は一言も発さず、威張りもしなかった。ただただ疲れていたのである。

「長男だからね、どうしてもやらないと」と、金城の姉が目に涙を溜めてわたしに言った。「そういうことになっているから」

そのうちに音楽がやみ、まだ残っていた者たちも、まず故人の家族に、それから棺にあいさつをして出ていった。金城が席に戻ってきた。

「これで終わり」と金城は言った。「明日にはもういなくなる」

20 しきたり——新しい指導者

春には、温家宝首相が中国政治の春の儀式である全国人民代表大会を開いた。秋には秋の儀式があり、今年はいつもより大がかりだった(3)。共産党は、たいていの年はこの時期に全体会議を開くが、五年に一度は本格的な党大会を開く。というわけで今年の十一月半ば、人民大会堂——天安門広場近くにあるあの巨大な悲劇の建物——が共産党権力の殿堂に変身した。この儀式の名称は第十八回全国代表大会で、その法師(ファーシー)は胡錦濤である。胡錦濤の目的は、自分を不死の身にし、後継者を選ぶことだった。

大会は朝九時に始まり、まもなく退く政府の業績を宣伝するプロパガンダ映像が大画面に映し出された。宇宙探査、二〇〇八年の四川大地震への対応、力強い経済成長が、政府が人びとに与えたものとして説明された。画面が四川大地震に切り替わると、胡錦濤が緊張している関係者の隣に立ち、全員がヘルメットをかぶり、胡錦濤が自分は犠牲者救助のために全国民を代表して来たのだという不可解に近い常套句を絞り出した。わたしは、実際に何日も山の中を運転して現地に物資を運んだ王怡(ワン・イー)の教会の人たちのことを考えた。また、この大災害でなぜあれほど多くの子供が亡くなったのかを突き止めた譚作人(タン・ツオレン)のことも考えた。それこそが信仰と献身であり、胡錦濤のは見せかけである。

舞台の両側にある二つの大画面に青い文字が光った。代表たちが着席を促され、二二三〇人の代表が来場したことが画面に出た。そのほとんどは会場にいた。注目の的は舞台で、奥の高くなった壇に四六席からなる列が六列あり、現役の、または引退した政府指導者が着席していた。三〇〇人ほどいるこれら古参の共産党員たちは、大会に正当性を与える以外に役割はなかった。彼らは合唱隊のように舞台前方の卓を見下ろした。そこが演壇で、まもなく胡錦濤にもっとも近い同僚や、中国でもっとも有力な高官でいっぱいになる。ポインセチア、カーペット、座席カバー、テーブルクロス、舞台奥の壁にカーテンのようにかかる垂れ布など、ほぼすべてのものが赤かった。唯一の例外は壁にかかっているサフラン色の鎌と槌で、それが黄金の色合いを添えていた。倪家の廟の奥にある黄色の幕と巨大な「茶」の字と同じである。

一二人の女性が舞台上に出てきて、座席の各列の中央と端に立ち、静かに、落ち着いて待った。女性たちは中国語で公式に礼儀小姐（リーイーシアオチエ）、「儀式の娘」として知られていて、容姿と、控えめだが和やかに距離を保つ能力で選ばれる[4]。舞台上では誰も笑顔にはならず、慎重に任務に集中している様子は修道女のようだった。事実、礼儀小姐になると女性専用の寮に入るのだが、そこでは貞操に関する規則が非常に厳しく、パジャマ姿で廊下にいることも許されない。当然、付き添いなしに寮から外出することもできない。「外部者」と出会ってはいけないからである。女性たちは地方から採用される。北京在住の女性は、家に帰りたくなる恐れがあるので応募資格がない。大会が終わってからようやく、ふたたび外界と接触することができるようになる。

はたからは見えも聞こえもしない指令が出されると、女性たちはかがみ、各代表の前にある磁器の茶碗の蓋を片手で取った。そしてもう片方の手に持っていたステンレス製の魔法瓶からお湯を茶碗に注いだ。底に入れてあった茶葉が表面に浮いてきたかと思うと女性たちは蓋をし、次の席に移って同じことをした。誰も飲まないのに全員にお茶を出す必要があるのだ。それは儀式の一部で、ここにいる代表たちが、全国に何百万もいる普通の党員と変わらないことを象徴していた。彼らもまた茶碗を机に置き、作業報告書の山をさばき、数字やスローガンを読み上げ、ここにいる代表と同じようにまじめに任務を遂行している。神と人間、中国の宗教政界ではこの二つが重なり、互いをまねる。

ついに指導者たちが登場した。まず胡錦濤である。小柄で用心深く、肌の色は青白くて活気がない、人生のあまりに多くを会議で過ごしてきた男である。受け身でありすぎると批判されることが多かったが、胡錦濤の「無為（ウーウェイ）」の形によって宗教が盛んになった。胡錦濤の故郷の中国南部では、胡錦濤が水力発電会社を定年退職した普通の人のように公園で孫たちと散歩しているのを想像することができた。胡錦濤は、舞台上の壇の最前列にいる人たちとかしこまって握手をしながら進んだ。数歩後ろには前任者である八十六歳の江沢民が続いた。昨年には死去の噂が流れたが、今はまた公の場に現れ、新政権の統治組織に手下を何人か入れることに成功していた。二人に数歩遅れてほかの指導者たちが登場し、胡錦濤と江沢民が別格であることが示された。

太い声のアナウンサーが出席者に起立を求め、一同は毛沢東、劉少奇（毛沢東に殺されたと言っていい人物）、鄧小平（毛沢東が自分の後継となることをもっとも恐れたが、実際に後を継いだ人物）、陳雲（鄧小平の経済改革に反対していた保守派）など、故人となった指導者たちに黙禱を捧げた。激しく対立していた敵同士だったのに、今は歴史の年表に載っている皇帝たちのように一列に並んでいる。

ついに胡錦濤が発言に立った。六十九歳の胡錦濤は道士がするように不死の人をまねているのだが、華やかに刺繍された神の衣をまとう代わりに、現代の慣行に従い、髪を真っ黒に染めて年など取らないかのように見せ、共産党に不死（万歳《ワンスイ》）を授けるプロパガンダの垂れ幕で自身を囲んだ。いちばん目立つ垂れ幕は大会堂のバルコニーにかかり、一つの文字が六〇センチほどの高さで「偉大なる輝かしい中国共産党万歳」と書かれていた。わたしは王怡と、王怡の衛《ウェイ》おばさんに対する弔辞のことを考えた。不死を授けることができるのは誰なのだろう？

胡錦濤の演説は、作業報告書の朗読という形をとった。ただ、実際に読んだのはいくつかの抜粋だけだった。六〇ページあまりの報告書を全部読むには『道徳経』よりも時間がかかっただろう。報告書は過去五年間の胡錦濤の業績を列挙し、後継となる習近平がするであろうことを予測した。中身はほとんどなかったが、もともと実質は重視されていない。この文書は呪文のようなもので、魔除けの効果のある文句や言葉を通じて胡錦濤が今でも「霊《リン》」、効き目を持っていることを示していた。これができなければ霊が弱まっているということである。

どうすれば不死の身を手に入れられるだろうか？　鍵となるのは、自分の理念が中国の指導方針の一部として大切にされることである。共産党は、公式にはマルクス・レーニン主義の思想に基盤を置いていたが、そのことはあまり具体的な意味を持っていない。中国はもはやマルクス主義の経済理論を守っていないし、レーニン主義も、共産党が漠然とレーニンの考えに基づいて組み立てられた権威主義的な組織であるという点でのみ守られていた。しかしこれらの思想やその背景にある人物に言及することは、中国で「家譜（チアプー）」と呼ばれる家系図と同じように、正当性を授かる行為なのである。マルクス主義とレーニン主義の後に毛沢東主義が続いた。論法としては歪んでいて堂々巡りの部分が大きいが、それでもある種の一貫した思想だった。それから鄧小平理論が持ち出される。これは構想や思想というよりは思いつきの集合体だった。次が江沢民である。大物のうちまだ存命だからだろうか、その理念に江沢民の名前はついておらず、「三つの代表」と呼ばれていた。共産党は労働者と農民以外の階級も代表しなければならないという意味である。空疎な思想だったが、中国で実際に権力と金を持っていた実業家にも党を開いた点で重要だった。

　胡錦濤は「和諧社会」「科学的発展」という二つの理念を推進した。「科学的発展」にはあまり中身がなく、毛沢東のやり方だったユートピア的理想の追求とは異なり、専門家の言うことを聞くべきであるというような趣旨だった。「和諧社会」は、過去に訴えて団結を生み出すなど、伝統的な観念に敬意を示したものだった。しかし肝心なのは、胡錦濤がこれらの理念に何度も言及することだった。繰り返すことで現実がつくり出されるのである。

　出席者たちは自分たちの役割をよくわかっていた。胡錦濤にはカリスマ性も雄弁の術もなく、その演説は買い物リストの読み上げと同じくらいわくわくさせられるものだった。しかし現代の演説には盛り上がるところや拍手がなければならないので、胡錦濤は合図としてたまに声を大きくして叫んだ。「われわれは小康社会を獲得するために決然と戦うのである！」全員が拍手した。

　合図がうまく出されないこともあった。声をいつ大きくするべきかを胡錦濤がわかっていないらしいこともあれば、文が終わりそうになったところで大声になるので代表たちが拍手を始めるのが早すぎることもあった。何かが足りていなかった。音楽か、少なくとも妙峰山の香会の太鼓やシンバルのようなものが必要だった。

　とはいえ、胡錦濤は聞いていて心地のよい声をしていた。調子が整っていて、つっかえることもない。地方レベルに始まり、次第に階級を上げながら、もう何十年もこのような報告書を読んできたのが明らかだった。それに毛沢東の政治宗教カルトに比べればこちらは上品な仕上がりである。胡錦濤は何十万もの熱狂した信奉者の称賛に浴したり、街中の広告板に自分の顔を貼り出したりしなかった。胡錦濤は地味な人物で、共産党指導者の殿堂では例外だった。

いずれにしても、胡錦濤のまじないは効いた。一週間後、一般向けの発表や説明がないまま、中国の新しい指導部が人民大会堂に現れた。胡錦濤など前指導部のほとんどは消え、これから五年間中国を統治する新党首の習近平と、次期首相の李克強、その他五人の新顔が登場した。

習近平は国の精神面の不安の解消を最優先課題にした。三〇年前、習近平は正定の寺を再建し、国を前進させるために禅の師と手を組んでいた(5)。二〇年前にはたいへんな関心を持って気功ブームを見守り、仏教に興味があることを旧友に話していた。今、習近平は二つの主な任務に取りかかった。一つは汚職の取り締まりである。これをパワープレーと見るか、不正行為を抑える真の試みと見るかは自由だが、すぐに高い評価を得た。もう一つは、共産党による伝統的価値観の採用を推進するための大規模な全国的キャンペーンで、部外者には理解しがたく、真剣に受け止めるのも難しいものだったが、実際にはこの二つは関連していた。どちらも、最低限の道徳基準が欠けていることに対する習近平の答えだったのである。

これらの目標を達成しようとするにあたり、習近平はライバルの薄熙来（ボー・シーライ）が書いた筋書きに従っていた。薄熙来は元重慶市共産党委員会書記で、妻がイギリス人実業家を殺してから投獄された。薄熙来は中国のもっとも重大な体系的問題のうちの二つに取り組んだことで全国から注目されていた。一つは汚職で、薄熙来は有名なギャングリーダーを逮捕することで対処した。もう一つは中国の精神面の空白だった。薄熙来は毛沢東時代に戻ろうとし、共産主義の歌を歌う「唱紅歌」運動を始めた。企業や政府機関はグリークラブ風の会やコンクールを開くよう命じられ、そこで昔の共産主義の歌が歌われた。毛沢東の独裁を理想化する動きに進歩的な中国人はぞっとしたが、わたしが薄熙来の失脚の直前に重慶を訪れたときには、みんなで共同でする行事としてそんな活動を懐かしそうに話す人もいた。政治でも宗教でも公共領域で集まる機会がほとんどない国では、こうした集まりが共同体意識をつくり出したのである。

汚職取り締まり運動と公衆道徳の新体制を確立させようという習近平の動きに、薄熙来の構想との類似点があることはすぐにわかった。主な相違は精神面の空白への対処方法だった。習近平はおそらく、共産主義を礼賛する純粋なネオ共産主義的アプローチが誰にでも合うわけではないことに気づいていただろう。習近平の戦略がすぐれていたのは、共産党の伝統を中国の古くからの継承物と混ぜ合わせていた点だった。

就任の一〇日後、中国国家博物館を視察しているときに、習近平は中国の国としての再生に結びつけて「中国の夢」という言葉を初めて使った。観測筋の多くはすぐにこれを「アメリカンドリーム」をまねた概念だと結論づけたが、ほとんどの中国人は、これを中国の国政術や哲学や文学で使われる表現から取ったものだと理解しただろう[6]。何千年も前から、中国の統治者は治世の方針を夢の解釈という形で表現してきたし、道教の思想や中国の有名な小説でも夢が重要な役割を果たしている。二十世紀初めの思想家たちも、自分たちのユートピア的理想を夢として説明した。一九〇二年、著名な改革論者の梁啓超（りょうけいちょう）は未来を舞台にした小説を書いた。そこでは、二〇六二年に上海で開かれる世界万博で、孔子の子孫が中国に民主主義がどのようにもたらされたかについて講演する。

しかし、習近平が二十一世紀について見ている夢はどう説明すればいいのだろう？　そしてそれを一般の人びとにどう売り込めばいいのだろう？　習近平の演説の後、宣伝機関や思想家たちは実際面の詳細を検討し始めた。年が明けるころには答えが見つかっていた。それは中国の過去にあった。

21 成都——新カルヴァン主義者

王怡（ワン・イー）の教会周辺にある通りの名前は、消えゆく過去の残響のようだった。仏教の寺の名前にちなんだ「瑩華寺街」、儒教の学校の名前をとった「玉皇観街」、武神を祀る道教の寺院の名前の残る「小関廟街」がある。これらの寺などは二十世紀に取り壊されたが、その理念の多くは、破壊を免れた伝統的な宗教文化の一部として生き残った。

この古い外殻を、新しい、しかし目に見えないものが覆っていた。教会がつくり出す、神のいる世界である。秋雨之福帰正教会は、教会員たちが江信マンションの一九階の半分を購入した二〇〇九年に花開いた。建物に入るのを警察に阻止されると、教会員は錦江のほとりに集まって野外で静かに祈る会を開き、建物に入るのを認められるまで続けた。運河化され汚染された錦江は、彼らのヨルダン川、教会員たちが新時代への洗礼を受けた聖なる川になっていた。今日、教会の会議室には成都の地図が掲示されている。中心部を錦江が蛇行し、その周辺の、聖書の勉強会が毎週開かれる家や会社の位置にピンが刺してある。そう遠くないところに仲間の教会や祈りの会があった。ひっそりと集まり、政府に認められていないが禁止されてもいない。北京の香会と同様、部外者には見えないが、何千もの信者の生活を規定していた。

十一月のある朝、わたしは秋雨教会から東に向かい、そのような聖なる場所の一つである生命之泉帰正教会（ションミンチーチュアンクイチョン）を訪れた[7]。運営しているのは査常平（チャー・チャンピン）という、四川大学宗教文化研究所のキリスト教研究センターで教える本好きな教授である。専門は聖書、と言っても王怡の神学校のように牧師を養成するためではなく、西洋の宗教を専攻する学生に教える学問の科目としての聖書である。生命之泉教会は査常平の私的な活動で、秋雨教会と同様、未登録だった。彭強（ポン・チアン）という別の牧師も入れると、王怡たちは成都にある活発な未登録教会を率いる三人組だった。

わたしは数カ月前に査常平に会っていて、そのとき査常平に、次に国外に出たときに参考書を二つ買ってきてくれと頼まれていた。その二つとは、ヘブライ語聖書のギリシア語訳である『七十人訳聖書』の英語訳とドイツ語訳だった。『七十人訳聖書』は初期のキリスト教徒にとっていちばんなじみのあった聖書の版であるため、キリスト教の土台を築いた初期の信者が、自分たちがそこから出てきたユダヤ教の伝統をどのように読み、解釈したかを理解するために欠かせないものである。査常平は中国語聖書の新版を出そうとしており、自分の古代ギリシア語の理解が正しいかどうかを確かめるためにその二冊が欲しかった。聖書を一人で中国語に翻訳しようというのは途方もない取り組みだが、中国の新しい、都会の教会ではよく見られることだった。彼らにとっては今が土台を築く時代なのであり、大きすぎる野望はないように思われた。

査常平の教会は「小関廟街」を途中まで行ったところにあった。王怡の教会同様、外からはそれとわからないようになっていて、屋根に十字架もなく、表札もない。学校だった古い四階建ての建物の三階部分に入っているだけなのだが、どの部屋も明るく楽しい印象を与えた。壁は真っ白に塗られ、窓は来る冬の季節に向けて、紙で作った雪の結晶や銀色のつららやモミの木で飾ってあった。居心地がよく懐かしいが、変な感じもした。ここはニューイングランド地方でも北欧でもなく、湿度の高い亜熱帯だからだ。

査常平は机に着いていた。四十六歳でほっそりとし、髪は短く、丸いメタルフレームの眼鏡をかけている。きまじめで厳格そうで、黒いジャケットに黒いスカーフを首に巻いているので、僧侶のように見えた。しかし査常平は気難しい知識人ではまったくなく、とくに自分のことや教会で苦労したことについて、よく控えめな冗談を言った。査常平は王怡と異なり、かつてメディアにもてはやされ、その個性の力で自分の教会に人を集めたのではない。二〇年前に引き継いだ既存の教会を、手に負えない若者を制御しようとする苦労の多い教師のように運営してきたのである。

「教会を案内しましょう」と査常平は目くばせをして言った。「いくつか変えたところがあります」

わたしたちはまっすぐ奥の壁に行き、査常平は大げさな身振りで最近の成果を指さした。それはちょっと見たところでは何も特別なところのないものだった。額に入れたばかりの長さ約六〇センチ、幅は約三〇センチの一覧表で、「わが教会のアイデンティティ」という題がついている。内容は、初めはそれなりに単純だったが、急に非常に複雑になった。

（1）われわれはクリスチャンである。われわれは悔い改める。われわれは聖書が明らかにするとおりイエス・キリストの神をわれわれ個人の救い主そして神として信じる。

（2）われわれはクリスチャンである。われわれはキリスト教信仰の標準的な表現として、聖なる使徒の初代教会が認めた使徒信条、ニカイア信条、アタナシオス信条、カルケドン信条を受け入れる。

（3）われわれは改革派のプロテスタントである。われわれは第二スイス信仰告白（一五六六）とウェストミンスター信仰告白（一六四六）を、キリスト教信仰の完全で、調和のとれた、権威ある表現として受け入れる。

（4）われわれは中国における普遍主義の教会である。われわれは政教分離原則を受け入れる。

（5）われわれは長老派のプロテスタントである。われわれは長老の選考をわが教会にふさわしい運営モデルとして選ぶ。

（6）われわれは生命之泉帰正教会の会員である。われわれは、父と子と精霊の三位一体が生命の回復の源泉であると考える。

初めと終わりはまあ明快だったが、それに比べると真ん中の部分は難解だった。わたしは二点目からわからなくなった。使徒信条とニカイア信条は、普段から教会に通う者ならよく知っているもので、プロテスタント信仰の基本的な信条が提示されたものである。しかしカルケドン信条とは？　それに第二スイス信仰告白（一五六六）？　わたしは教会史を学び直す必要があった。

「ヤ・タ・ナ信条とはなんですか？」とわたしは尋ねた。

「ああ」と査常平は言った。「それは英語のほうを聞き慣れていますよね。アタナシオス信条です」

「わかりません」と、わたしは少しやましい気持ちで答えた。

「調べておいてくださいよ！」と査常平は言った。

「教会史の一部です」

「それで教会に来る人たちは」とわたしは言った。

「みんなこれを理解しているのですか？　この、ええと、ウェイ・シ・ミン・シ・テ信条というのも？」

「ウェストミンスター信仰告白！」査常平は笑ったが、その後に大きくため息をついた。

「まだ反対する人がたくさんいます」と査常平は言った。「こんなものはいらないと言う会員もいますが、続けるつもりです。理解しないで拒絶するのです」

「何を拒絶するのですか」

「改革派の教会であること」と査常平は言った。「うちの教会は改革派の神学を採用していて、そのことをなるべくはっきりさせたいのです。それでこの一覧を作りました」

改革派キリスト教は、カルヴァン派、長老派、清教主義などして知られることもあるプロテスタントの教派である。中国ではこの数年で急に人気が出ていた。多くの信者が、改革派がもっとも正統で原形に近いプロテスタンティズムであると感じていたのである。改革派キリスト教は、十六世紀のフランスの神学者、ジャン・カルヴァンの教えに基づく、保守的で厳格だが美しい形のプロテスタンティズムで、聖書の言葉を最高の権威と見なす。聖書が明示的に是認する礼拝のみが認められ、お辞儀をして十字を切るなどのあからさまな作法や、異言を話すような恍惚とする体験はほとんど認められていない。初期には音楽さえ禁じられていた。音楽の禁止はのちに解除されたが、改革派キリスト教には厳格なところがあり、厳しい規則が定められていることも多い。これが、伝統宗教を退けたがそれに代わる人生の指針をまだ探している人たちもいる国で魅力的に見えたのである。

王怡の教会は改革派の神学を完全に採用しており、この夏に教会員たちは十六世紀のハイデルベルク信仰問答を読んでいた。これは改革派の教義を一二九の問答に基づいて説明したもので、それぞれの問答に詳しい脚注が付いている。

問一一　しかし、神は憐み深い方でもありませんか。
答　たしかに神は憐み深い方ですが、またただしい方でもあられます。ですから、神の義は、神の至高の尊厳に対して犯される罪が、同じく最高の、すなわち永遠の刑罰をもって体と魂とにおいて罰せられることを要求するのです。

〔『ハイデルベルク信仰問答』吉田隆訳、新教出版社、一九九七年〕

このように道徳の判断基準がはっきりしていることは多くの中国人の心をとらえたが、改革派教会のほかの部分には反論も多かった。査常平の説明によれば、中国人の信者にとって改革派の神学には引っかかる重要な点が二つあった。一つは幼児の洗礼である。これは些細なことに思えるかもしれない。幼児を洗礼して何か問題があるのか？　カトリックや一部のプロテスタントの考え方では、それは万一早く亡くなっても天国に行けることを約束する保険である。しかしほかの、とくに中国のプロテスタントにとっては不快な観念だった。大人が自分で決断するべきだという考えのほうがしっくりくる中国人が多いのである。自分の進路を他人に決められることにうんざりしているからかもしれない。

中国人の多くが納得できないもう一つの概念は長老制だった。数人の経験豊かな年長者が教会を運営するという、中国の伝統的な政治思想や、今日の政治制度にさえも似ているところのある制度である。王怡の教会では長老は選ばれず、王怡ともう一人の牧師が長老で、二人が秋雨教会を運営していた。かつてもう一人長老がいたこともあったが、その妻が、女性も牧師になれるべきだと主張したので除名されていた。王怡が反対し、二人に退会を命じたのである。

「もっと柔軟にできることもあるかもしれません」とわたしは言った。「全部の教会がこのような制度をとっているわけではない。選挙をするところもあります」

「いや」と査常平は言った。「長老の制度は必要です。過去には毎年大きな会合を開いていましたが、大混乱で何も決まりませんでした。うちには構造が必要で、そのためには契約の文化が必要です——合意のうえで決められたやり方で物事が行われ、そのとおりにしなければ相応の成り行きになるという考え方です。中国人の頭には契約の観念がありません。これは客観的な意見です」

わたしは、査常平がわたしに真っ先にこの信条の一覧を見せた理由がわかってきた。あれは、みんなが従うことに合意した公の契約だったのだ。新しい都会の教会が徹底して開かれていようとするあり方が、また別の形をとったものだった。これは査常平なりの、扉に釘で打ちつけられた「九五カ条の論題」だったのである。同意するかしないのか。曖昧さを残す余地はない。わたしはなぜこのような公然とした表明をそれほど重要視するのか尋ねた。

「中国には契約の文化が必要です、社会のためにも人びとのためにも。この感覚が共有されていません。四時半に約束しても六時に来ます」

「人びとにその用意ができていると思いますか？」

「先週末は幼児の洗礼について議論しました」と査常平は答えた。「最後には、改革派であるのかどうかについて投票をするしかなくなりました」

結果、六六パーセントの教会員がそれに賛成した。

「三分の二だから、それで十分」

執務室に戻ると査常平は、王怡と作家の余傑（ユイ・チエ）による中国語圏のプロテスタント牧師のインタビュー集を渡してくれた。査常平の章は「遍歴の騎士の時代から公的市民社会に変化する中国のキリスト教」というものだった。[8]このタイトルには、中国の人の多くが自分の国をどう見ているかが表れていた。そこは無法の地で、よい行いがされることはあるが、それは高貴な人や英雄による個別の行為としてだけである。

査常平は、そうではない、活発で積極的な市民が支える、法に基づいた社会を求めていた。二〇〇〇年代にあった新公民運動などの政治改革運動に似ている。この運動は、法律を使って市民的権利を守ろうとするもので、中国の政治改革の青写真となる「〇八憲章」の発表で最高潮に達した。しかし共産党は、ノーベル平和賞受賞者の劉暁波（リュウ・シアオボー）をはじめとする運動の支持者の大半を拘束したり活動を妨害したりした。共産党にとって、法律は国を統治するための道具であり、社会を導いたり市民に権利を与えたりする枠組みではなかったのである。法が適用されない人がいること、これは中国の政治改革を妨げたものの一つだった。法と権利は神に授けられたものではなく、共産党がつくり出したものなのだ。しかし生命之泉帰正教会などの改革派教会では、より高い忠誠に基づいた何かをつくり出そうという取り組みがされていた。

二十世紀初めは中国で宣教活動が非常にしやすい時代だった。一九〇〇年、義和団と呼ばれる半宗教団体が外国人、とくに宣教師を虐殺し、最後は西洋の軍隊によって鎮圧される事件が起きた。ところがこの暴力があったために、ますます多くの外国人が中国を救うためにどっと入ってきた。宣教師の数は一九〇五年に三五〇〇人だったのが一九二〇年代には八〇〇〇人以上に増え、さまざまな教派や思想ごとに分かれていた[9]。プロテスタントでは英国国教会、バプティスト、メソディスト、長老会、ルーテル教会、聖公会の宣教師がおり、また原理主義者と近代主義者との間の対立も深まっていた。もちろんカトリックの宣教師もいて、そのなかにもさまざまな修道会や国益ごとの対立があった。イタリア人対フランス人、フランシスコ会対イエズス会といった具合である。ある夏にわたしは河南省の鶏公山(チーコン)に行った。華北平原を見下ろす、二十世紀初めには宣教師に人気の避暑地だったところである。山には二四の国から来た宣教団が使っていた別荘が三〇〇も点在していた。各国の各教派がそれぞれ別荘を持っていたのである。各別荘が中国を救うためのそれぞれ異なる計画の拠点となり、一帯には宗教に関する助言がどよめいていた。

　こんなに大勢の助言者がいたのに、中国人だけはいなかった。一九〇七年、プロテスタントの宣教師が初めて中国に到着してから一〇〇年が経ったことを記念する大規模な会議が開かれた[10]。上海で開かれた会議には世界中から一一七〇人が集まったが、中国人は一〇人だけだった。一九二〇年代には、宣教団がどれほど役に立つのかを疑問に思う人が多くなっていた。宣教団は官僚的で不経済で、金のかかる外国人に支配されていた。彼らはたいへんな費用をかけて本国に戻り、野蛮な中国人を救う活動について基調講演をして称賛を得ることで資金を集めていた。複数の教派があることがとくに有害だと考える批判者が多かった。プロテスタントの団体同士の複雑な対立は、中身よりも手段についてである場合が多い印象を与えていたが、中国に必要なのはそんな状況ではなく、情報を広めるための統一された一つの教会だというのだ。

　誠静怡(チョン・チンイー)など著名な中国人クリスチャンの多くは宣教師の必要性を疑問視した[11]。一九一〇年の世界宣教会議で誠静怡は、宣教師に代わって中国人が指導者の役割を果たすべきだと訴えて聴衆に衝撃を与えた。誠静怡はプロテスタントの諸教派にも熱を込めて異議を唱え、中国には統一された中国の教会が必要なのだと述べた。パール・S・バックのような進歩的な外国人も同じ意見だった。長老派の宣教師を両親に持つバックは、『大地』などの小説を書いて一九三八年にノーベル文学賞を受賞した。その数年前、バックはニューヨークのアスター・ホテルで「外国の宣教団は必要か?」と題する講演をして聴衆を呆然とさせた。バックは、宣教団を傲慢で中国についで無知であるように描写し、宣教団が中国に居続けることもそれほど積極的に支持しなかった。一七年後に共産党が宣教師を追放すると、西洋人の多くはあまり強く反対しなかった。宣教師というものは植民地時代の遺物のように思われたのである。キリスト教がもっとも拡大したのが一九四九年以降であることも、外国人は余計だったという事実を強調するようだった。

しかしキリスト教は世界的な宗教であり、数十年後に中国がふたたび門戸を開くと連絡も再開した。それでも西洋の思想がそのまま採用されることにはならなかった。むしろ、キリスト教についての西洋の経験は、中国人がそこから好きに選べる道具一式のように扱われた。

ウルズラ・ザイトは裕福な戦後の西ドイツに育ち、一九八〇年代に西ドイツの財務省の公務員職に就いた[12]。しかしウルズラには反逆児っぽいところがあった。教会に通っていたが、そこは政府が後援する教会ではなく、伝道活動に力を入れる「自由な」教会だった。そうして信仰にかき立てられたウルズラは、一九八六年にサバティカルを取り、香港に旅して運び屋になった。

ウルズラが運んだのは聖書で、上司は四十三歳のデニス・バルカムというヴェトナム戦争の退役軍人だった。バルカムは、一度に何百キロ分もの聖書を中国に密輸したことで宣教師界では伝説の人物になった。しかしバルカムはただ大胆なだけではない。十六世紀のイエズス会宣教師と同様、バルカムは中国の言語と文化の理解が重要であることをわかっていた。バルカムは三カ月間『ヨハネによる福音書』を繰り返し音読して広東語を習得し、ウルズラには、運び屋以上のものになりたいのなら頭を使えと言った。というわけでウルズラは数年間中国語を勉強し、貯金と伝道会からの支援を使ってついに中国に向かった。

「どの都市を訪れるべきかわからなかったので中国中を旅しました。成都に着くと、ほかと違う感じを受けました。いちばん大きな駅に着いたのですが、わかりますよね。混んでいて、あまりに多くの人がいて。混沌としていると言ってもいいくらい。でもその場の空気に何かを感じて、この街に歓迎されていると思いました」

一九九〇年四月のことだった。天安門事件から一年も経っておらず、外国人はまだあの虐殺で怖気づいていた。ウルズラは成都にいる数少ない外国人として、中国語を学ぶために入った地元の大学で歓迎された。クリスチャンを含めて友人もでき始め、アパートに人を招いてクッキーを作り、聖書について話し、祈るようになった。ゆっくりとした前進だったが、一九九四年には当時四川大学で神学を学んでいた若い査常平に会った。そのうちに彭強（ポン・チアン）——成都でもっとも影響力のある三人目の牧師——も加わった。

「当時は外で、公園に集まりました。仲のいい家族のようで、何でも話しました。食事も一緒で、みんなでいろいろな経験をしました」

わたしが会ったとき、ウルズラは中国に来てから二〇年以上経っていた。五十代の温かい女性で、髪をブロンドに染め、マスカラが濃く、強いドイツ南部訛りがあり、いつもパンやケーキを焼いている人らしい心休まる雰囲気がある。そのときは、結婚したばかりの夫のマンフレッドとともにドイツから戻ってきたばかりだった。マンフレッドは熱心なクリスチャンで、ウルズラの伝道活動を手伝うことに意欲的だった。わたしたちは四川大学の西門で会い、話をする場所を探し、ピーターズという西洋風レストランチェーンに落ち着いた。ただのブラックコーヒーを飲む二人は、キャロットケーキを食べ、高いカフェラッテをすする周りの中国人のなかで浮いて見えた。

最近ますます、この世界はウルズラにはもはや理解できないものになっていた。以前と異なるのは繁栄ぶりだけではない。人びとの態度も変わっていた。九〇年代には、ウルズラは査常平や彭強その他の若い中国人クリスチャンに改革派の神学とはずいぶん異なるものを教えていた。ウルズラが参加していた自由教会運動はカリスマ派で、最小限のヒエラルキーしかなかった——好き勝手にしていいというわけではないが、形式ばった組織を否定するのである。ウルズラは公園にウクレレを持っていき、神を称える簡単な歌を歌ったものだった。ウルズラは、戦後の自由奔放な西側に育った自分が大事にしていたこと、つまり権威を疑うことを教えたのである。

しかし査常平をはじめとする新しいクリスチャンたちは、ウルズラの世代の西洋人が否定した組織こそが欲しかった。この二〇年間の査常平たちの展開はウルズラを困惑させた。とくに腹が立つのは賛美歌だった。王怡と査常平と彭強の教会では西洋の賛美歌集が使われていた。収められているのは一〇〇年も二〇〇年も前に書かれた曲である。マンフレッドが慎重に意見を述べた。

「彼らが関心を持っているらしいのは、伝統ではなく伝統主義です。わたしたちはそれを受け付けません。わたしたちは、聖霊を生きているものと考えます。わたしたちは川のような場所にいて、どこからか出発してどこかに向かっているが、聖霊は心の中にあり、わたしたちを導き、わたしたちの中に生きている。聖霊は、わたしたちが旅を始める前に誰か別の人が取り入れた儀式の中に生きているのではない。わたしたちにとってそこに意味はありません。

キリスト教はそのとき始まったのではないのです。そういう賛美歌こそが昔からあるので確実だ、信頼できると言うが、それは絶対に違う！　西洋を見なさい、そんな賛美歌を誰が歌っていますか？　こういうこと全部が西洋では何につながりましたか？　誰も教会に行かず、誰も神を崇拝しないことになりました。こういう重い組織では、精神はいとも簡単に消えてしまう」

ウルズラは、王怡が秋雨教会を今のように組織しているのは理解できると言った。王怡の教会は新しく、王怡を中心としている。そこに加わる人は、その教会が王怡がつくり出したものであることをわかっているからである。しかし査常平の教会では六六パーセントの人が幼児の洗礼に賛成票を投じたとわたしが言うと、ウルズラは気になったようだった。ウルズラは、査常平は教会員が本当には進みたくないかもしれない方向に行かせようとしていると感じていた。三分の二は十分であるように聞こえるかもしれないが、牧師に導かれている人たちが投票したのである場合、そこまでの多数ではない。

「二〇年以上も前からいる人も多いので、その人たちにとってこれは今までとはまったく違う」

「それにヒエラルキーも」とマンフレッドは言った。「あの三角形の、中国の政治とまったく同じピラミッド型の構造を欲しがる。なぜ？」

ウルズラは、それは教会員が臣民で、牧師が統治者であるかのように扱われる場合があることに表れていると言った。一年前、ウルズラがドイツに行っていた間に、会員数の少ないウルズラの教会から二人が秋雨教会に移ることにした。二人は自分たちだけが移るのではなく、一つの旗のもとにまとめて動かせる軍隊でもあるかのように教会員全員を連れて行こうとした。

「そんな考え方は聞いたことがありません」とウルズ

ラは首を振って言った。「みんながある人の下にいて、その人がみんなを統率できるというような考え方」

次第に、ウルズラとマンフレッドは残された時間が少なくなっていると感じるようになった。査証の問題もあった。かつては、とくに中国が外界との連絡に「外国人専門家」の助けを必要としていたころは容易に取得できた。今では取得が難しく、何らかの生産的な事業に本当にかかわっていることを証明しなければならない。この姿勢が家の教会にも入り込んだのだろうか。外部の人は今でも必要で役に立つが、それは宗教面でハイテクに相当するもの、たとえば古代ギリシア語や神学校の運営や教会開拓の知識をもたらす場合だけだった。これに対して、ウクレレを弾くウルズラは、過去の、恥ずかしくなるような原始的な時代のもののように思われたのである。中国人は「規範（クイファン）」という言葉をよく褒める。会社は規範であるべきで、住宅団地も規範に従って運営されなければならない。ウルズラは規範ではまったくなかった。ウルズラの信じるキリスト教は、自分の道を見つけ、構造を否定することを重視していたが、ウルズラが改宗させた人たちはまさにそのような構造が欲しくてたまらないのだった。

「わたしはこの人生に満足しています」とウルズラは言った。「常々、伝道師の第一の目標は、自分たちを必要でないものにすることだと言ってきました」

ウルズラは話を始めるときにも同じことを言っていた。それは話の導入としてだけでなく、これから話すのが四半世紀におよぶ順調な伝道活動の終わりに近づいている人の体験であり、苦々しく思ったり郷愁に悩んだりしている人の体験ではないことをはっきりさせるためでもあった。ウルズラは残念そうに話したが、そこから自分を切り離してもいた。ヒッピーの両親から生まれた会計士ではないが、なぜか思っていたのと違うものに育った子供について話しているかのようだった。

「帰国するのが神の意思なら帰国しようと思っています」とウルズラは言い、マンフレッドはこう付け加えた。「帰国することになるならそれは神の意思で、それはそれでいい」

二人にはお互いがいたので、新たな生活を始めるのもその分楽である。わたしと別れるとき、二人は手をつないでいた。遠くの郊外に向かうバスに乗るために歩道橋を渡る中年の夫婦だった。

錦江から南に数キロ離れた、並木道や賑わうレストランがあって繁盛している新地区に、成都のキリスト教信仰の隠れた拠点がもう一つあった。それは成都三一(トリニティ)書店と以諾(エノク)出版社で、どちらも一九九〇年代に査常平とともにウルズラの教会に加わった彭強(ポン・チアン)が所有している。控えめで自分の構想に集中している王怡や、知識人として功名心を持つ査常平と異なり、率直で活動的な彭強はすぐに人と関係をつくることができた。中国の起業家は、政府の役人の機嫌を取りながらほかの人ともそれなりにうまくやっていかなければならないが、彭強はいかにもそれができそうに見える。背が低く引き締まっていて顔立ちもよく、もじゃもじゃの髪におおらかな笑顔があった。

一九九〇年代初めには、彭強はまったく異なる道を歩んでいた[13]。北京にある中国共産主義青年団の訓練センターで勉強していたのである。これは中国の現首相である李克強が率いていた高等学院で、彭強の修了証書にはまさに李克強の署名がある。彭強は「青年イデオロギー教育」を専攻したが、次第に共産党に幻滅していった。このまま行けば政府のプロパガンダ機関で仕事をし、彭強の言葉を借りれば「学生の洗脳を手伝う」ことになる。当時は天安門事件のわずか数年後で、彭強は共産党支配の存続にかかわりたくなかった。校内でキリスト教のことを聞いた彭強は、まもなく改宗した。

九四年に卒業した彭強は成都に戻り、出版業界に意外な商機を見つけていた友人たちに合流した。中国の出版社の大半は政府が経営するもので、毎年一定数のＩＳＢＮを割り当てられ、それに基づいて本を刊行していた。しかしこうした政府経営の会社は読者が何を読みたいかをよく把握しておらず、赤字を出すところが多かった。一部の会社が、割り当てられたＩＳＢＮをブローカーに売るようになり、ブローカーがそのＩＳＢＮを使ってビジネス、自助、心理学についてよく売れる本を出した。そうして、どんな本が政府の検閲に引っかからずに中国の人びとを興奮、感動させるかを考えるのが彭強の仕事になった。

当時、彭強の信心は強くなかったが、ウルズラと査常平に会い、二人の教会に入ってから熱心な信者になっていった。九七年に結婚したときにはウルズラにキリスト教の結婚式のやり方を訊いた。そしてホテルのボールルームを借りて白色の飾りをつけ——中国の伝統文化では白は服喪の色で、お祝いには赤が使われる——舞台に十字架と花を出した。査常平が式の司会を務めた。

彭強は自分のビジネスモデルに磨きをかけた。キリスト教に関する本の多くは、ポップ心理学の本を売るのと同じ方法で売ることができた。どの本もまだ検閲を通らなければならなかったが、教会史についての本でも、平凡な歴史風のタイトルをつければ承認された。大半の歴史書と異なり、そのような本は、キリスト教徒という幅広い読者がいるので利益を出した。キリスト教の倫理やカルヴァンやルターなど歴史上の人物についての本も同様だった。中国の神学についての本は禁止されるが、西洋史の一部として提示されればカルヴァン主義のような思想も出版できたのである。

彭強は二〇〇〇年にロサンジェルス近くの国際神学大学に留学したときに改革派の神学を学び、オランダの元首相であるアブラハム・カイパーについての本と、カイパーの一八九八年の著書『カルヴィニズム』を読んだ。カイパーは、キリスト教は政治、科学、芸術、宗教など社会のあらゆる部分に入り込まなければならないと論じる。これこそが中国が必要としていることだ、と彭強は考えた。一世紀前に帝国体制が崩壊し、その数十年後に社会の支配権を取った共産主義イデオロギーに代わるものである。これはウルズラが提案していたのとは正反対のものだったが、彭強にはこちらのほうが道理にかなっているように思えた。

「中国社会はマルクス主義に支配されてきましたが、マルクス主義は社会のあらゆる面に適用される完全な体制です」と彭強は言った。「プロテスタンティズムにおいては、カルヴァン主義が唯一の総体的な世界観です」

マルクス主義や、中国の伝統文化さえとも異なり、キリスト教のもとでは人は互いに同等のものとして協力することができる。これは成功のためにきわめて重要だと彭強は考えた。

「中国社会は個人と社会との関係を解決していません。『集団で』と言えば『全体主義的』にということに、『個人』と言えば『大混乱』ということになる。今日、信仰の共同体だけがちゃんとした答えを出しています。われわれには個人としての信念があると同時に良心の自由もあるのです」

改革派キリスト教は、新たに都会に住むようになった多くの中国人のニーズにも合っている。毛沢東による迫害時代の前後に中国農村部に根を下ろしたキリスト教は、別の、中国の熱狂的な面に訴え、熱心な説教師や次の千年紀についての予言を中心としていることが多かった。そのようにカリスマ性が重んじられる教えは、河南省など農村が多く比較的貧しい省で盛んだったが、人びとが村を出て都会に行き、よりよい教育を受けるようになった今は消えつつあった。秋雨教会のような都会に拠点を置く新しい教会は、教養の高い牧師がいて、知的な探求が重視され、見た目も派手でなく、教会の運営をする長老会がいる点で現代の都会人にうってつけだった。とにかく、確実に導いてくれるのである。

多くの中国の教会が査常平の教会の信仰告白をまねた。たとえば北京の守望(ショウワン)教会には、婚前交渉や不倫、同性愛、薬物、偶像崇拝の禁止を含む規則や決まりを書いた二〇ページの小冊子がある。スウェーデンの歴史家で自身が「新カルヴァン主義」と呼ぶものを研究してきたフレドリック・ファルマンは、これらの禁止事項は改革派時代のイングランド、スコットランド、ニューイングランドにおける初期のカルヴァン主義共同体にあったものとぴったり重なると書いた[14]。

このような考え方は、西洋ではピューリタニズムと関連づけられることが多い。王怡、査常平、彭強などの中国人クリスチャンも自分たちの思想はピューリタンの影響を受けていると理解しているが、それは道徳よりも政治面でのことだと考えている。ピューリタンは新世界で自由に信仰を実践するために、迫害を受けていたイングランドから逃げ、その思想の多くがアメリカ革命を推進した政治理論家に採用された[15]。重要なのは、権利は君主や政党ではなく神に授けられるものだという点である。中国人クリスチャンの多くは、信仰と行動が交わるこの点が中国全体を救うのに鍵となると考えていた。

彭強は、また別の動きもあるとわたしに言った。成都の未登録教会は、人びとが政府の領域外で団体を組織していることを示す例になっていた。

「社会がどれほど腐敗しているか、みんな信じられないくらいです」と彭強は言った。「以前は、腐敗していたのは実業家や政府の役人でしたが、今は僧侶や神官や牧師です。これにどう対応するのか? 自分の教会を設立する。自宅に自分の道教の廟を造るのでもいいし、独自の古典勉強会を始めるのでもいい。自分でやるのです」

中国では何世紀も前からこのように宗教生活が組織されてきたのだが、これは政治的な意見でもあった。帝国時代の政府と同様、共産党は自らを道徳性と良心の基準と見なしているが、過去の王朝よりもずっと強力で、現代の官僚国家の持つ力を振るうことができた。そしてその指導者たちは今、中国での宗教のあり方を支配する立場を取り戻そうとしていた。

第六部

冬至

冬至（トンチー）は一年でいちばん暗い時である。一年でもっとも日が短く、暗さを主な性質とする「陰」に支配される。しかし中国人は先を見ようとする。そうして冬至を暗闇ではなく、「陽」、つまり明るさの台頭の始まりであると考える。これは「物事は発展して頂点に達すると必ず反対の方向に転じる（物極必反（ウーチーピーファン））」という中国のことわざの究極の表現である。政治では、極端な開放は収縮につながるという意味になるが、逆もまた同じなので、圧制の時代に希望を持つ根拠となる。わたしたちは中国で起きていることを決まり文句――景気と不景気、マイナス成長と弾圧など――に当てはめることが多く、常にその日の見出しで説明しようとする。冬至という極端な日は、長い目で見るべきであることを思い出させてくれる。

春に向かう道のりを二七〇度のところまで旅してきた今、いちばん寒い節気が待っている。一月に来る小寒と大寒である。中国人は、氷のように寒いこの時期を数遊びで乗り切る。春までの最後の八一日間を九日ごと、九つの期間に分けると、九が二つ並ぶ。初めは寒いが次第に暖かくなり、ついに畑を耕すことができるようになる様子が、よく知られているこの韻文で描かれている。

一、二、外で手が凍える
三、四、氷に乗っても大丈夫
五、六、柳の葉が出る
七、川が流れる
八、雁（がん）が戻る
九、もう九を足して
雄牛が畑にいっぱい

22 実践——月を追う

歩くときに大事なのは呼吸である。息を吸いながら三歩。息を止めて三歩。息を吐きながら三歩。繰り返す。

三歩で吸う。三歩で吐く。三歩止める。

こうすると頭を日常生活の些末なことから離し、身体に集中させやすくなる。頭と身体の間にある障壁を壊し、一体である、くつろぐ、空っぽになるという観念を内面化する。これが身体の修練の真髄である。自分の身体を改めることによって精神を改めるのである。

三歩で吸う。三歩で吐く。三歩止める。

わたしの日課の散歩はこの循環を反映していた。北京の自宅の近くには公園がなかったので、唯一の選択肢は工人体育場の周りを歩くことだった。運動競技場だが、スポーツに使われることはまれで、実際にはレストランやクラブの入る複合施設である。二本の大通りに挟まれているが、車はめったに入ってこないので止まらずに歩くことができた。道に沿ってプラタナスとモミの木が植えてあり、その並木と呼吸に集中すると、自然が身近にあると想像することができた。大事なのはその観念なのである。

三歩で吸う。三歩で吐く。三歩止める。

朝早くに行くのが要だった。人が早朝に修練をする理由に挙げるものの一つに接地気（チエティーチー）、つまり「地球の気（チー）に接触する」、地面から出てくる気に触れるというものがある。でもわたしにとっては、単に朝五時から六時の間に歩くほうが楽だった。早いほうが静かで交通量も少なく、歩道にいる人も少ない。人口密度の高い中国でこれは重大な違いである。混雑する歩道で道教風パワーウォーキングをするのは無理なのだ。

しかし朝早くに外に出るいちばんの理由は月だった。見えないこともあるし、夜が明けるとさっと消えてしまうこともあるが、暦と過ぎゆく月日のなかで自分の位置を定めてくれた。月が見えれば、北京という大都会にいても寂しさが和らぐので、わたしは月を探すようになった。日中もカレンダーやウェブサイトを見て月の位置や大きさを確認していたが、時が経つにつれてその周期がわかってきた。

欠けていく細い三日月を見て、もうすぐ次の月が来るのだと思う。または満ちていくのを見て満月を楽しみにする。満月は穀物の成長に合わせて空の上で大きくなっていくように見え、最後の収穫をする九月の中秋節のときには太陽のように燃えていた。冬には、終わりゆく一年に合わせて少し陰っているように見えた。

月を通じて星座も見るようになった。北京の明るい照明と公害のせいで星はほとんど見えなかったが、月はいつもそこにあり、北極星が見えることも多かった。それで王力平などの道士が天体のなかでも北極星をあれほど重視する理由を理解することができた。北極星は必ずあり、見つけるのも簡単なのである。大都会にいて地図のアプリや地下鉄の路線図があっても、わたしは空を見上げて自分の位置を知ることができると安心した。

三歩で吸う。三歩で吐く。三歩止める。

時を計るものとして月が太陽よりもすぐれている理由もわかった。太陽にもリズムがあり、昇るのも早くなったり遅くなったり、高度も高かったり低かったりし、明るく燃えるときもあればぼんやりした円形であるときもある。しかし月のほうが表現に富むし、その位相には情報も多い。太陽はまぶしくて目をくらませるが、月は味わい、見つめ、思案することができる。寺の近くに舟が錨（いかり）を下ろし、鐘の音が対岸にまで響いてくるのが聞こえる。邪悪な王の賢い妻や、兎児爺が人類を救うために薬を調合しているのが見える。月は冷たくても住むことができるのに対し、太陽は焼けつくように熱く、制御不能で——引き具を付けるのも困難な馬のようである。月には、人が希望や欲望を投影することができる。その軌道は夜間の見張り番のようで、いつ起き、何をして、どう生きていくべきかに気づかせてくれる。

わたしの散歩は何よりも月が中心であることもあった。建物の隙間から見えるようにコースを変え、月に向かって三歩で吸い、三歩止め、三歩で吐き、三歩止めながら、月が地球の周りを回るように競技場の周りを回る。この静かな軌道からわたしは人びとを眺め、思いを巡らすことができた。

工人体育場にあるバーは、閉店が朝五時半から六時ととても遅いので、わたしが通り過ぎるときに客がよろよろと出てきたものだった。疲れているが妥協しない男や騙された女がタクシーを探して辺りを見回し、地方から来た貧しい移民が彼らに風船を売りつけようとする——これが一夜限りの関係の最終段階なのだろうか？　熱情をかきすかせて近くの屋台で何か食べる人もいた。腹を立てる力が残っていて口論を始める人もいた。

十一月末のある朝、体育場の北門で二人の男が怒鳴り合っていた。風船売りの隣の歩道に立っている。一人は背が低く、きついズボンにワイシャツを着て泥酔しており、目は怒りで見開かれ、鼻から血が出ていた。もう一人はジーンズにポロシャツ姿で髪が前に垂れ下がり、笑っていた。その後ろに女性がいて、この場面を冷めた目で眺めていた。

背の低いほうの男が酔ったように駆け寄った。

「殴れ！　殴れ！」と男は叫んだ。

背の高いほうの男は両手を前に出して後ずさりした。女性も一歩後ろに下がった。すでに決闘の決着はついていて、背の低い男が負けたのだった。誰もがもう終わったのをわかっていた。鼻から出ている血もその結果の一部なのかもしれない。その男のほうが間違っていて、そうされても仕方がなかったのかもしれない。しかし男は自分に自尊心が残っていることをどうしても証明したかった。負けた、または何らかの報いを受けたのだが、自分はまだそこにいて、まだ生きていた。

「殴れ、殴れ、殴れ」と男は言ったが、もうくたびれて腕は下がったままだった。背の高い男と女性はじっと立っていた。これで終わり。どちらの側もその場を去った。

三歩で吸う。三歩で吐く。三歩止める。

次の角には焦げた紙銭が小さな山になっていた。陰暦の月の三〇日目と一四日目にはいつもそんな山があった。聖なる日は一日目と一五日目だが、中国では行事が期日よりも前に行われる。店主たちは前夜、ちょうど真夜中に紙銭を燃やし、数時間後に歩いてきた人が燃えかすを見つけ、その日が満月か新月かを知るのである。

23 山西省——都会人

李斌（リー・ビン）は和平佳苑（ホーピンチアユアン）住宅を抜け、あるアパートの前に車を止めた。(1) 建物の前に小さな布テントが張られ、柔らかいプラスチック管に赤と白の点滅電球を入れたもので飾られていた。季節はすでに冬で、テントは風で揺れた。李斌はタバコを吸い終え、フロントガラスの向こうを見つめた。電球の明かりが李斌の顔に赤、白、赤、白と反射している。李斌が行う儀式で使われるのと同じ、赤は幸運、白は悲嘆の色である。

夏にあった寺院の祭りは赤の日で、神の誕生日を祝い、共同体への変わらぬ加護が表現されたが、今日は白の日だった。テントには、陽高の町の中心部にあるこの小さな団地に住んでいた四十四歳の女性の棺が置かれていた。女性は二人の子供と、地元の中学校で数学を教える夫を残して亡くなった。夫は一週間前に李斌に連絡し、葬式費用の見積もりを求めた。李斌は計算し、一万二〇〇〇元、二〇〇〇ドル足らずの金額を提示した。費用のほとんどはほかの人に支払われる。棺の付き添い人一二人、墓石の彫刻師、それに供物の食べ物を準備する家族経営の店などである。学校教師の夫は渋り、妻の病気で七万元近くの出費があったのだと言った。そして見積書を見直し、李家の楽団を項目から削除した。

「哨吶（スオナー）奏者だけでなんとかしよう」と彼は言った。

李斌は青ざめた。哨吶奏者は演奏者のなかでいちばん未熟で、どれも同じに聞こえる数曲しか演奏できなかった。それも甲高くけたたましい感じの曲で、しらふの人なら誰でも気が狂いそうになるような曲である。しかし李斌は都会の人と言い争っても無駄なことをわかっていた。これが世界の進んでいる方向であり、自分も一緒に進みたかった。楽団がいらないと言うなら、李家の楽団にかかる二〇〇〇元分の費用を減らして、あとはどうにかしよう。

「いいでしょう」と李斌は言ったのだった。「哨吶の楽団を見つけて翌朝早くに連れてきます」

すでに日が昇っていて、行事をすべて行うのに一日半しかなかった。わたしたちはさっと車を降り、中国北部の冬に付きものの、つんとする空気を吸い込んでから棺のところに行った。テントにはたくさんの紙製の花が飾られ、「奠(ティエン)」の文字が白で大きく描かれていた。「故人に供物を」という意味である。その下には「深い悲嘆とともに喪に服す」を意味する「沉痛悼念(チェントンタオニエン)」の四文字があった。

テントの片側には李斌と妻の景華(チン・ホア)が作った大きな花輪が三つあった。中に入ると、オーク材の棺がワイヤーで吊るされた裸電球に照らされ、その下に亡くなった女性の写真があった。赤いウールのコートを着て長い髪が肩からこぼれ、目はカメラのレンズにまっすぐ向けられて無表情だった。その前には供物のビスケット、包装されたミカンやリンゴ、それにプラスチックの風よけの付いた二本のろうそくが置いてあった。

女性の夫が走り出てきた。まじめそうな男性で、葬儀をなるべく早く終わらせること以外には目もくれなかった。動揺しているようには見えなかったが、実際はそうでもなかった。いつもはよく気がついて几帳面なのに、やらなければならないさまざまなことに集中できず、始終まごついているようだった。冬用の分厚い服の上に白の喪服を着ていたので、身体に形のない印象を与えたが、顔は細く骨張っていて、不安な表情を浮かべていた。教師である夫は大学の学位を持っていた。李斌は明らかに自分より格下である。それなのに突然、今日という大事な日にこの陰陽先生があれこれ指図を始めた。

「これを掲げてください」と、李斌は男性に四枚の白い紙を渡した。それには李斌の手で「親を埋葬する悔恨の儀式」を意味する「送終礼儀(ソンチョンリーチャン)」が太い筆で書いてあった。これは男性の二人の子供のためのものだった。夫は再婚できるが、子供は永遠に母親がいなくなるため、その喪失は大事なこととして扱われる。

男性は紙を受け取ってテントの入り口の上に貼り始め、「こう？」と尋ねた。一枚は曲がり、もう一枚は端がめくれている。

李斌は何も言わずに糊の容器とテープを取って男性のところに行き、前の晩に書いたその二枚と、残りの二枚を男性が貼るのを手伝った。それから葬式の告知文を取り出した。白い紙に黒い墨で書かれた、手の込んだ書である。中国人は感情を出さないと言われることがあるが、わたしにはそうは思えないときもあった。告知文にはこうあった。

亡くなった私の母は、姓は陳(チェン)、旧姓は王(ワン)、名は梅(メイ)、本日、四十四歳の若さでこの棺に眠る。吉日、一九六八年七月十九日誕生。先立たれた息子の私は母親を失い、血の涙を流す。(2)

わたしたちは身支度を整えてアパートに入った。一家は一階に住んでいて、ガラス張りのバルコニーからテントを見下ろせた。中国人の住居の実に多くがそうであるように、この一家の自宅も非常に簡素で、まるで誰もその空間をどうしたらいいかわからなかったかのようだった。そこに人が住んでいることを示すのは、テレビのほうを向いたふかふかのソファと二つの安楽椅子だけだった。中国中央テレビの軍事チャンネルがついていて、軍が科学技術を重視するようになったというニュース番組が流れている。しばらくして誰かが中国中央テレビのニュースチャンネルに切り替えた。番組は二〇分ごとに繰り返され、ヨーロッパ北部を雪で覆った嵐を主に取り上げていた。ニュースは一日中変わらず、都市は真っ白のまま、人びとはいつまでも車などを掘り出していた。

アパートの部屋には参列者が続々と集まってきた。全員が何か白いものを身に着けている。白い布を安全ピンで袖に付けただけの人もいれば、冬服の上に白の麻の上着を着た人もいた。中国の大都市では西洋風をまねて黒のリボンを付ける人もいたが、ここではヨーロッパの雪と同じように白ばかりだった。

亡くなった女性の子供は十四歳の男の子と十二歳の女の子で、黙って一緒にいた。顔には感情をまったく出していなかったが、家にずかずかと入ってくる人たちをじっと見る目は不信感で細められていた。やってきた人には親戚もいれば、子供たちが会ったことがない母親の学校の関係者もいたが、部屋を勝手に歩き回り、いちいちあちこうだと言い、軍事作戦でも始めるかのように予定を立てていた。子供たちに構う人はおらず、二人は民族学の展示物のように台所の壁際に寄りかかって立っていた。「服喪中の中国人の少年、二十一世紀初頭、山西省農村部。白の紐ベルトで結んだ白のズボンと上着、白の布製靴カバー、麻の紐飾りのついた白の角帽。親戚を悼むために通常の生活を捨てて隠遁者として暮らすことを表現するための服装」。しかし現実のこの場面では子供たちは演じる必要もなく、ただ呆然としていた。母親が居間の窓の外に置かれた棺に三週間も眠っていたことを知っているのはこの二人だけであるかのようだった。

李斌は、ああだこうだと騒ぐ親戚たちは顧みず、一家の部屋を飾るのに使う書の準備に取りかかった。筆を巧みに動かし、赤と白の紙に嘆きや悲しみを表す文字を書いていく。使い古されているが今でも真実の言葉である。

それから李斌はかばんから小さな陶板を取り出し、コーヒーテーブルにそっと置いた。黒い墨の瓶を開け、亡くなった女性の名前、亡くなった日、生誕地、属する家をその陶板に筆で書いた。棺を穴に入れるときにこれを上に載せてから土をかけるのである。万一、いつか誰かが墓石を倒し、棺を掘り出したときのためのものだった。そのときにこれがあれば棺の中にいるのが誰かがわかる。この陶板には天の加護が必要なので、李斌はビニール袋を取り出した。中には幅が広くて平らな貝殻が入っている。李斌は赤いインクを貝殻に注ぎ、別の筆でぐるぐるとした魔除けの記号を書き足した。こうすることで、故人の眠りを邪魔するなという神からの警告がどんな信者に対しても発せられる。

これは李斌が十代のころに父親とこの仕事を始めてから数えきれないほどしてきた作業だったが、亡くなった女性の家族にとっては魔術に近いものだった。全員が李斌よりも高い学校教育を受けていたが、李斌の書は美しくて力強く、また李斌は共産党がこの七〇年間推進してきた無学者用の簡体字ではなく、共産党以前に何世紀にもわたって中国で使われてきた正体字を書くことができた。みんなは李斌を宇宙人であるかのように見つめた。李斌はソファの端に腰かけてすばやく、無駄のない動きで作業し、一家にろくに理解できない文字や記号で何枚もの紙を埋めていった。

哨吶楽団が到着した。服は汚く楽器はぼろぼろである。楽団員は棺の前の駐車場で演奏の準備をした。スピーカー二つ、電子キーボード、マイクのすべてが、一家のバルコニーの脇を通って居間に入る一本の延長コードにつながれていた。楽団は大きな炭の塊を持ってきていて、それを歩道に放って火をつけ、暖をとった。団員たちはひび割れた手を温めようと伸ばし、煙が頭の辺りに渦巻いた。

まもなく楽団は、知っているたった二つの曲を騒々しく演奏し始めた。李斌たちの楽団なら今ごろ豊富なレパートリーから演奏していたかもしれないのと対照的である。演奏について誰も近所の人たちに知らせていなかった。そんな必要はないではないか？　女性が亡くなり、いま葬儀が行われている。この騒音に苦情を言うのは天気に文句を言うようなものだ。

李斌はふたたび家族を促した。

「ほら、外に出て叩頭する時間ですよ」

「なに、今？」と夫は言い、不安そうに周りを見た。

「昼食は？」昼食は大がかりなものになる予定で、レストランにテーブルをいくつも予約してあった。しかし葬式というものには、都会の人にも変更できない日程がある。「午後にはほかの供物を燃やしに村に行くのだし、明日は埋葬です。今やらないと」

「ああそうか、そうか」と夫は言い、子供たちを押して外に出た。

三人とほか数人の家族が祭壇の左右に二列になってひざまずいた。棺は頭上にあり、女性の写真がみんなを見下ろしている。

「さあ」と李斌が言った。「叩頭して！」

みな李斌の号令に合わせて三度叩頭し、中に戻った。

「この人たちは何も知らない！」と李斌は小声で言った。

「都会人だから？」とわたしは訊いた。

「都会の人はこういうことをあまりよく知らないものだが、この人はとくにひどい。教師だって！　本の虫か。どんなことなら知ってるのかね？」

週末なので李斌の息子が家に帰ってきていたが、姿は見えなかった。李炳昌（リー・ビンチャン）は十一歳のおとなしい子で、時間があればコンピューターに向かい、怪獣をやっつけたり友達と連絡したりしていた。両親に似て色白ですべすべとした顔をしていたが、両親の生活とは切り離されているように見え、両親も息子の生活からは切り離されていた。両親は階下の店で休みなく働いていたが、炳昌は竹の曲げ方や挽歌の書き方など全然知らない。両親のほうも、息子の成績を見ることはできたが宿題を手伝うことはできない。両親は霊魂の世界でどうするべきかを知っていたが、炳昌は生者の世界で成功しようとしていた。

炳昌が本当は存在しないように感じられるときもあったが、李斌と景華はいつも、都会に引っ越したのは完全に息子のためだと説明した。数年前に村を出たのは息子がよりよい教育を受けられるようにするためで、李斌は毎月五〇〇ドル近くかかる学費を払うために新たな仕事をどんどん取ってきた。中国の比較的貧しい地域の陰陽先生にとってはたいへんな金額である。狭いアパートにはいたるところに炳昌の写真が置いてあり、最近の誕生日に本格的なスタジオで撮影された大きな写真も二枚あった。一枚は直径六〇センチほどの丸い写真で、炳昌はプロのテニス選手が着るような白の上下を着て、バドミントンのラケットを二本肩にかけていた。別の写真では、炳昌は白のタキシード姿で、革表紙の本やDVDが詰め込まれた本棚の前に立っていた。右手には雑誌を持ち、いたずらっぽい表情でカメラを見ている。炳昌の横には中国語で「美麗故事」、英語で「特集記事（カバーストーリー）」という文字があり、下には架空の歌の歌詞が描かれていた。

夢を見ているに違いない
それともわたしは本当にここに横たわっているのか
夢が実現しつつある
ちょっと触れるだけで

李斌は部屋に入るとコンピューターの画面を一瞬ぼんやりと見つめ、それから息子に、宿題は終わったのかと鋭い調子で訊いた。炳昌は気のない様子でうなずいた。李斌はふんと返事をし、昼食に出かけていった。半分しかできていない葬式用の花輪の前にしゃがんだ景華は不満そうに李斌をちらりと見た。お金の無駄だ、と景華は言っているようだった。それに少しは手伝ったらどう？　でも昼食は無料で、李斌を誘った人は、李斌が開店の日にちを決めるのを助けるのに五〇ドル払ってくれることになっている。だからこれは仕事のための、しかも金になる食事なのだ。

　とはいえ、こんな生活の仕方にどこかおかしいところがあるのも事実だった。控えめに言っても、それは破壊的なほど不健康だった。田舎では、老李のような道教の陰陽先生でもいろいろとすることがあったし、中国の大都市ではウェルネス意識が根を下ろしてきていた。しかしここのような地方の町では、人にはタバコを吸い、酒を飲み、食べすぎる金はあっても、それを止めるものが何もない――重労働もなければ伝統からくる制限もない。毎回の食事は悪い選択の連続だが、もてなす主人、またはもてなされる客という役割の一環として容認されている。多ければ多いほうがよく、断るなどもってのほかだった。それが伝統なのだと解釈されていたが、実際には誤解に近いように感じられた。

昼食中に、李斌とわたしは以前から二人で考えていたことを話し合った。わたしはベルリンに自宅があり、李斌の楽団がドイツで演奏したらおもしろいと思っていた。李斌を案内できるし、楽団もまた新たな国を見ることができる。楽団が海外に行くときにたいてい同行する音楽学者のスティーヴン・ジョーンズに電話してみると、ジョーンズは賛成し、わたしたちはその後数カ月かけて書類の準備を整えた。

昼食後、李斌とわたしは未来を見るために車で陽高の町に行った。政府はそこに二〇階建ての高層住宅を二〇棟建てていた。各階に四つの部屋があるので、一六〇〇の住居ができることになる。それぞれに三人が住めば、もう五〇〇〇人ほどの農民がいなくなることになる。

李斌はゆっくり運転した。李斌はこの計画に賛成だった。これは新しく、現代的なことで、自分も同じことをした。決定的な違いが一つあって、李斌は自分の意志で陽高の町に引っ越したのに対し、今度できる高層住宅は社会工学の実験の一環だった。政府は二〇二二年までの一〇年間で二億五〇〇〇万の人を都会に移動させようとしていた。過去数十年間で中国は急速に都市化し、一九八〇年代には人口の二〇パーセントが都市部に住んでいたのが、二〇一〇年代半ばには半分近くにまで増えていた。しかし役人の考えではそれでも足りなかった。現代の国家は農村ではなく都会を基盤とするべきだ。つまり都市化は自然に起きようと強制されようと、いいことであるに違いない。今は現金もたっぷりあるというわけで、政府は全力で都市化に取りかかった。

計画は次のようなものだった。政府が村を取り壊し、そこに住んでいた農民に、近くの町や市の無料のアパートを与える。これが可能なのは、すべての土地を国が所有しているからである。農民は「自分たちの」一家の土地を持っていると思っているかもしれないが、実際には共産党革命によって私的な土地所有はすべて終わっていた。人びとは一定期間――普通は農地の場合、二〇年から三〇年、集合住宅なら七〇年――の借地権を持つだけである。無料のアパートに加え、政府は元いた土地でどれくらいの穀物を栽培できたかを計算し、その分の現金も与える。仕事が見つからなければ最低でも穀物を買うことができる、という考え方である。

　これと引き換えで政府は農民の土地を手に入れる。町に近ければ、土地の権利は開発業者に売却され、収益は農民用の住宅の新築や数年分の政府の活動予算に使われたりした。土地を農地のままにする場合には、政府は利益になる換金作物を作る工業型農業を奨励した。また、とくに過去数世紀にわたる人口過剰で農民が農地を切り開いていた山間地域では、再植林が行われる場合もあった。

　テクノクラートの観点からは、これは全部道理にかなっていた。しかしどれも自発的に行われるものではなく、農民の土地、つまり彼らにとってもっとも貴重で感情と結びついた資産を抽象概念として扱っていた。もともと都会に引っ越したいと思っていた李斌のような人など、この新政策を歓迎する人もいた。すでにタクシーの運転や工場で働くなどの仕事を見つけていた人もいただろう。そんな人たちにとって、都市に無料のアパートをもらえるのは思いがけない特典だった。しかし多くの人は、自分たちの家と土地に心理的に結びついていた。それが今では、地上から三〇メートルの高さにある九〇平方メートルのアパートに閉じ込められて生活するのである。抗うつ剤を服用するようになってしまう人も多く、こうした集合住宅で働く民生委員たちは、自殺が起きていると話す。玄関を出れば自分の土地があり、自分の手で将来をかたち作ることのできた日々――接地気(チエティーチー)、地球の気に接する日々――は、もうない。

　高層住宅の棟を次々と通り過ぎるうちに、わたしは中国のように大きくてこれほど長い歴史のある国には、地域ごとに際立った違いがあるはずだと考えた。でも実際には、ますます同じような、どこに行っても高速道路と高層ビルのある均一な社会になっている。木が植えられ、公共交通機関もできる――何と言っても政府はインフラ整備が非常に得意である――のだが、どれも魅力的でもなければ特別でもなかった。この結果は驚くことではない。この国では国が唯一の土地所有者で、様式も実用主義的ファシスト風で統一されている。住居は機能重視で、公共の建物は訪れた人が自分を小さく感じるように造られていた。

　わたしは李斌に、都会の人の相談を受けるときにどんな質問をされることがいちばん多いか尋ねてみた。李斌はハンドルの上に首を伸ばして頭上を見てから答えた。

「田舎では、質問がとても具体的。いつ結婚するべきか、いつ葬式をするべきか」

　わたしはうなずいて、春にあの女性が老李に自分が離婚するべきか尋ねたことや、あの男性が霊媒になぜ自分が手首を折ったのか訊いたことを思い出した。

「でも街では質問がもっとずっとぼんやりとしている」と李斌は続けた。「将来に何があるかわからないので、誰かに安心させてほしがっている」


　中国では何でもそうだが、女性の埋葬も朝早くに始まった。翌朝六時半にはすでに移住労働者の一団がまた来て、棺の置かれていたテントを解体していた。作業は容赦ないほど効率がよく、乱暴とも言えるやり方で進められた。わたしたちが昨日付けた紙の飾りも破り取られ、親を亡くしたことを告げる書やたくさんの紙製の菊も、何もかもが駐車場の焚火にくべられた。労働者たちは手早く、一生懸命作業し、花の仕切りを支えていたケーブルをペンチで切っていった。花輪は墓に持っていくが、テントはもう必要がない。昨日運ばれてきた供物も脇に放られ、棺が剝き出しになった。

　棺に付き添って村に行くのは昨日の半分の一〇人ほどの親戚だけだった。その日はとても寒く、子供たちは歩くのに備えて白の喪服の下にダウンジャケットを着込んでいた。

　まもなく全員が列をつくった。例の寄せ集めの哨吶楽団がまた同じ曲の演奏を始め、一行は哨吶のもの悲しい音を聞きながら和平佳苑を抜けた。故人の十代の姪や甥が先頭で、一帯を清めるために爆竹に火をつけた。西に曲がると、前方に龍鳳山が見える。北京と妙峰山につながる太行山脈の一部だ。一五分後、一行は町外れで止まった。棺は花輪とともに平台型トラックに積まれ、労働者たちが棺と同じ荷台に飛び乗り、ほかのみんなは車にぎゅうぎゅうに乗り込んだ。それから一行は町から西に向かう田舎道をゆっくりと進んだ。

　龍鳳山に並行して走っていく途中、山が太陽に照らされて赤く光り始めた。龍鳳山の尾根には現代的な風力タービンが並び、そのブレードが、倒された動物の背中に刺さった闘牛士のバンデリリャのように見えた。わたしはそれが山の風水にどう影響するのだろうかと考えた。

　一五分後、逆戻りしそうなくらいの急角度で左に曲がった。尾根を越えるとすぐに、女性の夫の故郷の村が見えた。四〇から五〇のれんが造りの家が集まり、外にはほとんど誰もいなかったが、煙突からは石炭を燃やす煙が出て、朝の光を受けて居心地のよさそうな雰囲気を村に与えていた。わたしたちはよく固まった黄土の土手を横に見ながら轍のついた砂利道を進んだ。黄土の色は村のすべてのものについていた。家さえもそうで、黄色で温かい印象であると同時に単調なので、気が滅入るようでもあった。

「あそこだ」と李斌は言って左に曲がり、もっと細い道に入った。ほとんど踏み跡のような狭さで、整地された部分が終わるところでようやく止まった。棺と一〇人ほどの労働者を乗せたトラックも続いた。わたしは寒さの中でここまで来るのはどんなだっただろうかと思った。労働者たちは、手袋もない手にシャベルやつるはしをしっかりと握って荷台から飛び降り、棺をうまく配置できるように埋葬場所の端から土を除いていった。村に住む親戚の一人が、霊を追い払うために爆竹と小型の打ち上げ花火に火をつけた。

わたしは町に住む親戚がほとんど誰もここまで来なかったことに気づいた。町から来たのは李斌、労働者、故人の夫と子供たち、それにわたしだけだった。三〇分もすると亡くなった女性は地中に下ろされた。夫は土を戻し始めるよう労働者に指示した。

「待って!」と李斌が言った。例によって夫が儀式を台無しにしかけたのである。

李斌は墓に走り寄って、すぐそばにしゃがんだ。あまりに穴に近かったので落ちるのではないかと思ったくらいである。李斌は風水の羅盤を取り出してじっと見た。山を見て、墓を見下ろし、ふんと言った。女性は正しい方角を向いていた。一週間前に夫が墓の場所を提案したときに、李斌は夫と言い争いになっていた。李斌が夫の言った場所を見に行ったところ、そこは木に囲まれていた。李斌は「囚(チウ)」とだけ言った。囚は人が四つの壁に囲まれていることを表す字である。亡くなった女性は木に囲まれて自由になれない。その場所はよくなかった。

李斌はこの話をわたしにしたとき、夫の無知に肩をすくめた。そのとき夫は三人の兄に付き添われていた。兄たちは町に引っ越す前に村にいた期間が夫よりも長かったので、すぐに問題を理解した。数学教師の夫のほうは、李斌が「囚」の字を紙に書いて、木が壁になるのだと説明するまで理解できなかった。なんという本の虫だろう!と李斌は思った。

今度の場所は問題ないようだったので、李斌はあの陶板を持ってこさせた。それを労働者の一人に渡し、労働者は穴に飛び降りて棺の上に置いた。李斌はうなずいた。これで埋めてよい。

労働者たちは黙ってすばやく作業し、その音はトウモロコシの茎の間を強風が吹き抜けていく音にかき消された。小さなビニールの切れ端が茎のぎざぎざした先に突き刺さっていて、嵐の中にある何百もの小旗のように揺れていた。これは春に植えたばかりの種を保温するためにかけられたビニールシートの残りで、農家は芽が出るとシートを剝がすのだが、きちんと処分しないのである。中国の農村部はこの切れ端だらけで、その光景は、中国文明の中心地から中国のごみ捨て場への変化の一環とも言える。しかし今日は、このビニールのかけらが超現実的な感じを出していた。風に激しく打たれ、低い日が当たって白い光を放ち、茎のところで破れ、イナゴのようにブーンと鳴り、風に合わせてうねる様子は、地面そのものが震えているかのようだった。

突風が吹いて李斌の花輪が飛び、畑を転がっていった。労働者の一人が走って取りに行き、わたしたちはかがんで風がやむのを待った。とうとう労働者たちが墓石を立てた。李斌は霊幡（リンファン）をその上に置いた。これは「霊魂のための旗」で、墓の場所を示すものである。

一同はものも言わずに立ち尽くしていた。労働者の監督で、李斌がもっとも信頼する請負業者の一人が眉を吊り上げた。子供たちはいつになったら母親の墓を掃くのかね？ 最後の親孝行がされるまで儀式は終わらない。

李斌も眉を吊り上げた。こいつらのためにはもう何もする気がない、と李斌は口に出さずに答えた。

「ほら」と監督は言って、娘に箒（ほうき）を、息子にシャベルを荒っぽく渡した。「掃きなさい。時計回りに。こぼれている土をお墓に乗せて。周りをきれいにする」

子供たちはどうしていいかわからずにその場に凍りついた。

「早く！」と監督はきつい口調で言った。

娘は小さな手箒を受け取って狂ったように土を掃き始め、墓のほうに寄せた。息子もそれに続き、シャベルで土を墓に乗せた。世話の行き届いた墓は風雨で崩れておらず、きれいに盛り上がっている。定期的な世話が必要で、理想としては故人の子供がする。これは「孝（シアオ）」、親に対する孝心の一部である。よい子でいることは親が死んで終わるのではなく、子としての義務は自分が死ぬまで続き、その後は次の世代に引き継がれる。生者は死者を忘れることはなく、その恩はけっして返すことができない。生者は死者をなだめるために存在する。

子供たちが墓の周りを何周もして土を寄せたので、塚が高くなった。娘はこぼれた土の塊に向かって猛烈な勢いで突進し、力任せにたたいてつぶしながら母親の亡骸の場所を示す塚に寄せた。涙が顔を伝って乾いた地面に落ちた。

その兄は操り人形のようにかがんでは腰を伸ばし、あきれて力の抜けた表情をしていた。二人はずっとどうしたらいいかわからずにいたのだが、今度はこれしかするべきことがわからなかった。これは亡くなった母親のための作業なのだ。二人は何度も何度も回って土を寄せ、小さなピラミッドを作った。

監督は恥ずかしさにうなだれた。こんなにむごいことをするつもりではなかったのだ。監督は唇を噛んで進み出て、二人の肩にそっと手を置いてやめさせた。そして二人にうなずいて合図した。もういい。義務は果たした。二人ともいい子だ。

この日はこれで終わりだったが、二人はこれから毎年の清明節にここに来て土を掃いて墓に戻し、生涯にわたって風と戦うのである。子供たちは頭を垂れ、今度は息子まで泣き始めた。母親がいなくなった。数メートル離れたところで夫がまごまごして立っていた。妻の埋葬はどうやったらいいのか？　子供をどう慰めたらいいのか？

労働者たちが紙の花輪とごみを燃やし始めた。風に煽られて全部すぐに燃えてしまった。紙は一瞬で消えたようで、ヒマワリの茎だけがもう数分、パチパチと音を立てていた。どれも二日前に景華が一家の作業場で丁寧に作ったのだったが、もう消えてしまった。

李斌は女性の写真を墓石の前に置き、右手の小指で小さな穴を三つ掘った。そして三束の線香に火をつけて穴に入れてから墓の周りを歩いて五穀（ウークー）をまいた。これはアワ、大麦、ゴマ、大豆、コメで、死後の繁栄や豊さを保証する。

夫はありがたそうに李斌を見た。これもまた、自分には思いつかなかったがこの不思議な陰陽先生が心得ていたことだった。妻はきちんとしたやり方で見送られた。安らかに眠れるようにできることは全部行われた。儀式は終わった。

一家のアパートに戻ると、子供たちは墓の土を落とす象徴として手と顔を洗った。それからみんなは何日ぶりかについていないテレビの前のソファに腰を下ろした。

費用は合計九九八八元だった。ほとんどが下請け業者に支払うものだ。労働者、テントのレンタル、棺、墓石、楽団などである。数学教師の夫は李斌の手書きの請求書を一行ごとに入念に確認した。

「テントに五〇〇かかってる。三〇〇のはずだ」

「わたしがつけた値段ではない。下請け業者の値段です」

「でも三〇〇だったはずなのに」

「それは最初の一〇日間です。奥さんを駐車場に三週間近くも置いていたじゃありませんか！　一日延長するごとに二〇元かかりました」

「ちょっと」と数学教師は言った。「こんなときに金のことで言い争うのはやめよう」

「賛成です」

「じゃあ三〇〇でいいね？　ならそういうことで」

「わたしがつけた値段ではないのに！　信じないなら電話して訊いてみてください」

「わかった、もういい。三〇〇にしよう」

「譲歩しているふりだけするんですね！」

「だって三〇〇のはずなんだし」

「わかりました、九七八八にしましょう。損失はわたしがかぶります」

「じゃあ九八〇〇にしよう」と教師は寛大そうに言った。妻の葬儀の日に一八八元、約三〇ドル分だけ節約したのである。

李斌は金を受け取って去った。

「紙とか、ほかにもたくさんのものの費用だって請求しなかったのに。あんなふうになるのがわかっていたら全部を明細にしていた。これで二〇〇を負担しなければいけなくなった」

李斌は車で店に戻り、奥で昼食を作っていた景華に声をかけた。李斌は景華に金を渡し、景華は丁寧に帳簿に記入した。数分のうちに下請け業者たちが次々とやってきた。監督が労働者の賃金を受け取りに来たほか、哨吶の楽団と、テントを貸してくれた男も来たが、けちな夫の話を聞くと李斌から三〇〇しか受け取ろうとしなかった。何と言っても二人は昔からの友人なのである。しばらく言い争ったが、李斌は全額を払うと言って聞かなかった。約束は約束だ。景華も顔を上げてうなずいた。夫婦は都会人になっていたが、今でも道徳観は変わらない。

李斌はようやくくつろぐことができた。息子を探しに二階に行ってから、今日はもう月曜日であることに気づいた。学校に行った息子は週末まで戻らない。残っているのは写真だけだった。

24 北京──偉大な隠遁者

倪金城(ニー・チンチョン)の自宅は北京のてっぺんにあり、妙峰山の頂上にいるように街を見下ろしていた。(3) といっても金城の隠れ家は山や摩天楼の上にあるのではなく、三階建てのれんが造りの家の屋根の上に大雑把に造られた小屋だった。外からは、この建物はフィレンツェのパラッツォとニューヨークの安い共同住宅の組み合わせのように見える。まるで要塞で、鍵のかかったドアや階段をいくつも抜けなければ入ることができないのだが、それらは建物の裏側に非常階段のように危なっかしくボルトで固定されているだけだった。階段を何段か上がると金属製の扉があり、戸枠からは色鮮やかな忍び返しが全方向に突き出ている。チャイムはなく、金城の耳のいい犬たちが吠えて金城に知らせ、金城がどたどたと下りてきて入れてくれる。それから金城の後について上がる。階段は、金城が賃貸している下の二階は通らない。三階の踊り場から金城の妻の陳金尚(チェン・チンシャン)に手を振り、金城の隠れ家に続く最後の階段を上がる。山では誰でも隠遁者になれるが、「偉大な隠遁者は街に住む」という中国の格言そのものである。

今日は風の強い十一月の日の午後で、隠れ家に着くと金城はドアを閉めた。壁とドアはほぼガラス製で、それを通して北京の比較的貧しい南の郊外が地平線まで続いているのが見える。コンクリートばかりのなかで唯一それとわかるのは天津への高速鉄道だ。花の老婦人の陳さんの村と中頂廟の横をかすめていくのと同じ鉄道である。話をしようと古い安楽椅子に腰を下ろすと、明るい青空と地平線にかかる細い筋雲しか見えない。

金城は灰色のピンストライプの中国風ジャケットと黒のズボンを身に着け、中折れ帽をかぶっていた。帽子を取ると、髪を剃り落としていたのがわかった。

「出家でもするのですか」とわたしはふざけて言った。

「は！　まさか。単にこのほうが楽だから」

でも何かが変わっていた。金城は以前より口数が少なかった。酒やこってりした食べ物もやめたので、体重も減っていた。その後の一年で、金城は高血圧と糖尿病の薬の服用をやめることができるように定期的に歩くことまで始める。わたしは香会のほかの会員にもこの傾向があることに気づき始めた。みな急成長の時代の恩恵に浴していたが、食べすぎ、飲みすぎ、タバコの吸いすぎで健康を害してもいたのである。考え直すときが来ていた。中国で古くから信じられている「養生（ヤンション）」の観念がふたたび注目されるようになっていた。

左手のガラス壁の向こうにはヨーロッパのレース鳩が二〇羽いて、クークー鳴きながら歩き回っていた。

「金城さんの空軍ですね」とわたしは言った。

「陸軍と海軍もいるよ」と金城は言って部屋の中を駆け回る三頭の小型犬を指した。

「海軍は？」

金城は隅にある、光沢のある青と白の磁器のタンクを指した。わたしは立ち上がって見に行った。それは床から九〇センチの高さもある巨大な金魚鉢で、中には太った金魚が四匹いた。空気ポンプにつながるチューブから空気が吹き込まれている。

「なぜそこにあるか教えてあげよう」と金城は言った。「来年は富が東と南から来る。だから金魚もバルコニーの東側にいる」

魚は中国語で「ユィ」と言い、豊さを意味する「裕（ユイ）」と同音異義語である。だから魚が裕を引き寄せるというのはわかった。では南には何があるのか？　金城は立ち上がってガラスのケースを開けた。中にはヒスイ製の如意が入っていた。これも日常生活の中でよい力を引き寄せる。

「今年は悪い力が西から来ている」と金城は言い、部屋の西側に行ってヒョウタンの形をした金色の入れ物を指した。中には仏教の経典が入っていた。それで悪をそらすのである。

これは金城が気取っているのでも、雇った誰かの助言に基づいているのでもなかった。金城は本当にこのように暮らしていたのである。以前は、こうしたことすべてが胡同での生活の一部だった。物理的な物と無形の慣習とが組み合わさって都市計画から建築様式、信仰、趣味、人間関係にまで作用し、切り離すのは難しかった。

都市計画と建築様式は、北京だけでなく中国全土でも意味のある形では存在しない。それ以外——信仰や慣習、観念や人間関係——は、大きすぎる都市や人口が激減した村で居場所を見つけようとしていた。金城ほど懸命になんとかしようとしたり知識があったりする人ばかりではなかったが、努力の跡はいたるところで見られる。ほぼどの書店にもある、伝統的な教えについての本を集めた棚や、信心深さを示すために男性が着ける太いブレスレット、タクシーのダッシュボードに置かれた宗教の像、祭りの日に賑わう寺院、道端にある紙の燃えかす、在家信者の増加、仏教や道教のウェブサイトの人気ぶり、節気を説明するスマホのアプリ。これらは新しい行動様式に定着しつつある過去のかけらだった。

こうした実践は組織された宗教にはぴったりはまらないことが多いが、考えてみれば、中国ではもともと宗教は普通の人びとによって営まれ、当局や聖職者の関与はほとんどなかった。原子が秘める力のように、昔から人びとが当たり前のように毎日していたことから成り立っていたのである。そして世界中でもますます多くの人がこのような形で——私的な、名前もないこともあるが大きな意味を持つ出来事として——精神性を体験するようになっている。

とはいえ金城がそんな新時代を受け入れていたというわけではない。金城は不可解な規則を持つ香会など、昔ながらの宗教生活の仕組みが正しいやり方だと考えていた。そのような機構は人を導く助けとなる。その香会でさえ以前ほど厳格ではない。以前はすべてがボランティアによる活動に頼っていた。廟会で演じるのに金を受け取るなどというのは失礼だと考えられていたのである。

しかし今は、とくに武術その他の華やかな出し物をする会は金を受け取っていた。店の開店記念行事で雇われたり、商業化された寺の祭りに出て謝礼を受け取ったりするのである。葬式に出てお金を受け取る会さえあった。金城にとってこれはとんでもない、不道徳さえ近いことだったが、わたしにはそれほどおかしいことには思えなかった。西洋に無料で引き受けてくれる葬儀場などあるだろうか？　教会でさえ無料ではないのではないか？　もちろん金城は世間知らずなのではない。いろいろな事柄を考慮するときに金を中心にしなければならない状況があることを金城も理解していた。

「友人の出す葬式に会で行きたいとする。それを上司にどう説明するか？　以前は、友人が葬式を出すので仕事ができないと言えばよかった。みんなそれをわかってくれた。でも今は休みを取らなければいけない。それにみんな離れて暮らしている。通りをちょっと行った先でやるのではない。演舞をする人や、うちの場合は茶瓶や祭壇を運ぶのにトラックかバンを借りる必要もある。それで埋め合わせのために金をくれと言う人が出てくる。名目を交通費と食費にすれば金を出してもよくなる。でも、利益を上げるところもある。社会が変わった」

「お父さんは、新しいものがすべて悪いわけではないと言いました」

「それはわかっているが、父は商業化には反対だった」

「正式に認められていない会についてはどう考えていましたか?」

昔ながらのやり方は明快だった。ほかの香会に認められていない組織は「黒会（ヘイホイ）」だった。認められるためには関係をつくり、信心に基づいて活動し、後援者を得ることが必要で、時期が来れば香会の長老たちが承認してくれる。それから会を祝う「賀会（ホーホイ）」という饗宴を開き、参加者全員が赤い布に署名する。それから三年間、妙峰山に登るときにその赤い布をまとい、正当な会であることを示す。また、会の名を記した小さな三角形の旗も携え、そこに布の吹き流しが加えられていく。吹き流しは白く、参加した主要な廟会や行事の日付が筆で手書きされている。それが会の歴史であり、誰でも見ることができる。

しかし最近はこうしたことに構わない団体も増えた。ただ妙峰山に行くのである。互いを知らず、あいさつもしないし、どの会がかつて最後の王朝の後援を受け、どの会が先週できたのかも知らない。演舞でさえあまりうまくなかった。単に寺に来て、誰でも数日でできるようになるような質の悪い踊りを披露する。金城のような伝統主義者にとっていちばん気に障るのは、そんな会の人たちが満足して楽しそうであることだった。

金城はテレビの電源を入れてディスクを入れた。二〇〇三年に倪家の茶会が開いた賀会の模様を録画した九〇分のドキュメンタリー映像である。わたしはこの一〇年間で何度かこうした祝典に出たが、倪家のはその何倍もの規模だった。家の前の通り全体が通行止めになり、高さ五メートル半のテントが張られている。主要な香会すべての指導者たちが到着し始め、映画祭に到着するVIPのように乗り付けた。

それを老倪と金城が出迎える。老倪は派手な黄色のスカーフを巻き、黒と黄色の絹のシャツに銀色のズボン、髪は今の金城のように剃り上げられていた。金城の髪はたっぷりとしていて真っ黒で、ぴったりとした中国風の上着が肩幅の広さを際立たせていた。来賓は車を降りると会の旗を出し、片方の脚を前に、もう片方を後ろにして膝を曲げ、少し頭を下げると同時に会の旗も下げた。老倪も同じことをした。これがシンバルと太鼓の音に合わせて三度繰り返された。

「この人は亡くなった」と、金城は来賓の男性を指して言った。「あの人も、それにこの人も。死んだ」

「ほら、あれを見て」と金城は言った。景徳鎮の古い官窯（かんよう）で作られた磁器の一揃いが映っていた。

「劉立才（リュウリーツァイ）、魏世中（ウエイシーチョン）、張鳳亮（チャンフォンリアン）。みんな来た」と、金城は画面にいる人たちをまた指して言った。「ほんとんどが亡くなった」

「まあ、人は死ぬものです」とわたしは言ってみたが、金城は肝心なことをわかっていないという目でわたしを見た。文化大革命後に廟会を救った人たち、二十世紀の荒廃の後で伝統を回復させた女性や男性がいなくなったのだ。残ったのは金城や弟や祁さんとまったく同じような人たちだけだった。比べようがないではないか？

場面は舞台に切り替わり、司会が壇上に登った。

「呼び売り行商人の王様」金城は浮かない顔で言った。「声が本当に大きかった。この人ももう死んだ」

呼び売り王は青い絹の衣に赤い絹のチョッキ、黒いスカルキャップを着け、低いバリトンの声を張り上げて全員の名前を読み上げた。

カメラが動いて花の陳さんが映った。今よりずっと若く、黒い髪も残り、赤い絹のドレスを着て晴れやかな表情だった。陳さんの会も同時期に賀会を開いたのだった。

「陳さんはまだいますね」とわたしは言った。

金城は言葉ではない低い声で返事をした。

呼び売り王は、妙峰山に対する倪家の忠誠を宣言する正式な声明を読み上げ、倪家が正式に加入したと仰々しく叫んだ。大きな歓声が上がり、お祭りが始まった。演舞の会が武術や寸劇や獅子舞を披露した。最後は一二人ずつのテーブルが一〇〇ある特大の宴会があり、みんなは金城が作らせた「酔流霞（ツイリュウシア）」「酔酒心（ツイチウシン）」という特別な穀物酒を飲んだ。

「この会に出られたらよかったのに」と金城は言った。

「本当に」とわたしは答えた。「その酒の名前はいいですね」

「まだ少しある。一本あげよう」

金城の妻がテレビの音を聞いて下から上がってきた。

「昔の映像！」と陳金尚は笑って言った。「一〇年前、この人たちがまだ生きていたときに来たらよかったのに！　義父は自分の話を書いてほしいと言っていた。わたしたちが賛成したら亡くなってしまった」

「でも――お二人はまだ生きています」

「もう年だ」と金城は答えた。

「まだ五十六でしょう。同じ世代の人が中国を仕切っています。それに昔のやり方もたくさん見たでしょう。金城さんは懸け橋のような存在です」

「僕はただの小者で、すごくいたずら好きだった。寺の壁のこっち側やあっち側でいつも悪いことをしていた。家の軒が寺の壁に接していたからね。家に狭い庭があって、壁をよじ登っては寺の境内に飛び降りていた。人が線香を上げているときに供物の果物を祭壇から盗むんだ！　あの年配の道士、韓（ハン）道士のことを『じいちゃん』とか『じいちゃん先生』と呼んでいた。韓道士とうちの家族、みんな信奉者だった」

「韓道士から学んだいちばん大事なことは？」

「尊敬。他人を尊敬することを学んだ」

みんなで三階に下り、陳金尚が麵をゆで始めた。わたしたちは花の陳さんの話をした。夏には中頂廟の祭りで主役を務めたが、その後、避けられないことが起きた。陳さんの地区が高層住宅の建設のために取り壊されたのだ。中頂廟は破壊を免れたが、陳さん一家は高層住宅が完成するまでの数年間、別の場所で暮らさなければならなくなった。一家は分散し、親戚のところに身を寄せたり部屋を借りたりしていた。しかし六階に住む娘のところに行った陳さんは苦労していた。

「エレベーターがあるんでしょう？」とわたしは言った。

「問題はそこじゃない」と金城は言った。「農民が、いつも家を出たら土地が見えるのに慣れていたらどんな感じがするか。いつも地面の気に触れている。接地気（チエティーチー）と言う。農業をしたことがなければ絶対にわからない」

「陳さんはちょっと頭が混乱しているんです」と陳金尚がわたしに言った。

「妙峰山で会って話をしましたが、問題ないようでしたよ。それから村の寺の祭りでも、陳さんのほうからやってきてあいさつしてくれました」

「そう」と金城は言った。「そのころは大丈夫だった。春には大丈夫だった。夏も大丈夫だった。でもその後に家が取り壊された。今はいろいろとわからなくなっている」

わたしたちは食事をした。帰る時間になるとわたしは金城のほうを見てジャケットを褒めた。灰色のピンストライプなのに、襟なしで中国風の紐ボタンがついているので、東洋と西洋が絶妙に交ざり合っているようだったのだ。

「あげるよ」と金城は言い、ジャケットを脱いで渡してくれた。

「そういう意味ではなくて。いいジャケットですが欲しくはない」

金城は笑った。褒めるとはつまり欲しいと言うも同然だろう。わたしたちはそれから五分間言い争った。

「写真だけ撮って、同じのを作ってもらいます」

「これを作った仕立屋は死んだ」

「別の仕立屋でも当然同じのを作れるでしょう!」

「いや。みんな死んだ」

「まさか!」

「死んだ」

「いりませんから」

「あげるから! 持っていきなさい!」

「いやいやいや!」

「おかしな人だ! もうあげたんだから持っていきなさい!

新しいのは作れない! 仕立屋はみんな死んでるんだから!」

金城は話すのをやめ、息を吸ってわたしの目を見た。

「誤解している。こんなジャケットは、それを欲しいと思う人に受け継がれて初めて意味がある。これはもう君のもの。僕から受け継いでもらう。いい?」

25 しきたり——東方の稲光

冬のある日、成都の街を歩いていると携帯電話にテキストメッセージが表示された。

最後の審判の日の話は信用できない。カルトは災いをもたらす本心を隠すためにでたらめをつくり上げる。人から金を騙し取り、セックスをして入信するよう仕向ける。加入は惨事をもたらす。東方閃電（トンファンシャンティエン）はカルトであり、最後の審判の日についての嘘の主張は人の心を動揺させる。科学はわれわれの目を開かせ、カルトの怪物は何にもならない。上海反カルト協会。

冬至に世界が終わるという有名なマヤ文明の予言が弾みとなり、中国は終末思想であふれていた。中国人の大半はこの手の予言を話半分に聞くか、ともかく少しばかりの起業家精神を持って受け止めていた。ある中国人実業家は、幸運な数人を救うために木で方舟を造った(4)。北京のある会社員は、チベット高原の標高の高いところに、大洪水に対する耐久性があるというシェルターを造り、入場料を八〇〇〇ドルとした。わたしは時計を見た。十二月二十一日の正午、世界が終わるとされる日である。これが全部嘘なのか、わたしは最大であと一二時間しか生きられないかのどちらかだ。

世界が終わると中国で騒いでいる団体のなかでも、本当に恐れられていたのは一つだけ、「東方閃電」だった。「全能神」としても知られるキリスト教の分派である。東方閃電は一九九〇年代に活動していたが、その後静かになった。マヤ文明の予言、あるいはもっと深い予感に刺激されたのか、会員たちは二〇一二年ごろに大人数で集まるようになり、その神学の一部である、聖書に基づいた終末思想的予言を繰り返すようになった。この復活を受けて上海反カルト協会がメッセージを発し、政府はおよそ一〇〇〇人の信者を拘束した。公式の報告によれば東方閃電は四〇の暴動と、一般的に社会不安を引き起こしたことになっている[5]。

その前の法輪功と同様、東方閃電は政府とほかの宗教団体両方の怒りを買った。当局にとって主な懸念は政治面のものだった。東方閃電は共産党を「巨大な赤い龍」を意味する大紅龍（ターホンロン）として非難し、共産党支配があまりに大惨事続きなので聖書にある最後の審判の日が来るのだと主張した。早くも九二年に政府関係者は東方閃電を「反革命」だと宣言し、撲滅を約束して会員を思想改造キャンプに送った[6]。キリスト教団体のほうは、東方閃電の神学は異端、手法は犯罪的だとして退けた。彼らによれば東方閃電はよその教会を丸ごと乗っ取るのだった。もっとも有名なのは、二〇〇二年に三四人の教会員を改宗するまで一軒の家に閉じ込めた事件である。またファムファタールを使って主流の牧師を誘惑し、教会員全員を東方閃電に連れてくるように脅迫したとも訴えられた。

東方閃電を擁護に値すると感じる人はほとんどおらず、二〇一四年に東方閃電の信者だとされる一家がマクドナルドで女性を殴り殺してからはなおのことだった[7]。しかしその事件が起きる前から、東方閃電は『人民日報』から『デイリー・ビースト』紙までみんなにカルトとして非難された。欧米の記者は、信者の異常な信仰、とくに「浮気釣り」の手法について書いておもしろがった[8]。憤慨し、恨みを持ち、秘密めいている東方閃電は、カルトとして完璧なように思われた。

乾隆帝は中国でもっとも偉大な皇帝の一人で、一七三五年から九六年まで、自身が傲慢にも盛世（ションシー）と呼んだ中国の豊さと栄光の時代に君臨した。長い統治期間に清朝は面積を倍にした。豪奢な宮殿を建て、自らを仏教の文殊菩薩に見立てた肖像を描かせ、四万もの詩を作り、三万六〇〇〇書からなる『四庫全書』の編纂を命じた。英国使節のジョージ・マカートニーが中国を訪れて貿易拡大を求めたのを拒絶したのは有名である。帝国には「すべてのものがふんだんにあり、国内に欠けている産物はない」と乾隆帝は書いた。

しかしこの自己満足時代の絶頂期に乾隆帝の帝国は魔術師による攻撃に悩まされた。魔術師たちは中国のもっとも豊かな地域を襲い、魂を盗むために人の髪の毛を切り落として呪文を唱えるという変わった儀式をして人びとをぞっとさせた。一帯は恐慌状態に陥り、魔術を使っていると疑われた人を暴漢が襲った。ある男性は通りで子供の髪の毛をくしゃっとしただけで襲われた。地域の判事は告発された者を拷問して自白を引き出し、皇帝も、最大限の厳しさをもって事件を裁け、という焦りの伝わる指示を下した。こうしたことはすべて江南（チアンナン）地方で起きた。絹や茶や米で知られる長江周辺の裕福な地域である。今もそうだが、当時も中国でもっとも繁栄し、帝国経済を支えていた。

　この事件は歴史家のフィリップ・キューンの興味をそそり、キューンはこの時代について『中国近世の霊魂泥棒』という本を書いた。この時代は経済が大きく変化した、とキューンは指摘する。新世界からの銀が中国に入ってきていた。貿易が、富を得て成功するための手段になり、農業と学問と礼儀という儒教の理想を損なった。貧富の差も非常に大きくなった。人口は急増し、環境も悪化したが、そんな脆弱な国を治めているのは不安定な政治体制だった。その政治体制は乾隆帝のような満洲人が支配しており、中国人の過半数からの幅広い支持を得ておらず、どんな種類の社会不安にも過敏になっていた。乾隆帝は自分の治世を輝かしいものだと明言したが、清王朝の最盛期は過ぎており、中国は騒然とした十九世紀に入ろうとしていた。それはキューンの言葉を借りれば「中国の悲劇的な近代の前夜」で、「人の生活を脅かす悪が辺り一面にある、目に見えない勢力があるという感覚が広がっていた」。

　過去を現在の比喩として安易に使うべきではないが、類似点に気づかずにいるのは難しい。今日の中国でも、急速な都市化によって富と生活水準の向上がもたらされたが、伝統的な社会関係が破壊されてもいる。環境破壊も深刻だが、政治指導者たちは直接の批判を許さない。社会の異端者も、周りの統治体制を反映して階級制を守り、非民主的で、それに対する社会の反応は厳しく残忍である。このように社会から取り残された集団は嫌われているが、われわれ自身を理解する鍵となる、とキューンは論じた。

　われわれ自身の現代文化の多くの面も、予感による身震いなのだと言えるかもしれない。自分たちがどんな社会をつくり出しているのかについて受け取る、解読できないメッセージをびくびくしながら解釈している状態である。何と言っても、われわれのなかでいちばん強い情熱は、それがときに醜悪ものであっても、自分の人生に意味を与えることなのである。[9]

外国の宣教師の影響力が衰えてきていた一九二〇年代、ペンテコステ派の信仰復興運動が中国に広がり、新たなキリスト教徒の団体が生まれた。その多くは中国の信仰の観念に根差していた。今日の用語を使えばセクトと呼べるかもしれないこれらの教派は、精神面で飢えていた中国人に予言や神による治癒、異言など恍惚を伴う実践方法を与えた。田舎で共同生活を送る団体もあり、そのなかの予言者が天に行き、予見を持ち帰った。ほかにも、たとえば「真イエス教会」は――息子が亡くなってからドイツに暮らしていたときに徐珏（シュイ・チュエ）が出会った教会である――北京の布商人が見た幻影に基づいて設立された。王明道（ワン・ミンタオ）のようにあくまでも独善的な伝道者は、西洋の宣教師、なかでも進歩的な考え方を提唱する者たちを退け、聖書を文字どおり解釈しようとした。倪柝聲（ニー・トゥオ・シェン）、別名ウォッチマン・ニーも外国からの影響を批判した。ウォッチマン・ニーは第一次世界大戦後に中国のナショナリズムがもっとも盛り上がっていたときに自分の思想を発展させ、外国の教派を聖書に基づかないとして執拗に批判し、それに代わるものとして中国全国の村に「地方教会」を設立した。ニーは神秘論者でもあり、世界の終末について千年王国論に基づく複雑な見解を何冊もの本に書いた。

一九四九年に権力を握った共産党は、国内のプロテスタント教会を政府が制御できる一つの上部組織のもとにまとめるために、三自愛国運動を発足させた。しかし政府のこの組織は、主に古くからある宣教団の教会を支配するようになっただけだった。中国人が始めた教会は、一部の指導者は政府側に吸収されたものの、大半は禁止された。王明道のように三自愛国教会に加わるのを拒んだ牧師たちは何十年も労働収容所で過ごした。ウォッチマン・ニーは一九七二年に獄死した。

しかし彼らの思想は消えなかった。安全な国外に逃れた信奉者もおり、ウォッチマン・ニーの教会などは国外で、中国で生まれた神学を発展させた。大きく広がった考え方の一つに、神の霊を「呼ぶ」というものがある。この運動は広く呼喊派（シャウターズ）として知られるようになり、中国系アメリカ人共同体の多くに広まった。

中国国内でもキリスト教は生き延びるどころか、盛んになった。これには二つの大きな理由がある。一つは毛沢東時代の想像を絶する飢饉や政治作戦で、これらによって人びとが宗教、とくに千年王国論的傾向の強い団体に追いやられた。加えて、政府の政治作戦によって政府の宗教組織も損なわれ、三自愛国運動は一〇年間以上まともに機能できなかった。政府の教会が閉まっているなかで、人びとは自分たちで教会を組織した。

毛沢東時代が終わると、地下の教会は外国に暮らす同志から送られる大量の本やパンフレット、冊子、録音テープ、映像などに支えられた。これが宗教刷新が新たに大きく高まるきっかけとなり、政府の教会が毛沢東によって破壊されたなかで呼喊派のような団体が勢いをつけた。それは、神学の教育や正式な聖職者よりも個人のカリスマ性や霊的な才能を重視したことが大きな理由だった。一九八〇年代から九〇年代を通して新たなキリスト教団体が次々と生まれた。「被立王（聖別された王）」「主神教」「曠野窄門（荒野の狭き門）」「三班僕人（三階級の下僕）」などである。歴史家のダニエル・ベイズによればこれらの団体は「場所を問わず、キリスト教史において創造的な異文化適応が行われたもっとも大きな例の一つ」だった。[10]

これらの団体の指導者の大半は反革命だと判断された。九九年の法輪功による蜂起があって政府が宗教団体にことに過敏に反応するようになってからは、これらの団体は解散させられ、主な指導者たちは処刑された。しかし生き残ったのが一つあった。その名前は『マタイによる福音書』二四章二七節にあるイエスの再臨の預言にちなんでいる。

稲妻が東から西へひらめき渡るように、人の子もそのように来るからである。

東方閃電は一九九一年に、もとは呼喊派にいた趙維山（チャオ・ウェイシャン）によって設立された。[11] 三十九歳だった趙は、河南省を旅していたときに楊向彬（ヤン・シアンビン）という十八歳の女性と出会った。趙維山は楊向彬を「女性のキリスト」、つまりマタイの預言にある東方の稲妻なのだと宣言した。東方閃電はウォッチマン・リーやその後継者たちの語彙を使い、終わりの時が近いという考えを広めた。趙維山と楊向彬は二〇〇〇年ごろに米国に逃げたと言われているが、東方閃電は中国国内で存続した。

東方閃電のような団体は異端だとして切り捨てられることが多い――キリストが中国に再臨するはずがないではないか? それもよりによって河南省に? それに女性の姿で? 東方閃電の信者の考え方を本当に理解するには、信者から何度も徹底的に話を聞かなければならないだろうが、秘密主義の団体であるため今のところは不可能である。しかし東方閃電が出す資料を読み、中国の最近の歴史を考え合わせると、東方閃電になぜこれほど人気が集まるのかについての手がかりが得られる。

手がかりの一つは、東方閃電が河南省で生まれたことである。一億人が暮らす河南省は、中国でもっとも人口の多い省だが、歴史と貧困による深い傷を負った地域でもある。歴史上最悪と見なされる飢饉を引き起こした大躍進政策など、毛沢東による実験のうちでももっとも悲惨な結果を招いたものが、河南省を中心に行われた。わたしたちはこの飢饉などを遠い昔の出来事のように考えることもあるが、東方閃電のような団体ができたときには、それからまだ三〇年しか経っていなかった。東方閃電を設立した趙維山のような者にとって、九歳のときに人びとが飢え死にするのを見たのは人生を決定づける瞬間だったただろう。

今日でも河南省は中国でもっとも将来性のない省の一つである。雲南省や貴州省などの貧しい国境地域とは異なり、河南省が貧しいのはことに山がちだからではない。河南省はむしろ人口過多で資源がなく、農業に頼っている。中国沿岸部にある活力はほとんどなく、犯罪や社会不安のほうが広く知られている。

わたしはある夏、地元のキリスト教史家で教会指導者でもある張義南(チャン・イーナン)と河南省を旅しているときに、このことを考えた。ここが中国文明のゆりかごで、二つの王朝の都があり、多くの有名な歴史上の人物の生誕地であることを思い出させてくれるものはほとんどなかった。都市は平らで特徴がなく、農村部はどこに行ってもトウモロコシと小麦が風に揺れる畑で、たった一つの寺院もない村が非常に多かった。共産党のおかげで、毛沢東時代が終わって宗教がふたたび許されたときには白紙に戻っていたのである。

「寺院はほとんどが取り壊され、儒教も破壊された」と張義南は言った。「それは天からの恵みだった[12]」

こうした大破壊は東方閃電の神学に反映されている。それによれば、人類はおよそ二〇〇〇年ずつの時代を三つ経てきた。律法の時代(旧約聖書、またはユダヤ教の聖書とその預言者たちの時代でもある）、恵の時代（イエス・キリストが現れてから今までの二〇〇〇年）、そして王国の時代である。東方閃電の主な書物『話在肉身顕現（言葉は肉体に現れる）』によれば、イエスが旧約聖書の預言者に取って代わったように、イエスの業績も今では「時代遅れ」で、今はとくに中国で騒乱の時代である。同書では『ヨハネの黙示録』に出てくる言葉が使われ、中国は大紅龍と表現されている。

内部から崩壊し内政も混沌としているため、大紅龍は自衛に勤しみ「月」に逃げる準備をしている。しかし神の手から逃げようとすることなどできるはずがないではないか？　神の言葉のとおり「彼らは自分で作り出した苦い杯を飲まなければならなくなる」。国内で騒乱が起きるときは、神が地球を離れるときである。神はもはや大紅龍の国に「とどまる」ことはない[13]。

中国が無秩序状態にあるように描写したことに加え、その語彙やイメージ、女性性も支持者の獲得を助けたのだろう。神についても、標準的なプロテスタントの用語である上帝（シャンティー）ではなく、主に民俗宗教で使われる神（シェン）を使った[14]。文化大革命中の毛沢東崇拝との類似も親近感を抱かせた。東方から救世主が来るというのは、毛沢東時代に「東が赤くなり、中国に毛沢東が出た」と歌って育った多くの信者にとってなじみ深かったはずである。新しいキリストが女性だというのもまた別の魅力だっただろう。中国の未登録教会の信者の大半は女性だが、牧師はほぼ必ず男性である。王怡の教会で女性の牧師を推薦した長老が追放されたのもよい例である。崇拝の中心に女性を置くのは喜ばしい変化であるだろうし、碧霞元君や、仏教の慈悲の女神である観音菩薩など、中国で人気のある神々を想起させる。

パラノイアと暴力に関しても、最近の中国での暴力との類似に気づかずにいるのは難しい。東方閃電は、誰にも殺人を犯せとは命令していないし、その気にさせてもいないと弁明し、犯人を「精神病質者」と呼んだが、状況は明らかではなく、結論を導くのは難しい[15]。少なくとも、東方閃電が対立と欺瞞を使って信奉者に取り込んでいるのは明らかである。

広く告発されたことの一つに、東方閃電がほかのキリスト教徒を拉致しているというものがあったが、このような主張はたいてい曖昧である。牧師を誘惑するために性接待が使われるという告発も怪しく、女性が中心的役割を果たしていることを疑問視させようという動きを反映しているのだと考えられる。しかし、いじめがあったとか、ほかの教会を乗っ取ろうとしたという申し立ては非常に多い。少なくとも、そこには中国の未登録教会のあいだにある恐怖が反映されているに違いない――確立された教会の信者は魂を盗まれる可能性があるほど教会に対する信頼が浅いという感覚、根源的な不安である。

26 成都——イエスを探す

クリスマスが近づいていたが、王怡(ワン・イー)の教会は礼拝を行うことができないかもしれなかった。普通ならこの時期は一年でいちばん盛り上がり、教会に新たに人を勧誘する絶好の機会だった。多くの中国人は、西洋の祝日であるクリスマスについて知りたいと思いながらもあまりよく理解していない——あの赤い服を来た太った男は誰で、それがイエスとどう関係があるのか？　クリスマスの礼拝は、教会員が友人を楽しい夜の行事に誘い、場合によっては何人かを入会させるチャンスだった。クリスマスの礼拝にはたいていかなりたくさんの人が集まるので、秋雨教会はボールルームを借りた。しかし今年はホテルのボールルームを借りてもその一時間後に支配人から電話があり、すまなそうに予約を取り消されることが続いていた。明らかに政府の圧力の結果である。わたしは神学校、拡大計画、ほかの改革派教会との連携などがやりすぎだったのだろうかと考えるようになった。

わたしは彭強(ポン・チアン)を訪ねて意見を訊いた(16)。彭強も自分の教会を持っていて、ずっと前から王怡を知っている。教会と政府とのあいだの緊張について彭強はどう考えているのか？　これは深刻な対立なのか？　わたしたちは彭強の寒い執務室にいた。中国南部のほとんどの建物は、冬に暖房がないのである。成都の湿気のある寒さがどの部屋にも、何枚服を重ねていても入り込んできたが、彭強は陽気で、わたしの質問に気さくに答えてくれた。

「わたしの持っている夢について話して質問に答えましょう。わたしは前から、ロサンジェルスにいる友人たちのために中国のキリスト教についての映画を作りたいと思っていました。あちらにいる人たちは、弾圧や逮捕のことばかり耳にするのでわたしを心配するのです。ここから一〇〇〇〇キロも離れたところで誰かが逮捕されるとわたしに電話してくるのです。大丈夫か？　と。

　錦江のほとりで礼拝をしていたときのことを思い出します。覚えていますよね、二〇〇五年に秋雨教会が建物に入れなかったとき。どんな感じだったかわかりますか？　それは苦しみだったか？　たしかに苦しみだった。何が起きるかわからなかったから。でも全体としてはおもしろかった！　みんな幸せで熱意があった。わたしはいつも、クリスチャンと革命家には大事な共通点が一つあると言うのですが、それは活動していて問題に直面したら、喜び（ジョイ）を、希望を持つこと（ユーハヴホープ）」と、彭強は最後の部分を強調するために英語で言った。「革命家とはそういうものではありませんか?!　牢屋に入れられて、一人で死に直面しているが、そのことを喜んでいる！」

　彭強はこう続けた。

「だからもしこういう出来事について脚本を書くとしたらこうなります。

　教会に入ろうとすると、警察が教会の入り口を封鎖していて『悪いけど、中には入れない』と言われる。怒りを覚える会員もいるが、ほかの人たちが『だったら錦江に行こう』と言う。それで川のほとりの公園に礼拝の場所を見つける。日が出てくる。美しい。それでみんなが歌い始める。教会のおばちゃんたちが朝に公園にいる人たちを見てこう言う。『ねえ、若い人たち、みなさんもイエスを信じるといいですよ、そうするとなぜ生きているのかがわかるから』

　成都には茶店がたくさんあるので、教会員たちは礼拝の後にお茶を飲みに行く。みんなとても幸せ。私服警官がついてくるが気にしない。みんながしゃべり、共有し、祈っている。みんなわくわくしていて幸せだ。

　それから鍋を食べに行くと、私服警官もまたついてくる。なぜだかわからないがついてくる。どうやら彼らは悲しいらしい。ただついてくる。こういう人たちの生活、警官の生活はひどい。なぜならどんな職業でも、尊厳を生じさせる何かがある。警官なら、悪者を逮捕するのが尊厳だ。勇敢さが出てくる。でもここでは何をしているのか？

　というわけで、この脚本は、新聞で読む状況とは違います。たしかに苦しみではある、それか、少なくとも不便ではあるけれども、全体としては神のめぐみがあります。神が存在しないのならそれには意味がない。でも神が存在するのなら道理にかなっています」

　彭強が希望を持つ理由はほかにもあった。彭強は、習近平政権が反体制活動家や弁護士を逮捕して、社会に対する国家の統制を断固として強めようとしていることは認めた。習近平政権がキリスト教を犠牲にして中国の伝統的価値観や宗教を推進していることも認めた。それでも彭強が前向きでいるのは、ばか正直だからではなく、政府の強行路線に、より長期的な問題があるのを見て取っていたからだった。その一つは安定維持プログラムにかかる費用である。これは中国語の略称「維穩（ウェイウェン）」で呼ばれることも多い。政府の統計によれば、当局は国防よりも多額の金を維穩にかけていた。

「維穩はとても高くつきます。団地で誰かが別の部屋から歌声が聞こえてくるので警察を呼ぶとします。その費用は誰が払うんです？ 警察には犯罪やテロリズムなど本当に取り組むべき問題がたくさんあります。警察はそこからいろいろな省庁に連絡しなければいけません、宗教事務局、地元の派出所、国保、民政部。これらの省庁もみな車や残業代や食事代を出さなければならない。どこでも最初の質問は『誰が払うのか？』でしょう。だから今は、中央政府が何かを閉鎖しろという命令を出さない限り、地方の政府はそこまで乗り気ではありません」

彭強と話していると、なぜ首都を離れることが大事なのかを思い出すことができた。北京にいると政府の権力が無限大であるように感じられるが、ここでは距離によって抑制されていた。習近平のような権威主義的指導者の手加減されない政治的影響力を過小評価するのは浅はかなことだが、政府の力を超えたところにある長期的傾向を無視するのも同じくらい軽薄である。

わたしが帰る少し前に、彭強は成都のような場所でどんなことが起きるかがよくわかる話をしてくれた。彭強には六歳半の娘がおり、今年の秋に公立学校に行き始めた。彭強も妻も、娘に少年先鋒隊の赤いスカーフを着けさせたくなかった。ほぼ全生徒が加わる共産党の青少年組織である。

「そんなにすぐに問題になると思っていなかったのですが、わずか三週間が経ったところで、帰宅していた娘が、先生がスカーフをしなければいけないと言ったと言うのです。わたしたちは動揺しました」

彭強は娘と話をし、スカーフを着けなくてもいい、むしろそれは共産党を表しているので着けないほうがいいと説得した。

「わたしが論理的すぎて娘は泣いてしまいました。みんながするのだと言って。とても華やかで、すてきに見えるのだと。

でも妻はカウンセラーなので、脳の正しい側を使って娘に話しました。赤いスカーフがなくてもいい生徒でいられるのだと。あなたは神の子であり、神のものでないものは着けたくないでしょうと。

「それで娘は『そう、わたしは神の子で、赤いスカーフは着けたくない』と言いました。それから三人で一緒に祈りました」

彭強の妻が娘の学校に行き、先生に子供たちによくしてくれてありがとうと礼を述べてから、スカーフの着用が任意なのか尋ねた。先生はそうだと答えたので彭強の妻はこう言った。「『うちはクリスチャンで、スカーフは信仰と一致しない。でも娘は先生を尊敬していて、よく勉強していい生徒になります』。先生は何も気にせず、『構いませんよ』と言いました」

それから夫婦は先生に丁寧な手紙を書いた。なぜ一人だけスカーフをしていないのか校長に訊かれたときに、文書による説明があったほうがいいからである。娘はその手紙を学校に持っていった。その日の午後、彭強と妻は校門まで娘を迎えに行った。

「娘はとても喜んでいて、どうしたのか訊いたら、その日の朝、少年先鋒隊が整列するとき、自分以外の全員が並んだのだが、気にならなかった。なぜなら先生の助手がクラスのみんなにこう叫んだから。『この子は参加しなくていいんです。信仰があるから！』」

クリスマスイブの正午、わたしは礼拝が中止になるに違いないと思っていた[17]。あと数時間しかないのにまだどのホテルも会場を貸してくれなかった。しかしそこで友人で教会の社会問題担当の張国慶（チャン・クオチン）から電話があった。会場が見つかったのだ。礼拝は緑洲（リュイチョウ）ビジネスホテルという、教会の近くの脇道にある三流ホテルで行われる。わたしは礼を言ったが、電話を切ってから、こんなに急な知らせでどれくらいの人が集まるのだろうと思った。

わたしは七時一五分前、礼拝が始まる四五分前に着いたが、秋雨教会の人たちがすでに続々とロビーを通り、階段を上がって二階のボールルームに入っていっていた。会場の入り口はこの日のために準備されたポスター掲示板でいっぱいだった。大きさは幅九〇センチ、高さ一八〇センチで、今夜のテーマである「成都にイエスを探す」を説明している。

これらのポスターは、成都の歴史を語り直す大胆な実験だった。成都にキリスト教の歴史があることだけではなく――そのこと自体も、どのガイドブックや、どの教科書、中国のどの公式ウェブサイトにも書いていない――十九世紀半ばから二十世紀半ばにかけての成都の現代化にキリスト教が非常に大きな役割を果たしたことを説明していた。

あるポスターには、十九世紀に成都に到達した宣教師たちの略歴が載っていた。また別の「貴重な血　忘れまい」と題されたものには、たくさんの男女が何もなかったところから病院や妊娠女性のためのクリニック、救急車サービスまで、成都の現代的な医療インフラを整備したことが書かれていた。信仰と関係なく誰でも医療を受けられること、またそこで働く者は金ではなく信念のためにそうしていることが強調されていた。さらに別の掲示は、成都の一流の中学校や高校のなかには宣教師によって設立されたものもあることを伝えていた。おそらくもっとも説得力のあるポスターには、宣教師が設立した捨て子のための病院の写真と、その下に、隣接する省のごみ箱の写真が載っていた。二〇一二年に当地の孤児院が五人の赤ちゃんをそこに捨てたのである。言葉による説明はなかったが、伝えたいことは明らかだった。キリスト教は命を救い、国は命を無視するということである。いちばん下には赤の太字で『ヨハネによる福音書』からの引用があった。「私は、あなたがたをみなしごにはしておかない。あなたがたのところに戻ってくる」

これらの掲示板をよく読むと、西洋の宣教師が善良だということを伝えたいのではないことは明らかだった。伝えたいのは、すべての宣教師が善良だということで、それは共産党による正統派の歴史に直接挑むようなものである。共産党は以前から宣教師はよくない、中国を損なうための帝国主義的事業の一環なのだと主張してきた。しかし掲示によれば、一九四〇年代には主要な宣教師は中国人になっていた。ある大学の聖書勉強会は中国人の牧師に率いられていたし、病院でも中国人の医師が主導権を握った。大事なのはキリスト教がその原動力であるということで、たまたま西洋人がキリスト教をもたらしたことは歴史上の偶然の出来事なのだった。

掲示を見てからボールルームに入ると、小冊子が配られていた。一つにはソ連の元最高指導者ニキータ・フルシチョフの写真があり、「神はわたしが無神論者であることを知っている！」という引用があった。その冊子は、神の存在についてのもので、ダーウィンやアインシュタインなど偉大な科学者が神の存在を信じていたことが書かれていた。

別の小冊子は異端を批判する内容だった。東方閃電の名前こそ出ていなかったが、秋雨教会が政府の政策と完全に歩調が揃っていないわけではないことを巧みに示すためのものであるように見えた。しかしページをめくっていくと重要なのはそこではないことに気づいた。小冊子の裏表紙には、異端だという非難を乗り越えた歴史上の人物が挙げられており、最後に王明道（ワン・ミンタオ）の名前がある。共産党支配に反抗して労働収容所に二〇年もいたキリスト教指導者である。つまり、王明道を投獄した異端は政府のほうであることがほのめかされていた。

わたしは息をのんで小冊子をポケットに入れた。国慶がやってきて、非常に緊張している様子である。

「前に行って」と国慶は言った。わたしは、後ろにいたほうが少しは目立たないのではないかと尋ねたが、国慶はいや、前のほうにいてほしいのだと言った。「国保が来ている。うまくやろうと思っているのだが、目立つように前に座ってくれたほうがいいかもしれない」

わたしは教会と国保との対立にかかわりたくなかったが、政府がこの礼拝を止めたいのならもう止めているはずだと理屈で考えた。途中で反政府の宣伝でもない限り、礼拝は行われるだろう。というわけでわたしは最前列に着席した。後ろを見ると、二五席ある列が二五あり、ほとんどの席が埋まっていた。急な知らせだったがみんなどうにかして集まり、これからどうなるかと思いながら舞台を眺めていた。

王怡は、成都にイエスを探すというテーマを説明する祈りで礼拝を始めた。

「クリスチャンとして、教会として、成都人として、わたしたちには自分たちの歴史を知らないでいる理由が、宣教師が成都の教会だけでなく学校や病院や慈善団体のほとんどの設立を助けたことを聞かないふり、見ないふりをする理由がありません」

これはまた国家に対する挑戦だ、とわたしは思ったが、部屋の後方にいる諜報員たちの興味は引かないだろう。諜報員は自分たちにわかる明示的なもの、つまり集会を止める口実になるものを探していた。しかし当然ながら王怡は利口すぎた。王怡は共産党の正当性の根拠――知識の独占、とくに歴史の統制――を問題にしていたのだが、この言い方は諜報員にとってはわかりにくすぎた。

「これをただの歴史だと言うのは過去を中傷することです。ですからわたしたちは神に、成都を神に感謝する都市にし、成都の人びとがふたたび感謝の念を欠き、福音を断ることがないように祈ります」

それから『成都よ、今夜は放っておかない（成都，今夜没有遺忘）』という一幕からなる劇が上演された。これは二〇〇九年に王怡の友人で作家の慕容雪村（ムーロン・シュエツン）が書いた『成都よ、今夜は放っておいてくれ（成都，今夜請将我遺忘）』という小説を枕にしていた[18]。数年前にたいへんな人気となった小説で、目的もよりどころもない友人たちが酒を飲み、賭博をし、寝ながら成都をさまよう物語だった。慕容は成都をこう描写している。

> 夜の成都はいつも優しく柔らかく見えた。華やかな提灯に温かく照らされ、そこら中から笑い声や歌声が聞こえた。でもわたしは成都がそんな輝きとは裏腹にゆっくりと腐敗しているのを知っていた。どの街角からも情欲と強欲のうねりが押し寄せ、泡立ち、タイルというタイル、魂という魂を腐食させる一筋の小便のように熱いにおいを発していた[19]。

王怡の答えがこの劇だった。四川大学の外で若い夫婦が会う。四川大学は宣教者によって華西協合大学（ホアシーシエホー）として設立された。冒頭の場面では、新聞を読む二人が、安全でない食べ物、危険な道路、医師など社会にあるいろいろな問題について意見を言う。そして二人が、一〇年間一緒にいたが今にも離婚しそうであることに言及する。夫は、妻が粗探しをすると言う。妻は、夫が尊大な気取り屋だと言う。二人のあいだの愛情はなくなったようである。

そこに精神科医が登場する。ユーモアのある三十代後半の女性で、夫婦の動きを止め、何が二人をいら立たせているのかを解説した。夫の愛情は化学反応から生まれる情欲で、妻の心配は不安感から来る苦悩なのだと分析された。こうした悩みや問題は正しい薬を飲めば治る、と精神科医は言った。ここで若い夫婦は意識を取り戻し、妻が精神科医にこう尋ねた。「つまりわたしは北緯三〇・六七度、東経一〇四・〇六度で化学粒子が動いたり増えたりしているだけの存在なのですか？」

「そのとおり」と精神科医は答えた。

「じゃあ、人の人生にはどんな意味があるんですか？」
「お言葉ですが」と精神科医は言った。「『意味』は厳密な表現ではありません」

そこへ夫婦の大学時代の教師が登場し、三人に今もクリスチャンなのかと尋ねた。三人は、一応そうだが、あまり実践していないと答えた。教師が大学のキリスト教的過去を持ち出すと、舞台は一〇〇年前にさかのぼり、社会における民主主義と科学の重視を求めた一九一九年の五四運動が出てきた。急進主義者たちが登場し、中国がいまだ民主化せず、自分たちの革命がまもなく失敗に終わりそうであることを嘆く。若い男が「汚職に反対！」と叫んで警察に逮捕される。これはもちろん国民党の警察だが、今日との類似性は明らかだった。急進主義者たちと夫婦は急に、精神面の革命がなければ政治変革や互いとの関係の改善をめざす努力に意味がないことに気づく。

劇の終わりに役者たちがそれぞれの現実の話をした。精神科医役は神を見つける前は投薬に頼っていた。教師役は教会の指導者の一人だった。夫婦役の二人はイエスを再発見して秋雨教会に通うようになるまでは本当に離婚間際だったのだが、今では子供がいた。息子の名前は書亜（シューヤー）で、これはイェシュア、またはヨシュアにちなんでいる。それは王怡の息子の本名でもあり、王怡が検閲局による出版禁止命令を免れるために数年のあいだ使っていたペンネームでもあった。書亜は一行だけせりふがあり、最後の六語は『詩篇』三三篇の言葉を引いていた。

> わたしの名前は聖書の「ヨシュア」から取られたシュヤ。なぜならわたしたちの家族は「主がご自分のものとして選んだ」ものだから。

王怡は、四川省の田舎で過ごした少年時代の話で説教を始めた。集まった人たちの大半と同様――大学を出たてでホワイトカラー職に就き、最新の携帯電話を持っている若者も含めて――王怡の家族は非常に貧しく、王怡にはおもちゃもなかった。代わりに王怡はアリと遊び、アリが這い回り、王国や帝国を築くのを何時間も眺めていた。ある日、急な嵐でアリの一団が巣に戻れなくなった。

「紅海に行く手を阻まれているかのようでした。アリたちはどうしたらいいかわからなかった。巣に帰る方法がない。わたしはかわいそうに思い、自分には助けることができるので助けることにしました。一〇〇匹はいたでしょう。一匹残らずすくってどんぶりに入れ、水たまりの反対側に持っていって逃してやりました。わたしはどんな気持ちがしたと思いますか？　自分が救世主になったような気がしました」と王怡は言い、会場の人たちは笑った。

「わたしはまだ七歳でしたが、何かとても意味のあることをした気になりました。アリたちを救ったのです。一時間ほどかけて助けたのですが、アリにとっては五〇〇〇年だったかもしれません」。王怡が中国文化の五〇〇〇年の歴史に言及したので聴衆はまた笑った。王怡は、世界中の中国人が誇りにしていることを、取るに足らないと鋭く批判したのである。

「そのうちの非常に賢い一匹がのちに本を書いたかもしれません。そのなかでこう書いたかもしれません。『目に見える道（タオ）は真の道ではない。名だと言える名は真の名ではない』」

道教の古典である老子の『道徳経』の冒頭だった。王怡の世界では、これは身の回りの世界を理解しないアリによる作品だった。

「三〇年後に聖書を真剣に読み始め、クリスチャンと接触するようになりました。そこで自分がアリの救世主ではなかったことに気づきました。もし本当にアリを愛していたら、そして自分に本当に力があったなら、わたしはただのスーパーヒーローにはならなかったはず。わたしが神だったら、わたしは神の子のイエスのように、人が道に迷ったとき、破壊への道を進んでいるとき、自分の人間の姿を捨ててアリとして彼らのなかに入っていったでしょう。それもアリの王になったり、飛ぶアリやとてつもなく力持ちのアリになったりするのではなく、いちばん普通のアリの一匹に、弱く、攻撃を受けやすいうちの一匹になり、広大な海をどう渡るべきか、どうやって家に戻るかについて自分にできる最善の助言をしたでしょう。そして目標が達成されたとき、そのうちの何匹かに殺されるかもしれません」

王怡は先ほどみんなで読んだ聖書の一節に話を変えた。三人の賢者が生まれたばかりのイエスを訪ねる話で、クリスマスにふさわしい。それだけでなく、もっとも有名な聖書の話の一つであり、賢者たちが東方から来るので、中国人の聴衆にもまったく無縁には感じられない点で王怡にとって都合のいい物語でもあった。王怡は、賢者たちがイエスを探す話から切れ目なく今夜のテーマに移ることができた。賢者たちはイエスを探していたが、西洋の宣教師たちも探していた。

「最初のプロテスタントの宣教師は二〇〇年ほど前に中国に来ました。ロバート・モリソンという人で、この国に来て、大清帝国のなかに、神のものである普通の人がいないか、イエスが自分たちを救うために十字架で死んだことを知っている人がいないか探しました。

一八六八年ごろ、プロテスタントの宣教師が初めて四川に入りました。ロンドン宣教会のグリフィス・ジョンという人です。この人が四川に来ました。この街に来ました。イエス・キリストのものである羊を、群れのなかから探しに来たのです。

一八八一年ごろ、成都で初めて家を借りて福音を伝え始めた人がいます。金髪に青い目のこの人は、中国内陸宣教会のサミュエル・R・クラークで、迷っている人を探しにここに来ました。

今夜は、わたしたちも探しています。この街でイエス・キリストがわたしを探し、みなさんを探し、二〇〇〇年前から、二〇〇〇年前から、一〇〇年前から人びとを探しています。

この街にはその痕跡が実にたくさんあります。宣教師が設立したすぐれた学校が、今では成都でもっとも有名な高校です。華西病院はいま成都でいちばんの病院です。華西協合大学が今では四川大学です。育嬰堂街や平和橋など、実にたくさんの通りの名前もこの歴史から来ています。宣教師たちがここでしたことの痕跡が実にたくさんあります、わたしたちの真ん中に。

成都にクリスチャンがいることを知ってほしい。みなさんの同僚や同級生や友人です。みなさんの隣にいる人たちです。みなさんが今日、イエスを受け入れる気があるなら、または単にこの教会にまた来る気があるなら、もし誰かが聖書をくれてみなさんにその気があるなら、どうか聖書を開いて読んでください、神の言葉を読んでください」

それから王怡は会場にいるクリスチャンに起立を求めた。王怡は両手を広げてこう言った。「イエスがわたしたちのさなかにあられるのは、クリスチャンたちがわたしたちのさなかにあるからです」

それから王怡は起立した人たちに、まだ座っている人のほうを向くように言った。「こう尋ねてください。『あなたのために祈ってもいいですか？　わたしがあなたのために祈るのを受け入れる気はありますか？』」

王怡は唇を噛んで会場を見渡した。言いたいことは伝わっただろうか？ わたしは王怡の目線を追って自分の後ろに座っている五〇〇人を見た。半分ほどが立ち、半分が座っていた。立っている人たちは座っている人の手を取り、互いに頭を寄せていた。次第に祈りの声が会場に広がり、張国慶が秘密警察に介入しないよう説得する声をかき消し、外の街の音もかき消した。どこの大陸でも、いつの時代にあってもおかしくない期待や願望の不協和音だった。

「聖書を開いて、書いてあることがわかるようにしてください」

「神さま、わたしは罪人で助けを必要としています」

「神さま、心の平穏を見つけるのを助けてください」

「わたしを救ってください」

第七部

閏年(うるうどし)

中国の暦が奇跡のようであるのは、それが機能する点である。毎年一〇日足りなくなるが、三年ごとに一カ月足すという思い切った変更をして帳尻を合わせる。この閏月によって、暦はまた調子を整える。

　民間の慣習では、この余分なひと月は長寿のしるしだった。子は親に縁起のいい贈り物をし、余分なひと月で寿命が延びることを期待する。しかしひと月多いことは、人を不安にさせることでもありえた。昔ながらの暦は機能するが、欠陥もあることを意識させられるからである。うまく設計された機械には、これほど劇的な調整はいらない。

　九世紀の詩人の李賀は晩年にこの不安感をとらえた。李賀は青年のころに科挙を受けて、役人になることをめざしていた。皇室とも遠い親戚にあたり、才能のあった李賀は、今日では中国の詩の最盛期である唐の時代でもっともすぐれた詩人の一人だと考えられている。李賀は試験の一環で、一二カ月のそれぞれについて詩を作った。それぞれ切なく、表現豊かで、中国の歴史と神話への言及に満ちている。

　しかし李賀は試験に落ちた。細かい状況は不明だが、役人として厳しく管理される生活を送るには自由奔放すぎたのかもしれない。李賀は不合格になったショックから政治意識に目覚めたようで、作風がより鋭くなった。二十六歳で亡くなるまでの最後の数年間に、李賀は一二カ月についての詩群に閏月の生活についての作品を一つ加えた。これはいっそう暗く、時がどんどん流れることや暦の秩序が乱れていることに触れ、政府を厳しく非難する内容である。李賀は皇帝さえも直接非難し、国を治める代わりに道教の神々から不死の薬を得ようとして時間を無駄にしていると責めた。この新しい混沌とした世界では、太陽の二人の御者は馬を制御できない。国が危険にさらされている。秩序が回復されなければならないが、いったいどうやって？

　今年はなぜこれほど長く
あくる年がこれほど遅れるのか

西王母が桃をとり
天子に捧げる
羲氏と和氏は手綱をゆるめ
龍を遠くに迷わせる(1)

27 しきたり――かぐわしい夢

中国でもっとも有名な民芸品の一つに、泥人張（ニーレンチャン）という人形がある。小さく、たくましく、ふっくらして、子供であることが多く、赤粘土製で、けばけばしい鮮やかな色に塗られている。見てすぐにそれとわかる、フンメル人形とノーマン・ロックウェルの絵を合わせたようなもので、高級芸術ではなく、それよりも単純で清らかな時代への郷愁を表している。大笑いする行商人、ウエストにくびれのある美人、矛槍を振るう兵士。

二〇一二年末、王文斌（ワン・ウエンビン）は急に泥人張のことを思い出した。[2] 王文斌は中国中央テレビのオンライン版である中国ネットワークテレビ（CNTV）の長で、習近平の「中国の夢」と、伝統的価値体系に基づく国家再生の呼びかけを宣伝する方法を考え出すよう指示された文化関係者の顧問団にも入っていた。北京に近いリゾート地の懐柔（ホアイロウ）で行われた研修に出ていた王文斌は突然、泥人張のことを思いついた。泥人張ほどかわいくて、伝統的で、しかし無害なものはあるだろうか？ 伝統文化の愛好家である王文斌は工房の長を知っていた。王文斌は会いに行く約束をし、近くの港湾都市の天津にある工房の本部に車で向かった。

工房は、文化生活を国が完全に支配していた毛沢東時代の遺物のような場所だった。一九五〇年代に国営化され、小さな四階建てのコンクリートの建物に入っていて、照明は暗く、床にはリノリウムが敷かれ、壁には水漆喰が塗られている。作家は全員が政府の職員で、自分のペースでのんびり働き、午前中いっぱいお茶を飲んだり新聞を読んだりすることもよくあった。創作のヒントを集めるための旅行はめったに行われないため、作家のなかには何十年も前に行った遠足の写真を壁に貼っている人もいた。泥人張の制作の大半は別の場所にある工場に下請けに出され、国中の土産店で売られているあのふっくらした子供たちを大量につくっていた。このため工房の作家たちには暇な時間がほぼ無限にあったのである。

王文斌は作家の一人の林剛（リン・カン）に会い、林剛が最近の作品を見せてくれた。ほとんどは一九二〇年代の床屋のジオラマや読書する女性など、よくあるものだった。しかし、林が机の横にあるガラス棚から取り出したもっと古い作品に王文斌はすぐに目を引かれた。それは地面に座っているぷっくりとした少女で、両手は片方の膝を握り、目は物言いたげに上に向けられている。その人形は作るのが大変で、二カ月近くもかかったとのちに林は言った。林は「あこがれ」と呼ぶその像をどのようにして思いついたのかを後でわたしに教えてくれた。

「子供はとても元気で活発です。でも休んでいるときには静かでいるしかない。休んでいてもまだ考えている。この作品は、休みながら何か考えている子供の様子、未来へのあこがれを表しています」

王文斌は心を奪われた。この作品をそのまま研修中に泊まっていたホテルの部屋に持って帰り、題名を「中国の夢、わたしの夢」に変えた。

それから王文斌は昔ながらの友人の謝柳青（シエ・リュウチン）に電話し、作品について文章を書いてほしいので来てくれと頼んだ。謝柳青は自営の広報専門職という、中国では新しい仕事に就いていた。いくつかの政府の出版機関で働いたのち二〇〇五年にフリーランスになった謝柳青は、毛沢東を称える脚本や政府の事業をよく見せる歴史書などを書いた。長年、国家主義的で反西洋の小冊子を書いていた謝柳青は「名博沙龍（ミンボーシャーロン）」という、西洋を軽蔑しているらしい有名な作家たちが参加するブログの執筆者の一人でもあった。しかし時が経つにつれ、もっとニュアンスのある伝え方をする必要があることに謝柳青は気づいた。西洋についていろいろな悪いことを書くと一応は受け入れられたが、結局のところ、最大の影響力を持つ中国人の大半は西洋諸国に不動産を持っているか、子供を留学させている。そんな国々に対してただ否定的なことだけを書いても効果はない。

二〇一一年、謝柳青は共産主義と伝統を組み合わせる新たな運動をつくり出そうという政府の取り組みに加わった。同年、謝柳青は中国南部の辺鄙な省に赴き、共通の価値観を奨励するにはどうしたらいいか、当地の役人に助言をした(3)。謝柳青は、仏教に触発されて善行をすることにした地元の男性に焦点を定めたキャンペーンをしたらいいと言った。このときの会合の模様は撮影されてインターネット上に掲載されたが、いくぶん現実離れしていた。謝柳青のほか「名博沙龍」の執筆者数人がこの男性に仏教信仰について質問し、親孝行とはどういう仕組みなのかを尋ねる。「両親をはずかしめるようなことはしたくありません」と男性は言う。野球帽を目深にかぶった謝柳青たちは（国家主義者はなぜか野球帽をよくかぶる）面食らったように見える。え、そんなことが動機になるのか？

というわけで、二年後に王文斌からの電話で泥人張と「中国の夢」キャンペーンの話を聞くと謝柳青はすぐに王文斌の宿泊先のホテルに行った。そして謝柳青も、ぷっくりした子供の像に夢中になった。

「この子はわれわれの文化のもっとも深いところ、古くからの神話や数々の民話から来ているのかもしれない」と、のちに謝柳青は少女の像について書いた。「この作品に驚かずにいるのは不可能である……この作品そのものが伝説だからである」

謝柳青は中国の昔の神話に思いを馳せた。[4] 女媧（じょか）とその住処のあった太行山脈や、太陽を追いかけた巨人の夸父（こほ）などである。少女の深紅色の着物は謝柳青に道教の不老不死の桃を思い出させ、少女のまなざしは希望に満ちて前を向いた新しい中国を想像させた。数分のうちに、謝柳青は少女と習近平の「中国の夢」についての詩を書き上げた。

君は妖精として生まれ変わった美
君は太陽を追いかける夸父の夢
君の前をそっと歩こう
君の子供のようなまなざしに身を沈めよう
君と一緒に歩こう
纏足の少女は今、開けた野原を走ることができる
おお中国
わたしの夢
なんとかぐわしい夢よ

一九四九年に支配権を握る前から、共産党は民俗文化には開拓の余地が十分あると考えていた。第二次世界大戦中に中国北西部の洞窟で暮らしていた彼らは、中国農村部の濃密で頑なな伝統に直接向き合った。共産主義政府はこれを一新させたく、その後の数十年間で共産党は

さまざまな伝統を攻撃した。しかし政府関係者は同時に伝統の一部を取り入れもした。目的は伝統芸能を農村住民の生活の表現として奨励することではなく、党にとって重要な政策を進めるための道具にすることだった。

共産党は、伝統文化が教えられて次世代に伝えられる方法を制御する戦略をとった。文化の分野では、職人の技能は通常父親から長男に伝えられ、そのような家系が何世紀も前から続いていた。これは政府の統制から独立しており、音楽、木版画、紙の製造、薬草療法、鍼術など何十もの分野でさまざまな様式や伝統の不協和音が奏でられていた。共産党はそんな多様性を信用しなかった。気功をその家系から切り離し、精神面の文脈を刈り取ってつくり変えたのと同じように、政府はほかの伝統文化も自分たちに都合よく利用できる商品に変えようとした。

中国でもっとも有名な民芸作家の一部と同様、泥人張を作る一家は、共産党が権力を掌握してからことさらに注目された。泥人張の始まりは一八四三年にさかのぼる。当時、小規模商人の十七歳の息子が中国南部から天津に移り住み、友人や近所の人のために粘土で人形を作り始めた。張名山（チャン・ミンシャン）という少年は、銀行家、役人、俳優などの本人にそっくりな人形を作り、三次元の肖像を撮る写真家のような存在になった。じきにたいへん有名になり、「泥人張」と呼ばれるようになった。

泥人張の評判は隣の北京にまで届き、張名山は有名な小説や神々、英雄、清帝国を治めるすぐれた官吏の人形まで作るようになった。西太后も魅了され、一八九五年と一九〇五年に、それぞれ自分の六十歳と七十歳の誕生日を記念する像を作らせた。清王朝の崩壊後も名山の作品はますます人気になった。張名山が亡くなると長男が引き継ぎ、やはり泥人張と呼ばれ、その長男も泥人張と呼ばれた。国民党を率いる蒋介石もいくつか作品を所有していた。毛沢東もそうで、古典的美女の人形を書斎に置いていた。

一九五〇年、中国首相の周恩来は張家に、芸術を学ぶ学生に技術を教えるために息子の一人を北京に送ってくれないかと頼んだ。張家は若い男を送り、彼はたくさんの称号を授けられ、毛沢東にまで会った。この分家はそのうちに人形製作から離れていったが、天津の本家は大活躍した。天津の役人たちが中央政府を手本にし、五九年に人形製作の学校と工房を設立した。当時の泥人張は張名山の曾孫だったが、この学校の教師にされ、政府の職員になった。五五年後に王文斌と謝柳青が「中国の夢」キャンペーンのために訪れたのはこの工房である。

謝柳青が最初の詩を書いてから王文斌は工房に連絡し、「中国の夢」に関連する作品をほかにも作るよう依頼した。二カ月のうちに謝柳青と王文斌は二〇体の人形を手に入れた。勇敢な消防士、地震から人びとを救う兵士たち、将棋をする少年、談笑する老人たちなどである。謝柳青はそれぞれの前に腰を下ろすとものの数分で詩を作り、ペンネームである一清（イーチン）として署名した。

四月には政府がキャンペーン用のポスターのデザインと印刷を済ませていた。白い背景に人形があって、謝柳青の詩がついているものがほとんどで、親孝行どの伝統的価値観を提唱するものもあれば（「誠実と配慮／何世代にもわたって伝えられる」）、共産党をあからさまに称賛するもの（「足枷と手錠／強い草は強風に耐える／共産党員が道を行く／山が揺れても党員の意志は揺るがない／熱い血と春の花が今日の歴史をつくるだろう」）、愛国主義や国家主義を唱えるものもあった（「わが国は美しい」や「祖国の未来に春が来た」）。

この「中国の夢」キャンペーンは、共産党が倫理的価値を教え込もうとした以前の取り組みとは際立った対照をなしていた。過去にはポスターや垂れ幕はほとんどが赤と白で、共産主義の英雄を手本にしろとか、あれやこれの政策を支持しろなどと強く促す言葉が白字で描かれていた。そんな掲示は背景に紛れ、無視するのも簡単だった。今度のポスターはかわいらしく、きれいで、露骨に政治的ではなく、国の歴史や、二〇〇〇年にわたって帝国としての中国を支えてきた政教一致体制の昔ながらの理念を思い出そうと国民に呼びかけるものになっていた。のちに習近平が繰り返すようになった「人民に信仰があれば、国家に力があり、民族に希望がある」という有名な文句があるが、これもキャンペーンの一部になった。[5]

二〇一二年から一五年にかけて、謝柳青と王文斌による広告はあらゆるところにあり、一時期にはすべての大都市の主要な広場に掲げられていた。陸橋や高速道路の広告板にも掲示され、工事現場を囲む木製の柵や、畑の隣に防風柵として張られるビニールシートにも印刷された。

二〇一六年には、例のぽってりした人形の少女はアニメ化され、飛行機のフライトの前後に機内のスクリーンに登場し、「中国の夢」とそれが推進する伝統的価値体系と共産主義的価値体系の融合を宣伝するようになっていた。同じ年、宣伝員たちは人形に似ている実在の人間を見つけ出した。その女性は毛沢東と同じ県の出身で、像と同じ服を着せられて肖像写真が撮影された。記念行事ではこの写真と女性と像が称えられ、実物がプロパガンダに仲介されて芸術を模倣する異様な例となった。

泥人張を使った「中国の夢」キャンペーンは大成功で、謝柳青は効果的な「公共広告」――この種のプロパガンダについて使われる婉曲表現――を作ったことで国の賞を受賞した。受賞式の翌日にわたしはオルドス・ホテルにある謝柳青の事務所を訪れた。事務所と言ってもホテルの狭い一部屋で、ダブルベッドがあり、机にラップトップが置いてあった。謝柳青のほかに、共産党の出版社で、キャンペーンのポスターと謝柳青の詩をまとめた本を出したばかりの紅旗(ホンチー)出版社の編集者も加わった。謝柳青はラップトップをつけて、ＣＮＴＶで放送された受賞式の様子を見せてくれた。途中まで見たところで謝柳青が笑った。

「『おい、もっと詩がいるぞ』と言われたので、急いで書いたら、もう公開されています」と謝柳青は言った。[6] 映像は終わりかけていた。「これは六万キロキャンペーンということになっています。中国の高速道路の全長がそれだけあるのですが、それを一寸の隙間もなくポスターで埋め尽くしてやろうと冗談で言っています」

泥人張のキャンペーンはただのプロパガンダよりも奥が深く、政策転換によって伝統宗教が支持されるようになったのと同じ時期に行われた。二〇一三年に習近平は孔子の生誕地である山東省の曲阜(チュイフー)市を訪れ、孔子の伝記と『論語』を手に取り「この二冊をじっくり読むつもりだ」と明言した。[7] それから孔子の言葉をこう言い換えた。「美徳のない国は栄えず、美徳のない人間は成功しない」

政府の孔子に対する関心は単純である。儒教は、長いあいだ国をまとめてきた実績のある国産の価値体系を直ちに喚起することができる。これは南懐瑾(ナン・ホアイチン)老師との個人特訓で教わる儒教ではなく――南老師は中国社会について批判的すぎた――最低限のものしかない、単純化された儒教で、ヒエラルキーと上の者に対する義理を重視していた。

翌年の二〇一四年、習近平はパリを訪問中に仏教について好意的な発言をした[8]。ユネスコで習近平はこう述べた。

仏教は古代インドで始まった。中国に入ってから、仏教は長期にわたって中国固有の儒教と道教と交ざって発展し、ついに中国らしい特徴を持った仏教になった。そうして中国の人びとの宗教的信念、哲学、文学、芸術、礼儀、慣習に深い影響を与えたのである。

習近平が宗教について本当はどう考えているかはさておき、伝統宗教の信者が習近平を自分たちの擁護者だと感じたのは間違いない。二〇一四年に習近平は孔子についての会議でも講演したのだが、会議に出た学者たちは外国からの参加者に、習近平の講演の内容だけでなく習近平の出席自体も非常に喜ばしいことなのだと言った[9]。習近平の改革のなかで孔子が重要な役割を果たすようにする権限を習近平から与えられてたように思えたからである。あるとき中国東部の道教寺院を訪れたわたしは、女性道士たちが習近平の書いた歌のポスターを掲示したのを見た。この歌は「習主席からの驚くべき言葉」を意味するタイトルで、よい行いをし、自分の運命に満足するよう呼びかけるものだった[10]。

権力と特権があるなら、よいことを成し遂げようとしなさい。
権力と特権がないなら、せめてよい行いをしようとしなさい。

これは政府にごまをするために礼拝の場に政府の文書が掲示された例ではなく、寺院がそこに書かれた内容に賛成していることの偽りのない表れなのだった。「これはいい言葉です」と女性道士の一人が言った。「道教徒が書いたとしてもおかしくない」

中国各地で役人たちが伝統文化を学び始めた。樟樹（チャンシュー）市では、税務関係者が汚職をなくそうと望んで道教の古典である『道徳経』を読んだ。北京にあり、多くの公務員を育てるエリート学校の国家行政学院は、道徳性を教え込む一つの方法として伝統文化を用いる教科書を用意した。

外国のものと見なされる信念の体系はここまでうまく受け入れられなかった。広くは人権やフェミニズムなど、共産党が自分たちに制御できないと感じる普遍的な概念はどれもそうである。浙江省の党委書記だったころに、習近平は当地のキリスト教徒に妨害された経験があった。習近平の指揮下の警察が、当局によれば政府の許可なく建てられた地元の教会を取り壊すのを、信者が阻止したのである。

二〇一三年、習近平が中国政治権力の頂点に達した直後、当時の警察署長の夏宝竜（シア・バオロン）が浙江省で習近平の後任になった。翌年から、夏は浙江省にある教会の尖塔から十字架を撤去する措置をとり始めた。浙江省の都市部や農村部で、キリスト教の公の顔を小さくする努力の一環で一五〇〇以上の教会から十字架が外された[11]。これらの教会は西洋風の大きな建物で、街の風景のなかで目立ったため、この措置には文字どおりの意図もあったが、教会が社会のなかでより活発な役割を果たし、西洋とも接触がある点でそれ以上の意図もあった。中国指導部の構造について知られていることに基づくと、このように長期に及びかつ異論の多い作戦は、習近平の承認なしには実行できなかったはずである。

これは習近平がキリスト教に敵意を持っている証明にはならないが、習近平が仏教その他の伝統的な信仰体系だけについて、それらが「中国化」されているのは感心だと述べたのは注目に値する。事実、二〇一六年に習近平は、宗教の中国化を求める会議の議長を務めた。中国の主要宗教との共通基盤を見つけようとした前任者たちの方針にはっきりと別れを告げた形だった。習近平が主流宗教を支持するのは、それらが中国の伝統的価値体系の再生に明確に結びついている場合に限定されるようである。

泥人張は単純な物語を語っているようだが、実際にはもっと曖昧な現実を反映していた。それは分裂と暴力の話、政治目的のために文化を盗む話で、中国の精神面の危機の物語だとも言える。

話は一九五〇年代に始まる[12]。それまで、人形の工房は張家が営み、父から長男へと受け継がれていた。創設者の曾孫の張銘（チャン・ミン）は五〇年代に政府経営の工房を設立したが、そうした理由はただ一つ、一家の工房のような民間事業は資本主義的だとして禁止されていたからだった。六六年に文化大革命が始まると、張銘は一家の中国の過去や伝統との関連が原因で追放された。工房も閉鎖された。中国各地の教師と同様、張銘も自分の生徒に攻撃され、バケツに何杯もの醤油や酢を飲まされたり、家業を継いでいることを理由に偽の裁判にかけられたりした。家族も攻撃され、一人は川に身を投げて自殺した。

一九七四年には、文化大革命は終わりかけていた。天津の政府は工房を再建し、「泥人張」という論議を呼ぶ名前を慎重に削って「天津彩塑工作室（ティエンチンツァイスーコンツオシー）」という名称にした。張銘も形だけの肩書きを与えられたが、身体が動かず家にいた。補助がなければ階段も上がれないほどだった。息子はよその博物館での職を与えられ、一家の工房とのつながりは切れた。

しかし一九八〇年代初めには市場志向の改革が根を下ろし始めていた。政府経営の工房も、あの特徴的な人形を営利目的で販売したいと考え、名称に市場向きの「泥人張」を加えて「天津泥人張彩塑工作室」に変えた。また泥人張の名前で人形を売れるように商標も登録した。八〇年代から九〇年代を通して張銘とその家族も人形を売ろうとしたが、彼らによれば警察に阻止された。泥人張の名前を使えるのは政府経営の工房だけだということだった。当初は泥人張であるために迫害された張家が、今度はその名前の使用を禁じられたのである。名前は政府のものだった。

張家は一九九四年に政府を相手に訴えを起こした。天津の裁判所は九六年、張家が泥人張の名前を使って粘土人形を売る権利があるとする判決を出した。裁判所は、政府の工房が泥人張の名前の使用を続けるのも認めたが、商業活動を行うことを禁じた。このため政府の工房は歴史の研究と教育に専念することになった。しかしこの判決は実行されていない——政府の利益が法とかち合っている場合には珍しくないことだった。政府の工房は今でも泥人張の人形を売る店を天津中に持っている。そのほとんどは天津ではなく別の場所にある工場で作られたものである。その工場は毎年何千もの粗雑な粘土人形を製造し、工房が泥人張の札を付けて一つ二〇ドルから三〇ドルで売っている。

張家にしてみれば、要するに一家は名前と商標を政府に盗まれたのだった。張名山の六代目の子孫は張宇（チャン・ユイ）である。一九七八年生まれの張宇は、足が立たず家から出られなかった祖父の張銘から粘土細工を教わった。張宇は父親が八〇年代と九〇年代に人形を売ろうとして逮捕されたのも見た。そして今、張宇は政府の工房が泥人張の廉価版を売っているのを見ている。

「最初は泥人張であることを理由に打ち倒され、次はその名前を使うことを許されなかった」と張宇はわたしに言った。「どんな気がしたと思います？」

わたしたちは張宇の作業場にいた。作業場は張宇が天津中心部に近い地区に借りている二戸建て住宅にあり、居間にあたる部屋にはいくつかの机の上にさまざまな製作段階にある人形が置いてあった。老子やブッダなど昔からのおなじみの人形もある。これらは人気があり、高く売ることができる。一つ八〇〇〇ドルほどで売れることも多かった。

しかし張宇は自分の作品をノスタルジア以上のものにしたいと思っていて、中国以外の文化がそれぞれの伝統とどう向き合っているかを見に世界を旅していた。日本では「人間国宝」と呼ばれる、有名な茶道や、和紙や陶磁器の制作など特定の分野における技能を政府に認められた人たちに会った。張宇はそのうち一人と親しくなった。それは二三代目の陶芸家で、息子をフランスに送っていた。息子が現地で陶芸を学び、日本の伝統に何かを持ち帰ることを期待してのことだった。二人の息子がいる張宇は、自分の息子たちはどんな教育を受けるのだろうかと考えさせられた。

「息子たちには圧力を感じずに幸せで自由でいてほしい」と張宇はわたしに言った。「放課後は遊ばせていま す。遊べるように宿題まで代わりにやっています」

政府のキャンペーンは文化の悪用だと張宇は言った。中国の過去や信念を活気がないもののように見せれば、政府はそれらを制御しやすくなる。自分の家族を迫害した政府を持ち上げるために泥人張を利用しようという計画に、張宇はうんざりしていた。

「電話が来て『ねえ、あんなこと
にかかわっていたの？』と訊かれることもあります」と張宇は言った。「うちの家族は政治とはまったく関係がない」

しかしより大きな問題は、何が伝統的な信念として奨励されるかである。信念が意味を持つのはそれが生きていて変化を続けているときだけだ、と張宇は言った。

「人びとは……政府は……これが失われてはいけないと繰り返すが、そんなのはばかげている。これはわたしが世間と意見が合わないところです。これは継承されなければいけないと言うけれど、創造力というのは個人についてくるものです。将来の世代とは関係がない。継承されてもそれが必ずしもいいものとも悪いものとも限らない。子供にあげる古い家具とは違う。ある人が受け継いだもの、その人の文化、その人の信念はそれが生きていて初めて意味があるものになります」

張宇は新作にかかっていた布を外した。紐を持つ少年の背後にはゾウがいて、タイトルは「ゾウをなくした」である。

「これが本当の泥人張の伝統です。各世代の現実を反映しています。いい気分になるためのものではない」

どういう意味なのだろう？　わたしは尋ねた。この少年が張宇なのか？

「わたしが持っている感覚を表現しています。自分は何を失ったのか？　ゾウは何なのか？　ある安心感、取り戻したいけれど取り戻せないかもしれないもの。わたしの家族の過去、わたしたちの歴史、わたしたちの夢」

28 成都——都に入る

一月になり、ふたたび春節が近づいていた。[13]まもなく秋雨教会の年次総会が行われる。王怡（ワン・イー）はそこで大胆な新計画を発表する予定だった。しかしその前に、教会員たちがこの一年間の活動を振り返って総括をした。過去一年で教会は政治囚の家族と成都のホームレスの支援をし、同時に貧しい教会員たちの必要にも対応しようと努めた。神学校を設立して教会員がキリスト教理解を深めるのを助け、中国各地から集まった牧師を何十人も教育した。政府から嫌がらせを受けながらも人を奮い立たせるクリスマスの礼拝を行ったほか、成都にある別の二つの改革派教会とも連携していた。また、志を同じくし、都市に拠点を置く教会の緩い連合をつくりたいと考えていた王怡は、ひっそりと成都の外にも旅し、中国各地でとりあえずのつてをつくった。外国との接触も、インターネット経由だけでなく外国の宣教師の訪問を通じて増えていた。

こうした外国との接触は厄介な議論を引き起こすことがあった。一つが中絶についてのものである。中国では家族計画政策によって何千万もの女性が無理やり中絶させられていた。家族計画政策が始まったばかりの八〇年代にはとくに、役人が女性を堕胎させるために中絶クリニックに引き立てていくようなこともあったが、もっと間接的な圧力がかけられる場合のほうが多かった。中絶しなければ職を失うか多額の罰金を払う、または生まれてくる子がどうしても保険に入れず、教育も受けられない、などである。二〇一五年にこの政策は緩和されたが、家族の人数は今でも制限され、割り当て（通常、都会に暮らす漢民族の場合は一人につき二人で、農村に住む中国人や少数民族は三人）よりも多く子供を産んだ女性は厳しく処罰される。この問題はいまだに非常に扱いに注意を要するもので、政府は中絶の健康への影響や倫理面で考慮すべき事柄に関する本や論文を検閲している。秋雨教会はこれに疑問を投げかけたかった。

この取り組みは一年前、王怡が中絶反対を言い出したときに始まった。国際こどもの日である六月一日、王怡をはじめとする十数人の教会員が近くの病院に行き、中絶が必要でないことや殺人に相当することを説明する小冊子を配って回った。しかしその後はあまり活動しなくなった。どう進めるべきか誰もよくわからなかったのである。意思表示をしてもいいが、何のために？ 人びとの態度に影響を及ぼすにはどうしたらいいだろう？

というわけで、教会の年次総会の前の日曜日、教会の活動家たちがクレッシュの隣にある小部屋に集まった。外では成都中心部の建物がスモッグの中にぼんやりと見えていたが、室内の議論は鋭く、辛辣だった。

「政府の統計によれば、政策が始まった一九八〇年代以来、中国では三億二〇〇〇万件の中絶があった」と二十代の若い男性が言った。「何かしなければ！ いつまでも集まってしゃべっているだけでは足りない！」

テーブルを囲む全員が真剣にうなずいた。男性と女性が四人ずついて、後からもう一人男性が入ってきた。五対四。しかしもっと目についたのは年齢だった。進行役の女性を除くと全員がとても若く、誰も交際相手などいなかった。彼らにとってこれは倫理に反するけれども抽象的な問題だった。よその国での人権侵害に似ているところがある。

先の若い男性がチラシを配った。「中絶の本当の顔」と題され、二人のアメリカ人が作ったものだった。チラシは、生命は受精によって始まることが現代科学によって証明されており、胎児の運命は母親だけが握っているのではないと論じた。米国で中絶のできる期間を定めた一九七三年のロー対ウェイド事件の連邦最高裁判決も引用されていた。チラシは、州が介入して規制することができるのは第三半期だけだとした最高裁の判断は誤っていると主張した。ようやく誰かが発言した。

「これはよくわからない、中国と全然違う」と若い女性が言った。「中絶をしない権利の話じゃないの！」

別の二人の女性が落ち着かない様子でくすくす笑い始めた。セックスの経験がないのだと言う。

男性の一人が中絶がどう行われるかについて話し始めると、三人の若い女性は顔をしかめた。「ホラー映画みたい」と一人が言った。

ついに進行役の女性が発言した。四十代で既婚の弁護士で、教会の法務委員会の委員だった。この女性は、中国の中絶クリニックに行ったことがあるのでこの状況についていくらか経験があると言った。

「まず訊きたいのは、この資料をどこから持ってきたの？」と進行役の女性は尋ねた。「インターネットからダウンロードした？　全部アメリカの資料を中国語にしたものでしょう！　望まれない子供は簡単に養子にしてもらえると書いてあるけれど、中国ではそんなことはない」

「でも養子を取れると聞きました！」と若い女性が言った。

「不可能ではないけれど簡単ではない。あなたが妊娠していたら、それが違法な妊娠ならどこで出産する？　誰が世話をしてくれる？　それでその後に孤児院の外に赤ちゃんを置いてこなくてはいけない？　そういうこともあるけれど、まれでしょう。わたしは中絶に反対だけど、こんな資料を配っても何の役にも立たない」

「わかってます」と身なりのいい若い男性は言った。「でも何カ月も会議ばかりなので、何か動きが欲しいんです。これはいい資料かと思っていました」

「話し合いばっかり」と若い女性の一人が言った。「何か行動しなきゃ」

「じゃあ、自分たちでパンフレットを作って配ったら？」と進行役の女性が言った。

一同は賛成した。今は一月なので、二月いっぱいでパンフレットを完成させ、国際こどもの日のころに大きく宣伝しよう。教会員たちはまた、中絶クリニックの前にいる自分の写真をソーシャルメディアに投稿する活動も始めた。「認めましょう。胎児は生命です」などと手書きされた小さな紙を掲げることもあった。

秋雨教会の取り組みについては問うべきことがたくさんあった。アメリカでの議論の枠組みをもとに組み立てられていただけでなく、教会内の議論には宗教間対話の観点が欠けていた。中国人の圧倒的多数は仏教徒であり、仏教徒の多くは中絶に反対で、国によっては死んだ胎児のための仏教の寺がある。胎児は生き物で、わたしたちの祈りを受けるべき存在だと考えられているのである。でも会合では誰もこのことを考えていなかった。参加者にとってはこの運動の有効性は二の次で、難しい倫理問題について国際的に行われている議論に参加することのほうが重要だった。

一九〇七年、レオン・ジョリというフランス人のカトリック神父がアジアにおけるキリスト教宣教会の歴史書を出し、同時代の多くの者を悩ませた問いを投げかけた。[14] 何百年もキリスト教に触れているのに、なぜ改宗した中国人がこれほど少ないのだろうか？ 十九世紀のほとんどのあいだ、中国にいた宣教師たちは驚くほど自由に活動することができた。学校や病院を設立し、もっとも遠く隔たった地域に旅して教会を建てた。それでも中国の四億の人口のうちキリスト教徒は一〇〇万人ほどしかいなかった。ジョリは、この少なさはキリスト教が異国の宗教だという印象を持たれていることに起因すると考えた。キリスト教を修正せずに受け入れるには、中国は異なりすぎている、中国文化にもっと調子を合わせてはどうかとジョリは提案した。細部は曖昧なままだったが、ジョリは西洋で活発な議論を引き起こし、中国におけるキリスト教は失敗だったという見方が西洋で何世代も続くきっかけをつくった。[15] 宣教師が中国に入るのを認められたのは中国がアヘン戦争で敗れてからで、キリスト教は帝国主義と密接に結びつきすぎていた。それにキリスト教はあまりに異質で、あまりに異国風だったのだ、と人びとは論じた。

今日の観点からは、ジョリがキリスト教は失敗したと決めてかかった点がもっとも注目に値する。ジョリがそう考えた理由の一部には、ジョリが見ていたのが二十世紀に驚くほど発展する前のキリスト教だったことがある。しかしジョリは今日でも落胆していたかもしれない。その時代のキリスト教徒思想家の多くと同様、ジョリの判断基準は古代ローマにおけるキリスト教だった。キリスト教は古代ローマですぐに結果を出し、コンスタンティヌスを改宗させ、比較的短期間に帝国各地で人びとの改宗に成功した。これに対し、中国では今日でもキリスト教徒が人口に占める割合は一〇パーセントに満たない。宣教師たちが持っていた遠大な期待とは裏腹に、宗教としてはいまだに小規模である。

しかしながら、これでは大局を見落としてしまう。一〇〇年前でもキリスト教はすでにめざましい成果を出していた。人口全体と比べれば信者は少ないが、その一〇〇〇年以上前に到来したイスラム教以来、初めて中国に定着した異国の宗教だった。それにイスラム教は今日でも主に中国の辺境にいる少数民族のあいだで優勢であるのに対し、キリスト教は当時すでに中国の精神生活の主流に加わっていた。秋雨教会のような教会が中国の最大級の都市に点在し、若くて学歴の高い、主流社会で影響力を持つ信者を引き寄せていた。中国はキリスト教国家ではないが、キリスト教徒は仏教と民俗宗教の信者に続いて三つ目に大きな信者集団なのである。

ジョリが決めてかかったことでもう一つ疑わしいのは、キリスト教が根を下ろすには土着化しなければならないという点である。ジョリの小論が出てから数十年のうちは、その主張も妥当だと思われた。カトリックは宣教師に頼りすぎたために戦争や共産党による迫害を乗り越えるのに苦労し、一九五〇年代に多くの宣教師が出国したのが深刻な打撃となっていた。プロテスタントには中国人指導者がもっと多かったので、五〇年代初めに共産党が外国人宣教師を国外追放したときにカトリックほど劣勢にならなかった。今でもプロテスタント信者の数はカトリックの信者の何倍もいる。したがって、聖職者に中国人がもっと多ければキリスト教は十九世紀から二十世紀初めにかけての成長がもっと速かっただろうという点ではジョリは正しかった。

しかし考え方の点でジョリは誤っていた。キリスト教は土着化の段階を経たが、この数十年で中国固有の型は弱まっている。以前、中国にはキリスト教の中心地が二つあった。温州(ウエンチョウ)市と農村部の多い河南省で、どちらでも中国固有の形をとるキリスト教が広まっていた。温州では、家族経営の事業の従業員が、会社の長が後援する教会に所属している例が多かった。河南省ではカリスマ性のある指導者が田舎の教会を率い、頻繁に政府に反発し、激しく衝突することもあった。

しかし二〇一〇年代にはこうした型は影響力を失っていた。温州にも河南省にもまだ多くのキリスト教徒がいるが、そこの教会が中国の大都市に新たにできた活動的な教会の先駆けとなったのではない。温州型の教会は、年長の家長が一族を支配するのと同じように雇用主が従業員を管理する古い経済モデルが衰退したために弱体化した。河南省でも、都市化によって田舎の教会が減っている。これらの地域に特有のキリスト教の重要性が薄れたのは、自分たちが国際的に見て標準ではないことに気づいたからでもある。彼らはいわば外れ値であり、中国が世界から孤立していた時代の副産物だった。外界とのつながりが復活した今、人びとはその土地だけにある信仰の形ではなく、世界と同じ基準を求めている。

イギリスの学者、ヘンリエッタ・ハリソンは著書『宣教師の苦悩（*The Missionary's Curse*）』で、十七世紀末にカトリックに改宗した中国北部の洞児溝（トンアルコウ）という村の歴史をたどる。当時、地元の商人たちが北京でカトリシズムのことを聞き、村に持ち帰った。村の人たちは祈禱集や断片的な知識は手に入れたが、体系的な理解はなかった。結果、非常に土着化した信仰が生まれた。神は中国の天（ティエン）の概念の異なる形と見なされた。マリア崇拝は、碧霞元君や仏教の慈悲の女神である観音など、中国北部でよく拝まれる女神の崇拝と融合され、「十戒」も、儒教の本を通じてなじみのあった倫理原則と似たようなものとされた。こうした実践を正そうとした西洋の宣教師たちは拒絶された。

　しかし十九世紀には中国は開かれつつあった。鉄道、電報、蒸気船その他の技術革新によって最初の国際化時代がつくり出されていた。洞児溝のカトリックたちは自分たちがもっと大きいもの、規則や標準的な神学解釈を持った世界的なカトリック教会の一部であることに気づいた。村人たちはじきに、よいカトリック教徒であるにはどうするべきかについての基準をローマに求めるようになった。つまり土着化と逆のことが起きたのである。彼らの信仰は、至高の神や有名な女神や倫理規範の尊重という慣れ親しんだ形で始まったが、次第にそのような理解しやすい、宗教が普遍的にとる形を超え、ローマ教皇を最高位とするなどのカトリック固有の観念を受け入れるようになった。

　この歴史は王怡と秋雨教会の教会員たちにも反映されている。彼らもまた、正統で、標準で、真正で、「土着」ではない世界的な運動の一部になりたがっていた。この教訓は、キリスト教徒だけでなく中国全体に適用できるのかもしれない。接触が増えるにつれて国際的な規範や基準が国内に浸透していくのである。信者が「本物」のキリスト教徒として倫理問題についての世界的な議論に参加したいと思うのと同様、人びとは法の支配や人権を真に尊重する国を切望する。しかしジョリの失望からわかるとおり、わたしたちは期待を抑えて長い目で見るべきなのだろう。王怡の教会員たちと同じようにわたしたちも、これまでに達成されたことを、それが不完全で不十分だとしても奇跡として見るべきである。

　秋雨教会の年次総会は春節直前の満月の日、土曜日に開かれた。もちろん秋雨教会は太陰暦を暦としては使わないが、うまく利用してはいた。多くの教会にとって、クリスマスから春節までのおよそ一カ月は長めの休暇期間で、クリスマスの興奮から回復して春節に備える時期だった。王怡はわたしに、春節も、教会員が同僚や友人に福音を伝えて教会に連れてくる勧誘の好機なのだと言った。このため年次総会を早めに、みんなが忙しくなる休暇が始まる前に開きたかった。

会合は効率よく進められ、情報量が多かった。六人ほどが教会のさまざまな面について発表をした。教会のほぼすべての活動を監督する五人からなる「責任委員会」を率いる元都市計画家が話をしたほか、青年活動、教育、法務、財務に関する小委員会の代表も報告した。全員がパワーポイントで作成したスライドを使い、自信を持ってしっかりと、早口で話した。政府が春の議会で一覧や計画や目標を発表するのと似ていなくもなかったが、教会員たちは感情面でも満たされたく、それは王怡にしかできなかった。発表を聞いて教会の実務面はよくわかったが、未来像も必要だった。

総会は王怡の話で締めくくられた。来たる一年で重要になるのは成長だ、と王怡は言った。これを可能にするには教会を分けて、一部の教会員を今の拠点である江信マンション以外の場所に移すしかない。現在、秋雨教会には毎週日曜日の礼拝におよそ三八〇人が集まり、場所がないため七〇人ほどの入場を断っていた。その人たちは成都中心部、四川大学の近くに別の教会を設立していた。

これは、夏に神学校で読んだ本に説明のあった教会開拓の古典的手法である。米国で出版されたそれらの本は中国語に翻訳され、今ではテンプレートとして使われていた。王怡は助手たちと何カ月も話し合い、開拓は秋雨教会を守る手段でもあると判断したのだった。万一、母教会が閉鎖されても、南の支部は活動を続けることができる。

成都が成長しているのに合わせて教会も成長しなければならないのだと王怡は言った。中国農村部からは人がいなくなっている。だから成長はここ、地域的、さらには国際的な拠点になりつつある大都市で起きなければならない。

いつものとおり、王怡の話には授業のような面があった。王怡は説明するのが大好きで、信者たちは学ぶのが大好きだった。王怡は、キリスト教の歴史では常に都市が大きな役割を果たしてきたと言った。イエスやキリスト教共同体を新たにつくった者たちが時代を通して言及する「山の上の町」もそうである。十六世紀にジャン・カルヴァンが長老派の土台を築いていたころ、ジュネーヴには数万の住民しかいなかった。それに当時は世界の人口の三パーセントしか都会に住んでいなかった。今は六〇パーセントである。それでも当時から都市は重要だった。

「幼いころから都会は自分の夢だと思っていました。でも、わたしたちはなぜ都会に住みたがるのでしょう?」

王怡はこう続けた。聖書では都会は悪とされることもある。たとえばバビロンはこの世の悪の縮図だった。しかし都会は、人が自分を向上させ、潜在力を引き出す場所でもある。

「一語で言い表しましょう。『機会』です。どんな機会? 一つは希望です。わたしが小さいときはこう言ったものです。『香港、香港、なぜそんなにかぐわしい?』香港は資本主義、改革、開放を象徴していました。中国のどの都市も香港のようになるのが目標でした。小さな町から大都会に来たわたしのような者はとくに居続けたい。都会に居続けたいと思う。また文化や正義、寛大さのためにも都会に来ます。教育を受けるために村に行く人はいません。都会に行きます――学校や書店のある場所に。陳情者は助けを求めて村には行きません。街に行きます。物乞いも都会に行きます。田舎には行きません。

イエスがエルサレムでしたのは、都に入ることでした。都に入ることは、正義や寛大さ、そして福音を広める場所に入ることです。希望のある場所。だからこそわたしたちはこの都会にいて、成長しています。

『使徒言行録』で、パウロがリストラで福音を広めているときに何が起きましたか? パウロをゼウスだと思って拝もうとした人たちがいました。でも石を投げつけて殺そうとした人たちもいて、パウロが息をしていないと思って町の外に放り出します。しかしパウロは立ち上がって町に戻りました。この一文には本当に衝撃を受けました。第一四章二〇節です。『パウロは起き上がって町に入っていった』。町から追い出されたのに戻ったのです。

だからわたしたちは成都から追い出されてもまたバスに乗ってふたたび成都に入ります。その目的は機会や文化ではなく、平和や寛大さや福音を広める機会があるのが成都だからです。神はわたしたちにこの街にいてほしいと思っておられます」

わたしは部屋を見回した。会場の半分ほどは目を閉じていたが、軽い笑みを浮かべてこの未来像を聴いていた。それは政府によって閉鎖されるかもしれないという闘争の預言でもあったが、決意と希望と勝利についての預言でもあった。王怡は前に立ち、みんなのほうを見て、自信に満ち、決然としていた。それから王怡は核心に触れ、今住んでいる成都はよくある都市以上のものであり、成都と自分たちの人生が偉大な運動の中心にあると考えるように会場の人たちに呼びかけた。

「先ほど、何人かの信者に、今日の主なテーマは何かと訊かれました。『都に入ること』だと答えると、こう言われました。『でも、もう成都にいるのではありませんか？ なぜ都に入らなければいけないのですか？』答えは、わたしたちは都に入り続けなければならないということです。都会は人類の未来への希望の歴史です。神の都と人の都があります。以前はそれはバビロンであり、ニューヨークであり、香港であり、成都でした。

仲間に話をするとき、こう尋ねるべきです。なぜ成都にいるのですか？ どんな夢があってここに来たのですか？ そして、わたしたちの夢は何でしょう？ わたししたちはエルサレムをつくり出している。これが山の上の町なのです。わたしたちにとって、成都がその町なのです」

29 山西省――鬼葬

夫を亡くした女性は、棺のある間(ま)に続く小部屋で座っていた[16]。葬儀に参加するには年をとりすぎていたので、棺を見ながらただ待つ、自分だけの通夜のようである。女性は八十二歳だった。詰め物をした紫の絹の上着を着て、白くなった髪はまとめ、柔らかい顔には皺が刻まれ、視線はぼんやりとして動かない。亡くなったのは女性の二人目の夫だった。一人目は大躍進政策のときに二人の四人の子供とともに餓死した。女性は五〇年前にこの家に嫁ぎ、今では家を取り仕切っていた。北京語のできる孫の助けを借りてわたしが女性と話しているあいだ、農家の外にこしらえた仮の祭壇の前に李家の楽団が集まっていた。子供たちが列をつくり、金、穀物、肉、酒、茶を供える。窓からはそんな音が聞こえ、戸口からは女性の夫の棺が見えた。

いつか女性も棺に入り、同じ儀式が行われる。しかし墓は、これから来る大変革に耐えられるだろうか? 最初の夫と子供たちの墓は目印もなく、遺体は砂の多い土に急いで埋められただけで、運がよければ犬だけに食べられた。今の世代の墓はどうなるのだろう? こういう場所はどこも切り開かれ、分譲地かショッピングモールやリゾート、あるいは観光用牧場になるのだろうか?

幼い女の子が駆けてきて曾祖母にあいさつした。喪服姿の母親が続き、女の子を捕まえて部屋の外に送り出した。

李斌が戸口に現れると、若い女性が李斌を呼び入れた。占いはできる? 李斌はにっこりしてから笑って「もちろん」と答え、手を見せるように言った。

「どう? 長生きする?」

「これが生命線。ここで止まる」と李斌は言いながら、小指の下から人さし指のところまで続く線を指した。つまり線は途中で止まっていた。

「え、それは短くはないんでしょうね?」

「こっちの線は長いよ」

「その線は何?」

「家族運の線。家族運に恵まれている」

「たしかにそうだ」と女性は言ってほほ笑んだ。

李斌は、女性が夫と仲がいい、ものすごく仲がいいと言って冷やかした。おばあさんも笑い声を上げ、女性は甲高い声を出して手を引っ込めた。それから部屋に入ってきた別の女性のほうを見た。

「これが生命線だって」と女性は言って手のひらを指し、二人は自分たちの運勢を比べ始めた。


また一年が過ぎ、李家の日常は変わらないようだった。葬式があり、政府をなだめておくためにときどき近くの町で演奏会を開き、占いをして、儀式を行う。中国でいつまでも積み重なっていく時代がまた一つ終わるかのようだった。わたしは中国の過去を指すときに「伝統的」という言葉をよく使う。しかし不変の伝統のあった黄金時代などは一度もなかったことは、常識で考えればわかる。すべてがちょうどよく、安定していて、李斌の先祖が、今はほとんど使われずに李斌の父親の家に置いてある儀礼書全部に入っている曲をどれも演奏できた時代。そんな時代があったなら、それはいつ終わったのだろう?中国の宗教に対する攻撃は一九四九年の共産党による権力掌握の前に始まったのはわかっているので、「伝統」の時代は十九世紀半ばのいつか、キリスト教徒が引き起こした太平天国の乱が中国全土で荒れ狂い、何千万もの人が死んで何千もの寺院が破壊される前になるだろうか? それとも光緒帝が寺院を公立学校に改造しようとして失敗に終わった一八九八年にしておくべきだろうか?

それよりも、一〇〇年先に進んで一九九九年にしたほうがいいかもしれない。偶然だが、李斌の祖父の李清が亡くなった年でもある。それまでは、宗教は現代的な国家を形成しようとした中国の指導部によって一世紀以上も抑制されていた。しかし全体としては、大半の人はまだ宗教を求めていて、李家の息子たちのような宗教専門家がその要求に応えることができていたと言える。どちらの側も、主に政府の政策に邪魔されていたのである。文化大革命が終わったときには、李清など知識が豊富な専門家がまだおり、村人たちも彼らが提供できることを求めていたため、古い伝統がどっと復活した。加えて、李清などは孫の李斌ら新しい世代の専門家を育てられる程度には若かった。儀式は二十世紀初めと比べてすでに簡素化されていた。今から二五年前でも、李家の儀礼書の大半は使われていなかったのである。しかし全体としては以前の慣習が回復した時期だった。

今の新しい時代は違う。一方で李斌と父親は繁盛しているが、一時的な盛り上がりにすぎないと感じられることもある。支えているのは村に残る老人たちで、彼らは死に絶えつつある。その子供たちはまだ葬式に金を出すが、まる三日かかる標準的な葬式には関心がない。彼らが退職後に各地の都市から戻ってきて陽高で死んでも、その子供たちが三日がかりの葬式を出すとは想像しにくい。それでも精神生活は必要とされている。問題は、過去の残骸から何がどう組み合わされれば未来が満足するかである。

この文脈では、伝統文化を奨励する政府の事業に価値があるのかは疑わしい。わたしは李家が陽高の町と近くの大都市である大同で演奏するのを何度か見たことがあるが、立ち止まって見物する人はほとんどいなかった。原因の一つには企画の仕方がある。こうした演奏会は主にお役所の事業のために行われるために、おざなりな準備しかされず、宣伝もなければ説明もなく、座席も軽食さえもない。もう少しきちんと企画された場合でも、道教の儀式はコンサートホールには向かないようである。二〇一三年に李家の楽団は北京の中山（チョンシャン）公園にある講堂で演奏したが、半分は空席で、来ていた人も友人や音楽学者ばかりだった。プログラムも、事業の企画者の多くがよく考えた結果だったのだが、興味のある聴衆の期待に応えるよりも政治目標の達成（伝統文化が健在であることを証明する）に重きが置かれ、補助金を受ける文化事業のプログラムとしても最悪の部類に入るように感じられた。政府の支援には、それによって威信が得られ、楽団員が将来「迷信」にかかわっていると攻撃されなくなることくらいしか利点がない。

外国への演奏旅行はそれ以上に中国の現在からかけ離れている。西洋の聴衆は知らなかったことを知る体験ができ、楽団員たちにとっては外へ出て世界を見る機会になる。これはどれも結構なことだが、田舎の儀式の存続を決めるものではない。李家の儀式は外国ではなく地元の人——数カ月前に李斌への支払いを渋ったけちな数学教師のような人たち——にとって価値のあるものを提供すれば続くだろう。

このような問題をいちばんよくわかっていたのは李家の人たち自身だった。老婦人の通夜の翌日、わたしは老李の弟の李雲山（ユンシャン）と昼食をともにした。一九六九年生まれの雲山は老李より十八歳年下で、毛沢東が死んだとき、まだ七歳だった。これは李家の伝統にとってはありがたいことでもあり障害でもあった。伝統が禁止された毛沢東時代のほとんどを免れたため、雲山は兄と異なり、父親の李清から楽器を習った。雲山は毛沢東時代の学校閉鎖や社会的流動性の欠如も免れていた。自体はいいことなのだが、それが理由で雲山は高校を卒業し、試験に合格して地元の短期大学に入り、公務員になった。いい職に就いたが、楽団で演奏する時間はなかったのである。

政府で働いているためにより大局的な傾向を見抜いていた雲山は、中国農村部で李家は生き残れるのだろうかと考えていた。冬にわたしが見た新築の高層住宅は、新しい陽高の出現に向けた最初の一歩にすぎないのだと雲山は説明した。人口は一五万増えて今の倍になる。それは県内に残っている人のほぼ全員ではないか、とわたしが言うと雲山はうなずいた。将来は大規模農業だけが生き残るだろう。大規模農業に農民はあまり必要がない。

これは昔ながらの田舎の儀式に悲惨な結果をもたらしそうだった。雲山の推定では、一九八〇年代には陽高県で二〇〇人の道教音楽演奏者が儀式を行っていた。今では多く見て六〇人だそうだ。そして李斌もそうだが、自分の子にそんな報われない職業に就いてほしい人はほとんどいない。李家の伝統について雲山は、それが生き残るかどうか、またどうやって生き残るのかはわからないが、李斌が町に引っ越したのは理にかなっていると言った。人びとは文化や伝統を求めていて、今は政府も人びとに欲しいものを与えたいと思っている。

「李斌が小さかったときのことを覚えています」と雲山は言った。「いつも本当にいたずらでしたが、笙を吹くのが大好きでいつも兄から教わっていました。吹いて吹いて吹き続ける。いちばんうまいうちの一人でした」

「でも」とわたしは雲山に言った。「雲山さんは公務員になって、安定した仕事についています」

「そうです」と雲山は言った。「でも人と違ったことをしているのは李斌で、わたしはよくいる公務員にすぎない」。雲山は一瞬黙り、それから笑い始めた。「それにね、付け加えると、李斌のほうがわたしよりも稼ぐんですよ！　成功した実業家のようです。そんなことになるとは誰が予想したでしょう？」

　わたしはドイツに演奏旅行に行く李家のみんなを迎えに行くため、最後に一度山西省に戻ってきた。二週間のツアーを計画したのだが、あっという間にそのときが来た。この旅は楽しいものになるが、一家にとっては迷惑に近いことでもあった――大事な出張に行くことに文句はないが日常生活のペースを乱されるのと似ている。李斌と李斌の父親はかなり前から準備に駆け回り、老婦人のを含めた葬式を引き受けたり、留守中にほかの楽団が代わりに演奏する手配をしたりしていた。外国に行くときはいつもそうだったが、李斌たちが連絡した相手は誰もとくに感心しなかった。なに、二週間留守にするのか。じゃあ、帰ってきたら電話をくれ。

　出発の前日、李斌は棺の飾り付けをするために急いである村に行った。今は日産の新車に乗り、携帯電話にブルートゥースのイヤホンをつなげて、運転中もひっきりなしにかかってくる電話に出られるようにしていた。

　朝八時に到着すると、石生宝（シー・ションパオ）が待っていた。石は地域の長老で、重要なことは何でも仕切っていた。近くの村に住んでいて、選挙で選ばれたわけではないが市長のような存在だった。葬式でも結婚式でも、火事でも確執でも、何か問題が起きたら石さんに電話をしてみればなんとかしようとしてくれる。地元の共産党の事務官に電話をするのかもしれないし、問題を話し合いで解決するために夕食会を設定するのかもしれない。七十二歳の石さんは地域問題の仲介人で、長年共同体のなかで誠実に働いてきたため信望が厚かった。

　今回は、亡くなった男性がまだ五十四歳で残された家族が困っていたため、石さんがかかわっていたのだった。死因は胃癌で、家族が負担した費用は数万元、数千ドル相当にのぼっていた。この地域では立ち行かなくなりかねない額である。男性には子供が三人いて、末の子は南京で航空学を勉強中、上の二人は大同で働いていた。石さんは抜け目のない危機管理人で、石さんに借りがあるという地元の共産党の事務官に電話をしたところ、地元の「維穏基金」の金で治療費の一部が負担できることになった。石さんは末の息子にも連絡して南京からの切符代を出すと同時に、家族や友人と交渉してその子が勉強を中断しなくてもいいようにした。さらに葬式の手配をするために李家にも電話をかけたのだが、ドイツに行くので時間がないと聞くと、李斌と老李にせめて棺をきちんと飾るだけでもしに来てほしいと頼んだ。故人は村で尊敬されていた人物で、葬式も正しい作法で行う必要があった。

石さんはわたしたちを台所に案内し、期待に満ちた様子で小さな腰かけに座った。李斌は炕（カン）の上にステンレスのボウルを置き、固くなったゼラチン糊の瓶をかばんから取り出した。そしてキーホルダーについているペンナイフで糊をひとかけら切り取ってボウルに弾き入れると、保温瓶から熱湯を注いでスプーンで混ぜた。

一部屋隔てた部屋から女性の泣く声が聞こえた。家族の人が入ってきて台所の戸をそっと閉めた。泣き声は先ほどよりくぐもったが、まだ聞こえた。李斌は混ぜ続けた。瓶からもう少し糊を切り取り、湯をもう少し足し、入念に混ぜ、ボウルの中身にじっと集中した。突然、強いノックのような音に続いて女性の叫び声が聞こえる。わたしはびくっと頭を上げた。石さんは黙って座り、コンクリートの床を見つめている。李斌は混ぜ続け、ボウルと、だんだん濃くなっていく中身に集中していた。それはこの世の終わりのような、あんまり叫ぶので息ができなくなるときの叫び声で、それが強くなったり弱くなったりしながらゆうに一〇分間は続いた。耐えがたかった。女性は息ができなくなるとただ泣きじゃくったが、その音もあまりに大きいので二枚の壁を隔てているわたしたちにも聞こえた。石さんは両手で両方の膝を押さえて居心地が悪そうに座り、李斌は手術中の心臓外科医のような集中力で糊を混ぜた。

しばらくすると叫び声はやみ、泣きじゃくる声だけが聞こえた。李斌は時間を区切るように静かに息をふっと吐き、混ぜるのをやめた。タイミングはぴったりだった、というのもちょうどその瞬間に泣き声もやんだからである。李斌は立ち上がり、隣の部屋に通じるドアを開け、そこを通って次の部屋に通じるドアを開けた。若い女性が棺の隣に立っていて、中庭に通じる別のドアから数人が立ち去っていくのも見えた。女性は棺を見つめ、赤く腫れた顔には涙の筋がついていた。服は普段着で、白い喪服ではなかった。あれは表向きのものだ。本当の悲しさがあったのはここで、自宅という私的空間で静かに噴出した。女性はもう一分ほど棺を見つめてから後ろ向きに部屋を出た。

李斌は何も言わず、女性と目も合わせなかった。女性に自分の存在を気にさせずに退出させ、黙って糊の入ったボウルをテーブルに置いた。それから金紙を一二〇センチの長さに切り分け、それを無地の白い紙に貼って強度を上げてから今度は糊で棺に貼り始めた。いつものイタリア製のローファーにジーンズ、黒の格子柄のシャツとブレザーを身に着けた李斌は、見かけも動作もプロらしく、黙ったまま手早く作業した。たまに三人の子のうちの一人が入ってきて信じられないという顔で棺を見つめるので、それがいちばんいいやり方だった。

　わたしは着いてすぐに故人の家族に自己紹介をして、自分がいても邪魔にならないか確かめていた。家族は受け入れてくれたが、わたしはなるべく目立たないように、ポケットにノートを入れてドアの後ろの隅に座っていた。たくさんの葬式を見てきたが、これはほかよりもずっと私的な感じがした。この一家は農村と町の両方に存在していた。基盤はまだここにあるが、子供たちはここを離れて都会生活の軌道に乗っている。葬式も、形式は伝統的だったが、これまでに何度も見てきたような共同体の行事ではなく、個人的なものだった。明日になっても酔っ払った息子や騒々しい夕食会はない。これまでとは違う、もっと控えめで親密な葬式だった。

　末の息子が涙をこらえながら部屋に入ってきた。開いた唇から苦しそうに息をし、唇を歯にぎゅっと押し付けて顔の筋肉を制御している。タバコに火をつけ、棺を乗せている木製の木引き台に置いた。タバコが好きだった父親の、これが最後の数本になる。息子はゆっくりと顔の筋肉を緩めて泣き始めた。涙が音を立てずに顔を流れ落ちていくあいだ、息子は棺の外観が変わっていくのを見守った。

　李斌は金紙の下から気泡を取り除くのに筆を使った。すすり泣く声と筆の音のほかは静かだった。棺は次第に金色になっていく。ときおり李斌は突き出ているダボにも金紙を貼らなければならず、それでわたしは先ほど聞こえたドンドンたたく音が何だったか、なぜその直後に泣き叫ぶ声がし始めたのかがわかった。ダボには番号が振られ、棺が左右対象ではなかったので、それぞれ形が少しずつ違った。棺は船首の高い小舟の形をしていた。これであの世の荒波を乗り越えていくのである。

　二時間後に昼食休憩を取ったが、出発前日で忙しいので昼寝の時間はなかった。李斌はすぐに作業に戻り、今度は棺の前面に青い紙を貼っていった。それには赤と紫の不思議な渦巻模様が印刷されていた。次に李斌はボウルにインクを混ぜ、毛筆を取り出した。これでわたしはあの金紙が李斌の書の背景にすぎないことに気づいた。李斌は棺の各面を長方形の区画に割り、それぞれを抽象的なデザインや、古箏、竹、菊、コウモリなどの伝統的な形で埋めていった。

「これコウモリに見える？」と、長い沈黙を破って李斌が言った。「僕は絵があまりうまくなくて。父はうまい、僕よりも綿密で。でも僕のほうが速い。棺をやるのに一日半かかる人もいるが、僕は一日で終わる」

年配の男性がわたしのところに来て棺を指さした。「五十四。一生畑で働いた。息子が二人大学に行った」。男性は一文ずつ区切って言った。わたしがはっきりとわかるように、亡くなったばかりの人がどんな人だったかを理解するように。わたしはうなずいた。

午後三時になり、李斌は棺の反対側に取りかかった。男が何人か来て李斌の話し相手になった。李斌が金紙の上にコウモリや幾何学模様を描いているあいだ、男たちは習近平のロシア訪問の話をした。

石さんは李斌が作業するのを見ていた。李清がいちばんうまかったが李斌も悪くない、と石さんは言った——過去は常に現在よりもいい、未来よりもいいなどありえないという地域ではたいへんな褒め言葉である。「この人も上手だが、おじいさんがいちばんだった。みんな知っている」

わたしは腰かけに座って李斌を見ていたのが、いつの間にか壁にもたれて眠っていた。二時間後に李斌は作業を終え、石さんと最終的な手順を確認し、葬式に来られないことをあらためて詫びた。石さんは満足していた。棺の準備は重要なので、李家にやってほしかったのだ。

町に戻る途中も李斌は何度も電話に出た。占いをしてほしい人には、ドイツから戻るまで二週間待ってくれるよう説得した。それから最後に一本の電話をかけた。相手は町に住む医師で、数日前に変わった依頼をしに李斌を訪ねてきたのだった。医師は両親の墓を掘り起こして埋葬し直してほしがっていたのだが、李斌は電話で、気が変わっていないか尋ねた。医師は変わっていないと答えた。というわけで李斌は急いで帰宅し、外国に行くためにスーツケースを詰め、目覚まし時計を真夜中、その夜最初の鐘が鳴るときに合わせてから仮眠を取った。

医師の両親は四年前に亡くなったが、しかるべき埋葬が行われていなかった。二人とも二週間のうちに亡くなり、一家の村にある区画に葬られたのだが、墓の場所や埋葬の日時を陰陽先生が決めたのではなく、すべてが行き当たりばったりに、正しい儀式もないまま行われた。以来、医師は落ち着かなかった。葬式のやり方の何かがおかしかったように感じられたのだ。まもなく五十歳になる医師は、友人たちの親の葬式を何度か見たことがあった。別の県の友人は李斌のような陰陽先生を雇って葬式をした。弔いに行った医師はその葬式の様子を見た。意味はよくわからなかったが、音楽や儀式に威厳を感じ、友人が自分に命をくれた人たちに対して正しいことをしたという感覚を得た。医師が友人に胸の内を明かすと、友人は医師に両親の埋葬をし直したらいいと言った。友人はまた、医師が気になっていた別のことも指摘した。両親が別々の墓に入っていることである。生前、二人は夫婦だったのだから、一緒に埋葬されるべきではないか？　いま二人は霊となってあの世にいるが、安息の場は大事だ。そうすれば二人も安心するだろう。医師は友人の話をよく聞いて、安らかに眠ることこそ両親が必要としているものに違いないと考えた。

　というわけで、数週間前に医師は李斌の店に来て、合葬（ホーツァン）はできるかと訊いた。もっと口語的な鬼葬（クイツァン）、霊の埋葬という言葉を使う人もいる。李斌は事情を聞いてから、合葬がどのように行われるかを詳しく説明した。棺を掘り出す必要がある。棺は腐っているかもしれず、遺体が見えてしまうかもしれない。それに動揺する人もいる。医師はこのことをすでに考えてあり、大丈夫だと言った。両親の幸福は本当に大事なことで、自分が気分が悪くなるからといってやらないわけにはいかない。李斌は墓地に行き、いちばんいい日にちと時間を計算した。それは出発の前夜だった。

　父親と同様、李斌は県内をよく知っていて、暗くても何の問題もなく医師の家の墓地に到着した。すでに医師と、近くにある大同市の石炭会社で会計を担当している妹が来ていた。まじめな中年の二人は中国の経済改革の申し子で、国中で寺院や共同体ごとの宗教生活がむしり取られた後に育っていた。それでも、これはしなければならないと感じていたことで、李斌が着くと二人の目は輝いた。医師は顔がこわばっていて心配そうだったが、李斌にほほ笑みかけ、妹は落ち着いてうなずいた。

　李斌も二人を見てうなずいたが、古い墓を掘り起こして新しいのを準備していた四人の作業員のところにまっすぐ行った。

「あったか？」

「破損なし」

　李斌はうなずいた。それはよかった。李斌は何もかもが腐っている厄介な合奏にも立ち会ったことがあった。今回はすでに棺の下に縄が回してあり、作業員たちがそれを吊り上げた。松材は折れなかった。広場は村の外にあり、星だけが明かりだった。朔望月のまだ四日目なのにもう月はなかったが、雲のない夜空のもと、農家の低い輪郭、地平線に並ぶ木々、植えられたばかりの畑などが全部見える。

　少しだけ離れたところに、李斌の指示に従って作業員が掘った墓穴があった。李斌はそこに行き、コンパスで位置を確かめた。作業員が棺を運んできて隣同士に置いた。

　医師と妹もついてきて、少し距離を置いて立っていた。それから妹が進み出てきた。四十五歳、きまじめで、娘が工業学校に行っている。青白い顔は黒い毛糸帽と赤いダウンジャケットの襟で囲まれ、手には赤い布を持っていた。悲しみに唇をぎゅっと締めて棺を見つめてから近寄り、李斌を見た。

「これを棺にかけたいのですが」と妹は言った。

　李斌は驚いて妹を見たが、すぐに理解した。白が死の色で、赤は結婚のときに使われる。こんなことは初めてだったが、李斌は心を動かされて目が赤くなった。

「いいですね、もちろんです。なんていい考えでしょう」

　医師も手伝い、妹は布を棺の周りに巻いて二つを束ねた。五分後、棺は土の中に戻った。李斌は墓の隣にしゃがみ、誰が中にいるのかを説明する陶板を上に載せた。それからあの世での繁栄を約束する五穀をまき、最後の確認をした。

　李斌が立ち上がるか上がらないかのうちに、最初のひとすくいの土が棺に当たった。音楽もなく、読経もなく、月さえもなかったが、李斌はつい自分の家のことを考えた。毎日帳簿をつけたり花輪を作ったりして一生懸命働く妻の景華（チン・ホア）、寄宿学校にいていつも家にいない息子の炳昌（ピンチャン）、そして三人の都会での将来。李斌はそこに立って考えた。自分の仕事は大変でときに異様だが、美しくもある。いつか、自分のためにも誰かが同じことをしてくれるだろうか？

30 北京――妙なる峰

今年は事前の盛り上がりを十分に楽しみたかったので、昨年よりも早く行った(17)。でも中国ではいつも誰かが先にいるもので、わたしが太陰暦三月の三〇日目の正午に妙峰山に着いて意気揚々としたのもつかの間だった。金堂（チンタン）や祁（チー）さんのほか数人の茶会の人たちがもう来ていて、廟の設営を終えていた。中をのぞいてみると、去年と同じように茶瓶とブロンズの観音像と花を、鮮やかな黄金色の絹の壁かけが囲んでいる。入り口の前では線香がすでに焚かれていた。ブロンズの鉢。木槌。もうすぐ参拝者たちが来て、鐘の音がこの狭い広場に鳴り響く。

今年は閏年で一月余分にあったので、祭りもいつもより遅く行われた。すでに五月も半ばに差しかかり、妙峰山には霧も雨雲もかかっていなかった。廟の前にある大きな松の木がそよ風に揺れ、遠くから見ると妙峰山には実にいろいろな緑色がある。老いた松の木は色が濃くて一年を通じて変わらないのに対し、若い松はまだ迷いがあるかのように色がもっと薄い。落葉樹は、多くが柳だったが、さらに色が薄く、低木にいたってはやっと芽を出したところで、茶色の枝を背景にカーキ色がにじんでいるように見えた。

参拝者の夫婦が通った。男性のほうは五十歳前後、日に焼けた彫りの深い顔に、探るような目をしていた。女性はもっと若く三十代後半で、ふっくらしていてよく笑ったが、まじめそうでもあった。この旅行のために一カ月かけて準備し、本来は腕輪にする五〇個ほどの小さな玉に糸を通して数珠を数十個作ってきていた。参拝中に出会った人に配るつもりで、わたしにもすぐに一つくれた。二人は北京の南東にある山東省に住んでいて、ここからさらに西に向かい、仏教の聖地である五台山に行く予定だったが、その前にまず妙峰山の廟会を見に行こ

う と考えたのだった。

「どうやってこんなに長期の休みを取るんですか」とわたしは尋ねた。

「お金が貯まるまで働いて、旅に出るときに辞めるんです」と妻のほうが言った。

「義援金や寄付は受け取りません。ただ働いて、十分たまったら何カ月か出かけるんです」

「そうやって中国各地を巡りました」と夫が言った。「武当山では道士、泰山では東岳大帝、嵩山(すうざん)では少林寺の僧を見てきました。数カ月前だったら生き仏に紹介してあげましたよ。河北省にいました」

「何でも知っていました」と妻が言った。「未来も過去も見えるんです」

「本当にすごい」と夫が言った。

「なぜそんなに時間をかけてそういうものを見て回るんですか?」とわたしは尋ねた。「家で落ち着いた生活をしないんですか?」

「今は危険な時代です」と夫が言った。「普陀山はわかりますか? 上海の南、浙江省の島にあります。そこの仏像は手をこうやって差し出しています」。夫は左腕を差し出し、交通整理の警官が止まれと合図するように手首から先を上に向けた。「それは島に洪水が来るのを防いでいるのですが、今回初めて寺が浸水しました。環境の調和がとれていません。仏にも防げない。今は抑制できない願望と強欲の時代です」

「何を見つけたいのですか?」

「昔の人はこういう山で答えを見つけました。わたしたちにも学べることがあるかもしれません」

倪家の茶会の友人たちがSUVに乗って到着し始めた。いつも最初の夜にだけ来るランドローバーのずんぐりした男のほか、建設産業の経営者たちがジープや、フォルクスワーゲンの新しい型のセダンに乗ってきた。家族も来た。金堂と祁さんの息子たちも若い友人たちを連れてきた。息子たちをわたしは何年も前から知っていたが、みんな以前よりも長く滞在するようになり、連れてくる友人の数も増えていた。

夕食の時間が迫っていた。中国では五時半に夕食をとることが多いが、わたしたちはおしゃべりに夢中になりすぎて、もうすぐ五時なのに膳立てもまだだった! ということで折畳みテーブルが開かれ、祁さんがそこに食べ物と飲み物を出した。ソーセージを切ったのが、冷めた麺や饅頭(マントウ)とともに紙皿に並べられ、ほかにピーナッツや塩豆など酒のつまみも大皿で出された。金堂が河北省の小都市である滄州（ツァンチョウ）市で買ってきた珍しい酒が開けられた。

　小型トラックが次々と通り過ぎ、饅頭の会が配る饅頭を数百個ずつ降ろしていった。その会の会長は南部出身のがっちりした男性で、髪は短く、アビエーターサングラスをかけ、中国の国旗を屋根に付けたメルセデスのSUVでやってきた。車の後ろには「饅頭聖会」というステッカーが貼ってある。会長は倪家に大声であいさつしながら、饅頭会の廟に続くちょっとした斜面を飛ばしていった。

　金堂は花の老婦人である陳（チェン）さんの息子の一人と話し込んでいた。陳さん本人は去年よりも弱っていて、今は休んでいた。数カ月前に金城が言っていたとおり、暮らし慣れた家から退去させられてやや混乱しているようだった。昨年の夏には地元の寺の祭りでわたしを出迎えてくれたのに、今回はわたしを見て「また来たのね！」と言って温かく迎えてくれはしたが、わたしが誰かはわからなかった。誰もはっきりとは言わなかったが、老倪が亡くなった今、いつか陳さんも亡くなれば二つの会の廟もなくなるかもしれない、老倪と陳さんが買った数え切れないほどの茶瓶や花瓶や像も売り払われるか博物館に寄贈されるかするかもしれないことをみな気にしていた。ある茶会がすでにそうなり、その会の磁器類は寺の倉庫に保管されていた。老倪は倪家の茶会に何千回もの秋を越してほしがっていたので、みんなは老倪の願いどおりになるように努力しようと心を決めていた。

「二つの会はいつまでも一緒です！」と金堂は陳さんの息子に言ってグラスを掲げた。「何があっても一致団結！」

　息子も大声で賛成し、二人は杯を飲み干した。

　懐かしく、楽しい雰囲気で、なるほど最初の夜のこの期待と盛り上がりがいちばん楽しいとわたしは思った。

　しばらくすると、茶会の数人が変な目でわたしを見ているのに気づいた。やがて家族の一人がわたしに、その上着はどこで手に入れたのか尋ねた。わたしは冬に金城がくれた灰色のピンストライプの中国風ジャケットを着ていた。

「うちにある上着によく似ているんだけど」とその女性は言った。

「金城がくれました」と、わたしはそのとおりだとうなずいて言った。

「金城？」と女性は片方の眉を吊り上げた。「誰が作らせたの？」

わたしははっとした。上着は老倪のものだったのだ。わたしは恥ずかしくて息をのんだ。金堂がわたしの顔を見て首を振った。

「いいんですよ。それがふさわしい。父は香会についての本を一緒に書いてほしかったんだから」

「でもそうならなかった」

金堂はわたしを見て笑った。

何もせず、線香が燃えるのを眺める。男たちが吸うタバコの煙のように、大釜からもくもくと煙が上がる。渦を巻いてわたしたちを覆う。霧のように服に染み込むが、何カ月たってもそこにある。

廟の中に空席が一つ作ってあった。祁さんの夫が座っていた椅子である。いつも燕京ビールを片手に動かず、人の出入りを見守っていた。老倪が夏に亡くなってから二カ月もしないうちに癌で亡くなったのだった。誰もそれを偶然だとは思っていなかった。人が死んでから六〇日後に、玄門（シュアンメン）と呼ばれる死の門、暗い門が閉じる。常（チャン）さんは老倪の死後五八日目に亡くなった。玄門が閉じる前に老倪のもとに行き、二人は一緒にあの世に行ったのだ。

「ここは座らないほうがいい」と金堂が静かに言った。

「今年は空けておきましょう」と祁さんも言った。

これまでに何人もいた常さんのような人たちみんなのことを考えて、金堂は哲学的思索にふけり始めた。

「常さんとは仲が良かった。人が互いに親しくなるのは時間をかけて、それも運命と感覚を通じてそうなる。人にはみなそれぞれ気質がある。それは時間をかけなければわかるようにならない。慣れるのには時間がかかる。相手に合わせられるようになって初めてくつろぐことができる。

こういう気質の人もいるし、ああいう気質の人もいる。他人が自分に慣れるのを待つだけではだめ。みんなが自分に慣れてくるなら、それは問題だ。中国には習近平という人物がいる。みんなその人に慣れなければいけないが、習近平も何億もの人の意見に慣れなければいけない。

人間とはそういうものだ。老子、孔子、道教徒、仏教徒、みんなそうで、よいことをしろと人を励ましてきた。それ以上に何があるだろうか？」

祁さんは金堂を顎で指してわたしに言った。「この人となら話が合うんじゃないの」

その夜は寺の食堂で夕食をとった。簡素な装飾で、大きな丸い合板テーブルに折りたたみ椅子が置いてあるだけだったが、眺めがとにかくすばらしかった。窓の外には山々が広がり、起伏しながら下の街まで続いている。

「常（チャン）さんに乾杯」と金堂は祁さんの夫を指して言った。「燕京ビールで始めよう」

「今年来られなかった人たちに乾杯」

「その話はするな」

みんな飲んだ。

「もう一人いる」

「小李（シアオリー）」

「いなくなって本当に寂しい」と祁さんは言った。「仏のような人だった」。祁さんの目が涙でいっぱいになった。

小李は山の麓の澗溝村（チエンコウ）に暮らし、亡くなったときは四十二歳だった。先天性欠損がいくつかあり、生まれつき心臓も悪く、精神障害もあった。それでも廟会の最中は廟を見守り、いつも手を貸してくれた。小李は廟の管理係の一人と一緒に住んでいた。この管理係は厳格で、秩序や規則にうるさく、小李のような人を引き取りそうにはとても思えなかったのだが、実際引き取り、小李は脇の小部屋に寝泊りし、日常の家事や雑用をして祭りの時期を待っていた。ところが数カ月前に小李は具合が悪くなった。管理係は年老いた母親と看病しようとした。そのうちに治ると思っていた。

その管理係が発言した。決められた青い作業着を着て、顎を引き、窓から見える山並みにじっと集中して、無駄がなくはっきりとしたいつもの口調でこう言った。

「朝に、いつもどおり牛乳を飲ませたかったのですが、飲もうとしませんでした。その日は遅くまで仕事があり、出かけて二交代分仕事をしました。それで帰れなかった。でも帰ったときにはもう亡くなっていました」

「亡くなっていた」

何人かが咳払いをした。みんなはグラスを挙げた。

「いい人だった」

小声で同意する声がいくつも上がり、それからみんなが落ち着きを取り戻すまで少し間が開いた。

「母は泣いた」と管理人が言った。「九十四歳です」

「九十四歳」

「恐れ多い年齢だ」

「お母様に乾杯」
「老婦人」
「長生きだ」

釈迦牟尼の誕生日の前日、北京はスモッグで視界がきかなかった。今日は太陰暦四月の七日目で、わたしは用事のため北京に二日いてから妙峰山に戻る途中だった。西に向かって車を走らせ、北京中心部から二〇キロほどの北京五幹路に出ても山々はほとんど見えない。もう八キロほど先の北京六幹路でもあまり変わらず、山まであと一キロあまりしかないのにまだうっすらと輪郭が見えるだけだったが、高速道路を降りて「金頂　妙峰山」と書かれたアーチをくぐるとようやく少しずつ見えてきた。道は八キロほど盆地に沿い、それから急速に高度を上げて内モンゴルに続く山地に入っていく。岩がちな風景で、昼下がりの日が当たった巨石がうっすらピンク色になっている。急に空気中の粒子が減り、そこにあるものの形がまた三次元になってきた。巨石がぼーんと飛び出す。気温が下がり始め、時間をさかのぼって過ぎた季節に戻っていくような感じがした。

いくつものカーブを曲がると突然、澗溝村（チエンコウ）が現れる。それからゲートがあり、五元の通行料金を払う。おまじないのような「全心向善結縁茶会」を口にする前に料金所の男たちが手を振って通してくれた。そこから五キロはまたヘアピンカーブの連続で、最後まで行くと廟がある。

翌日は釈迦牟尼の誕生日だった。仏教の祝日だが、妙峰山への参拝においても重要な日である。主な行事の一つに縁豆（ユアントウ）の配布がある。これは北京の仏僧が祈禱の際に釈迦の名前を言うときの慣習から来ている。僧はこの神聖な名前を口にするたびに、黄色い豆を一つの鉢から別の鉢に移す。こうして加護を与えられた豆が調理され、釈迦の誕生日に参拝者にふるまわれる。わたしは故郷モントリオールの、ある聖人が聖書を読むときに使ったランプの油をカトリックの巡礼者たちがこわばった関節に塗る習慣を思い出した。そこの教会には、奇跡的な治癒の結果置き去りにされた松葉杖が何千本もケースに入って展示されている。

妙峰山では毎年、ある香会がおいしく調理された黄色い豆を配る仕事を引き受けていた。豆は蒸してから玉ネギとニンニクと一緒に炒める。この会は、倪家や饅頭の会と異なり、廟がなかった。単に太陰暦四月の八日目に屋台を組み立て、五〇〇キロ近くの豆をプラスチックの椀によそって午前中ずっと配るのである。それからお参りをして帰る。事情を知らなければこれは取るに足らないことに思えるだろうが、作業をする十数人のボランティアにとっては一年で最高の瞬間だった。またその日に参拝する数万人にとっても大事な習慣だった。

茶会の廟に戻ると金城が来ていた。隠遁者もたまには外に出て社交的に振る舞う必要があるということで、金城は釈迦の誕生日に姿を現すことにしたのだった。建設部の同僚を何人か連れてきていて、そのうちの一人が豆の入った椀を持って入ってきた。

「さあ、ではどうやるんですか?」と、その男性は金城に訊いた。男性は四十歳ではげ始めていて、妙峰山の廟会は初めてだった。それでもなるべく溶け込もうと最善を尽くし、西洋風の白いワイシャツの上に深みのある紺色の絹の上着を着ていた。裏地は真紅色で、男性は袖を折り返してしゃれた赤色の縁飾りのように見せていた。

「なんと言えばいいですか?」と、男性は豆の椀を持って金城に言った。金城は豆を二つの椀に分けるように言い、男性はそのとおりにした。

「わたしの後について繰り返して」と金城は言い、五行からなる祈りの言葉を述べた。

男性は一行ごとに繰り返した。

「いいね」と、金城はいつものようにそっけなく言った。「おおごとにしなくていい。椀を祭壇に置いて、お辞儀をして終わり。それで敬意を表したことになる」

男性は慎重に椀を祭壇に置いてお辞儀をし、金城にほほ笑んで謝意を示した。当然、金城は男性のほうを見なかった。目線を合わせて謝意を受け取れば男性に貸しをつくることになるが、金城にそのつもりはなかった。これは自分の務め、栄誉で、誇りに思えることだった。

午前八時になり、一つ目の武会が来た。虎の舞をする会で、まずは廟に向かった。女神に舞を見せた後に会の石碑の前で踊る。石碑には、文化大革命後に伝統を復活させた、今ではほとんどが亡くなった人たちの名前が彫られている。

わたしたちは香炉の近くに置いた折りたたみ椅子に座って見物していた。煙が流れる。重い金属の鉢が鳴る。鳴らしているのは倪家の友人の王鉄標(ワン・ティエピアオ)だった。ほとんど口を利かず、人の動きをよく見て、ちょうど参拝者が叩頭したときにボーン、ボーンと鳴らした。

参拝者が茶を飲みに寄った。線香に火をつけて観音像の前で叩頭する。ボーン。ボーン。ボーン。

「命運本源」の石の近くに、管理人の王徳鳳(ワン・トーフォン)たちがテーブルを出していた。芸を披露する会のそれぞれが記念品として受け取る赤いベロアの小旗が並んでいる。これはつまらないものに見えるが、みんなが欲しがるので、参拝者を腐敗させると言われていた。旗を手に入れるためだけに会をつくって妙峰山に登ってくるからである。

　わたしは旗の一つをよく見て、上から下に、右から左に、書いてあること読んだ。

寄贈　金頂　妙峰山管理事務所
もっぱら誠心誠意を抱いて
山頂を拝して香を供える
民俗文化廟会

　真ん中の二行はほかより大きい太字で書かれていた。そこが肝心なところで、伝統的に聖地巡礼の際に使われる文句である。旗は誇りと達成感のしるしとなるほかは、山を登ろうという気にさせるものには見えない。管理人の王さんは武会に金は払わない。彼らは山に呼ばれたから来るのである。


　釈迦の誕生日に参拝する会の一つに、太平盛会という会があった。北京の公共交通網の事務員として働く二十六歳の雷鵬(レイ・ポン)が率いる会で、わたしが見たなかでもっともおもしろいうちに入る芸を碧霞元君の前で披露した。それはコール・アンド・レスポンスのある踊りで、広場の真ん中でマイクを片手にした雷鵬が足を踏み鳴らしながら動き回り、歌詞を唱える。周りには皇帝や将軍、側室、尼僧などの格好をした二〇人ほどがいて、雷鵬に一斉に答えたり合唱したりする。一〇人の演奏家がジャズバンドのリズムセクションのように太鼓やシンバルで伴奏する。

　昨年この演奏を聴いてから、わたしは北京の北の郊外の一つにある住宅団地に雷鵬を訪ねた。雷鵬は背が高くがっしりした若い男性で、細くてとがった眼鏡をかけ、北京の伝統に情熱を傾けている。まだ二十六歳の雷鵬はもっぱら祖父に育てられ、二〇一〇年に祖父が亡くなるまで一緒に暮らしていた。雷鵬はドアの上に祖父の写真を掲げ、毎日、とくに仕事に行くときに見られるようにした。写真の祖父は青い上着を着て、頬紅とマスカラをつけている。亡くなった親戚の肖像写真としてはちょっと変わっていたが、雷鵬は祖父を、その写真に写っているとおりの、一人の巡礼者と考えていた。

かつて雷家はその名のついた雷家橋村にある、中庭を囲む家に住んでいた。この村は、北京から北、妙峰山と同じように碧霞元君を祀る廟のある丫髻山(ヤーチー)に通じる主要な巡礼路の途中にあった。雷家は参拝者のために倪家のとよく似た茶棚を出していた。雷鵬が子供だった九〇年代には廟は取り壊されていたが、祖父が太平盛会を復活させ、数十人の村人が定期的に集まって練習した。みんなにとっては妙峰山の廟会での演奏が毎年の一大行事だった。

「以前はみんなで村の寺に集まってそこで練習していました」と雷鵬は言った。「いい場所でした。みんな一緒で」

北京が拡大して農地がほかの目的のために転用されていった後も、雷家橋村は一線を画し、城中村(チョンチョンツン)、「都会の中の村」として知られていた。高層ビルに囲まれながらも区画は昔のままで、村の寺をはじめとする古い建物もいくつか残っていた。世界中の多くの都市では、このような昔の村は人気の観光スポットになることがある――パリのモンマルトルなどがそうである。しかし中国では、こうした小さな共同体は都市計画担当者によって組織的に取り壊されてきた。裕福な権威主義的国家では、功名心に燃えるテクノクラートに勝てるものはない。

二〇〇九年に雷家橋村はゴルフ場建設のために取り壊され、住民は北京北部にばらばらに移り住んだ。互いに遠く離れてしまったため、練習のために集まるのが難しくなった。伝統を存続させる新たな方法を見つけようと、雷鵬は地元にある移住者の子供のための学校で教え始めた。生徒たちは太平盛会の踊りや歌を学んだ――子供たちにとっては日々の生活のなかのちょっとした楽しみであり、雷鵬にとっては会員を勧誘するチャンスだった。釈迦の誕生日の今日、元の会員たちは、子供に碧霞元君の前で演奏する機会をやるために今年は家にいることに同意したのだった。

雷鵬は小さな間違いを一つ犯していた。山道の最後の部分のカーブを曲がり切ることができない大型のバスを借りてしまったのだ。このため雷鵬と二十数人の子供たちは全員が澗溝村でバスを降り、昔の参道である千の肘の小道を登ってきた。午前一〇時、一行は、たいへんな誇りを持って会の旗を掲げる少女を先頭にようやく到着した。三メートルの長さの竿に付いた旗は黄色と赤の絹でできていて、「雷家橋村南茶棚」と書かれている。少女は十二歳、名前は李蘭（リー・ラン）だった。李蘭の両親は山西省の村から北京で働くために出てきたのだが、近くの学校は移住者の子供を受け入れてくれなかった。李蘭はいま通っている学校を気に入り、妙峰山に登る機会にも胸を躍らせていた。青緑色の絹の上着を着て、顔には白色の下地が塗られ、その上に太陽から出る光線のように色とりどりの円や渦が描かれている。「衣装がいちばん好き」と李蘭は言った。「あと旗も」。李蘭は旗をしっかりと握り、廟の壁の隣の岩に置いた。

まもなく汗をかいた雷鵬と残りの子供たちが到着し、雷鵬は急いでみんなをまとめた。何人かは太鼓やシンバルを持ち、雷家橋村時代からの会員の一人が腰に下げた小太鼓を打って、調子を取るのを助けた。太鼓の連打音とシンバルのジャーンという音に合わせて子供たちは列をつくり、碧霞元君のところまで上る最後の坂道を行進した。

「見てください」と、子供たちがうれしそうに、一人も文句を言わずに登っていくのを見て雷鵬は得意そうに言った。「こんな子供たちがまだいるとは思っていませんでした」

一同は本堂の香炉の前に集合した。今日は大事な祝日なので香炉には線香がぎっしり詰め込まれ、煙を上げパチパチ音を立てる炎の大釜になっていた。雷鵬は上着のポケットから赤い紙を取り出し、碧霞元君に加護を求める手紙を読み上げた。いちばん下に子供たちの名前も書いてあった。それから雷鵬は紙を折りたたみ、子供の一人が持っていた黄色の封筒に入れた。二人は一緒にそれを炉に放り入れた。

それに合わせて子供たちは右を向き、両手を頭の上で組んでお辞儀をした。次に左、最後にまっすぐ前、女神のほうを向いて同じことをした。そしていよいよ演奏である。雷鵬が音頭を取り、中国語で「蓮花落（リエンホアルオ）」として知られるコール・アンド・レスポンスの出し物が披露された。乾電池式の手持ちの拡声器を持った雷鵬が香炉の前で足を踏み鳴らし、大声で問いかけると、子供たちが雷鵬の周りを踊りながら大声で答える。ある歌は一〇〇〇年ほど前の、チンギス・カンによる中国征服を止めようとした名将たちの家族についてだった。雷鵬が名前を言うと、子供たちがその人の正体を答える。この間ずっと太鼓とシンバルが複雑な拍子を取っていた。

潘仁美（パン・レンメイ）
八賢王！
楊五郎（ヤン・ウーリアン）
将軍様！

大勢が見物し、子供たちに心を奪われた人もいれば、批判的な人もいた。去年演じた大人たちに比べれば子供たちは経験が浅く、せりふは覚えているが棒読みだった。これは子供たち自身の村の伝統ではないし、祖父の膝の上や村の寺ではなく、学校で教わったことにすぎない。去年の演奏にはあった秘儀らしい原始的な感じが今年は欠けていた。

「お遊びだ」と一人の男性がわたしに言った。「言っていることの意味をわかっていない」

しかしこれは実験なのであり、ほかの会の何人かは子供たちの奮闘に感心してうなずいていた。こういう伝統を学校で子供に教える、これはやる価値があるかもしれない。事実、政府が伝統的な信仰や信念の復活を支援しようとするなかでこれはますます普通のことになっていく。二〇一六年には、北京全域の学校でこうした伝統が教えられていた。学校では、演奏や演技は宗教ではなく純粋に文化として扱われたが、それでも子供たちは参拝し、その親がついてくることも多かった。なかには寺院というものに初めて入る親もいた。

一〇分後に子供たちは休憩に入り、雷鵬は熟練したベテランにどんなことができるかを女神と聴衆に見せることにした。子供たちを導いていた年配の男性が前に出た。小さな太鼓を首にかけている。雷鵬はケトルドラムを香炉のほうに押し出し、もっと小太鼓を自分の首にかけた。

二人はポリリズムの演奏を始めた。初めはゆっくり、次第に速度を上げ、互いのフレーズを繰り返したりしながらだんだんと激しさを増していく。雷鵬は両方の太鼓を一心不乱にたたき、年配の男性はリズムを取った。目を閉じ、汗が顔を流れる。二人は一〇分間、子供たち、集まった人たち、そして碧霞元君のために演奏した。

一四日目には金堂は髪が生えてきて、白髪が交じるまだらな頭になった。頬ひげも見事な長さになっていた。数日後には、ひげは整えるが髪は伸びるままにすることになる。実生活に戻らなくてはならないのだ。祁さんがわたしのところに来た。

「待っておられますよ」と、祁さんは頂と廟の方を身ぶりで指して言った。わたしは武会の演奏などを見に何度も頂上に行っていたが、碧霞元君と二人だけの時間はまだ過ごしていなかった。

木曜日の午後で、廟は静かだった。主な中庭の真ん中では、あの大きな鋼鉄製の香炉からうっすらと煙が出ている。両側にはほかの神々の廟があり、中央に碧霞元君を祀る恵済祀がある。碧霞元君はブロンズ製で、刺繡された絹のケープをつけていた——地元の女性ボランティアが丹精込めて作ったものである。その左右に鮮やかな色の像が二体ずつある。この四人は碧霞元君を助ける役で、女神の持つ力を表現している。それぞれ洞察（差し出された手のひらに目玉が乗っていることで象徴される）、子孫（子供に囲まれた女神）、子供の病を治す（手が治癒を意味する形になっている）、出産（ここにも多くの子供）である。還元主義的な見方をすればこれは子授けの神の崇拝として説明できなくもないが、わたしは昨年の夏に中頂廟でわたしの思い違いを正してくれた女性を思い出した。これはすべて将来のためなのである。家族、安全、共同体、健康に対する普遍的な願望が込められている。

年老いた職員の一人が椅子を出してくれた。わたしは腰を下ろして女神たちを眺めた。碧霞元君は倪家が旧市街から追い出されるのを見、老倪の回復を助け、茶会の発足のきっかけとなった。結局は運命を変えることはできなかったが、家族のそばにいた。作家のジュリエット・ブレドンは一九三四年の小説『百の祭壇（*Hundred Altars*）』で、清朝末期の北京の北にある村の生活を描写する。[18]ブレドンは中国で生まれ育ち——おじが著名な清朝の顧問だったロバート・ハートである——周りの人びとへの共感がこの小説からも強く伝わってくる。小説は妙峰山への参拝を中心とし、主な登場人物の一人に、子供が欲しくていつも碧霞元君を拝んでいる女性がいる。女性が祈っているときにブレドンは観点を切り替え、女性を見下ろす女神の立場になる。女神は女性を助けるべきか迷い、子供の病を治す女神に相談する。子供がいないとは、このかわいそうな女性はどうなってしまうのだろう？　清明節には誰がこの女性の墓に線香を供えてくれるだろう？　誠実かどうかが問題だ、と二人は判断した。この女性は誠実か？

わたしの前の像たちが口を利いているのを想像するのは難しかった。ブロンズの碧霞元君の両隣にいる四人はやや漫画っぽく、木と粘土でできていて派手な色取りで、征服しに来た兵士が盗んで博物館に入れそうなものではまったくない。しかしこれらの像は象徴にすぎず、実体ではない。もし口を利くとしたらそれは像の美しさや古さではなく、人が心に持っている信念がそうさせるのである。重要なのは、何かが、未来への懸け橋が今ここにあることだった。過去一世紀に中国がくぐり抜けてきた実にさまざまなことを考えれば、まだ廟が残っていることこそが奇跡だった。わたしはけばけばしい寺院を見るたびにそう思うようにしていた。像の良し悪しを評価するのではなく、その目に何が映っているかを見る。

　廟から階段を下りると狭い広場があり、南東方向の山々と、北京のほうにうねりながら下っていく盆地が見渡せた。広場の片隅にはそれぞれの香会の成り立ちが彫りつけられた石碑がある。わたしは「全心向善結縁茶会」のを見つけた。表側に中国語の会の名前が彫られ、裏側には創設者たちの名前があった。老倪と息子の金城と金堂、祁さん、金城の妻の陳金尚（チェン・チンシャン）ほか二十数名である。これは一種の不死である、と老倪は一年以上も前に義理の娘に言った。街の中心部に像が立ったり歴史書に名前が載ったりするのではないが、本物である——石だけではなく、実際に送られた生活がそこにあった。煙、怒鳴り声、白熱した議論、とんでもない冗談、尊敬、愛情。

　石碑の間を小鳥がさえずり、互いを追いかけた。黄色と赤色の旗が風を受けて鳴っている。果樹がピンクと白の花を咲かせ、ミツバチが飛び交い、風に押されては廟の階段に沿って碧霞元君に近づいた。廟会は終わりに近づき、その後、廟は五〇週間のあいだ静かになる。今日の演者たちは帰ってしまい、明日は誰も来ない。だいたい、最終日に演じる者などいないではないか？　最初の日と最初の夜、大事なのはそこ——過ぎ去ったことにしがみつくのではなく、将来に期待することなのだ。

　わたしは李家の農家で目を覚まし起き上がった。廟会のときは澗溝村のこのゲストハウスに泊まっていた。昨夜は寺の管理人の王徳鳳が「謝会（シエホイ）」に招いてくれた。廟会が続く二週間ずっと山にいた香会をねぎらう夕食会である。食堂の二つのテーブルがいっぱいになり、王さんが短いあいさつをした。今年の廟会は大成功で、去年の六九を上回る八一の会が来たのだそうだ。王さんはまた、五〇万の人が訪れたと言った。これも現代の最高記録である。

宿の主人の李さんは、一二本の線香に火をつけて顔の高さに持ち、山のほうを見て三度お辞儀をした。それから線香を野菜畑に差し、自分の前の地面に一片の段ボールを置いた。そこにひざまずき、両手を組んで碧霞元君に三度叩頭した。

わたしはなんとか仕度をして別れを告げ、千の肘の道を登った。数百メートル行ったところでチケット係や警備員として働く四人の若者に追い越された。そのうちの一人の女性は、普段は北京国際会議センターに勤めているが、廟会のあいだ妙峰山に雇われたのだと説明した。今日が最終日なので、四人は二週間分の荷物を持っていた。中国の旅行者はたいていそうだが、この四人の荷物も少なく、それぞれが小さなダッフルバッグを持っていただけだった。

上に着くと七時で、会の人たちはすでに朝食の粥と饅頭を食べ終えかけ、作業に入る用意をしていた。

陳さんの娘と息子がまず始めた。息子が祭壇によじ登り、花の会の廟と茶会の観音の背景になっていた巨大な黄金の絹布を取り外した。それからまた別の絹布を壁から剝がすと、コンクリートの壁に中国風の木製の屋根がついた部屋の本来の姿があらわになった。陳さんの家族は花瓶や旗を大きな箱に詰めた。陳さんが疲れていたので、荷造りが終わると陳家は先に出発した。車いっぱいに荷物を詰め、窓から腕を出し、さよならを叫びながらゆっくりと下っていく。例年どおり、数日後には北京の西部にある薬王廟での廟会があり、六週間後には地元での廟会がある。それ以外では、家族どうしが集まるときや、新しい会が結成される儀式で会うことになる。数カ月ごとに新たな会が加わっていた。それにもちろんソーシャルメディアでも連絡をとり続け、読経の録音や写真、法話、アドバイスなどを互いに送ることになる。

茶会の廟はもっと大きく、片づけるのにも時間がかかった。王鉄標と金堂が家具のほとんどを引っ張り出し、この二週間で寝台や椅子の下に入り込んだ土やほこりやごみを掃き出した。

管理人の王さんの清掃班が手伝いにきて、タバコのカートン、線香を包むのに使われる破れやすいビニール、食べ物の包装、使用済みのペットボトル、それに数えきれないほどのタバコの吸い殻など、たまったごみを箱に詰めた。清掃班が帰ると、わたしたちは奥の隅っこ、窓からなるべく離れたところに大きな木箱を二つ押していった。木箱は高さ一メートル二〇センチほど、面積は六〇センチ四方で、赤く塗られたところに大きく「茶」と書いてある。

鉄標がそのうちの一つを開けて中に入った。金堂が祭壇の上に乗ってわたしに茶瓶を渡し、わたしがそれを鉄標のところに持っていき、鉄標が丁寧に包んで箱の底に置く。茶瓶がいっぱいで立つところがなくなると箱から出て、一段目の茶瓶の上に何枚か毛布を引き、新たに茶瓶を詰め、それを箱がいっぱいになるまで繰り返した。箱を閉じて鍵をかけ、もう一つの箱もいっぱいにした。

金堂は観音像を赤い布で包み、祭壇から持ち上げて自分の白いトヨタのSUVの後部座席に置いた。数時間後には金堂の兄の、街を見下ろす隠れ家にある祭壇に戻る。旗や絹のカーテンも外して別の箱に入れた。祭壇の台にかかっていた黄色の絹布には皺がより、まるでモンゴルからの風で吹き寄せられた砂で埋まった谷間と山のジオラマのようになっていた。祁さんがこの布を注意深くまとめて持ち上げ、外で砂を払った。立派だった祭壇が、今では工事用の折りたたみベンチにベニヤ板が一枚乗っているだけのものになった。

みんなで祁さんについて外に出て、ブリキのドラム缶に据え付けられていた茶会の旗を外した。ドラム缶は収納容器としても使うことができ、昔は棒にくくり付けて運ばれたのだろう。わたしたちはドラム缶を開けていっぱいに詰め、廟の中に入れた。それから茶缶や折りたたみテーブルを片づけた。時間は八時半。まだ九〇分しか経っていなかったが、魔法の舞台を箱の山に、輝く黄色の壁を灰色のコンクリートに変身させるには十分だった。

みんな手早く、効率よく、黙って作業した。誰も悲しくはなかった。山の上に二週間もいたことに満足していたが、もういい。みんな家に帰ってシャワーを浴びたかった。金堂が周りを見回した。

「この変化を見るのはおもしろいでしょう?」と金堂は言った。「過程にこそ意味がある」

五月上旬の暖かい金曜日の今日は、観光客が大勢来ていた。太陰暦四月の一五日目で、理論的には廟会の最終日だったが、実際にはもう終わっていた。消えゆく日にいつまでもぐずぐずするのは中国人らしくない。さっさと終わらせて次に行くのがいい。金堂が廟の扉に鍵をかけた。さよならを叫びながら、わたしたちはそれぞれの車に乗り込み、都会での新しい生活に向かって山を下った。

あとがき——天を求めて

老倪はわたしに、偉大な香会は政府から独立しているものだと何度も言った。これは真実であり、この一年で見てきたほとんどの人の精神生活も同じである。それでも政府はその人たちの生活において抗しがたい役割を果たし、彼らを封じ込め、取り込もうとしていた。

中国が強権国家になる可能性は低いと思われた時期もあった。毛沢東の死後、一九七〇年代後半に力を握った穏健派は、統制を弱めることで国民からの信頼を回復しようとした。経済発展を推進し、人びとにも共産党支配を脅かさない限り好きなようにさせるのがねらいだった。

この時期——改革期——は二〇一〇年ごろまで断続的に続いた。その間、観測筋はこの緩和がいつまでも続いて、より自由な社会の創出につながると考えた、または少なくともそう期待した。これは世界全体でも楽観的な時期で、主として冷戦後、社会が自由と民主主義に向かって突き進んでいるように見えていた。中国は一九八九年の天安門事件で打撃を受けたものの、経済改革とテクノロジーが社会の開放をもたらすはずだった。そして実際、この時期には概して社会はより自由になっていった。その動きの一部は政府の主導によるものだった。政府はソ連崩壊を受け、改革と開放でいっそうの繁栄をつくり出し、そうすることで抵抗勢力を弱めれば実際には統制を強めることができると判断したのである。

しかしその後、政府は方針を変えた。これ以上の自由化は自分たちの支配を脅かすと考えたからだろうか、政策が変わった。穏健派の批判者が投獄され、インターネットも政府の管理下に入り、社会運動は政府に従わなければ抑圧すると言い渡された。停滞の時期が根を下ろしている。

しかし宗教と信仰の分野では、政府は諸団体を制圧するよりは取り込もうとする努力を強めてきた。また、二〇〇〇年以上も中国を治めた伝統的な政教一致体制の用語や一部の理念をうまく活用してもいる。このような傾向はおそらく続くだろう。そして政府は――何世紀も前の諸政府と同様――国民の道徳のあり方を導き、支配しようとするだろう。

勝者は中国の「伝統的」宗教、つまり道教、仏教、そして民俗宗教になりそうである。これらのほうが制御しやすいと判断した政府は、それらが政府の政策に従うようにしながらも、より大きな活動の余地を与えるだろう。この点については妙峰山の香会や山西省の道士の例が示唆に富む。どちらも課題に直面しているものの、全体として政府は彼らの活動を支援している。

これは、中国が国家主義的な国教会があり指導者が礼拝に通うロシアのようになるとか、共産党がナショナリズムと宗教を組み合わせた政策を提唱するインド人民党（BJP）の中国版に変わっていくという意味ではない。共産党は権力を保持したいが、その統制は、宗教の露骨な手段化に頼らなければならないほど弱まってはいない。しかし過去の王朝と同様、共産党は国の道徳や信仰の価値基準の決定者という立場を強化するための方法として、容認可能な信仰の形を推進し続けるだろう。

政府からの支援の拡大は、本書で注目した二つの傾向と矛盾する。一つは外国との関係が増えていることである。政府は宗教の外国との接触を、ソフトパワーを推進する方法の一つとしてある程度までは歓迎する。一例として、中国は仏教信仰の復活に助けられて世界最大の仏教国の一つになり、無錫(ウーシー)市は世界仏教フォーラムの常設拠点になった。中国は道教の国際会議や会合も後援している。しかし全体としては、共産党は外国との関係を警戒する。これはローマ教皇庁との関係を持つカトリック教会のほか、ダライ・ラマが率いる亡命指導部のもとにあるチベット仏教、世界規模のウンマを持つイスラム教、そして国際的な積極的行動主義をとるプロテスタント教会について言えることである。これらの集団が拡大するにつれて、信者と支配者とのあいだで緊張が高まっていくだろう。習近平の前任者たちは、今では非常に緩く見えるやり方で宗教政策を行っていた。政府の今後の課題は、同じようにバランスを取って信者を遠ざけずに宗教を管理していくことになる。

こうした傾向は、秋雨教会のような教会でとくに顕著である。中国の主要な宗教のなかでプロテスタントだけが中国人の大多数のあいだで急速に成長しており、外国とも相当なつながりを持っている。このため政府は散発的に統制を試みてきた。肝心な問題は、政府がプロテスタント教会が成長し続けるのを認めるか、または——過剰な自信と新たに手に入れた富に影響されて——全面的に支配しようとするかである。

わたしは支配しようとはしないのではないかと思う。そうしたい衝動に突き動かされることはある——二〇一四年から一六年にかけて浙江省で行われた、未登録教会の十字架を撤去する運動が一つの例である。しかし政府は、宗教生活の規制について一六年に開いた大がかりな会議で——これはそれまでの一五年間でもっとも重要な会議だった——この運動を広めなかった。政府は宗教に「中国化」する、つまりもっと中国的になるように指示したが、それも非常に漠然とした、どっちつかずの指示の仕方だった。今後も政府はフェイントと攻撃を繰り返し、この新時代に宗教をどう扱うべきかについて政府高官のあいだでも議論が拡大するだろう。しかし長期的には、政府は全面支配を達成しようとはしないと思う。文化大革命など最近の歴史が、抑圧が実は真の信仰を促進しうることを政府高官に示しているのも作用するだろう。

このような外国との関係は政府にとって明らかに悩みの種だが、国家権力に対して宗教が突きつける本当の難題は、宗教がその創出を助けているもっととらえがたいもの、つまり国民のあいだでふたたび目覚めた道徳心から来ている。本書の登場人物たちの願望を一語で表すことができるとすれば、それは「天」である。中国語の天（ティエン）の概念は、孔子から倪家までの中国人の、秩序だった社会についての考えの中心にある。それは正義感と尊敬の念をともない、どの一つの政府よりも高位にある。キリスト教徒はよく、神から授けられた権利という考え方はキリスト教にしかないと言うが、それは間違っている。どの信仰にも現世の権力に勝る理念がある。儒教徒にとってそれは孔子の教えで、仏教徒にとっては経典に書かれた理想、道教徒にとっては自然（ツーラン）、つまり道（タオ）の理念、そして普通の人にとっては正義感——天から授かった権利と正義に関する信念である。

これは過去数十年間には見られなかったことである。共産党支配下の中国には常に反体制派がいた。そのなかにはノーベル平和賞受賞者の劉暁波のように人に刺激を与える人物もいる。しかし往々にしてこれらの活動家や彼らが行う普遍的権利の追求は一般の人たちを置き去りにした。多くの人が、活動家たちはいいことをしようとしているが実際的ではないと理解していたのである。大多数の人が政治変革を求めるのは、主にもっと狭い目標がある場合だった。農民が不当な課税に抗議するとか、都会の住民が自宅の取り壊しに反対するなどである。動機は個人的で、包括的なイデオロギーや体制を変えたいというあこがれと関係があることはまれだった。

精神面の変化を求める最近の動きはこれよりも深く、より切実である。宗教や信仰の運動にも利己的な目的はあるが、そのような運動は現状に対する体系的な批評にもなる。信仰が政治からの逃避になりうるのは事実である。ほとんどの人は信頼できないが、少なくともわたしの教会、わたしのお寺、わたしの香会はいい人でいっぱいだ、という具合に、信心にかこつけて混沌とした社会から逃げることはある。

しかしこうして内面に注目しても答えの一部しか出てこない。信仰は社会的行為を促進することもある。人権擁護弁護士によるすぐれた維権（ウェイチュアン）運動の参加者の非常に多くがクリスチャンだったことや、その他の活動家も仏教や道教に触発されてきたことは偶然ではない。体制の支えであると表現されることの多い儒教でさえ、この動きの一部である。儒教の古典で孔子は、自分の心を秩序立てて初めて変化が起きると助言する。しかし南老師が教えたとおり、それは始まりでしかない。変化は外向きに、自分の家族へ、共同体へ、そして国へと流れていく。

一九八〇年代と九〇年代には、リチャード・マドセンが著書『民主主義の法（ダルマ）（*Democracy's Dharma*）』で明らかにしたとおり、台湾では仏教や道教の慈善団体が同国を民主主義国家にするのを助けた。本土で短期的に同じことが起きる可能性は低い。政府は、信仰との関係にかかわらず非政府団体の設立や組織を容認しないと明言している。維権運動が粉砕されたも同然で、ほかの宗教も災害救済などの奉仕活動しか認められず、社会の改革を試みるなどより広い目標達成に向けた活動ができずにいるのは、これが理由である。

しかしより広い歴史的観点に立てば、これらの運動はより広範な変革の基礎を築くのを助けている。宗教は道徳律、正義、公正、良識など、どんな政府の政策よりも高位にある普遍的な志向の準拠枠を提供する。

こうしたなかから、一般に中国として知られている、過度に営利主義的で脆弱な超大国以上の中国が到来しつつある。その中国は、わたしたちみんなに影響する、経済を大半の決定の根拠としてきた社会に連帯と価値基準を回復させるにはどうしたらいいかという世界規模の会話にも参加している。この数十年間で中国の伝統があまりに激しく攻撃され、その後あまりに露骨な形の資本主義に取って代わられたために、もしかしたら中国こそが、価値基準を探し求める世界的な動きの最前線にいる可能性もある。

これらは普遍的な志向であり、世界のほかの人たちと同様、中国の人びとも、こうした願望が特定の政府や法律以上の何かに支えられていると感じている。彼らは、二五〇〇年前の古典『書経』にあるとおり、天（ティエン）に支えられているのである。

天はわが民の見るとおりに見る
天はわが民の聞くとおりに聞く

謝辞

本書は二つの大きな助成金によって可能となった。まず、二〇一〇年にオープン・ソサエティ・フェローシップからの賞金を得たことで思い切って新聞記者の仕事を離れることができた。またオープン・ソサエティのほかのフェローや職員、とくにトム・ケロッグ、レニー・バーナード、スティーヴ・ハベルから受けた知的な刺激もためになった。その後、執筆の段階でアリシア・パターソン財団から助成金を受けた。この期間に支えてくれたペギー・エンゲルにとくにお礼を申し上げる。

中国をふたたび訪れることができなければこの本は書けなかったが、二〇〇七年には外務省がわたしの最初のビザ申請を認めず、再入国は無理であるように思われた。二年間に及ぶ信頼構築を経て外務省は考えを変え始めた。融通を利かせ寛大に対応してくれた同省その他の関係省庁に感謝したい。またビザ申請を支援してくれた『ウォール・ストリート・ジャーナル』紙の編集者たちにも感謝している。とくに中国支局長のレベッカ・ブルーメンスティーンとアンドリュー・ブラウン、副支局長のジェイソン・ディーン、元外報編集長のジョン・バッシー、ニューズ・コープの元政府関係連絡担当のメイ・ヤン、そしてルパート・マードックは、みな忙しいなか、わたしのために働きかけるのに時間を割いてくれた。

『ジャーナル』を離れた後に所属させてくれた『ニューヨーク・タイムズ』紙の編集者たちにもお礼を申し上げる。とくに編集長のジョゼフ・カーン、アジア編集長のフィリップ・パン、中国支局長のマイケル・ワインズとエドワード・ウォンの発想や助言、同僚としての協力には助けられた。質の高いジャーナリズムをどこまでも追求する『タイムズ』の姿勢には今でも恩義がある。

『ニューヨーク・レビュー・オブ・ブックス』誌のロバート・シルヴァーズとヒュー・イーキンにも心から感謝している。二〇〇九年以降、『レビュー』に寄稿するのはわたしにとって最大の喜びの一つだった。ボブとヒューの支援がなければ本書を書けなかったのではないかと思う。また『ナショナル・ジオグラフィック』誌と『ニューヨーカー』誌で長めの特集記事を書いたことからも多くを学んだ。『ニューヨーカー』のリオ・キャリー、ドロシー・ウィッケンデン、デイヴィッド・レムニックは辛抱強い編集者であり、『ナショナル・ジオグラフィック』のオリヴァー・ペインは友人として支えてくれた。

学界への入り口を開いてくれた二つの機関にもお礼申し上げたい。一つはカリフォルニア大学アーヴァイン校の『アジア研究ジャーナル』誌と編集者のジェフリー・ワサーストロムである。ジェフがわたしを同誌の編集顧問にしてくれたので、わたしは一流の学術研究に必要な入念さと献身を直接見ることができた。ジェフは長年にわたって常にわたしの支えであり、本書に記した見解の多くについても一緒に検討してくれた。

イエズス会が運営する学術交流拠点である北京中国研究センターにも感謝している。二〇一〇年に同センターの元学務部長のラッセル・モーゼスが、現代中国における宗教実践について教える仕事をくれた。このテーマを学部生に説明することを通じて自分の考えをより明確にし、中国の宗教という勢いのある研究分野をよく知ることができた。ラスとの定期的な昼食も講座と同じくらい重要で、わたしたちはそこで中国政治の暦の動きを観察し、その意味を吟味した。ラスが本書を丁寧に読んでくれたことにもたいへん感謝している。また同センターの理事であるロナルド・アントン、ロベルト・リベイロ、ティエリー・メイナード、ジム・ケイムにも深くお礼申し上げる。四人ともマテオ・リッチの真の後継者である。そして何年も続いた講座を受講してくれた学生たちにも格別に感謝している。学生たちの質問や好奇心や熱意のおかげで、わたしは彼らの目を通して中国を見ることができた。

学界では次の方々にもお礼を述べたい。ライプチヒ大学のフィリップ・クラートは、茅山（マオシャン）の再建の歴史を書くという、いまだ実現していないわたしの計画をずっと変わらず支持してくれている。ヴァンサン・ゴーサールとデイヴィッド・パーマーは中国における宗教の問題についてすばらしい本を書いた。とくにデイヴィッドは第二章と「実践」の各章を読んでくれた。パーデュー大学中国宗教研究センターの楊 鳳崗（ヤン・フォンカン）とジョナサン・ペティットは長期にわたり意見や考えを共有してくれた。スティーヴン・ジョーンズは山西省の民間道教について先駆的な研究をした。北京古代建築研究所の包世軒（バオ・シーシュアン）は本当の妙峰山を見せてくれた。パトリス・ファヴァは道教に関することすべてに詳しく、とくに長年にわたって妙峰山の撮影に注力してきた。ベルリンのシンクタンクであるメリックスのクリスティン・シー＝クプファーと、その夫の作家で映画製作者である施明（シー・ミン）とは、キリスト教と中国の精神面の空白について議論を重ねた。メリックスのセバスチャン・ハイルマンは中国の宗教についての講演会を何度か主催し、わたしをメリックスの顧問の一人にしてくれた。最後に、ベルリン自由大学のクラウス・ミュールハーンとは本書に関連するいくつかの案について話し合った。

ばらばらだった一連の考えを実行可能な本の企画に構成するのを手伝ってくれたエージェントのクリス・カルフーンと、聡明で辛抱強いパンテオンの編集者であるダン・フランクからもたいへんな支援を受けた。本書の見事な地図についてはアンジェラ・ヘスラーに感謝している。地図では、中国プロパーを越えた部分については『山海経』の図を採用した。

取材旅行に何度か同行してくれた、中国への深い共感を持つ写真家のシム・チーインにも感謝している。またエド・ガーガンとの二人だけの読書クラブのおかげでフィクションの読み方の基礎を学ぶことができ、エドは初期の草稿も読んでくれた。南 懐瑾（ナン・ホアイチン）の周りの人たちに紹介してくれた曹 海麗（ツァオ・ハイリー）、調査を手伝ってくれた張 永静（チャン・ヨンチン）、趙 雪（チャオ・シュエ）、沈麗萍（ション・リーピン）、李沛（リー・ペイ）、エイミー・チン、キリスト教に理知的なかかわり方をしており秋雨教会についての章を読んでくれた許 宏（シュイ・ホン）、ベルリンで成都について教えてくれた廖 亦武（リャオ・イーウー）、貴重な批評をし、初期の草稿を丁寧に読んでくれたレズリー・T・チャンとピーター・ヘスラー、そして昔から変わらず誰よりも几帳面な編集者である父のデニスにも感謝している。最後に、辛抱強く寛大な心を持つエルケにもありがとう。

もっとも恩義を感じているのは本書に登場する方々である。そのみなさんは長年にわたり、結婚や出産を祝ったり死や喪失を悲しんだりするときにわたしを自宅に入れてくれた。手短に言えば、わたしたちの人生に意味を与える経験を共有するためにそうしてくれたのである。本書に登場するみなさんがわたしに——そしてわたしを通じて外の世界に——人間の欲求が普遍的であることをどれほど理解してほしかったかを伝えるのは難しい。わたしにそれがうまくできたかはわからないが、みなさんができるだけのことをしてくれたのは確かである。

二〇一六年十二月　北京にて

訳者あとがき

本書は Ian Johnson, *The Souls of China: The Return of Religion after Mao* (2017) の全訳である。著者のイアン・ジョンソンは元ジャーナリストで、現在は中国を専門とする研究者であり、著述家である。大学生だった一九八四年に初めて中国を訪れてから、二〇二〇年に米中関係の悪化の影響で退去を余儀なくされるまで、何度も中国に長期滞在した。法輪功に対する弾圧を取り上げた一連の記事について二〇〇一年のピュリツァー賞（国際報道部門）を受賞したほか、多くの賞を受けている。

ジョンソンの単著には *Wild Grass* (2004)（日本語版は『ワイルドグラス』徳川家広訳）と、*A Mosque in Munich* (2010) がある。本書は最新作で、原書は『エコノミスト』『ガーディアン』『ウォール・ストリート・ジャーナル』など多数のメディアから高い評価を受けた。なお、中国では出版禁止となっているそうである。

もともと中国では宗教が政治体制を含む社会全体と一体となり、日常生活にも溶け込んでいたが、そのような伝統的な形の宗教は近代国家としての前進を阻むものとして非難され、共産党が権力を掌握する前から破壊が始まっていた。宗教に関係する場所や人に対する攻撃は一九六〇年代から激化し、家庭内の祭壇までも含めて礼拝の場のほとんどが破壊され、聖職者も追放された。一九七六年に毛沢東が死去したときには、公の場での宗教生活は消えていた。

ところがその後、経済発展が始まり、数世代ぶりに衣食住が足りて社会が比較的平和で安定するようになると、人びとは物質的でない何かを信じたい、人生により深い意味が欲しいと思うようになり、宗教生活がよみがえり始めた。これは政府の政策や支援に後押しされた動きではなく、ごく普通の市民がそれぞれ自主的に行動を起こした結果だった。本書でジョンソンは「中国で宗教生活が復活したのは、このような一人ひとりの目覚ましい行いの積み重ねによる」と述べている。

ジョンソンは数年かけてそんな人たちと行動をともにし、さまざまな行事に参加して、その人たちの行いや考えていることを丁寧に描き出した。本書は、現代中国を舞台に、社会には共通の価値観があるべきだ、何か超越したものに導かれていたい、という思いに突き動かされた人たちに寄り添う、臨場感あふれる作品である。同時に、中国を超えて、「経済を大半の決定の根拠としてきた社会に連帯と価値基準を回復させるにはどうしたらいいか」(「エピローグ」より)という普遍的な問いを投げかけ、本書に登場する人たちが持っているような「天を求める」思いが広く社会や世界にどんな影響を及ぼしうるかを考えさせられる一冊でもある。

本書は次のように整理されている。まず、三〇ある章が中国の伝統的な暦に基づく二十四節気に沿って並べられ、二〇一二年の春節での出来事を描いた第一章から、章を追うごとに季節が進んでいく。また、本文の内容は「北京」「山西省」「成都」「しきたり」「実践」という五つのテーマに分かれており、これが章の題に含まれている。「北京」の各章では、聖なる山である妙峰山への参拝客にお茶をふるまう香会を営む倪(ニー)家、「山西省」の各章では、都市化の進む農村地域で道教の音楽を奏で、儀式や占いをする李家、そして「成都」の各章では、精力的なプロテスタントの牧師である王怡(ワンイー)のことがそれぞれ取り上げられる。

これらの人びとの活動の背景となる、中国における宗教の歴史や、一度宗教を禁止した政府が今ではそれとどう向き合っているかなどが詳述されているのが「しきたり」の各章である。「しきたり」には、「天安門の母」の一人である徐珏（シュイチュエ）が清明節に息子と夫の墓に参る様子を描いた、非常に印象に残る章もある。さらに、著者のジョンソン自身も伝統的な瞑想法の先生についたり、道教の修練会に参加したりした。そのような場でジョンソンが見聞きし、体験したことが描かれているのが「実践」の各章である。

本書では、中国の古典のテキストや漢詩がいくつか紹介される。原書にはそれらの中国語原文や解説などは示されず、原注にも記されているとおり、原則としてジョンソンによる平易な英語訳だけが載っている。本書は、人間が持つ普遍的な願いや望みが現代中国でどう表現されているかを描いた作品で、中国語や中国の古典の知識がなくてもそれをよく味わうことができるように工夫されている。このため日本語版では、著者による表現と、読者の漢詩や中国語についての知識に頼らない原書の構成とを尊重し、中途半端な補足をせず、『臨済録』の公案以外は原書にある英文の日本語訳を使うことにした。このことから、日本語訳として流通しているものとは少々異なる訳文になっている場合がある。

原書の刊行後、牧師の王怡についてジョンソンが心配していたことが起きた。報道によれば二〇一八年十二月、王怡は妻の蔣蓉（チアンロン）とともに逮捕され、秋雨教会も閉鎖された。蔣蓉は半年後の一九年六月に解放され、以来厳しい監視下で生活しているそうである。一九年十二月に王怡は九年の禁固刑判決を宣告された。

イアン・ジョンソンが、友人でもある廖亦武（リャオイーウー）の著書『子彈鴉片』の日本語版（『銃弾とアヘン——「六四天安門」生と死の記憶』土屋昌明、鳥本まさき、及川淳子訳、白水社）に寄せた序文を訳したのが一つのきっかけとなり、本書を手がけることになった。中国の信仰に関する用語や表現については、『銃弾とアヘン』の訳者の一人でもある専修大学教授の土屋昌明さんにご指導を賜った。厚くお礼を申し上げる。また、今回も貴重な機会をくださった白水社の阿部唯史さんにも心から感謝している。

二〇二二年七月

秋元由紀

原注

本書はノンフィクション作品である。本書で描写される出来事や引用される事実は大きく二つに分類できる。一つはわたしが直接見聞きしたもの、もう一つはその他の情報源から引用したものである。人が感じたり考えたりする部分は、後日行われたインタビューのなかでその人がわたしに話した内容に基づいている。

この「原注」に記した情報源は、特定のインタビューの日時または既刊の出版物を学術書で標準とされる表記法で示したものである。刊行された出版物それぞれの文献情報は参考文献にある。

第一部　月の暦

1　北京——鳴る鐘

(1) 本章の内容は主として2012年1月29日に行ったインタビューと、その後1月31日に倪金城に対して行ったインタビューに基づいている。本章で言及のある2011年のインタビューは2011年7月17日に行われた。

(2) 分鐘寺の物語は地元の人びとによって広く語られているが、文章の形で記録されているものは見つけることができていない。

(3) 北京の古い街の破壊は拙著『ワイルドグラス』の第二部を含む多くの本や記事で詳述されているが、もっとも完全な英語の文献は Wang Jun, *Beijing Record.*

2　しきたり——失われた中心

(4) 陸永（Catherine Lu Yong：成都郫県の未登録教会の牧師）とのインタビュー（2012年12月25日）。

(5) 次を参照。C. K. Yang, *Religion in Chinese Society.*

(6) 次を参照。Burgess, *Guilds of Peking*, 176.

(7) Naquin, *Peking*, 23.

(8) 次を参照。Goossaert, “The Social Organization of Religious Communities in the Twentieth Century.”

(9) David G. Johnson, *Spectacle and Sacrifice*, 10.

(10) Duara, Culture, *Power, and the State.*

(11) 次を参照。Goossaert, “Shifting Balance of Power in the City God Temples.”

(12) Goossaert, “1898.”

(13) 中国のムスリムについてもっとも参考になる概説は Gladney, *Muslim Chinese*, 81-87.

(14) 中国には政府がイスラム信仰だと定義する10の民族に属する人が2300万人いる。これは、公式の統計ではこれらの民族に属する人が一人残らずムスリムと数えられていることを意味する——あたかもイスラムが宗教ではなく民族であるかのようである。実際には実践していない人も多いため、自分がムスリムだと感じている人の数を知るのは困難である。他方で、漢民族を含むその他の民族はイスラムに改宗することができるため、合計数が増えることもありうる。実際には改宗する人は稀なので、2300万というのは多めに見た推定数だと解釈されなければならない。

(15) とくにキリスト教の規範的影響と、「宗教」と「迷信」の分類の創設については次を参照。Goossaert and Palmer, *Religious Question*, 50-62.

(16) 次を参照。Pittman, *Towards a Modern Chinese Buddhism.*
(17) Poon, "Religion, Modernity, and Urban Space."
(18) 中華民国時代の中国政府の宗教政策についてもっとも権威のある研究は Nedostup, *Superstitious Regime*s.
(19) 19 号文件からの引用はすべて次から。MacInnis, *Religion in China Today.*
(20) Wenzel-Teuber, "2014 Statistical Update on Religions andChurches."
(21) Pew Research Center, "Worldwide Many See Belief in God as Essential to Morality."
(22) Keck, "Atheists of Beijing."
(23) WIN/Gallup International, "Losing our Religion?"
(24) Ian Johnson, "Problem of 'Religion' —and Polling in China."
(25) Yao and Badham, *Religious Experience in Contemporary China.*
(26) Wu, "Religious Believers Thrice the Estimate."
(27) Wenzel-Teuber. "2014 Statistical Update on Religions and Churches."
(28) Ibid.
(29) それぞれ次を参照。キリスト教の概観については Bays, *New History of Christianity in China.* 農村部のカトリシズムについては Harrison, *Missionary's Curse.* カトリック教徒の統計については Wenzel-Teuber, "2012 Statistical Update on Religions and Churches."
(30) Yu, "Wei Jidujiao jiating jiaohui de tuomin."
(31) Pew Research Center, *Global Christianity.*
(32) たとえば北京の社会学者である李凡は 1 億の数字を使うが、単に 6000 万からそれよりもさらに多い 1 億 3000 万の間であると述べる。Li, "Jidujiao de fazhan he jiating jiaohui."
(33) Fenggang Yang, "Exceptionalism or Chimerica."
(34) 法輪功の弾圧に関して、政府による抑圧については次を参照。Tong, *Revenge of the Forbidden City.* 1990 年代の法輪功の興隆についての権威ある解説は Palmer, *Qigong Fever* を参照。法輪功運動の成長と抑圧を直接見た記録は拙著『ワイルドグラス』第三部を参照。
(35) 確立された宗教に対する統制が緩められているのは過去 15 年間の大規模な寺院再建事業に基づいたわたしの印象。たとえば拙稿 "Two Sides of a Mountain" 中の茅山の事例を参照。
(36) Goossaert and Palmer, *Religious Question*, 3.

3 山西省――最初の夜

(37) 本章に含まれる情報は主として 2012 年 2 月 3 日、4 日、5 日に行われたインタビューに基づく。
(38) 〔訳注：気温の単位は摂氏にあらためた。〕
(39) 次を参照。Wu Fan, *Yinyang Gujiang.*

4 成都――衛（ウェイ）おばさん万歳

(40) 本章に含まれる情報は 2012 年 2 月 24 日に行われた衛素英の葬儀と、同日葬儀の前に行った王怡とのインタビュー、また 2012 年 2 月 25 日に行った冉雲飛とのインタビューに基づく。
(41) 冉雲飛は結局改宗し、2016 年 6 月 19 日に洗礼を受けた。
(42) Wang, Yi, "Wang Yi's Diary."

第二部　啓蟄　虫たちの目覚め

(1) 1 年には季節ごとに 6 つ、合わせて 24 の節気がある。次のとおり。

季節	経度	日付	節気	意味
春	315	2月4日〜18日	立春	春が始まる
春	330	2月19日〜3月4日	雨水	春の雨
春	345	3月6日〜20日	啓蟄	虫の目覚め
春	0	3月21日〜4月4日	春分	春の昼夜平分点
春	15	4月5日〜19日	清明	すがすがしく明るい
春	30	4月20日〜5月4日	穀雨	雨が穀物を潤す
夏	45	5月5日〜20日	立夏	夏が始まる
夏	60	5月21日〜6月5日	小満	穀粒ができる
夏	75	6月6日〜20日	芒種	夏の収穫
夏	90	6月21日〜7月6日	夏至	夏至
夏	105	7月7日〜22日	小暑	暑さが強まる
夏	120	7月23日〜8月6日	大暑	厳しい暑さ
秋	135	8月7日〜22日	立秋	秋が始まる
秋	150	8月23日〜9月7日	処暑	暑さがやむ
秋	165	9月8日〜22日	白露	白い露
秋	180	9月23日〜10月7日	秋分	秋の昼夜平分点
秋	195	10月8日〜22日	寒露	冷たい露
秋	210	10月23日〜11月6日	霜降	霜が降りる
冬	225	11月7日〜21日	立冬	冬が始まる
冬	240	11月22日〜12月6日	小雪	少しの雪
冬	255	12月7日〜21日	大雪	雪が降り積もる
冬	270	12月22日〜1月5日	冬至	冬至
冬	285	1月6日〜19日	小寒	寒さが強まる
冬	300	1月20日〜2月3日	大寒	厳しい寒さ

(2) これを含むすべての文章や詩は、注記がない限り著者が英語に翻訳した。〔訳注：日本語訳は英語からの重訳〕

5 しきたり——過去の目覚め

(3) 周王朝との類似、周の王の賛歌、主任建築家の発言、建物内の部屋の重要性、建築チームの声明は次からの引用。Hung Wu, *Remaking Beijing*, 114-27.

(4) 花びらや柱の重要性など、十大建築に関する情報については次を参照。Hung, *Mao's New World*. 洪教授と長年にわたり非常に洞察に富む会話や意見交換をすることができたことにも感謝している。

(5) 2015 年に中国社会科学院の上級研究員が、活仏指定に関連して金を受け取ったとして葉小文と宗教事務局の別の役人を非難した。しかし、これまでのところ葉小文は逮捕も捜査もされておらず、2016 年には人民大学で習近平の「社会主義核心価値観」を称賛する公開演説を行った。

(6) 葉小文の経歴は次を参照。http://www.chinavitae.com/biography/ Ye_Xiaowen/full. 葉は 1995 年に宗教事務局の長となった。同局は 1998 年に国家宗教事務局に改名された。

(7) Aikman, *Jesus in Beijing*, 176.

(8) Interview on "Closer to China with R. L. Kuhn" on CCTV News, May 4, 2015, accessed June 21, 2016, https://www.youtube.com/watch?v=cIdG4lZ_65M.

(9) Fenggang Yang, "Cultural Dynamics in China." 楊鳳崗によれば、追放されたなかには中国宗教研究の創始者である任継愈に学んだ李申もいた。新しい儒教研究センターの所長は、文化保守主義と儒教の擁護者として発言を厭わない陳明である。

（10） 次を参照。Laliberté, “Religion and Development in China.”

（11） “Buddhism Contributes to ‘Harmonious Society,’” People’s Daily, April 11,2006, accessed June 20, 2016, http:// en.people.cn/200604/11/eng20060411_257467.html.

（12） Central Committee of the Chinese Communist Party Decision Concerning Deepening Cultural Structural Reform, accessed March 20, 2016, https://chinacopyrightandmedia.wordpress.com/2011/10/18/central-committee-of-the-chinese-communist-party-decision-concerning-deepening-cultural-structural-reform/.

（13） 2012 年 3 月 5 日と 14 日に人民大会堂で直接見たことに基づく。

（14） 2012 年 3 月 14 日に開かれた温家宝の最後の記者会見で直接見たことに基づく。

（15） David Barboza, “Billion in Hidden Riches for Family of Chinese Leader.”

6 北京——説明などできない

（16） 本章は 2012 年 4 月 15 日に体壇整形外科病院で行った倪金城とのインタビューに基づいている。

（17） これらの決まりごとについて中国で多数の本が出版されている。香会の会員たちのあいだでとくに人気があったのは Liu, Beijing *Laoguiju*.

（18） Mao Zedong, “Analysis of the Classes in Chinese Society.”

（19） Walder, China *Under Mao*.

（20） He, *Social Ethics*, 125.

（21） Ibid., xxi. Ian Johnson, “China’ s Way to Happiness” で言及されるリチャード・マドセン（Richard Madsen）の研究も参照。

（22） He, *Social Ethics*, xxii.

（23） 中国でビル・ポーターが果たした役割についてさらに知るには次を参照。Ian Johnson, “Finding Zen and Book Contracts in China.”

（24） Johnson, “Q. and A.: John Osburg.”

7 しきたり——かごの中の師

（25） 2010 年 11 月 16、17、18 日および 2011 年 3 月 7 日に著者が行った南懐瑾とのインタビュー。情景と描写は 2011 年 3 月の訪問時のもので、背景はそれ以前のインタビューに基づく。本書は原則として 2012 年の新年から 2013 年の春までの話だが、この章だけがその期間から外れている。啓蟄の初めに南を訪れ、第 5 章で同じく啓蟄の初めに 2012 年の全人代の開会を目の当たりにしているのはこれが理由である。

（26） この考えについては次がすぐれている。Schell and Delury, *Wealth and Power*.

（27） 南老師が土地を購入した経緯は大学堂の管理人である郭姮が話してくれた。現在は大学堂まで上海から高速道路を使って 2 時間以内で行けるが、当時はかなり遠かった。2011 年 3 月 4 日のインタビュー。

（28） 著者によるインタビュー（2011 年 3 月 5 日）。

8 実践——呼吸を学ぶ

（29） 男性とその家族の身元を保護するために男性の氏名は出さず、家族の詳細も明らかにしていない。

（30） 原書の internal alchemy は中国語の「内丹」の定訳である。経緯を短くまとめてあり参考になるのは Robinet, “Original Contributions of Neidan to Taoism and Chinese Thought.”

（31） Wilhelm, *Taiyi Jinhua Zongzhi* (The Secret of the Golden Flower), 29.

（32） Thomas Cleary によるすぐれた翻訳もある。また専用のウェブサイトもある。http://thesecretofthegoldenflower.com/. Accessed Sept. 15, 2016.

（33） 中華民国時代の道教運動について非常にすぐれているのは Xun Liu, *Daoist Modern*.

（34） この語を作ったのはドゥアラ（Duara）で、書名は *Sovereignty and Authenticity*.

(35) Goossaert and Palmer, *Religious Question*, 107.
(36) Palmer, *Qigong Fever*, 59.
(37) Chen, *Breathing Spaces*, 3.
(38) これを機に Dao と Tao、また関連する語である Daoist/Daoism と Taoist/Taoism の綴りの違いについて述べよう。中国語では同じ語で、「道」の字に由来し、英語では平均株価と同じダウと発音される（ダウのダウ Dao of the Dow については当然すでに本が出ている）。長年、英語など西洋の言語では Tao が広く使われていた。これはウェード・ジャイルズ式をはじめとする以前の中国語のローマ字表記法に従ったものである。しかし最近は Dao 表記が増えている。これは中国語のローマ字表記法として国際標準とされるピンインに基づいている。Tao、Taoist、Taoism はピンインが使われるようになるずっと前から英語の単語になっており、北京の政府が異なる表記法を使用しているからといって変える必要はないとする人もいる。これは理解できる見解であり、わたしも共感する。イタリアの街 Milan の英語表記を Milano に、ドイツの街 Munich の英語表記を München に変えるべきだと主張しようとは思わないのと同様である。しかし Dao、Daoist、Daoism が支配的になっている傾向は明白であるようで、少なくとも学術書で Tao を使う人はいない。古めかしいと見なされているからである。学会や政界の流行に乗っていると非難されたくはないが、この傾向は続くと思うので、流れに乗っていちばん抵抗のない道を選ぶことにし、Dao を採用した。

第三部　清明

9　しきたり――殉難者たち

(1) 著者による徐珏のインタビュー（2012 年 5 月 7 日、北京にて）。
(2) 張思徳の話と「革命烈士崇拝」の語は次からの引用。Hung, *Mao's New World*, 214-32.
(3) "Chinese Commemorate Common Ancestors at Qingming Festival," Xinhua News Agency, April 7, 2003.

10　山西省――埋められた書物

(4) 2010 年 4 月 3 日～ 4 日のインタビュー。
(5) Zhou, *Great Famine in China*, 106.
(6) これについてより広く検討しているのは He, *Social Ethics* のとくに序文。

11　成都――聖金曜日

(7) 2010 年 4 月 8 日～ 9 日のインタビュー。
(8) 3 パーセントの数字は、1990 年当時の人口 1600 万のうち 50 万人が情報提供者（inoffizielle Mitarbeiter）だったとの推定に基づいている。
(9) Tsai, *Accountability Without Democracy*.
(10) 運動のもっとも著名な弁護士の一人で、キリスト教徒ではない滕彪の推定。次を参照。Ian Johnson, "China' s Unstoppable Lawyers."

12　北京――山に参る

(11) 本章は 2012 年 4 月 20 日に行われたインタビューに基づく。
(12) Schipper, *Taoist Body*, 171.
(13) 妙峰山の廟会の歴史については次を参照。Naquin, "Peking Pilgrimage to Miaofeng Shan."

(14) Gardiner, "Pilgrimage of Chinese."
(15) Goodrich, "Miao Feng Shan."

第四部　芒種

(1) Qu Yuan, "Li sao," in Hawkes, *Songs of the South*, 69.

13　成都——朗誦

(2) 神学校でのインタビューは2012年7月6日、道教と仏教の寺院でのインタビューは同7月7日、教会の礼拝は同7月8日。
(3) Liao, *God Is Red*.
(4) Mitchell による英訳。

14　実践——歩くことを学ぶ

(5) 2012年7月18日～24日のインタビューや取材に基づく。
(6) 南沙溝の建物に入る省庁については秦嶺と夫の蕭維佳が教えてくれたが、区分は厳密ではないとのことだった。
(7) "Portrait of Vice President Xi Jinping."
(8) これらの邸宅の近くに住む共産党新聞の上級編集者が語った逸話。
(9) 江西省樟樹市の例を参照。"Yi daode wei guifan yi lianjie wei hexin." この記事について知らせてくれたラッセル・リー・モーゼスに感謝する。
(10) "Xin Qigong Liaofa."
(11) "Liangong Tihui Liangce. "
(12) Chen Zhu, *Zhongguo Chaoren*.
(13) 柯雲路の経歴や発言は2015年3月31日から5月5日までに電子メールで行った一連のインタビューに基づく。
(14) 『大気功師』の販売部数は次から。Palmer, *Qigong Fever*,153.
(15) 次に引用されている。Palmer, *Qigong Fever*, 153–54.

15　しきたり——新星

(16) *Record of Linji*, 36-37.
(17) 次に引用されている。Su, "Xi Jinping zai Zhengding."
(18) 臨済寺での釈有明の生活についての展示、2012年7月12日に訪問。
(19) Goossaert and Palmer, *Religious Question*, 142.
(20) 正式に宗教事務局を率いてはいなかったが、習仲勲は1989年にパンチェンラマの追悼記事に次のように書いている。「1980年末に民族、宗教、統一戦線の仕事を取り仕切るために広東から中央政府に戻ったとき、互いに連絡をとる機会が増えた」。Xi Zhongxun, "Shenqiu Huainian Zhongguo Gongchandang."
(21) 習近平の正定に移る決心、道路の状態、習近平が中央からの指示を熱心に実行したことについては次の拙稿を参照。"Elite and Deft, Xi Aimed High Early in China."
(22) 次を参照。Zhengding xian zhi (Zhengding County Gazetteer), 48
(23) 著者によるインタビュー（2012年7月12日および2015年3月30日）。
(24) 著者によるインタビュー（2012年7月12日、正定の臨済寺にて）。

(25) 柯雲路、著者との電子メールのやりとり（2015年4月27日）。
(26) "Xi Jinping: Xiangai Xizijide Shengming Yiyang Baohu Wenhua Yichan."（1990年6月8日）。
(27) "Zhejiangsheng Weishuji Xi Jinping xie Furen Peng Liyuan Yixingdao Woxian Jinxing Canguan Kaocha."
(28) Wielander, *Christian Values in Communist China*, 56.
(29) "Portrait of Vice President Xi Jinping," Wikileaks.
(30) Lian Xi, *Redeemed by Fire*, とくに p. 250 の注記。

16 北京——花の老婦人

(31) 2012年7月19日に行われたインタビュー。包世軒教授と訪問したのは2011年7月16日。陳徳清と家族は、2012年10月8日と2015年2月28日に陳徳清の経歴の詳細を話してくれた。

17 山西省——神聖なるものの源

(32) 本章の内容が基づくインタビューは2012年8月17日、18日、19日に行われた。
(33) 胡龍の名と有力な役人だった話は2012年7月に訪問したときに地元の人がしてくれたが、ジョーンズ（Jones）は *Daoist Priests of the Li Family* で、この神はより正確には昔の将軍で、正式名は胡爺または胡神または胡突であるとし、モンゴルが起源である可能性を指摘している。

第五部 中秋

18 実践——座ることを学ぶ

(1) 本章の内容は2012年10月19日から28日までの10日間の修練会に基づく。

19 北京——聖なるスラム

(2) 本章は2012年10月20日の于秀栄の葬儀に基づく。

20 しきたり——新しい指導者

(3) 2012年11月8日にわたしが見た第18回全国代表大会の開会の模様。
(4) 次を参照。*Beijing News* video report, "Renmin Dahuitang Fuwuyuan Wang Qianqian 11 Nianhou Zouhong Jie Dangnian Xianbo Biaozhun." この映像は、元は次で言及された。Meng, "Finding the Women at China's Big Meetings."
(5) 習近平の正定での仕事と気候への関心については本書第4部14と15を参照。
(6) 習近平の夢に中国の国政術、文学、哲学の夢の観念が反映されていることについては次を参照。Perry, "Populist Dream of Chinese Democracy."

21 成都——新カルヴァン主義者

(7) 査常平が運営する教会への訪問（2012年11月29日）。
(8) "Jidujiao zai Zhongguo cong Jianghu Shehui zhuanxingwei Gongmin Shehui zhong de Jiaose."
(9) Bays, *New History of Christianity in China* および Lian Xi, *Redeemed by Fire*.
(10) Yao, "At the Turn of the Century."

(11) Bays, *New History of Christianity in China*, 99-112.
(12) 著者のウルズラ・ザイトとマンフレッド・ザイトへのインタビュー（2012年12月23日、成都）。
(13) 著者の彭強へのインタビュー（2012年12月21日）。
(14) Fällman, "Calvin, Culture, and Christ?"
(15) カルヴァン主義者が、ピューリタニズムがアメリカ革命に及ぼした影響をどう見ているかについては次を参照。Til, *Liberty of Conscience*.

第六部　冬至

23 山西省——都会人

(1) 本章は2012年11月24日と25日に行われたインタビューに基づく。
(2) この一家と女性の名は夫の要請により変更された。

24 北京——偉大な隠遁者

(3) 著者の倪金城へのインタビュー（2012年11月30日）。

25 しきたり——東方の稲光

(4) Jacobs, "Chatter of Doomsday Makes Beijing Nervous."
(5) "Inside China' s 'Eastern Lightning' Cult."
(6) 東方閃電の歴史は次から。Dunn, *Lightning from the East*.
(7) 例外はChina Changeのウェブサイトに掲載された匿名記事。"Eastern Lightning May Be a Cult, but They Still Have Rights."
(8) 東方閃電に関する欧米メディアの報道については次を参照。Hong, "Prepare the Kool-Aid" および Shea, "Cult Who Kidnaps Christians and Is at War with the Chinese Government."
(9) Kuhn, *Soulstealers*, 1.
(10) Bays, *New History of Christianity in China* および Lian Xi, *Redeemed by Fire*.
(11) 女性の氏名については相反する記述がある。当初は、ベイズ（Bays）によれば「趙」という名字だけが使われていた。その後、中国の報道記事は女性の氏名を「楊向彬」とし、身元についても信用に足る情報を提供した。たとえば次を参照。"Inside China' s 'Eastern Lightning' Cult."
(12) 著者の張義南へのインタビュー（2011年7月1日、河南省信陽）。
(13) "Why Does God Do a New Work in Each Age? And for What Is a New Age Brought About?" 次からの抜粋。*The Word Appears in the Flesh*, accessed April 20, 2016. https://www.findshepherd.com/new-work-in-each-age.html
(14) 「神」の使用と毛沢東崇拝との類似については、次のとくに第3章を参照。Dunn, *Lightning from the East*.
(15) 教会がマクドナルドでの殺人事件への関与を否定したことについては次を参照。https://easternlightning.wordpress.com/category/the-truth-about-zhaoyuan-murder-case/, accessed April 19, 2016.

26 成都——イエスを探す

(16) 著者によるインタビュー（2012年12月21日）。
(17) 秋雨教会のクリスマス礼拝（2012年12月24日）。

(18) *Leave Me Alone: A Novel of Chengdu* とする英語版があるが、ここでは教会の劇との類似を明らかにするためにより逐語的な訳にした。
(19) *Leave Me Alone*, 130.

第七部　閏年（うるうどし）

(1) Li He, "The Intercalary Month," in *Goddesses, Ghosts, and Demons*, 38.

27　しきたり――かぐわしい夢

(2) 人形との出会いや王文斌の役割についての謝柳青の回想はインターネット上の映像 "Gongyi Shipin Caifang" にある。
(3) 2011 年 12 月 20 日の謝柳青の会合については次の映像を参照。Xie, "Yi Qing Deng Lianxian Yan Changfeng."
(4) 謝柳青の回想や出来事の順番は、著者が行った王文斌と謝柳青へのインタビュー（2013 年 10 月 26 日）に基づく。
(5) Xi, "Renmin you xinyang, minzu you xiwang, guojia you liliang."
(6) 著者による謝柳青へのインタビュー（2013 年 10 月 26 日）。
(7) "Xi Jinping zai Qufu Zuotanhuishang."
(8) Xi, "Speech by H.E. Xi Jinping President of the People's Republic of China at UNESCO Headquarters."
(9) Zhang, "China commemorates Confucius with high-profile ceremony."
(10) 江蘇省金壇の乾元観で見たもの。寺院を訪れ、ポスターを見て、女性道士に話を聞いたのは 2015 年 3 月 27 日。
(11) この推定は 2014 年の公式声明や正定でのインタビューに基づく。次の拙稿も参照。"Church-State Clash in China Coalesces Around a Toppled Spire."
(12) 張家の歴史は 2015 年 10 月 19 日に張宇、同年 10 月 26 日に張范雲 に対して行ったインタビューに基づく。このときに工房を訪れて林剛とも話をした。詳細の一部は拙稿 "Artistic Legacy in the Grip of China' s Leaders" にも含まれている。

28　成都――都に入る

(13) 本章は 2013 年 1 月 26 日のインタビューや演説に基づく。
(14) ジョリの主張や、キリスト教は失敗しなかったとする考えについては Harrison, *Missionary's Curse* に依拠した。
(15) キリスト教についての悲観的な見方の例は Gernet, *China and the Christian Impact* または Cohen, *China and Christianity* を参照。

29　山西省――鬼葬

(16) 本章は 2013 年 4 月 4 日、5 日に行ったインタビューに基づく。

30　北京――妙なる峰

(17) 本章は 2013 年 5 月 9 日、10 日、16 日、23 日、24 日に行ったインタビューに基づく。
(18) Bredon, *Hundred Altars*. とくに第 4 章 "Shui Ching in Search of a Son" を参照。

参考文献

Aikman, David. *Jesus in Beijing: How Christianity Is Transforming China and Changing the Global Balance of Power*. Washington, D.C.: Regnery, 2003.

Barboza, David. "Billion in Hidden Riches for Family of Chinese Leader." *New York Times*, Oct. 25, 2012, A1.

Bays, Daniel H. *A New History of Christianity in China*. Chichester, U.K.: Wiley-Blackwell, 2012.

Beijing News. Video report, "*Renmin Dahuitang fuwuyuan Wang Qianqian 11 nianhou zouhong jie dangnian xianbo biaozhun*" [Great Hall of the People's service person Wang Qianqian〔王倩倩〕eleven years later reveals selection standards]. March 11, 2015. Accessed May 3, 2016. http://www.bjnews.com.cn/video/2015/03/11/356016.html.

Bredon, Juliet. *Hundred Altars*. New York: Dodd, Mead, 1934.

Bredon, Juliet, and Igor Mitrophanow. *The Moon Year: A Record of Chinese Customs and Festivals*. Shanghai: Kelly and Walsh, 1927.

Buck, Pearl S. "Is There a Case for Foreign Missions?" *Harper's*, Jan. 1933. Accessed July 10, 2016. http://harpers.org/archive/1933/01/is.there-a-case-for-foreign-missions/.

Burgess, John S. *The Guilds of Peking*. New York: Columbia University Press, 1928.（ジョン・スチュアート・バージス『北京のギルド生活』申鎮均訳、大空社、1998 年）

Central Committee of the Chinese Communist Party Decision Concerning Deepening Cultural Structural Reform, Oct. 18, 2011. Accessed March 20, 2016. https://chinacopyrightandmedia.wordpress.com/2011/10/18/central-committee-of-the-chinese-communist-party-decision-concerning-deepening-cultural-structural-reform/.

Chao, Adam Yuet. *Miraculous Response: Doing Popular Religion in Contemporary China*. Stanford, Calif.: Stanford University Press, 2006.

Chen Kaiguo, and Zheng Shunchao. *Dadao xing: Fanggu dujushi Wang Liping xiansheng* [Walking the great Dao: A visit with the reclusive layman Mr. Wang Liping〔王力平〕]. Beijing: Huaxia, 1991.

______. *Opening the Dragon Gate: The Making of a Modern Taoist Wizard*. Translated by Thomas Cleary. North Clarendon, Vt.: Tuttle, 1998.

Chen, Nancy. *Breathing Spaces: Qigong, Psychiatry, and Healing in China*. New York: Columbia University Press, 2003.

Chen Zhu. *Zhongguo Chaoren: Chen Zhu de Shijie* [Chinese superman: Chen Zhu's world]. Beijing: China International Broadcasting, 1993.

Cohen, Paul. *China and Christianity: The Missionary Movement and the Growth of Chinese Antiforeignism, 1860–1870*. Cambridge, Mass.: Harvard University Press, 1963.

Duara, Prasenjit. *Culture, Power, and the State: Rural North China, 1900–1942*. Stanford, Calif.: Stanford University Press, 1988.

______. *Sovereignty and Authenticity: Manchukuo and the East Asian Modern*. Lanham, Md.: Rowman and Littlefield, 2003.

Dunn, Emily. *Lightning from the East: Heterodoxy and Christianity in Contemporary China*. Leiden: Brill, 2015.

"Eastern Lightning May Be a Cult, but They Still Have Rights." *China Change*, Dec. 21, 2012. Accessed April 18, 2016. https://chinachange.org/2012/12/21/eastern.lightning-may-be-a-cult-but-they-still-have-rights/.

Fällman, Fredrik. "Calvin, Culture, and Christ? Developments of Faith Among Chinese Intellectuals." In *Christianity in Contemporary China: Socio-cultural Perspectives*, edited by Francis Khek Gee Lim, 153–68. London: Routledge, 2012.

Gardiner, Bertha A. "Pilgrimage of Chinese: Every May Thousands Climb Slopes of Miao Feng Shan to Shrine

at Top." *New York Times*, May 15, 1938.

Gernet, Jacques. *China and the Christian Impact*. Cambridge, U.K.: Cambridge University Press, 1985.

Gladney, Dru. *Muslim Chinese: Ethnic Nationalism in the People's Republic*. Cambridge, Mass.: Harvard University Asia Center, 1996.

"Gongyi shipin caifang: Zhongguo minbo shalong zhuxi Yi Qing he Tianjin Nirenzhang yiren Lin Gang" [Public service video interview: China Famous Blog Salon chairman Yi Qing〔一青〕and Tianjin Clayman Zhang artist Lin Gang〔林剛〕], Oct. 25, 2013. Accessed July 12, 2016. http://igongyi.cntv.cn/2013/10/25/VIDE1382703843638416.shtml.

Goodrich, Anne S. "Miao Feng Shan." *Asian Folklore Studies* 57 (1998): 87–97.

Goossaert, Vincent. "1898: The Beginning of the End for Chinese Religion?" *Journal of Asian Studies* 65, no. 2 (2006): 307–36.

______. "The Shifting Balance of Power in the City God Temples, Late Qing to 1937." *Journal of Chinese Religions* 43, no. 1 (May 2015): 5–33.

______. "The Social Organization of Religious Communities in the Twentieth Century." In *Chinese Religious Life*, edited by David A. Palmer, Glenn Shive, and Philip L. Wickeri. Oxford: Oxford University Press, 2011.

______. *The Taoists of Peking, 1800–1949:A Social History of Urban Clerics*. Cambridge, Mass.: Harvard University Asia Center, 2007.

Goossaert, Vincent, and David Palmer. *The Religious Question in Modern China*. Chicago: University of Chicago Press, 2011.

Harrison, Henrietta. *The Missionary's Curse and Other Tales from a Chinese Catholic Village*. Berkeley: University of California Press, 2013.

He Huaihong. *Social Ethics in a Changing China: Moral Decay or Ethical Awakening?* Washington, D.C.: Brookings Institution Press, 2015.

Hengshan Daoyue: *Jinbei Gucui* [Hengshan Daoist music: Drumming and blowing in north Shanxi]. Materials collected for the Yanggao County Intangible Cultural Heritage Office. Internal publication, 2009.

Hong, Brendon. "Prepare the Kool-Aid: Is This the Scariest Doomsday Sect in China?" *Daily Beast*, June 20, 2014. Accessed April 18, 2016. http://www.thedailybeast.com/articles/2014/06/20/is.eastern-lightning-the-scariest-doomsday-sect-in-china.html.

Hung Chang-Tai. *Mao's New World: Political Culture in the Early People's Republic*. Ithaca, N.Y.: Cornell University Press, 2011.

"Inside China's 'Eastern Lightning' Cult." *Global Times*, English ed., June 3, 2014. Accessed April 18, 2016. http://en.people.cn/n/2014/0603/c90882-8735801.html.

Jacobs, Andrew. "Chatter of Doomsday Makes Beijing Nervous." *New York Times*, Dec. 20, 2012, A8.

Jing Jun. *The Temple of Memories: History, Power, and Morality in a Chinese Village*. Stanford, Calif.: Stanford University Press, 1996.

Johnson, David. *Spectacle and Sacrifice: The Ritual Foundations of Village Life in North China*. Cambridge, Mass.: Harvard University Press, 2009.

Johnson, Ian. "An Artistic Legacy in the Grip of China's Leaders." *New York Times*, Dec. 6, 2015, A6.

______. "Chasing the Yellow Demon: Intangible Cultural Heritage in a North China Village." *The Journal of Asian Studies* 76, no. 1 (Feb. 2017).

______. "China's Unstoppable Lawyers: An Interview with Teng Biao." *NYR Daily*, Oct. 20, 2014. Accessed May 20, 2016. http://www.nybooks.com/daily/2014/10/19/china-rights-lawyers-teng-biao/.

______. "China's Way to Happiness." *NYR Daily*, Feb. 5, 2014. Accessed June 15, 2016. http://www.nybooks.com/blogs/nyrblog/2014/feb/04/chinas-way-happiness/.

______. "Church-State Clash in China Coalesces Around a Toppled Spire." *New York Times*, May 29, 2014, A4.

______. "Elite and Deft, Xi Aimed High Early in China." *New York Times*, Sept. 29, 2012, A1.

______. "Finding Zen and Book Contracts in China." *NYR Daily*, May 30, 2012. Accessed June 14, 2016. http://www.nybooks.com/blogs/nyrblog/2012/may/29/zen-book-contracts-bill-porter-beijing/.

______. "A Problem of 'Religion'—and Polling in China." *New York Times*, July 1, 2015. Accessed June 19, 2016. http://sinosphere.blogs.nytimes.com/2015/07/01/a-problem-of-religion-and-polling-in-china/.

______. "Q. and A.: John Osburg on China's Wealthy Turning to Spiritualism." *New York Times*, Dec. 18, 2014. Accessed June 15, 2016. http://sinosphere.blogs.nytimes.com/2014/12/18/q.and-a-john-osburg-on-chinas-wealthy-turning-to-spiritualism/.

______. "Two Sides of a Mountain: The Modern Transformation of Maoshan." *Journal of Daoist Studies* 5 (2012): 89–116.

______. *Wild Grass: Three Stories of Change in Modern China*. New York: Pantheon, 2004.（イアン・ジョンソン『ワイルドグラス』徳川家広訳、日本放送出版協会、2005 年）

Jones, Stephen. *Daoist Priests of the Li Family: Ritual Life in Village China*. St. Petersburg, Fla.: Three Pines Press. 2016.

______. *In Search of the Folk Daoists of North China*. Farnham: Ashgate, 2010.

______. Li Manshan: Portrait of a Folk Daoist. 2015. Vimeo. https://vimeo.com/155660741.

______. *Ritual and Music of North China: Shawm Bands in Shanxi*. Farnham: Ashgate, 2007.

Keck, Zachary. "The Atheists of Beijing." Diplomat, March 14, 2014. Accessed June 19, 2016. http://thediplomat.com/2014/03/the.atheists-of-beijing/.

Kuhn, Philip A. *Soulstealers: The Chinese Sorcery Scare of 1768*. Cambridge, Mass.: Harvard University Press, 1990.（フィリップ・A・キューン『中国近世の霊魂泥棒』谷井俊仁・谷井陽子訳、平凡社、1996 年）

Laliberté, André. "Religion and Development in China." In *The Routledge Handbook of Religions and Global Development*, edited by Emma Tomalin, 233–49. London: Routledge, 2015.

Li Fan. "Jidujiao de fazhan he jiating jiaohui [The development of Protestantism and house churches]." The World and China Institute. Accessed Sept. 16, 2016. http://www.world.china.org/bookdownload2/%E5%9F%BA%E7%9D%A3%E6%95%99%E7%9A%84%E5%8F%91%E5%B1%95%E5%92%8C%E5%AE%B6%E5%BA%AD%E6%95%99%E4%BC%9A%E7%9A%84%E5%AE%97%E6%95%99%E8%87%AA%E7%94%B1%E8%BF%90%E5%8A%A8.pdf.

Li He. *Goddesses, Ghosts, and Demons: The Collected Poems of Li He (790–816)*. Translated by J. D. Frodsham. San Francisco: North Point Press, 1983.

"*Liangong tihui liangce*" [Two criteria for learning from practice]. *Qigong*, no. 6 (1989): 278.

Liao Yiwu. *God Is Red: The Secret Story of How Christianity Survived and Flourished in Communist China*. New York: HarperOne, 2011.

Liu Xun. *Daoist Modern: Innovation, Lay Practice, and the Community of Inner Alchemy in Republican China*. Cambridge, Mass: Harvard University Press, 2009.

Liu Yida. *Beijing Laoguiju* [Beijing's old rules]. Beijing: Zhonghua Shuju, 2015.

MacInnis, Donald E., ed. *Religion in China Today: Policy & Practice*. Maryknoll, N.Y.: Orbis Books, 1989.

Madsen, Richard. *Democracy's Dharma: Religious Renaissance and Political Development in Taiwan*. Berkeley: University of California Press, 2007.

Mao Zedong. "Analysis of the Classes in Chinese Society," March 1926. In *The Collected Works of Mao Zedong*. Beijing: Foreign Languages Press, 1967.

Meng Han. "Finding the Women at China's Big Meetings." *ChinaFile*, March 8, 2016. Accessed May 3, 2016. https://www.chinafile.com/multimedia/photo-gallery/finding-women-chinas-big-meetings.

Murong Xuecan. *Leave Me Alone: A Novel of Chengdu*. Translated by Harvey Thomlinson. Crows Nest, Australia: Allen & Unwinn, 2009.

Naquin, Susan. "The Peking Pilgrimage to Miao-feng Shan: Religious Organizations and Sacred Sites." In *Pilgrims and Sacred Sites in China*, edited by Susan Naquin and Chün-Fang Yü, 333–77. Berkeley: University of California Press, 1992.

______. *Peking: Temples and City Life, 1400–1900*. Berkeley: University of California Press, 2000.

Nedostup, Rebecca Allyn. *Superstitious Regimes: Religion and the Politics of Chinese Modernity*. Cambridge, Mass.: Harvard University Press, 2009.

Palmer, David A. *Qigong Fever: Body, Science, and Utopia in China*. New York: Columbia University Press,

2007.

Perry, Elizabeth J. "The Populist Dream of Chinese Democracy." *Journal of Asian Studies* 74, no. 4 (Nov. 2015): 903–15.

The Pew Forum on Religion & Public Life. *Global Christianity: A Report on the Size and Distribution of the World's Christian Population*. 2011. Accessed July 10, 2016. http://www.pewforum.org/files/2011/12/Christianity-fullreport-web.pdf.

Pew Research Center. *Worldwide, Many See Belief in God as Essential to Morality*. March 13, 2014.

Pittman, D. A. *Towards a Modern Chinese Buddhism: Taixu's Reforms*. Honolulu: University of Hawai'i Press, 2001.

Poon, Shuk-wah. "Religion, Modernity, and Urban Space: The City God Temple in Republican Guangzhou." *Modern China* 34, no. 2 (April 2008): 247–75.

"Portrait of Vice President Xi Jinping: Ambitious Survivor of the Cultural Revolution." Confidential cable, Nov. 16, 2009. Wikileaks. Accessed July 12, 2016. https://wikileaks.org/plusd/cables/09BEI JING3128_a.html.

Ran, Yunfei. *Gushu zhi Fei: Dacisi zhuan* [The lungs of old Sichuan: The story of the Temple of Great Charity]. Chengdu: Sichuan Wenyi Chubanshe, 2011.

The Record of Linji. Edited by Thomas Yuho Kirchner. Translated by Ruth Fuller Sasaki. Honolulu: University of Hawai'i Press, 2009.

Red Pine (Bill Porter). *Poems of the Masters: China's Classic Anthology of T'ang and Sung Dynasty Verse*. Port Townsend, Wash.: Copper Canyon Press, 2003.

Robinet, Isabel. "Original Contributions of *Neidan* to Taoism and Chinese Thought." In *Taoist Meditation and Longevity Techniques*, edited by Livia Kohn. Ann Arbor: Center for Chinese Studies, University of Michigan, 1989.

Schell, Orville, and John Delury. *Wealth and Power: China's Long March to the Twenty-First Century*. New York: Random House, 2013.

Schipper, Kristofer. *The Taoist Body*. Translated by Karen C. Duval. Berkeley: University of California Press, 1993.

The Secret of the Golden Flower. Translated by Thomas Cleary. New York: HarperCollins, 1991.

Shea, Matt. "The Cult Who Kidnaps Christians and Is at War with the Chinese Government." *Vice*, July 31, 2013. Accessed July 12, 2016. http://www.vice.com/read/the.chinese-cult-who-kidnap-christians-and-paint-snakes.

The Songs of the South: An Ancient Chinese Anthology of Poems by Qu Yuan and Other Poets. Translated by David Hawkes. Harmondsworth, U.K.: Penguin, 1985.

Su Xiaoning. *Xi Jinping zai Zhengding gongzuoshi liuying* [Some impressions of Xi Jinping's time in Zhengding]. Accessed July 11, 2016. The original article appears to have been censored from the Web, but a copy can be found here: http://www.360doc.com/content/12/1117/12/1934120_248371581.shtml.

Tao Te Ching: A New English Version. Translated by Stephen Mitchell. New York: HarperCollins, 1988.

Tong, James W. *Revenge of the Forbidden City: The Suppression of the Falungong in China, 1998–2002*. Oxford: Oxford University Press, 2009.

Tsai, Lily L. *Accountability Without Democracy: Solidarity Groups and Public Goods Provision in Rural China*. Cambridge, U.K.: Cambridge University Press, 2007.

Tun Li-ch'en. *Yen-ching Sui-shih- chi*. Translated by Derk Bodde as *Annual Customs and Festivals in Peking*. Peiping: Henri Vetch, 1936.

Van Til, L. John. *Liberty of Conscience: The History of a Puritan Idea*. Phillipsburg, N.J.: P&R, 1971.

Walder, Andrew. *China Under Mao: A Revolution Derailed*. Cambridge, Mass.: Harvard University Press, 2015.

Wang Jun. *Beijing Record: A Physical and Political History of Planning Modern Beijing*. Singapore: World Scientific, 2011.

Wang Yi. "Wang Yi's Diary: Now I Must See My Friend Ran Yunfei Become a Prisoner," Feb. 26, 2011. Translation by David Cowhig. https://gaodawei.wordpress.com/2011/04/05.

Wang Shuya [Wang Yi] . *Tiantang chenmole banxiaoshi: Yingshizhong de xinyang yu rensheng* [Heaven went

silent for half an hour: Faith and human life in movies and television]. Nanchang: Jiangxi Chuban Jituan, 2007.

______. *Wode ping'an ru jianghe: Yingshizhong de jiushu yu panwang* [My peace is like the river: Redemption and hope in movies and television]. Nanchang: Jiangxi Chuban Jituan, 2009.

Wenzel-Teuber, Katharina. "2014 Statistical Update on Religions and Churches in the People's Republic of China." *Religion and Christianity in Today's China* 6, no. 2 (2016): 20–47. Accessed May 9, 2016. http://p30969.typo3server.info/fileadmin/redaktion/RCTC_2015.2.20_Wenzel-Teuber_2014_Statistical_Update_on_Religions_and_Churches_in_China.pdf.

______. "2012 Statistical Update on Religions and Churches in the People's Republic of China." *Religion and Christianity in Today's China* 5, no. 2 (2015): 20–41. Accessed June 19, 2016. http://www.china.zentrum.de/fileadmin/redaktion/RCTC_2013.3.18-43_Wenzel-Teuber_2012_Statistical_Update_on_Religions_and_Churches_in_China.pdf.

Wielander, Gerda. *Christian Values in Communist China*. Oxford: Routledge, 2014.

Wilhelm, Richard. *Taiyi Jinhua Zongzhi* (The Secret of the Golden Flower). Translated by Cary F. Baynes. First published 1931. New York: Mariner Books, 1970.

WIN/Gallup International. "Losing our religion? Two-thirds of people still claim to be religious." April 13, 2015.

Wu Fan. *Yinyang gujiang zai zhixu de kongjianzhong* [The yinyang drum artisans as ordered in space]. Beijing: Central Conservatory of Music, 2011.

Wu Hung. *Remaking Beijing: Tiananmen Square and the Creation of a Political Space*. Chicago: University of Chicago Press, 2005.

Wu Jiao. "Religious Believers Thrice the Estimate." *China Daily*, Feb. 7, 2007. Accessed June 20, 2016. http://www.chinadaily.com.cn/china/2007-02/07/content_802994.htm.

Wu Xiaoying. *Miaofengshan: Beijing minjian shehui de lishi yanbian* [Miaofengshan (妙峰山): The historical evolution of Beijing civil society]. Beijing: Renmin Chubanshe, 2007.

Xi Lian. *Redeemed by Fire: The Rise of Popular Christianity in Modern China*. New Haven, Conn.: Yale University Press, 2010.

Xi Jinping. "*Renmin you xinyang, minzu you xiwang, guojia you liliang*" [If the people have faith, the nation has hope, and the country has strength]. Xinhuanet. Feb. 28, 2015. Accessed Sept. 15, 2016. http://news.xinhuanet.com/politics/2015-02/28/c_1114474084.htm.

Xi Zhongxun. *Shenqiu huainian Zhongguo Gongchandangde zhongcheng pengyou Panchen Dashi* [Deeply cherish the memory of a heartfelt friend of the Chinese Communist Party, the Panchen Grand Master]. Originally published Feb. 20, 1989. Reprinted in *China Communist Party New Web*. Accessed July 11, 2016. http://dangshi.people.com.cn/GB/232052/233953/233956/16176187.html.

Xie Luoqing [Yi Qing] . "Yi Qing deng lianxian Yan Changfeng" [Yi Qing (一青) and others online with Yan Changfeng (楊長風)]. *Mingbo lianxian daode mofan*, Dec. 20, 2011. http://www.gzjcdj.gov.cn/special/SpecialNews.jsp?spnewsid=19133.

Xi Jinping. "Speech by H.E. Xi Jinping President of the People's Republic of China at UNESCO Headquarters," March 28, 2014. Accessed May 15, 2016. http://www.fmprc.gov.cn/mfaeng/wjdt665385/zyjh_665391/t1142560.shtml.

"Xi Jinping: Xiangai xizijide shengming yiyang baohu wenhua yichan" [Xi Jinping (习近平): Preserve cultural relics like our own lives]. *Fujian Daily*, Jan. 6, 2015. Accessed April 5, 2015. http://politics.people.com.cn/n/2015/0106/c1024.26336469.html.

"Xi Jinping zai Qufu zuotanhuishang tanji Wenge dui chuantong wenhua shouhai" [Xi Jinping at a discussion meeting talks about the damage to traditional culture in the Cultural Revolution]. *Sina News*, Dec. 5, 2013. Accessed Dec. 10, 2014. http://news.sina.com.cn/c/2013.12-05/014228887986.shtml.

Xinhua News Agency. "Chinese Commemorate Common Ancestors at Qingming Festival," April 7, 2003. Accessed July 10, 2016. http://en.people.cn/200304/06/eng20030406_114645.shtml.

"Xin Qigong liaofa zhongwanqi exing zhongliu" [New *qigong* (新気功) treatments for malignant tumors in

the middle stomach duct]. *Qigong*, no. 6 (1989): 256–57.

Yang, C. K. *Religion in Chinese Society*. Berkeley: University of California Press, 1967.

Yang Fenggang. "Cultural Dynamics in China: Today and in 2020." *Asia Policy*, no. 4 (July 2007): 41–52.

______. "Exceptionalism or Chimerica: Measuring Religious Change in the Globalizing World." *Journal for the Scientific Study of Religion* 55, no. 1 (2016): 7–22.

______. "The Red, Black, and Gray Markets of Religion in China." *Sociological Quarterly* 47, no. 1 (2006): 93–122.

______. "Religion in China Under Communism: A Shortage Economy Explanation." *Journal of Church and State* 52, no. 1 (Nov. 2009): 3–33.

Yao, Kevin Xiyi. "At the Turn of the Century: A Study of the China Centenary Missionary Conference of 1907." *International Bulletin of Missionary Research* 32, no. 2 (April 2008): 65–69.

Yao Xinzhong and Paul Badham. *Religious Experience in Contemporary China*. Cardiff: University of Wales Press, 2007.

"Yi daode wei guifan yi lianjie wei hexin" [Use virtue as the rule and purity as the core]. *People's Daily*, Nov. 16, 2015, 9.

Yu Jianrong. "Wei Jidujiao jiating jiaohui tuomin" [Desensitizing Protestant house churches]. Sociology and Anthropology China Web. Accessed Sept. 16, 2016. http://www.sachina.edu.cn/Htmldata/article/2008/12/1696.html.

Zha Changping. "Jidujiao zai Zhongguo cong jianghu shehui zhuanxingwei gongmin shehui zhong de jiaose" [Christianity in a China transforming from a society of knights-errant to a society of public citizens]. In *Wo you Xiangban Ru Hezi* [I Had Wings Like a Dove]. Edited by Yu Jie and Wang Yi. Taipei: Jiwenshi, 2010.

Zhang Pengfei. "China Commemorates Confucius with high-profile ceremony." Xinhuanet. Sept. 25, 2014. http://news.xinhuanet.com/english/china/2014.09/25/c 127030072.htm. Accessed Sept. 15, 2016.

Zhang Yinan. *Zhongguo jiating jiaohui liushinian* [Sixty years of China's house churches]. Hong Kong: Fuxing Huaren Guoji Shigong, 2010.

"Zhejiangsheng weishuji Xi Jinping xie furen Peng Liyuan yixingdao woxian jinxing canguan kaocha" [Zhejiang provincial party secretary Xi Jinping and wife Peng Liyuan〔彭麗媛〕visit our county on a study tour]. Baidu Tieba. April 4, 2005. Accessed April 4, 2015. http://tieba.baidu.com/p/2311897694?see_lz=1.

Zhou Xun. *The Great Famine in China, 1958–1962: A Documentary History*. New Haven, Conn.: Yale University Press, 2012.

転載許諾に関する謝辞

既刊の文献の転載許可をくださった次の各社にお礼を申し上げる。

Penguin Books Ltd.: Excerpt from *The Songs of the South: An Ancient Chinese Anthology of Poems by Qu Yuan and Other Poets* by Qu Yuan and others, translated by David Hawkes (Penguin Classics, 1985). Copyright © 1985 by David Hawkes.

The Permissions Company, Inc. on behalf of Copper Canyon Press: Excerpt of "Anchored Overnight at Maple Bridge" by Chang Chi, from *Poems of the Masters: China's Classic Anthology of T'ang and Sung Dynasty Verse*, translated by Red Pine. Copyright © 2003 by Red Pine. Reprinted by permission of The Permissions Company, Inc. on behalf of Copper Canyon Press, www.coppercanyonpress.org.

The New York Review of Books: Excerpt of "The Intercalary Month" from *Goddesses, Ghosts, and Demons: The Collected Poems of Lie He (790–816)* by Li He, translated by J. D. Frodsham. Reprinted by permission of The New York Review of Books.

University of Hawai' i Press: Excerpt of "Koan IX" from *The Records of Linji*, translated by Ruth Fuller Sasaki and edited by Thomas Yūhō Kircher. Reprinted by permission of University of Hawai' i Press.

著者
イアン・ジョンソン
Ian Johnson

1962年、カナダ・モントリオール生まれ。ベルリン自由大学で修士号を取得。米外交問題評議会のシニアフェローを務め、『ニューヨーク・タイムズ』『ニューヨーク・レビュー・オブ・ブックス』などに定期的に寄稿。また、中国についてメディアや一般向けに精力的に発言している。2009年から中国に滞在するも、2020年、米中関係悪化の影響で退去を余儀なくされた。2001年、法輪功に関する報道でピュリツァー賞を受賞したほか受賞歴多数。邦訳書『ワイルドグラス』（NHK出版）のほか、単書に*A Mosque in Munich*、共著書に*Oxford Illustrated History of Modern China*、*The Forbidden City*などがある。

訳者
秋元由紀
あきもと・ゆき

翻訳家、米国弁護士。著書に*Opportunities and Pitfalls: Preparing for Burma's Economic Transition* (Open Society Institute, 2006)、訳書にアリ・バーマン『投票権をわれらに』、マニング・マラブル『マルコムX（上下）』、コーネル・ウェストほか『コーネル・ウェストが語る ブラック・アメリカ』、ウェイド・デイヴィス『沈黙の山嶺（上下）』、タンミンウー『ビルマ・ハイウェイ』（第26回アジア・太平洋賞特別賞受賞）、ベネディクト・ロジャーズ『ビルマの独裁者 タンシュエ』（以上、白水社）がある。

信仰の現代中国
心のよりどころを求める人びとの暮らし

二〇二二年八月一五日 印刷
二〇二二年九月　五日 発行

著者　イアン・ジョンソン
訳者©　秋元由紀
装幀　谷中英之
組版　閏月社
発行者　及川直志
印刷所　株式会社理想社
発行所　株式会社白水社

東京都千代田区神田小川町三の二四
電話　営業部〇三（三二九一）七八一一
　　　編集部〇三（三二九一）七八二一
振替　〇〇一九〇-五-三三二二八
　　　郵便番号　一〇一-〇〇五二
www.hakusuisha.co.jp
乱丁・落丁本は、送料小社負担にてお取り替えいたします。

加瀬製本

ISBN978-4-560-09866-0

Printed in Japan

▷本書のスキャン、デジタル化等の無断複製は著作権法上での例外を除き禁じられています。本書を代行業者等の第三者に依頼してスキャンやデジタル化することはたとえ個人や家庭内での利用であっても著作権法上認められていません。

白水社の本

銃弾とアヘン　「六四天安門」生と死の記憶

廖 亦武 著／土屋昌明 、鳥本まさき、及川淳子 訳

一般民衆の視点から事件の真相に迫り、30 年後の今も続く当事者たちの苦難の道のりを追った門外不出のオーラルヒストリー。

辺境中国　新疆、チベット、雲南、東北部を行く

デイヴィッド・アイマー 著／近藤隆文 訳

中国の国境地帯でいま何が起きているのか？　英国のジャーナリストが、急速に進む漢化政策に抗い、翻弄される少数民族の実相を描く。ジャーナリズムに歴史的視点を巧みに取り込んだ傑作ノンフィクション！

ネオ・チャイナ

富、真実、心のよりどころを求める 13 億人の野望

エヴァン・オズノス 著／笠井亮平 訳

貧困と政治の軛から解き放たれ、人びとはカネと表現の自由と精神的支柱を求めはじめた。一党独裁と人民との相剋を描いた傑作ルポ。

上海フリータクシー

野望と幻想を乗せて走る「新中国」の旅

フランク・ラングフィット 著／園部 哲 訳

「話してくれたら運賃タダ」という奇抜なタクシーで都市と地方を行き来し、時代の重要な転換点にある中国を見つめた野心的ルポ。